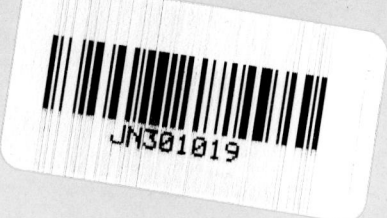

織機の分類から織り図の見方・技法まですべてがわかる

手織り大全

箕輪直子

はじめに

昨年上梓した「草木染め大全」に続き、久しぶりに手織りの本を出すことができました。本の中では織機の取り扱いを含め手織りのひと通りを取りあげていますが、今回の本の内容の中心は技法の数々です。

織機を大きく分類すると高機と卓上タイプ、そしてそれぞれに多ソウコウと2枚ソウコウタイプがあります。わたしが現在個人で使っているのは110cm幅の天秤式と筬とソウコウが一体型の卓上織機。年に一作は200×200cmのタペストリーをつくりますが、「リビングアート手織倶楽部」という卓上織機での手織りの普及を奨める会の会長もしているため卓上織機もかなり使いこなしています。

織機の種類にかかわらず常に思うのが、休眠状態の使われていない織機があることや、せっかく素敵な道具を持っているのに、いつも同じようなものをつくってしまう人がいること。現在では、卓上織機の手織り人口は高機の10倍位いると推定されます。高機しか知らない人から見れば、卓上織機というと玩具のように見えるかもしれません。でも案外そうではないことをこの本を見て少しは気づいていただければと思います。

この本は高機と卓上織機と両方の視点からの手織りを取りあげました。多くの織り人のほんの少しの刺激となることを願ってこの本を捧げます。

箕輪　直子

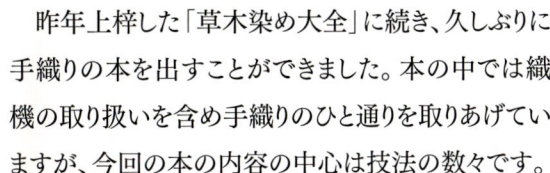

THE COMPLETE HOMESPUN

CONTENTS

DATAの見方

この本の中に出てくるほとんどの作品にそれぞれの制作データを付けました。

筬目《おさめ》
50羽とある場合、1cmに5本という密度です。丸羽（溝に2本ずつたて糸を入れる）や変化通し（22ページ）の場合はその都度明記してあります。

織り寸法と整経長《せいけいちょう》
同じマフラーを織ると言っても高機と卓上ではムダ糸（織りはじめと織り終わりのロス分）の長さが異なりますがここでは50cmで統一しました。同じ糸を使ってもよこ糸の引き加減など仕上げたあとの縮み率は個人差があるので実際に織った布のサイズを明記してあります。

よこ糸密度
47ページからの色糸効果などはよこ糸密度が違うとその柄が出てこないこともあります。

使用糸
市販の糸は短いサイクルで廃番となるので商品名は掲載していません。素材とgあたりのm数、実寸に近い糸画像を載せました。

使用量
単純計算の使用量を掲載しました。1割増しの余裕を持って用意しましょう。制作データはあくまで目安として、参考にしてください。

CHAPTER

1

織機について

高機　ろくろ式
高機　天秤式（ライラなど）
卓上　オープンリード（咲きおりなど）
卓上　クローズドリード（織美絵・タビールームなど）
卓上　多ソウコウ（ハンディルーム）

高機

ろくろ式

国内製造では
ポピュラーなろくろ式。
マルチタイプなら
様々なタイプの布が織れる

国内で製造される高機（たかばた、あるいはたかはた）のほとんどはこのろくろ式です。ろくろ式はソウコウ枠が2枚でひと組となり、それぞれ必要な踏み木と直接結ばれています。1本の踏み木を踏むとひと組の片方のソウコウが下がりもう片方が上がり開口するというシステムです。

仕組みの図は4枚ソウコウのろくろを表していますが、ソウコウの枚数は2の倍数で増やすことができます。

着尺地用の和機は織り幅40cm以内とあまり広くはありませんが、長い織り地に対応するためソウコウ枠と間丁（バックビーム）の間が広く、広い専有面積を必要とします。着尺・マフラー・タピストリーなどあらゆるタイプの布を織りたいのであれば右ページの画像の織機のようなコンパクトなマルチタイプを選ぶといいでしょう。

ろくろ式（ローラー式）の仕組み

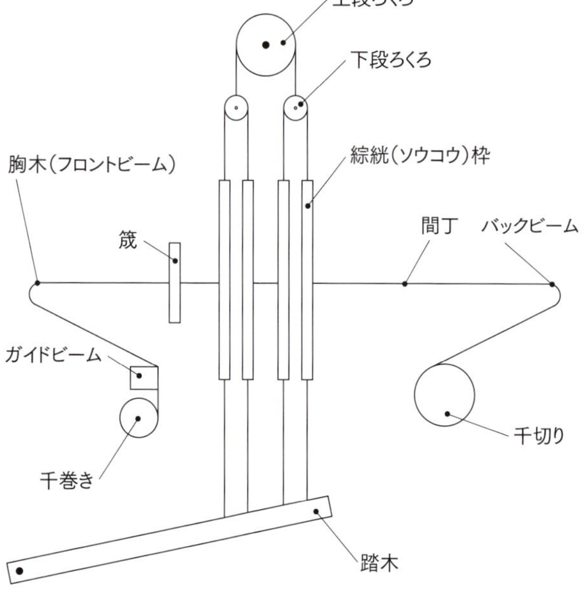

天秤式も含め胸木の位置に千巻きが来るタイプもある。ガイドビームのあるタイプが織りやすい。

ろくろ式のタイアップ。ろくろから直接踏み木に結ぶのではなくバランスを保つため間接式でコードを結ぶ。

かつては竹でできていた筬だが、現在は技術者不足のため、ほぼステンレス製が使われている。

金綜絖（ソウコウ）は使用する糸に合わせて穴の大きさに種類がある。

写真は東京手織機KM-600

天秤式

（ライラなど）

外国製多ソウコウ織機の定番タイプ。複雑なものを織ることができるのが魅力

海外からの輸入多ソウコウ織機の多くは天秤式です。ソウコウ枠2枚ひと組のろくろ式に対し、天秤式はソウコウ枠1枚ずつ単独で動かすことができるので、複雑な組織織りをしたい人向きです。ソウコウ枠の中央に紐の通る水平式（ホリゾンタルタイプ）とソウコウ枠の外側で連結される垂直式（バーティカルタイプ）がありますが、垂直式は装置が大きくなるため右ページのような水平天秤式が一般的です。

仕組みには関係のない様式の違いですが、高機には前ページの高機のように筬がまちの支点が上にあるものと、この織機のように下に支点のあるタイプがあります。見た目でいえば支点が下にある方が織機全体の高さが低く圧迫感が少なく感じられます。

天秤水平式（カウンターマーチ式）
ホリゾンタルタイプの仕組み

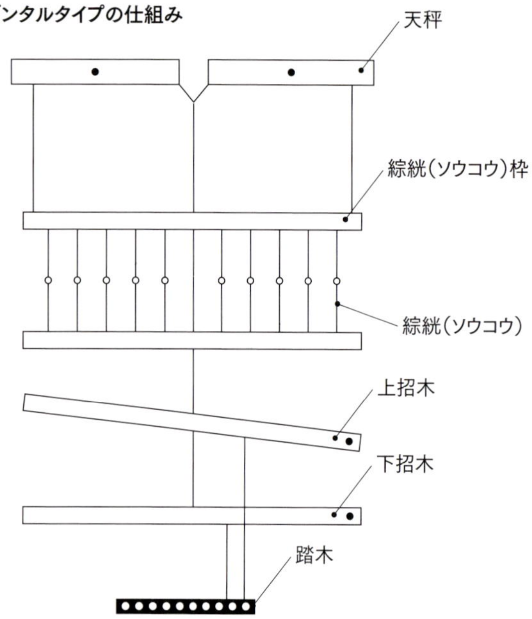

この織機は使わないときはバックビームが持ち上がり、奥行き30cm程度に折り畳むことができる。

天秤のタイアップ。天秤と踏木は上下の招木との組み合わせによって結び付いている。

ポリエステル綜絖。天秤式の場合は綿またはポリエステルの綜絖を使う。

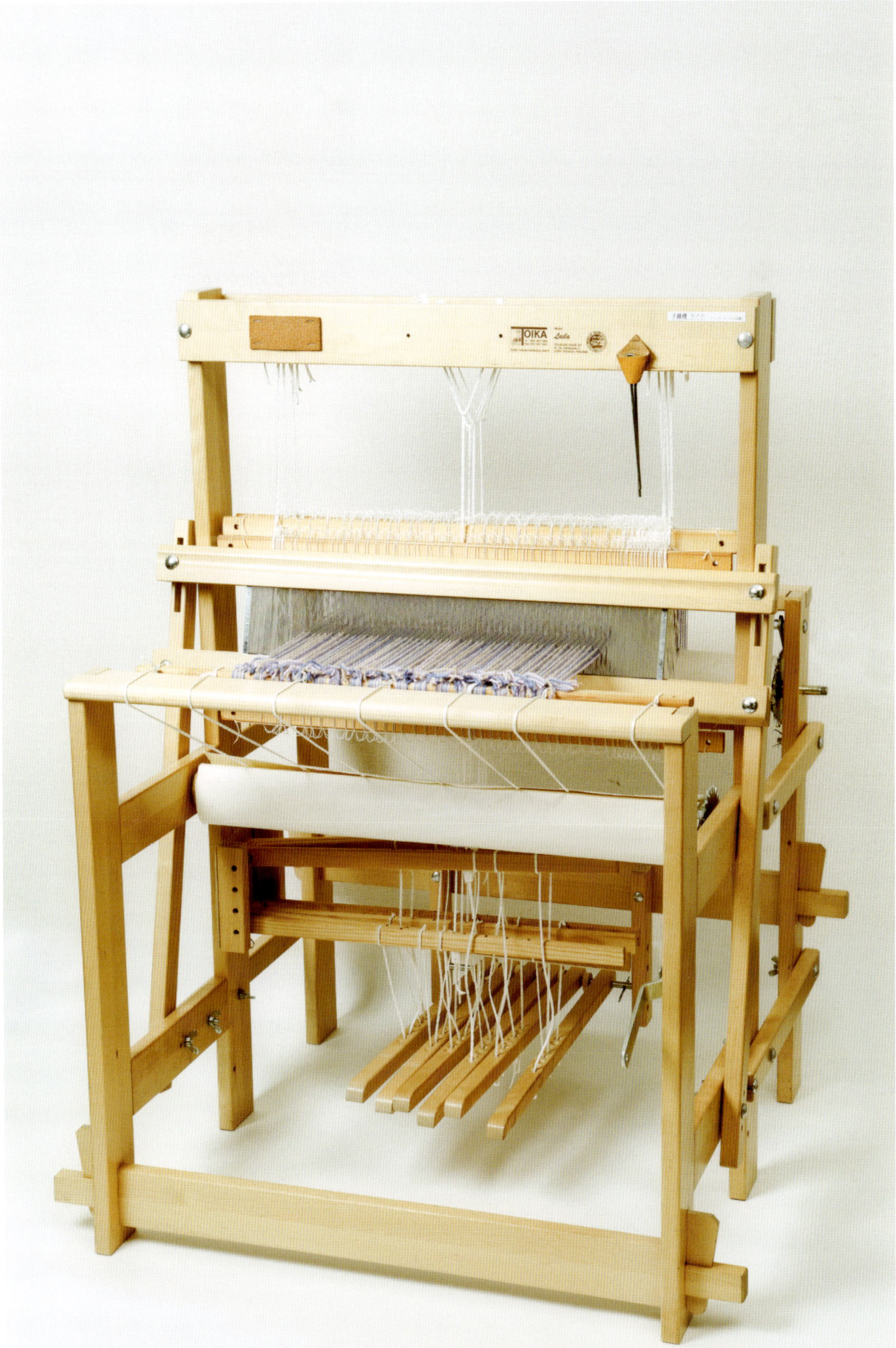

写真はTOIKA社ライラ

卓上

オープンリード

（咲きおりなど）

たて糸の端をオレンジ色のホルダーで挟み込むようにフロントローラーに取り付けるワンタッチ型。

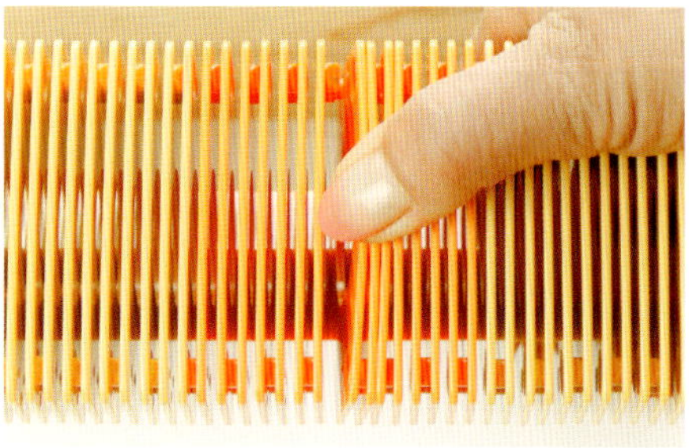

薄い羽には手前と奥と交互にポッチが付いている。筬ソウコウを前後に傾けるとたて糸がポッチに押されて開口する。

小さなスペースで作業でき、筬、ソウコウ通しが簡単！

ここ10年で3万台以上流通している織機がこのオープンリードの卓上織機です。特徴のひとつは織機の表面に整経台が付いていることで、たて糸掛けから織り上がりまで作業がこの約50cm四方の枠内で完了します。

もうひとつの大きな特徴は薄い板状のプラスチック（羽）を組み合わせた筬《おさ》ソウコウにあります。ポッチ状のストッパーが付いたこの溝にたて糸をはめ込めば筬とソウコウを通し終えたことになるのでマフラー程度のサイズであれば1時間で機掛けが完了します。基本的には筬とソウコウが一体化した2枚ソウコウですが、織っている最中にたて糸が外せることを利用したオリジナルの織り技法も多くあります（200〜205ページ参照）。

20〜50羽の筬ソウコウがある。それぞれ縞のように見えるのは5cmごとの目印。

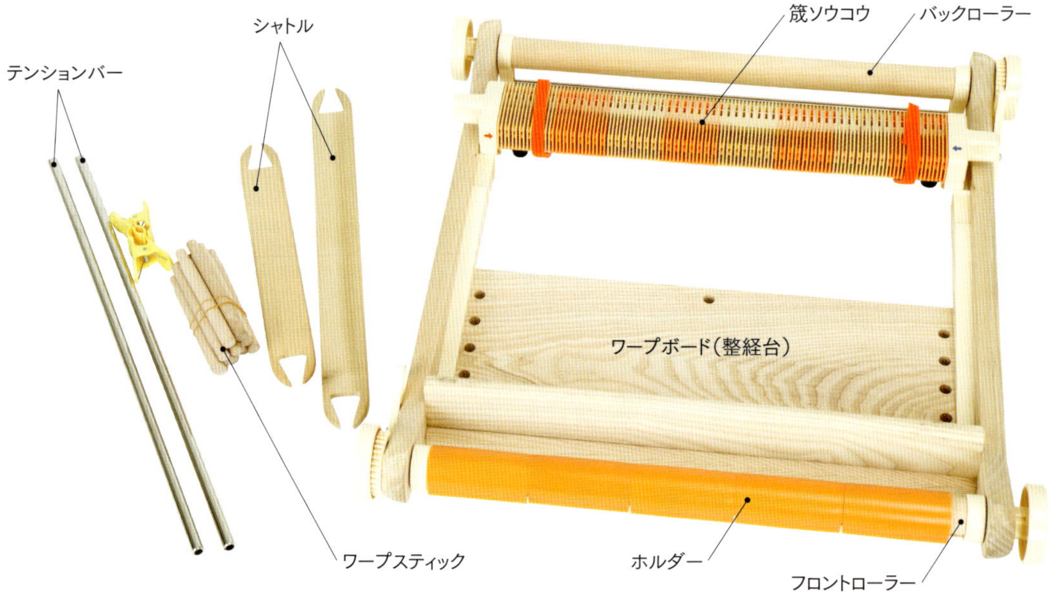

卓上

クローズドリード

（織美絵・タビールームなど）

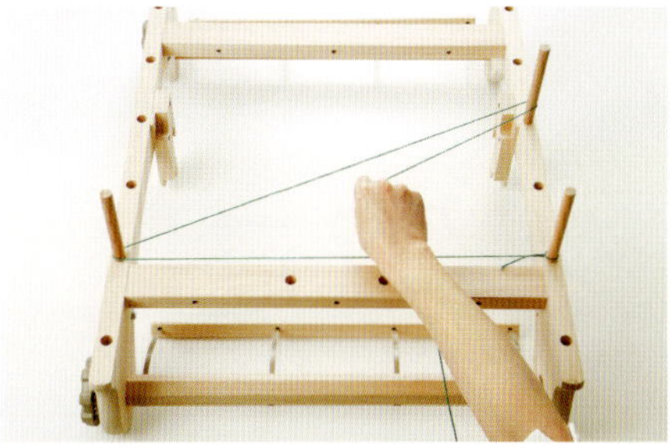

本体を裏返し、スティックを立てることで整経台となるタイプもある。

世界各国で発売されている リジットルームの普及版

リジットルームとは筬とソウコウが一体となっている2枚ソウコウの卓上織機の総称です。この織機はリジッドルームの基本的な普及版の形態で世界各国から発売されています。

メーカーによって裏面が整経台になっているタイプ、半分に折り畳めるタイプなど仕様は多少異なりますが、使い方の基本は同じです。基本的なたて糸のかけ方は、右の画像のようにピンを立てて直接筬通しをしながら整経していく方法です。マフラーサイズであれば1時間半程度で機掛けが完了します。

筬ソウコウ（リードあるいはヘドル）を2枚使うことでオリジナルな織り方もできます（206〜210ページ参照）。

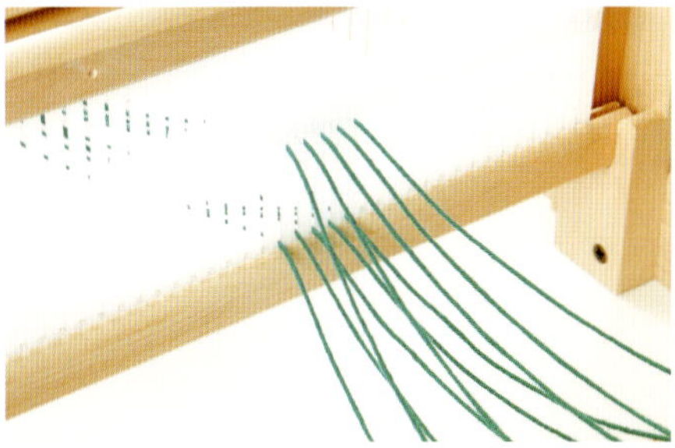

筬ソウコウはホールとスリットに分かれ、筬ソウコウを上げ下げすることで開口する。

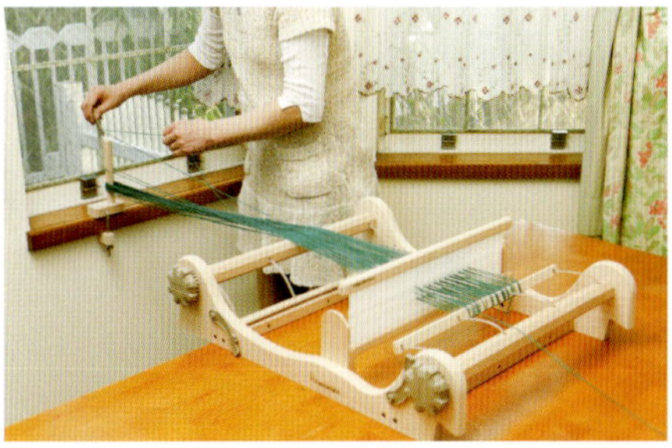

必要な長さのところにペグを立てて整経しながら機掛けをする。

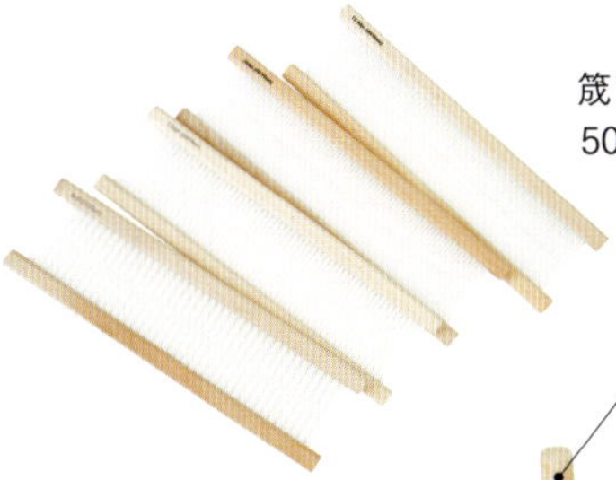

筬ソウコウは20〜50羽まである。

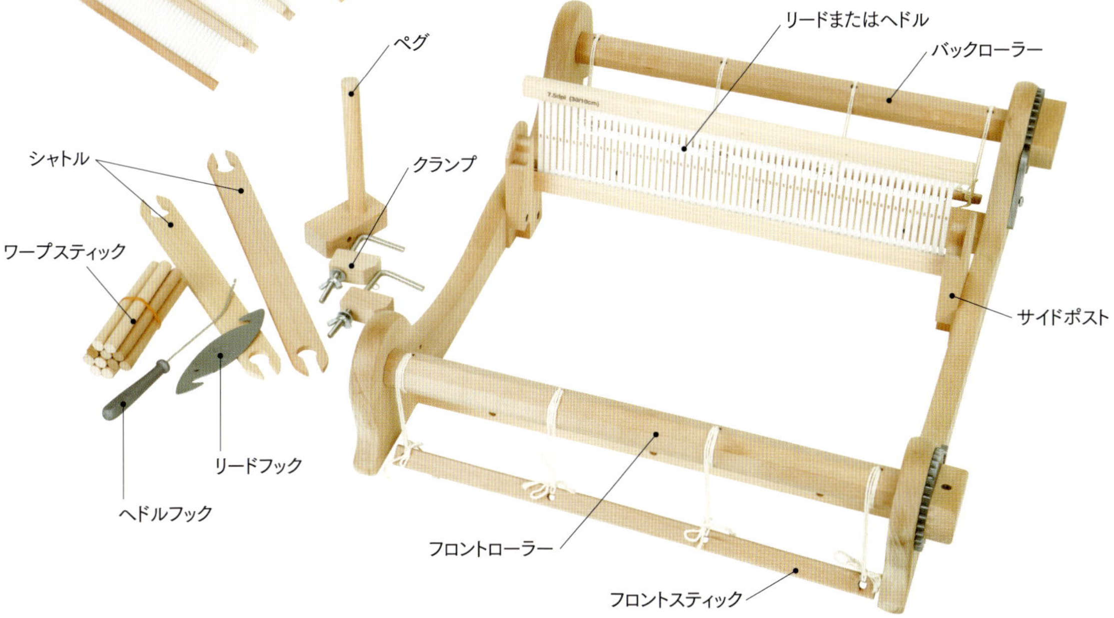

卓上

多ソウコウ

（ハンディルーム）

レバーを倒すことでソウコウ枠が上がり開口する。

高機と同じ仕組みを持つ
コンパクトタイプ。
複雑な組織織りが
できるのが魅力

　多ソウコウの織機の卓上タイプは海外製も含めていくつかの種類があります。どれもコンパクト設計で、折り畳みできるタイプも多く見受けられます。高機に機掛けするときのムダ糸は1mくらい必要ですが、卓上の場合はその半分で済みます。

　わたしの場合は高機で大きな作品をつくるときのサンプル織り用として大変重宝しています。2枚ソウコウでは織りにくい組織織りに興味を持って手に入れる方もいます。複雑な織り方はできますが、毎段レバーの上げ下げなどで開口させるので、踏み木を踏むことでたて糸の開口する高機のようなリズミカルな手織りはできません。

ソウコウの穴の大きさも選べ、スチールタイプのほかポリエステルタイプもある。

使わないときはさらにコンパクトに折りたためる。

20〜180羽まで多種の密度の筬が揃っている。

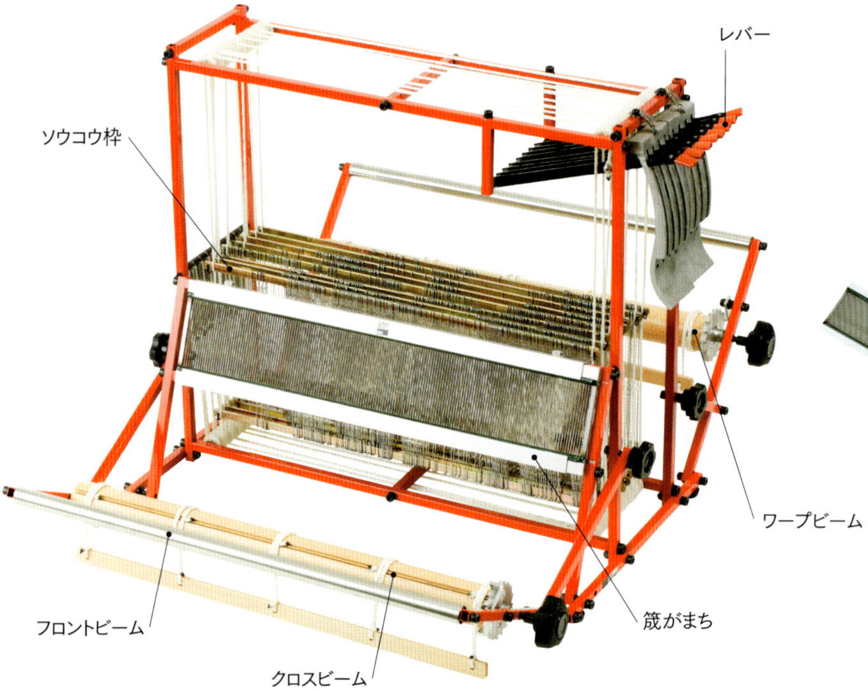

CHAPTER

2

織りの構造

平織りと綾織りと組織図

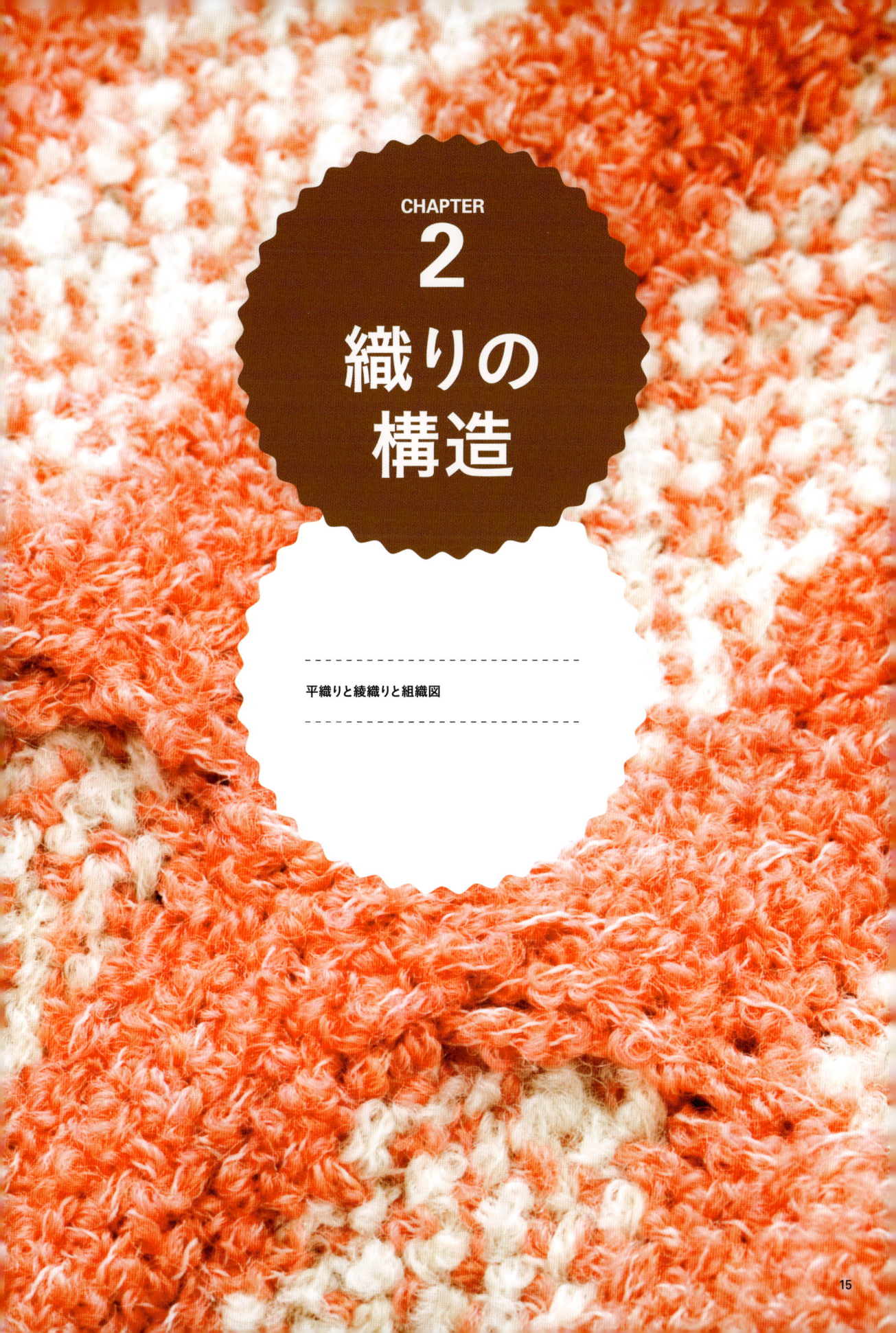

平織りと綾織りと組織図

織りの基本である平織りと綾織り。
織るときに便利な織り図についても説明します。

平織り

織りのもっとも基本的な組織は平織りです。たて糸とよこ糸が1本ずつ交互に重なります。

下が平織りの織り地サンプルと織り図です。多くの織り地はこの織り図で表します。

図1のA部分はソウコウの通し順です。平織りは2枚のソウコウで織れるので右から②①②①と通します。Bはタイアップ図。踏み木がどのソウコウと繋がれているかを表します。平織りは踏み木が2本あればよく、1本目の踏み木は②のソウコウと2本目の踏み木は①のソウコウと繋がれています。Cは踏み木の踏み順です。1と2の踏み木を交互に踏んでいます。

図2はよこ糸を1段だけ入れた段階の織り図です。1段織るごとに布ができあがっていきます。Dは組織図でその中の白い囲みは平織りの完全意匠図です。平織りの最低単位は2本2段ということです。

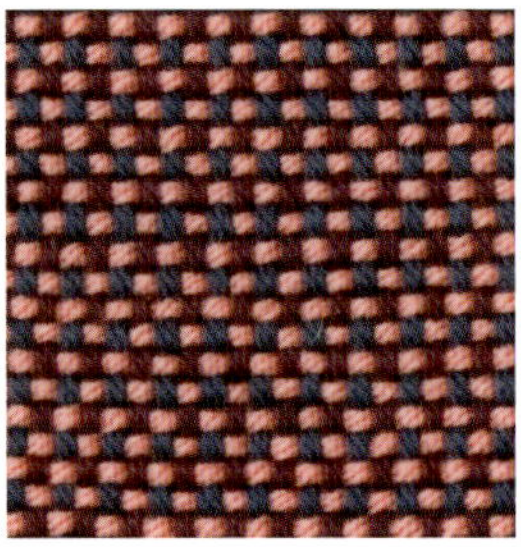

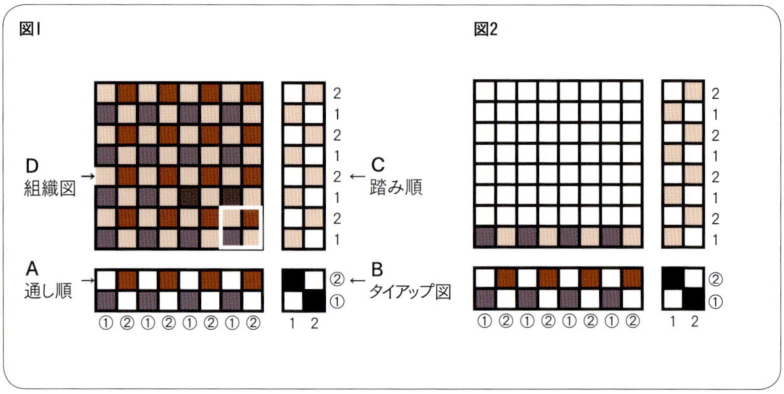

PROCESS　●多ソウコウの平織り

1　②のソウコウにエンジ、①のソウコウに紫の糸を交互に通していく。

2　1の踏み木を踏むと(ここではレバーを下げる)紫が上糸になる。

3　2の踏み木で上糸はエンジになる。

PROCESS ●筬ソウコウ織機オープンリードの平織り

ソウコウの溝にエンジと紫を交互に通す。ソウコウを手前に傾けると紫が上糸になり（上の画像）、ソウコウを向こうに傾けると上糸がエンジになる。

PROCESS ●筬ソウコウ織機クローズドリードの平織り

筬ソウコウ（リードあるいはヘドル）をサイドポストの上に置くと筬ソウコウの下半分で開口する（上の画像）。サイドポストの下に置くと筬ソウコウの上半分で開口する。

綾織り

綾織りの基本は4枚ソウコウで成り立ちます。図1が綾織りの織り図です。よこ糸が2本ずつたて糸を渡っているため2－2の綾織りと言います。平織り同様Aは通し順、Bはタイアップ図、Cは踏み順、Dは組織図です。

図2．3．4は図1になる過程です。図3．4に書き込んだ矢印がタイアップ・通し順・踏み順の流れを表しています。例えば図3は1段目、4の踏み木を踏むと①と④のたて糸が上がり、Dの1列目、通し順の①と④と同じ列のマス目がたて糸の色になります。

2-2 綾織り

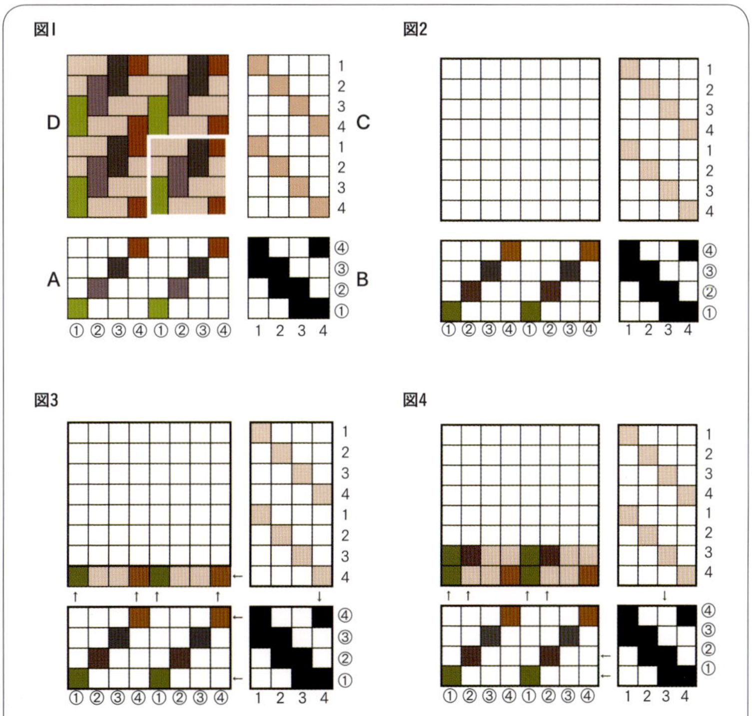

4枚ソウコウでできる綾織りにはよこ糸がたて糸を1本だけ渡る1－3の綾と、よこ糸がたて糸を3本渡る3－1の綾織りがあり、1枚の布の表裏にもなります。

1-3 綾織り

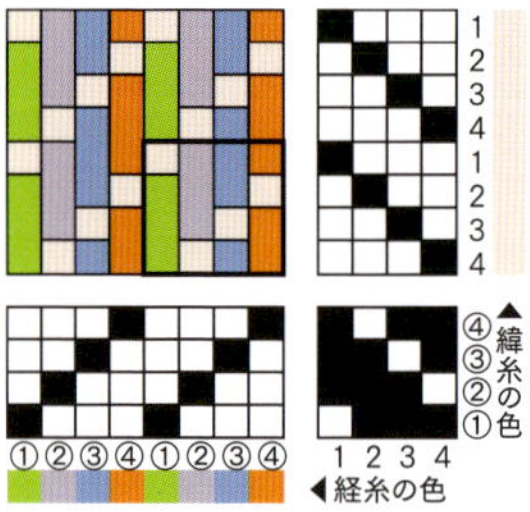

3-1 綾織り

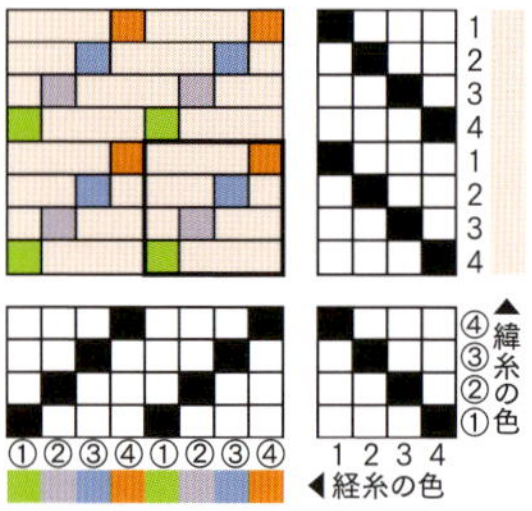

PROCESS　●**多ソウコウ織機の綾織り（2-2）**

1　4色のたて糸は右から4．3．2．1の順に通す。

2　1段目、4の踏み木を踏むと①と④のたて糸が上がる（ここではレバー1．4を下げる）。

3　2段目、3の踏み木を踏むと①②のたて糸が上がる。織り図に添ってこれを繰り返す。

PROCESS　●**2枚ソウコウの綾織り**

1　たて糸はとじた状態にする。

2　端から2本ずつ拾ってよこ糸を入れる。2段目はたて糸1本分ずらして2本ずつ拾う。

3　これを繰り返すと綾織りとなる。

組織図から織り図を完成させる

17ページではタイアップ図から組織図を作り、織り図を完成させましたが、組織図があればそこからタイアップなどの情報を導き完成した織り図にすることができます。

図1

組織図から通し順を導く。組織図のたての列でパターンがいくつあるか確認する。この図は4パターンだったので4枚ソウコウとわかる。パターン1に該当するマスは1段目を黒く塗る。

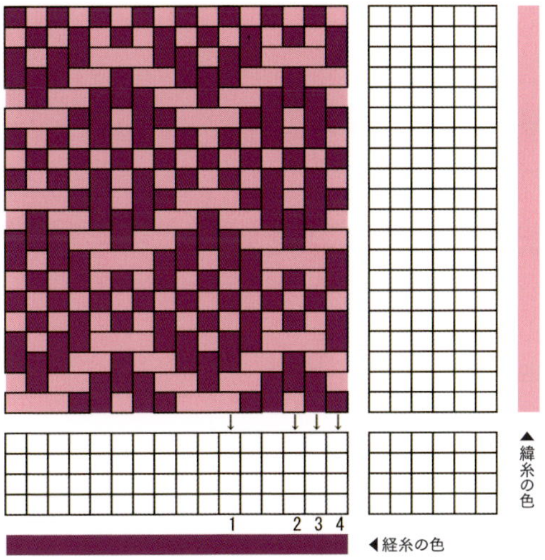

図2

組織図から踏み順を導く。組織図の横の列でパターンがいくつあるか確認する。この図は6パターンだったので踏み木は6枚とわかる。パターン1に該当するマスは1列目を黒く塗る。

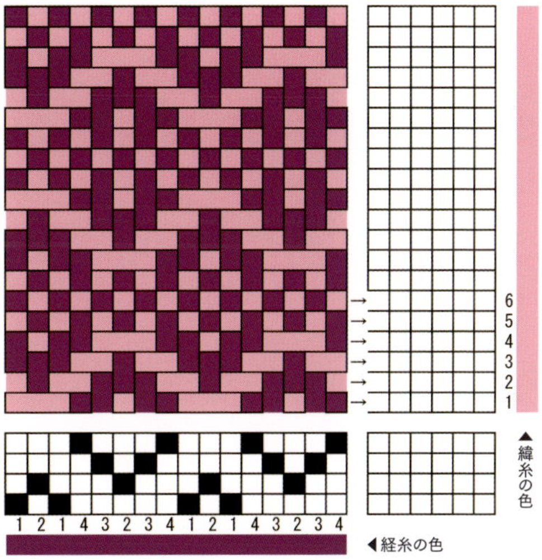

図3

タイアップ図を導く。1段目は組織図のどこがたて糸かを確認する。組織図から通し順に照らし合わせるとタイアップ図の1列目は4と3なので黒く塗る。

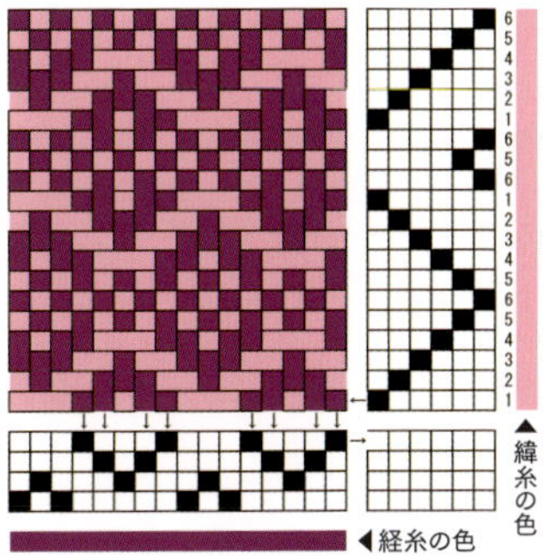

図4

同様に照らし合わせていく。

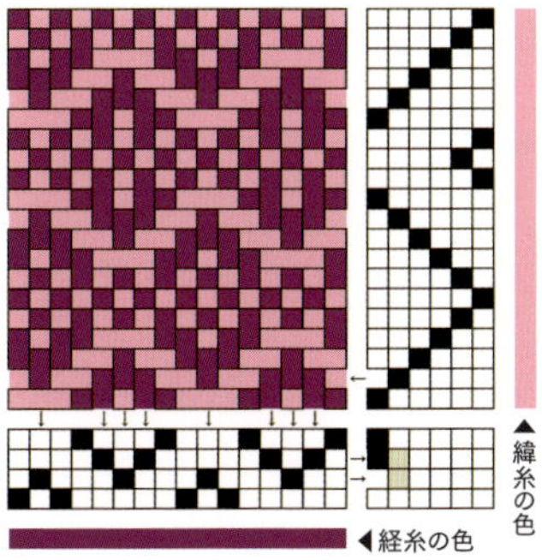

図5

織り図の完成！
（白枠は完全意匠図）

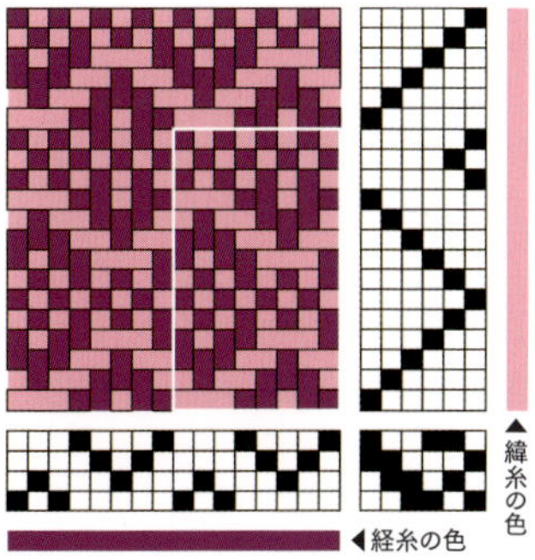

織り図からのデザインづくり

19ページでつくった織り図からマフラーデザインを考えましょう。条件は30羽ソウコウ使用、幅18cm前後です。

図1の白い枠が完全意匠図です。単純に考えるとたて糸8本で1模様×7回繰り返し→56本・19cm幅ですが、白枠だと織り布の耳が飛びやすく、織り始めも平織りではないので、同じ完全意匠なら黄色枠の範囲を選ぶのがおすすめです。

A部分8本×6回繰り返し+B3本→51本・17cm幅にして、織り始めも5段目から始めて繰り返し、最後に3段織るとバランスの取れたデザインになります。

図1

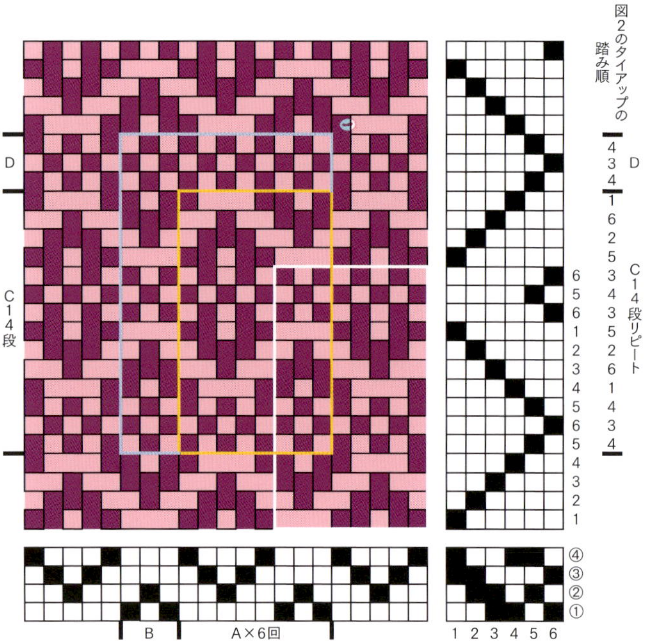

このマフラーは綾織りバリエーション3-1(26ページ)と同じです。

踏み順を数字に直す

図1のタイアップ図は便宜的な形で、もし足踏み式でこのようにタイアップをすると3段目を踏むときに足がクロスして織りにくいものです。そのため実際には足が左右交互に踏めるよう図2のようなタイアップをしています。図のタイアップに合わせると1.3.5.6.4.2の順になりますが、頭の中では左から1.2.3.4.5.6なので両方を照らし合わせて、自分なりの踏み順を数字にします。それが図1右側にある図2の踏み順です。

わたしの場合は紙に 1.6.2.5.3.4.3と5.2.6.1.4.3.4、最後に434と3列で大きく書き、この数字を頭の中で繰り返し、両足で左右交互に踏み、リズムに合わせて織ります。数字に起こしたあと組織図を見ることはありません。

図2

2枚ソウコウで綾織りを織るための数式表

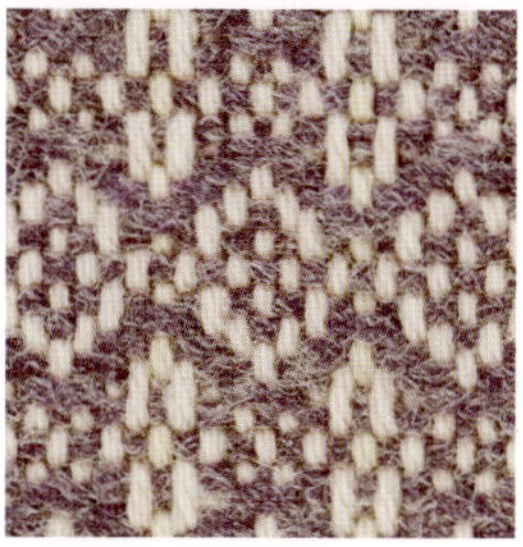

2枚ソウコウ織機で組織織りをする場合は毎段違うたて糸を拾う必要があります。こちらも数字と表に起こしておくと便利です。

図3は組織図の中のリピート部分の抜粋です。それを図4のように数字で表にしました。

表の中の太いよこ線は閉じたたて糸、数字はよこ糸であるピンクがたて糸の上下どちらにあるかを表しています。

3段平織りした後の4段目、B部分はシャトルでたて糸を1本飛ばし、1本すくい、1本飛ばします。A部分はピンクがたて糸の下1.上3.下2.上1.下1、これを6回繰り返して1段です。

組織図とにらめっこするより、数字を繰り返せばはるかに効率よくリズムに乗って織ることができます。画像のマフラーはこの表を使って卓上織機で織りました。こんな風にワンポイントで柄を織り込むくらいなら拾うのも大した手間ではありません。この数式表はほかの模様織りにも応用できます。

図3

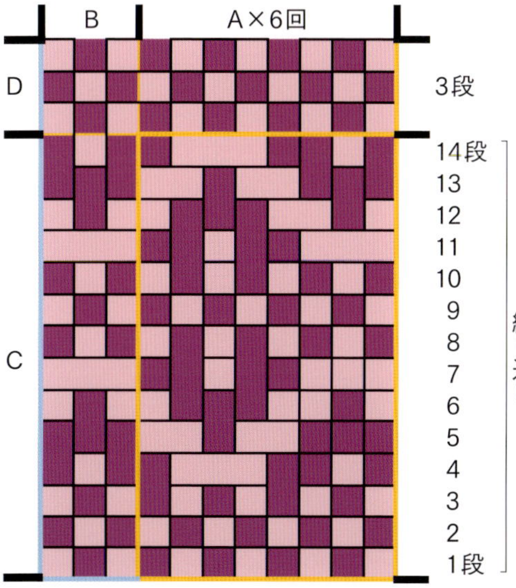

図4

		B	A×6回
1段目	平織り		
2段目	平織り		
3段目	平織り		
4段目	よこ糸	1 1 1	3 1 1 2 1
5段目	よこ糸	 3	2 2 1 3
6段目	よこ糸	1 1 1	1 2 1 3 1
7段目	よこ糸	3 	1 3 2 2
8段目	平織り		
9段目	平織り		
10段目	平織り		
11段目	7と同じ		
12段目	6と同じ		
13段目	5と同じ		
14段目	4と同じ		

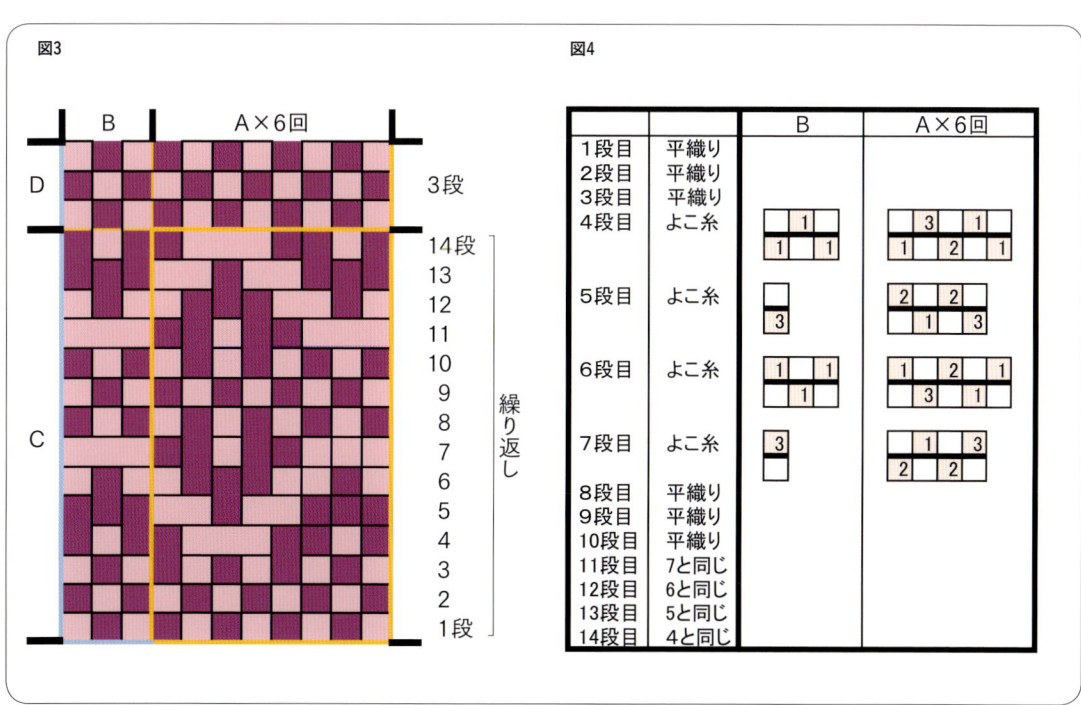

COLUMN

織りはじめる前に……

1 筬ソウコウ織機の変化通し

下の織り図は43ページのななこ織りの2－2基本の織り図です。ななこ織りは拡大した平織りで、2－2とはたて糸が2本ずつ、よこ糸も2本ずつの動きをします。

この織りを20羽ソウコウで織る場合、筬（おさ）とソウコウが分離型の織機は、ソウコウ通しは1.1.2.2.を繰り返し、20羽の筬に通します。しかし筬とソウコウが一体型織機でたて糸に2本ずつの動きをさせるためには図のような通し方をする必要があります（図1オープンリード・図2クローズドリード）。この変化通しは溝を飛ばしているので30羽ソウコウを使用し飛ばしながらかけることで20羽の密度になります。

制作データや織り図に、「筬ソウコウ一体型織機は変化通しで」とあった場合はこの図のような通し方をしましょう。

組織図　ななこ織り

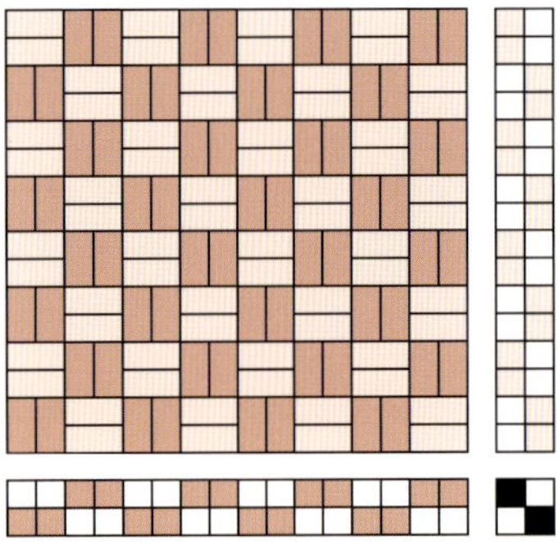

図1　オープンリード

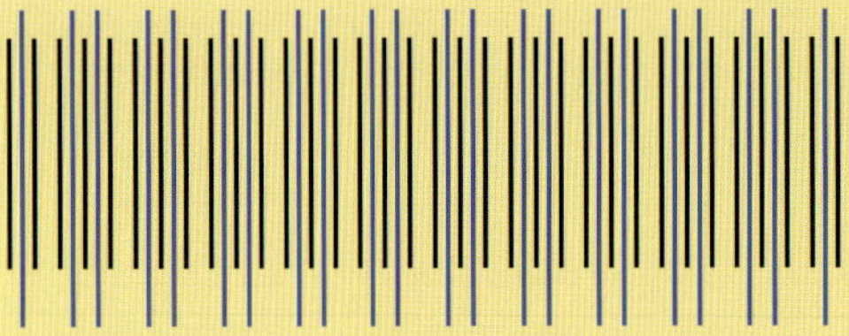

図2　クローズドリード

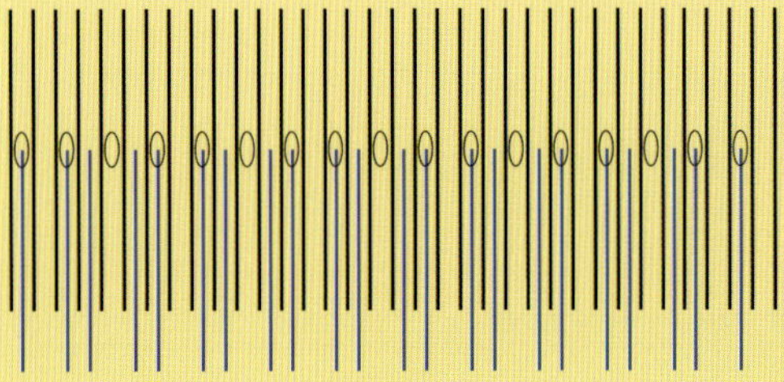

2 糸の長さは正確に!

画像1はオープンリードの織機です。この表面に整経台のある織機は取扱説明書にバックバーからセンター穴まで約20cm、センターからサイドのスティックまでが約20cm、両サイドのスティック間は約40cmと考えスティックを立てると書いてあります。これは初心者の方にわかりやすく整経していただくための配慮ですが、約とあるように実際の寸法は多少異なります。画像1のスティックの位置は上記に基づいた1m、画像2を見てわかるように実際には110cmあり、もし手持ちの糸がぎりぎりの量しかないと足りなくなるでしょう。ほかの織機も含めてですが、たて糸の長さを正確に測りたい場合はまず整経長＋結び目分の長さの導き糸（伸びない綿糸など）を用意します。導き糸の長さに合わせてスティックを立てる位置を決めます。糸端が示すスティックでたて糸をかけると正確な整経長になります。

【1】

【2】

3 たて糸の密度と筬選び・糸選び

たまに50羽ソウコウは何を織るときに使うのですか？ と答えようのない質問をされることがあります。ひとつの筬でも織ろうとする布の技法や目的によって使用糸は変わってくるからです。

あくまで目安ですが、たてよこに同じ毛糸を使ってマフラーを織る場合は、20羽＝極太毛糸（1m/g程度）、30羽＝合太毛糸・並太毛糸（1.5～2.5m/g程度）、40羽＝並太毛糸・中細毛糸（2.5～3.5m/g程度）、50羽＝中細毛糸（4m/g程度）になります。迷った時は画像1のように定規などに糸を引っ張らずに隙間なく巻きつけます。ここによこ糸が加わることを考慮して、巻けた本数の1/2～2/3程度の筬を選びましょう。画像2.3.4.5は同じたて糸を20～50羽でかけ、1cm幅に裂いた薄い木綿の裂き布をよこ糸に織りこんだサンプルです。密度が細かくなるにつれ、たて糸が目立ってくるのがわかります。裂き布の幅を倍にすると20羽などはたて糸が隠れますが、それは綴れ織り（107ページ）という新たな織り技法になります。

画像6.7.8.9は細めの並太毛糸（2.7m/g）で千鳥格子を織りました。50羽はマフラーにするにはかなりかたい仕上がりとなり、20羽で普通に打ち込めばよこ糸が詰まって細いよこ縞の布になるでしょう。毛糸はこの後、縮絨仕上げ（179ページ）をすることでサイズがひとまわり小さくなる（たてよこの密度も詰まる）ので湯通し程度の仕上げをする場合は40羽、しっかり縮絨をする場合は30羽を選びます。はじめて使う糸はできるだけ本番を織る前に10cm程度でもサンプル織りをして確認するといいでしょう。

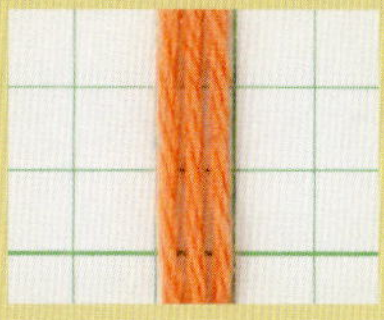
【1】

【2】20羽

【3】30羽

【4】40羽

【5】50羽
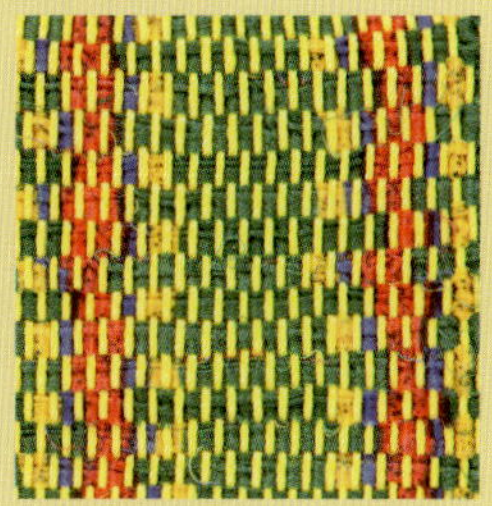

【6】20羽

【7】30羽

【8】40羽

【9】50羽

綾織りバリエーション

4枚ソウコウでできる綾織りのバリエーションは無限といってもいいほど豊富です。上下2点のマフラーは同じたて糸の踏み順やよこ糸の色違いで織りました。組織図の中の黒い太枠は、完全意匠（最小織りパターン）を表しています。この織り地を2枚ソウコウの織機で織る方法は21ページを参照してください。

DATA（P24~31まで共通）
筬目：50羽
織り寸法：22cm幅×140cm
整経長：2m
幅と本数：20cm幅110本
よこ糸密度：4段/cm

使用糸（たてよことも同じ）：並太毛糸（ウール100%） 53m/20g（約2.7m/g）
使用量：たて糸▶220m よこ糸▶136m

バリエーション 1

順通しと呼ばれるもっとも基本的な綾織りのたて糸の通し方です。
からし色のたて糸に対し、1-1は淡い黄色のよこ糸で、織り方は踏み順を交互にしたジグザグ模様です。1-2は茶色のよこ糸で綾織りと平織りを交互に織っているため、表裏で異なる柄の出方をします。

SAMPLE

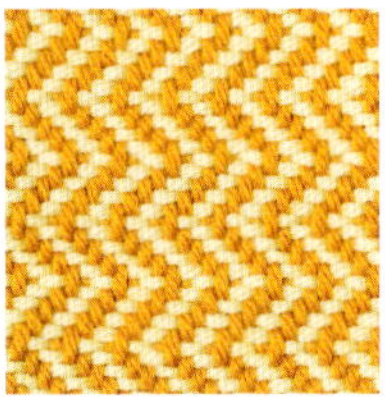

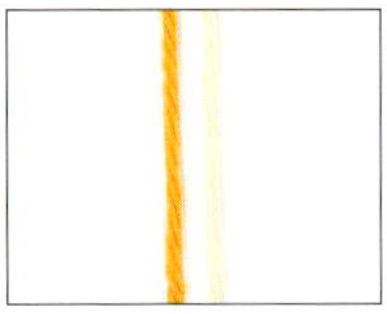

組織図 綾織りバリエーション 1-1

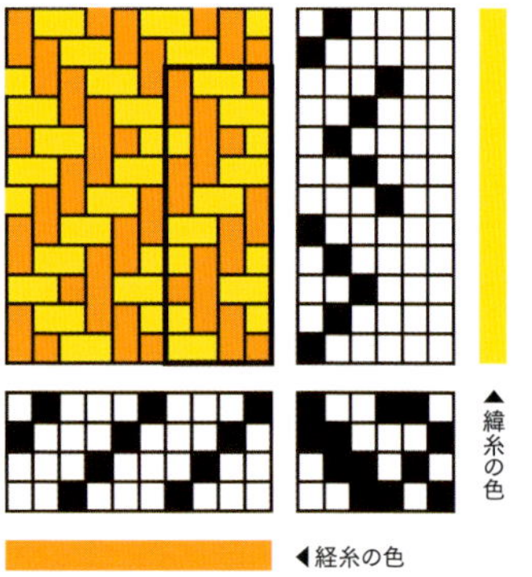

SAMPLE

表

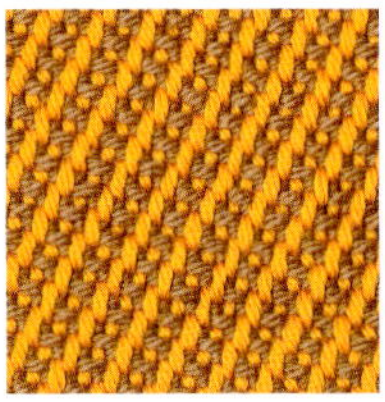

裏

組織図 綾織りバリエーション 1-2

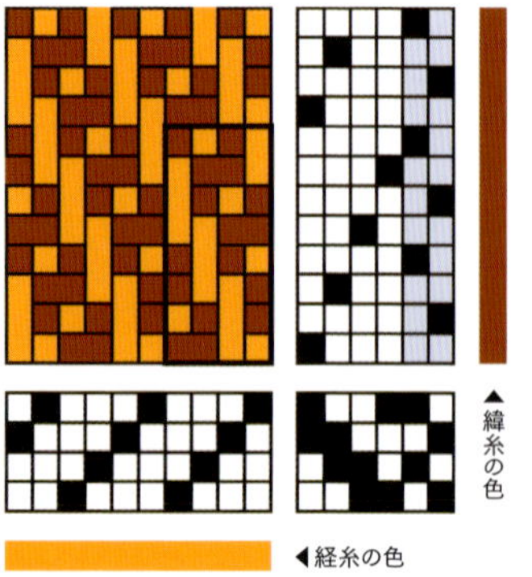

バリエーション 2

濃いグレーを使い、山形斜紋とも呼ばれるたて糸の通し方をしました。

2－1のよこ糸紺は基本的な順番で踏み木を踏んでいるので、山形がそのまま柄としてできており表裏で柄は一緒です。

2－2のよこ糸淡いピンクは綾織りに平織りを交えて大柄にしました。

表裏でまるで異なる柄の出方になります。柄をはっきり見せたいときは、たてよこで色の差をつけるといいでしょう。

SAMPLE

組織図 綾織りバリエーション 2-1

SAMPLE

表

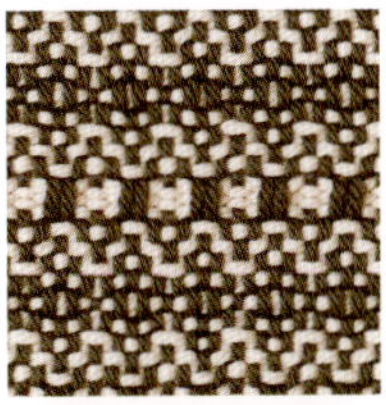

裏

組織図 綾織りバリエーション 2-2

バリエーション 3

濃い紫色のたて糸で、ローズパスを織りだす通し方をしました。めしべを表す芯部分とそれを中心に広がる花びら、3-2表面の拡大図が典型的なローズパスの柄です。ローズパスを織りだすたて糸の通し方はいくつかあり、この通し方はどちらかといえば小花を散らせたような柄を織りだしたいときに使います。もっと大きな柄にしたいときは同じローズパスでもバリエーション8の通し方をするとよいでしょう。3-1の織り図と卓上織機での織り方は18ページでも取り上げています。

SAMPLE

表

裏

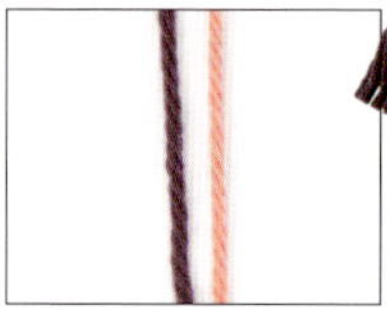

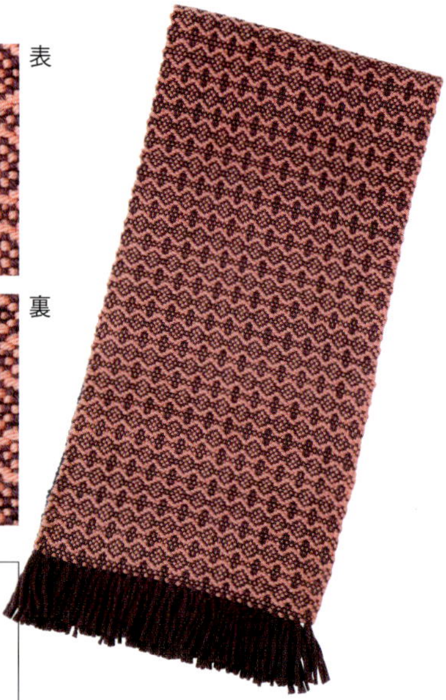

組織図　綾織りバリエーション 3-1

SAMPLE

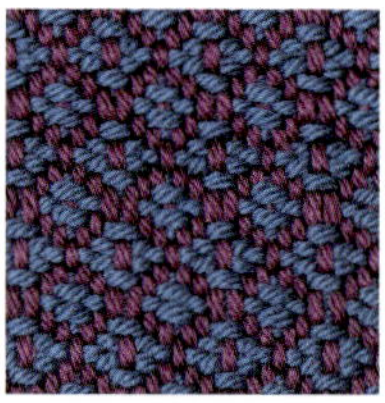

表

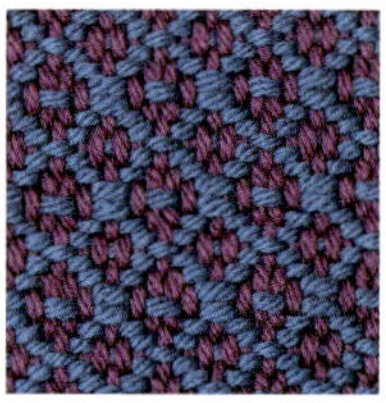

裏

組織図　綾織りバリエーション 3-2

バリエーション 4

マフラーではあまり使われない緑の毛糸で杉綾にソウコウ通しをしました。

4-1は、よこ糸に茶がかったオレンジを使っています。ソウコウの通し方と同じ順番でよこ糸を入れると四角い幾何学模様になります。

4-2のように基本の綾の踏み順を繰り返せば杉綾になります。植物らしい印象にするため、よこ糸に深緑を組み合わせました。

通し順に4.3.2.1あるいは1.2.3.4を繰り返すように増やせばもっと太い縞になります。

SAMPLE

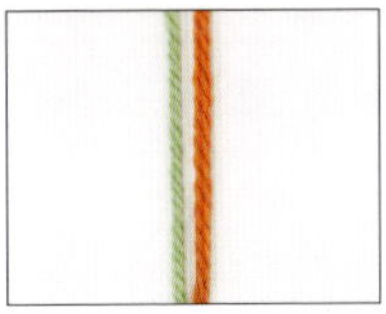

組織図　綾織りバリエーション 4-1

SAMPLE

組織図　綾織りバリエーション 4-2

バリエーション 5

飛び斜紋、あるいは乱れ斜紋と呼ばれるソウコウの通し方です。

一見不均等に見える柄を繰り返すことで調和させています。

白(生成り色)のたて糸に対して、エンジと深緑という濃い色をよこ糸に選びました。たてよこの色の差が近いとわかりにくい柄なので、差のある色を選ぶとよいでしょう。

SAMPLE

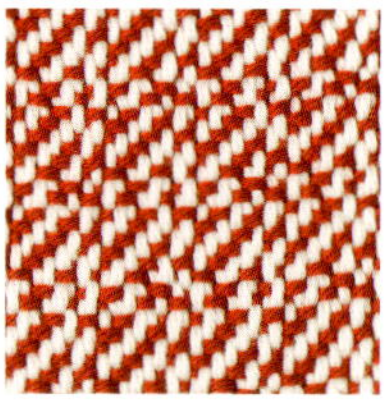

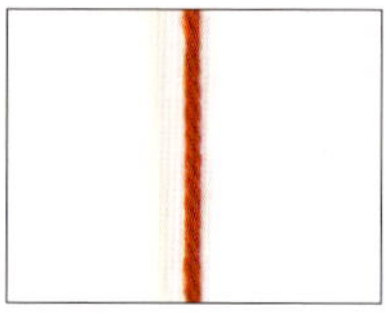

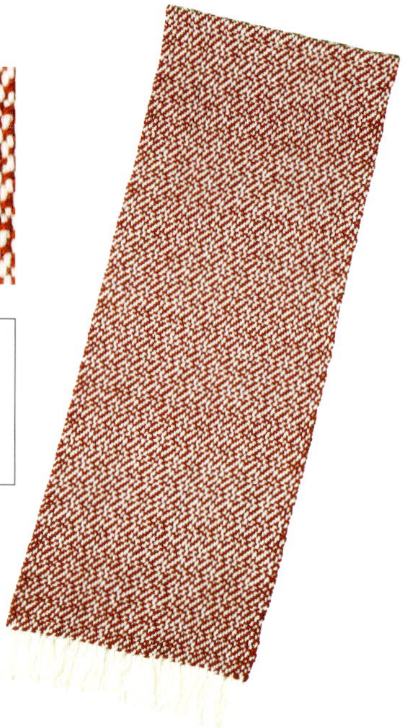

組織図　綾織りバリエーション 5-1

SAMPLE

表

裏

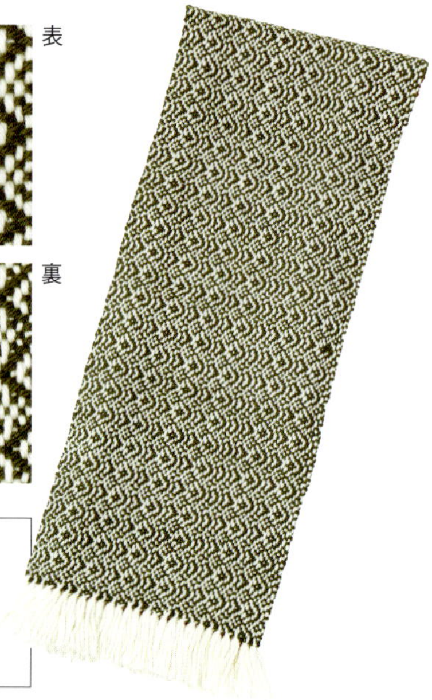

組織図　綾織りバリエーション 5-2

バリエーション 6

基本の踏み順でよこ糸を入れていくと斜めの網代柄になるため網代斜紋とも呼ばれるソウコウの通し方です。

朱色がかった赤い糸をたて糸にして、よこ糸にはグレーとこげ茶を使い、それぞれ異なる踏み順で織りました。

2枚とも織り布の表裏が柄が変わります。不規則な柄の表情のおもしろさが特徴の変化綾りです。

SAMPLE

表

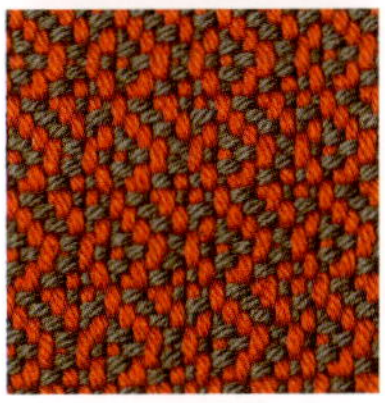

裏

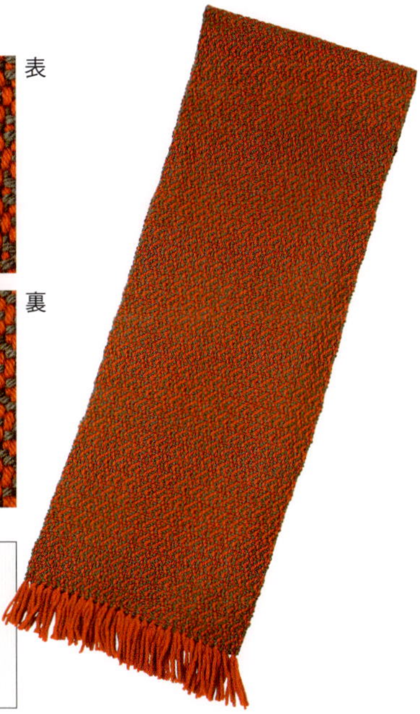

組織図　綾織りバリエーション 6-1

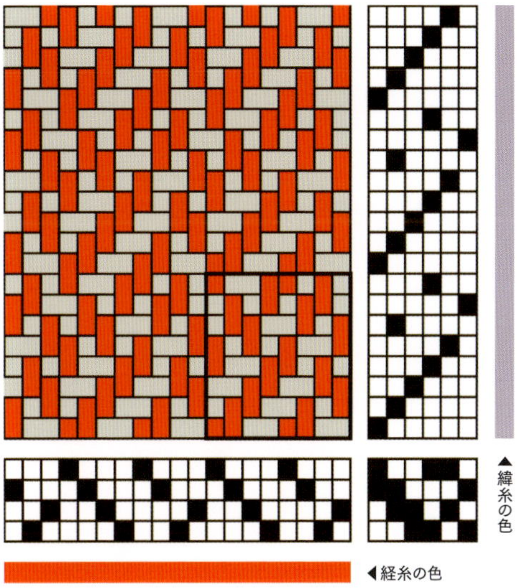

SAMPLE

表

裏

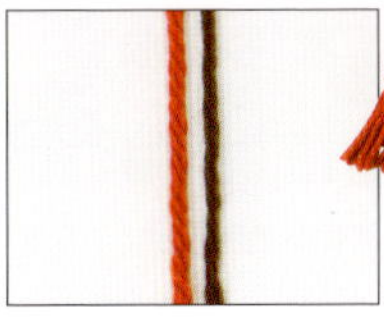

組織図　綾織りバリエーション 6-2

バリエーション 7

バーズアイと呼ばれる柄を織りだすときの通し順で、水色の毛糸をたて糸にしました。

7-1の裏面拡大写真で水色の囲みの中の紺色の糸が2段平行に並んでおり、その2段の紺の間に水色の糸が見え隠れしているのがわかるでしょうか。人間の瞼は上だけ下がりますが、鳥の瞼は上下同時に閉じたり開いたりします。2段並行の隙間から見える水色の毛糸が鳥の目に似ているのでバーズアイと言われます。わたしには鳥の目というよりかわいい小花柄に見えますが……。

SAMPLE

表

裏

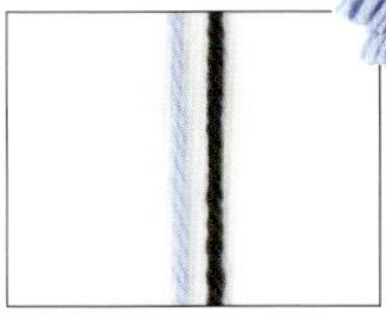

組織図　綾織りバリエーション 7-1

SAMPLE

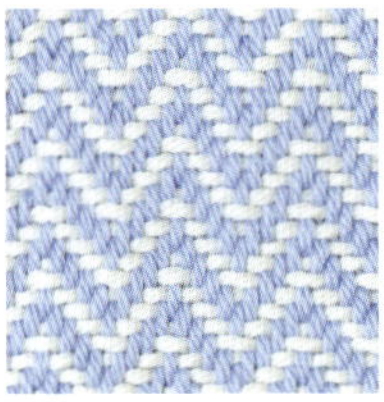

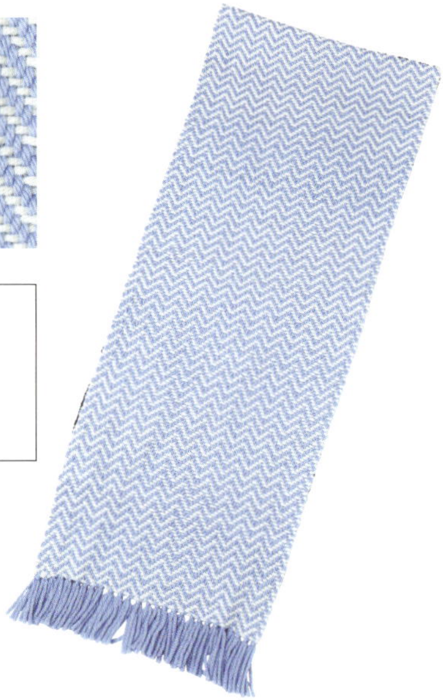

組織図　綾織りバリエーション 7-2

バリエーション 8

ピンクのたて糸を使ったこの通し方もローズパスの一例です。

このたて糸の通し方は168ページのバウンド織り（ブンデンローセンゴン）でも使っています。糸や密度の選び方でまったく違う織り技法に応用できるのも、手織りの楽しみのひとつです。

踏み順を複雑にすると大きな柄を織りだすことができます。紫と薄茶のよこ糸で印象の異なるバラ園を織りあげました。

SAMPLE

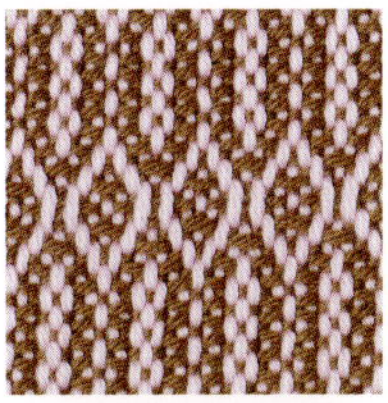

表

裏

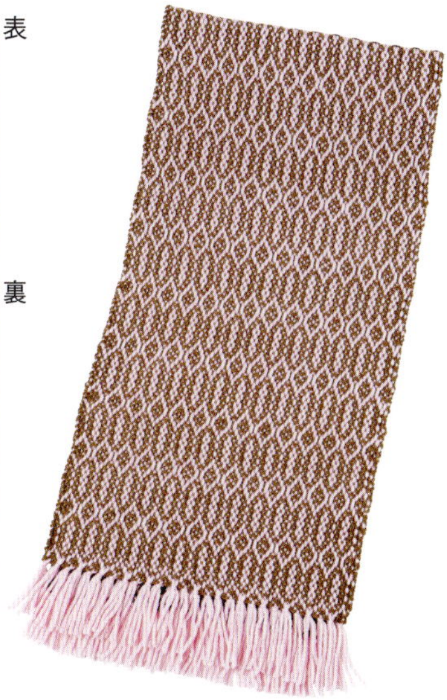

組織図　綾織りバリエーション 8-1

SAMPLE

表

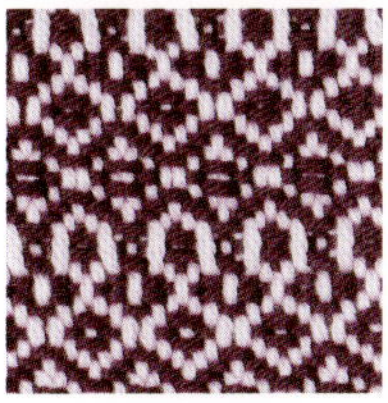

裏

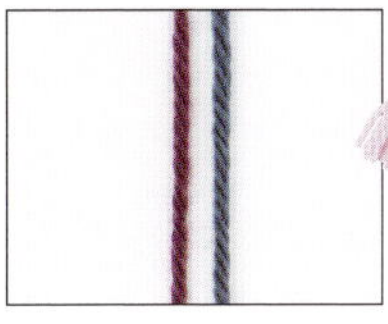

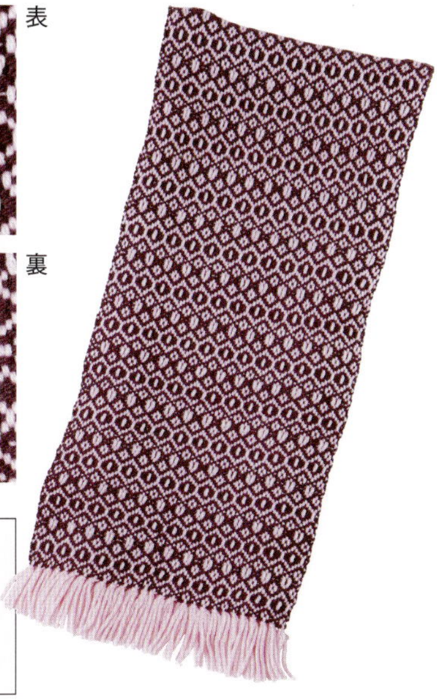

組織図　綾織りバリエーション 8-2

曲がり斜紋のアルパカマフラー

ヤマモモやクルミなど草木で染めたやさしい色を組み合わせてたて縞にしました。

この曲がり斜紋は12本ひと模様なので、縞は6の倍数にするとよいでしょう。

アルパカ素材のしっとりした肌触りはとても心地よいのですが、滑りやすいので打ち込みの加減に注意しましょう。軽い仕上がりのマフラーにしたかったので50羽を使いましたが、60羽くらいの方が織りやすいです。

SAMPLE

組織図 曲がり斜紋のアルパカマフラー

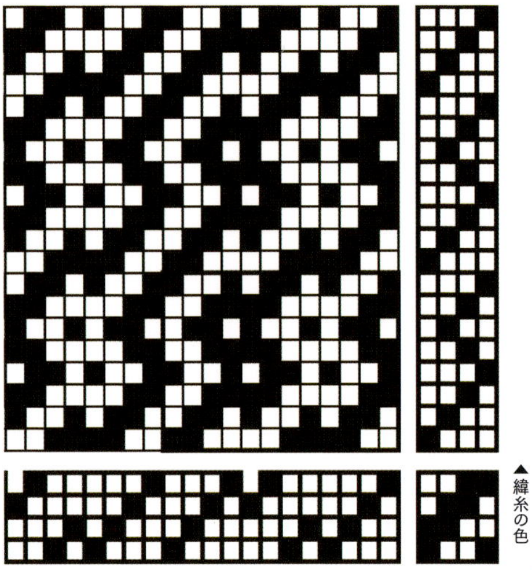

DATA

筬目:50羽
織り寸法:
20cm幅×150cm
整経長:2m
幅と本数:20cm100本
よこ糸密度:5段/cm

使用糸(たてよことも同じ):
中細毛糸ウール(アルパカ100%) 80m/25g(3.2m/g)
使用量:
たて糸▶200m
よこ糸▶150m

COLUMN

よこ糸の糸端の処理

織りはじめや織り終わり、あるいは途中でよこ糸を変えるときなど糸端ができたら、基本的には同じ段で折り返して処理をします。例外として綴れなど太いよこ糸の場合は折り返すとかえって目立つので、そのまま10cmほど出しておき、織り上がったあとに織り目に縫い込むなどして始末します。綴れ・浮き織り・はさみ織りなどの糸端の処理はそれぞれの項目で説明しています。糸に接ぎ目があった場合は一度切って3cm重ねて織り進みます。

マフラーなどのときのよこ糸の織りはじめの糸端は、一番端のたて糸にひっかけて同じ段に折り返す。

折り返してとび出した糸端は、織り上げたあとに切る。

CHAPTER

3

織りの技法

織りの技法

1.縞　2.格子　3.色糸効果　4.浮き織り　5.はさみ織り　6.透かし織り　7.スペース織り　8.パイル織り　9.綴れ織り　10.二重織り（4層構造の織り技法）　11.ベルト織り　12.カード織り　13.昼夜織り　14.絣　15.裂き織り　16.バウンド織り（ブンデンローセンゴン）

役立つ技法

織り人に役立つ簡単ステッチ・房の始末と増毛・かぎ針を使う・布の形を変える・織機をつくる・エコな草木染め・変わり素材を使う・ウールならではの特性を生かす・変わり糸を使う

織りの技法

1

縞

いちばん身近な織り模様といってもいい縞。
手織りだからこその特徴的な縞もたくさんあります。

ずいぶん前に房総地方の「唐桟織り」の工房を訪ねたことがあります。まだ織りを始めたばかりの頃でどこか旅行に出るときは前もってその地域の手織りを調べてできるだけ訪ねるようにしていました。初めて見た唐桟織りは木綿と思えないほどの艶としなやかさがあり、それよりその縞の種類の多さに圧倒されました。日本の縞の歴史はそれほど古くなく唐桟織りが伝わったのも江戸時代、唐は異国を表し、桟は筋、縞がとてもハイカラな柄であったことがしのばれます。

手織りを始めたら一度は必ず織るのが縞模様。自分で織るものに限らず、縞模様はあまりにも身近にたくさんあり過ぎて、あらためて技法というにはピンとこないかもしれませんが、手織りでできる特徴的な縞をいくつか取り上げました。

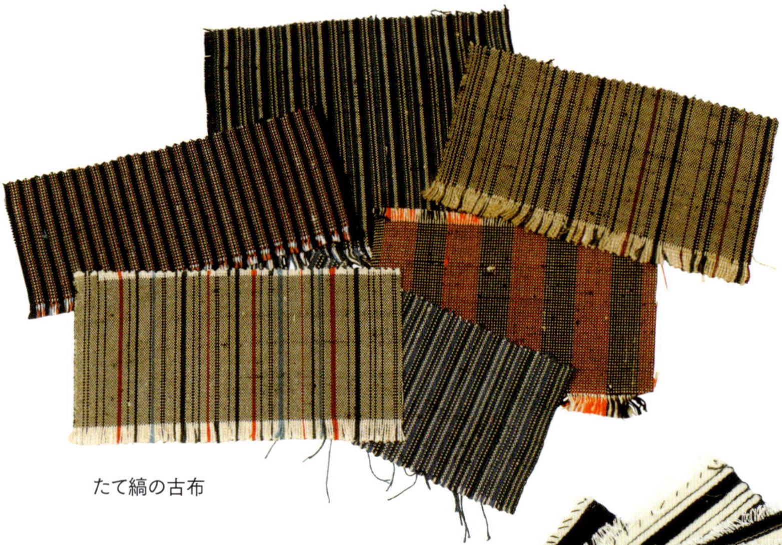

たて縞の古布

よこ縞のサンプル

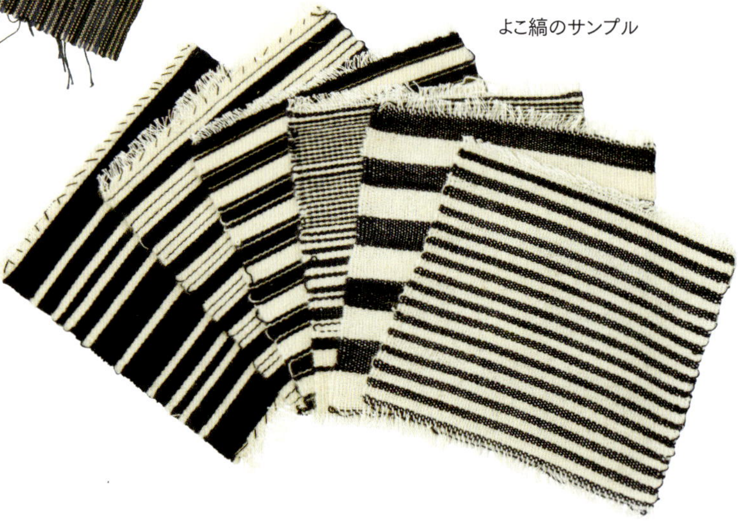

かつお縞のマフラー

縞には近い色の組み合わせや、逆にコントラストの強い組み合わせなどいろいろありますが、同系色の濃淡でグラデーションを出す縞はシンプルだけれど普遍的な魅力があります。このようなグラデーションの縞の中でも藍色の濃淡の縞を鰹の腹の色に例えてかつお縞と言います。ここでは濃中淡の3色を使い藍色以外に黒・オレンジ・茶の3タイプを織りました。

かつお縞の綾織りバージョン

同じたて糸の綾織りバージョンです。すっきりとした平織りもいいけれど、空気をたくさん含む綾織りのたて縞もおすすめです。

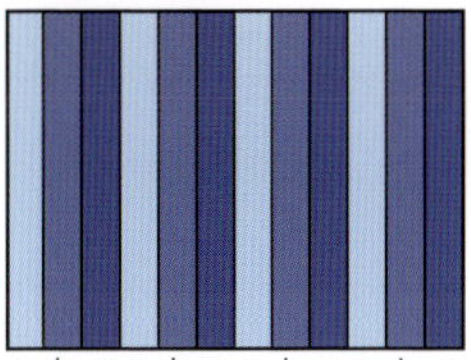

a b c a b c a b c a b c

●たて糸：a 淡色、b 中間色、c 濃色。各色6本ずつ計72本
●よこ糸：c一色

SAMPLE

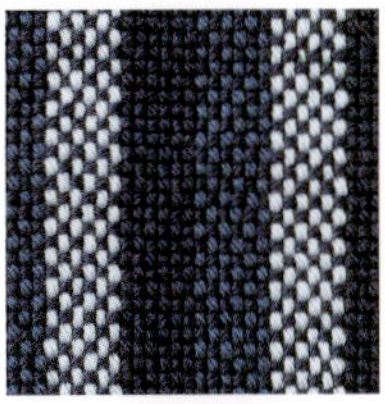

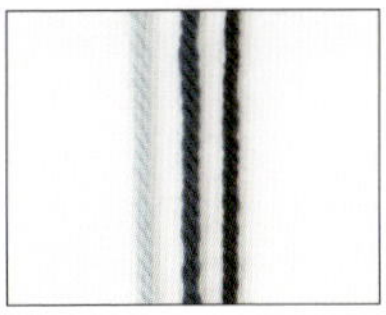

DATA

筬目：40羽
織り寸法：
18cm幅×130cm
整経長：2m
幅と本数：18cm72本
よこ糸密度：4段/cm

使用糸：たて糸▶並太毛糸　水色・青・紺（ウール100%）
53m/20g（2.7m/g）
よこ糸▶並太毛糸　紺（ウール100%）
53m/20g（2.7m/g）
使用量：
たて糸▶各46m
よこ糸▶103m

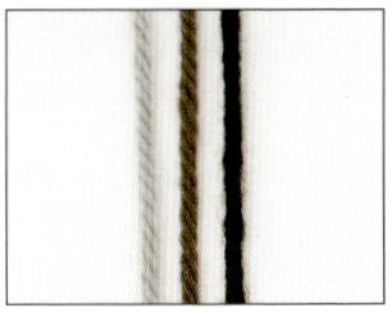

DATA

筬目：40羽
織り寸法：
18cm幅×130cm
整経長：2m
幅と本数：18cm72本
よこ糸密度：4段/cm

使用糸：たて糸▶並太毛糸　薄グレー・濃グレー・黒（ウール100%）
53m/20g（2.7m/g）
よこ糸▶並太毛糸　黒（ウール100%）
53m/20g（2.7m/g）
使用量：
たて糸▶各46m
よこ糸▶103m

DATA

筬目：40羽
織り寸法：
18cm幅×130cm
整経長：2m
幅と本数：18cm72本
よこ糸密度：4段/cm

使用糸：たて糸▶並太毛糸　ベージュ・茶・こげ茶（ウール100%）
53m/20g（2.7m/g）
よこ糸▶並太毛糸　こげ茶（ウール100%）
53m/20g（2.7m/g）
使用量：
たて糸▶各46m
よこ糸▶103m

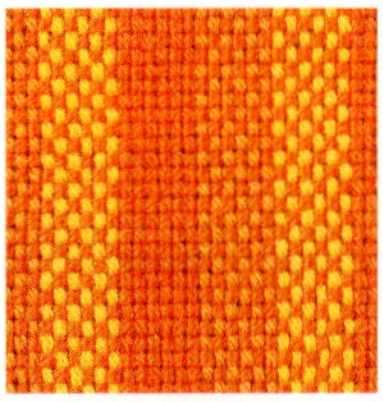

DATA

筬目：40羽
織り寸法：
18cm幅×130cm
整経長：2m
幅と本数：18cm72本
よこ糸密度：4段/cm

使用糸：たて糸▶並太毛糸　黄色・淡オレンジ・濃オレンジ（ウール100%）
53m/20g（2.7m/g）
よこ糸▶並太毛糸　濃オレンジ（ウール100%）
53m/20g（2.7m/g）
使用量：
たて糸▶各46m
よこ糸▶103m

よろけ縞

縞と言えば本来直線です。そのたてよこの縞を曲線で表したのがよろけ縞です。よこによろける曲線の縞は通常の平たい筬ではなく厚みのある波状の専用筬を使ったり、まっすぐに織った布を凹凸のある専用のスティックや櫛で打ち込むことでつくりだします。

たてに曲線の出るたてよろけ縞はその形から瓢箪縞とも呼ばれます。よろけ縞はたて糸の密度を織り途中で変えることによってその曲線を描きます。本来は専用の筬を使いますが、織り途中でたて糸を動かせるオープンリードの卓上織機でもよろけ縞は織ることができます。

PROCESS　●専用のよろけ筬の使い方

1　専用のよろけ筬はひとつの溝の上下で幅が変わり、全体に三角が連なる形(画像38ページ)。筬のたての幅の中央にたて糸を位置させると、どの縞も同じ幅になる。

2　筬のたての幅の下にたて糸を位置させると赤の縞は密度が粗いため幅が広く、茶は逆に狭くなる。

3　筬の上にたて糸を位置させると2と逆の密度の縞になる。専用の筬を使ったたてよろけの曲線は手の加減で調節する。

オープンリードのよろけ縞マフラー

よろけ縞はたて糸の密度の違いで曲線を織りだします。オープンリードの織機を使い、織りながらたて糸の位置をずらすことでよろけ縞をつくりましょう。

作品例のA(21本×2縞マフラー)とB(9本×5縞マフラー)はたてよことも同じ糸で織ってあるので筬目・よこ糸密度・整経長は変わりません。

A
21本×2縞の
よろけマフラー

B
9本×5縞の
よろけマフラー

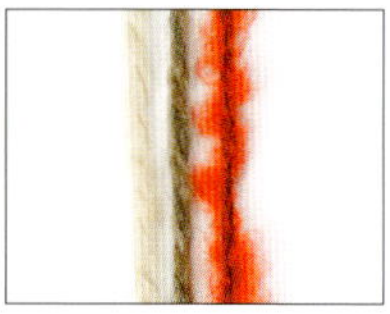

DATA

筬目:50羽(手順は見やすいように30羽で説明)
織り寸法:
A 16cm幅×140cm
B 16cm幅×140cm
整経長:2m
幅と本数:
A 16cm42本(茶・ベージュ各21本)
B 16cm45本(茶27本、ベージュ18本)
よこ糸密度:2段/cm

使用糸:たて糸▶合太毛糸　茶・ベージュ(ウール70%、アクリル30%) 100m/50g(2m/g)
よこ糸▶変わり糸　赤(アクリル81%、ナイロン19%) 68m/30g(約2.3m/g)
使用量:
A たて糸▶茶・ベージュ各42m
　よこ糸▶赤47m
B たて糸▶茶54m、ベージュ36m
　よこ糸▶赤47m

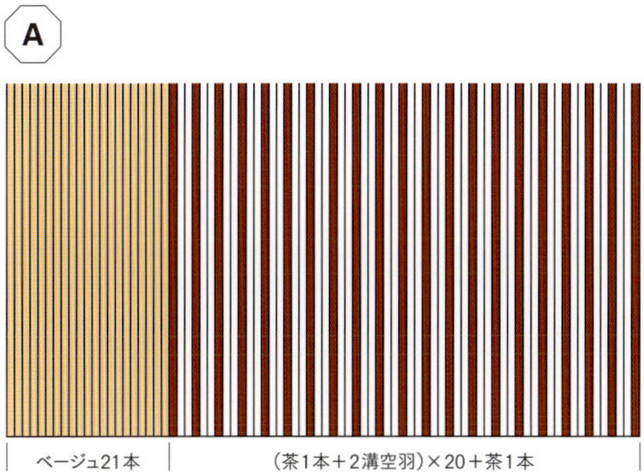

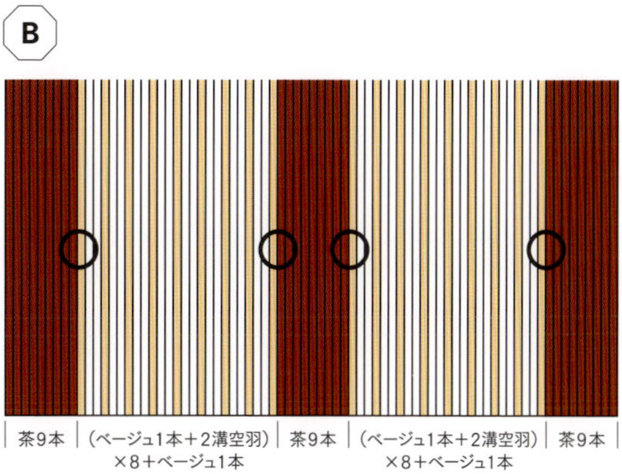

PROCESS

1 9本の茶色の縞が広がるようにたて糸を動かす（写真は動かす前の状態）。たて糸を動かす作業は図Bの○印の4箇所で同時に行う。

2 ベージュと茶の端の糸を2本一緒に2溝移動させ、その後2段平織りする（茶の縞の左側で説明するが、右側も同時にたて糸を動かす）。

3 左端の茶を2溝左へ、2本目の茶も2溝移動させ、2段平織りする。それに伴いベージュも動かすのでベージュの縞は狭くなる。

4 同じ要領で2溝ずつ移動させ、2段平織りする。

5 4回目。9本の縞の両側4本ずつずらしたこの段階で茶とベージュの縞の太さが入れ替わる。

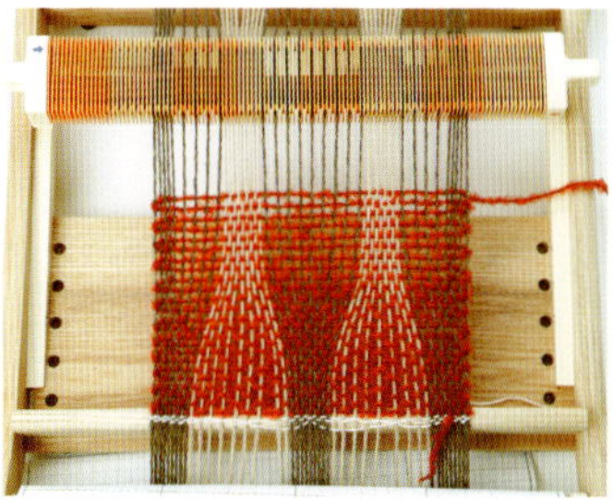

6 そのまま25段平織りをするときれいに曲線が出る。

7 次にベージュの縞を広げる。はじめはこの状態。

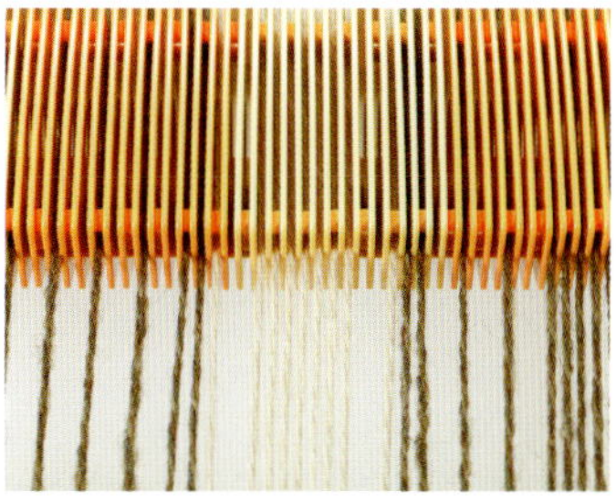

8 ベージュの両端の糸を2溝ずらして2段平織り。ベージュの縞を広げ、茶の縞を狭めていく。

9 2色の縞の太さが入れ変わったら平織り25段を織る。2色の縞は**1**と同じ状態に戻った。

参考作品

専用の筬を使って裂き織りのよろけ縞

わたしの使用しているよろけ筬の1つの縞のたて糸の本数は21本です。筬の密度は中間点で45羽、粗い部分で30羽、密な部分で90羽、これは変更できません。

よろけ縞のたて糸は適度に目立つ糸を使う必要がありますが、太い糸や節のある糸は縞が細くなる90羽部分で引っ掛かります。そこでこのバッグとワンピースはたて糸に幅3mm程度の薄い綿テープを使用しました。

ワンピースはたて絣です。縞の細くなる部分に淡い色が来るように調節し、縞が太くなるに従って濃い色へと変化するように絣足をランダムに乱してあります。バッグ地はコロンと丸いよろけ縞です。オープンリード織機でもよろけ縞はできますが（36ページ参照）、この丸みのある柄は強く打ちこむことのできる専用の筬ならではのよろけ縞です。

よこ糸は軽い織り地に仕上げるためシルクシフォンを約1cm幅に裂いて使用しています。

下が普通の筬、上がたてよろけの専用筬。幅厚みともひと回り大きい。密度は一種類だが幅は10cm単位で扱われている。

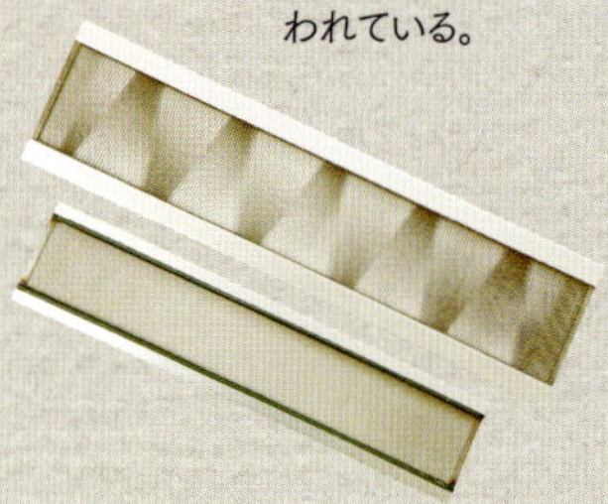

使用素材

たて：綿テープ（綿100%）125m/30g（4.2m/g）

よこ：シルクシフォン（裂き幅約1cm）

残り糸でつくるたて縞のマフラー

家にあるちょっとずつ残った毛糸でオリジナルのたて縞マフラーをつくりましょう。

まず最初にするのはマフラーの条件設定です。ここでは40羽ソウコウを使い、20cm幅×150cmのマフラーにすることにしました。

たて縞を生かすため、たて糸はやや太めを選びます（下の写真A）。たて糸は40羽×20cmで80本必要です。選んだ糸をそれぞれ整経長2mの束にし、約80本用意します。ここでは6色使いました。

よこ糸はたて糸の縞の邪魔にならない細めの中細毛糸ピンク（下の写真B）を選び、一色でゆるめに織ります。

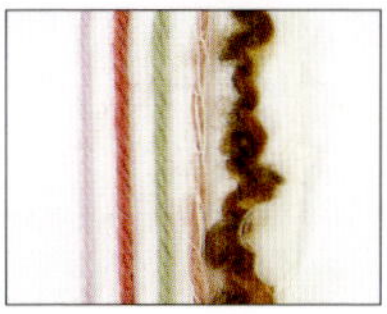

DATA

筬目：40羽
織り寸法：
20cm幅×150cm
整経長：2m
幅と本数：
20cm約80本
よこ糸密度：2段/cm

使用糸：たて糸▶
①つやのあるピンク（アクリル30%、レーヨン26%、モヘア22%）
64m/30g（2.1m/g）
②茶のもこもこ糸（アクリル68%、ウール23%、ナイロン9%）
68m/40g（1.7m/g）
③白のもこもこ糸（毛75%、アクリル24%、ナイロン1%）
35m/30g（1.2m/g）
④赤（ウール100%）
95m/40g
⑤緑（ウール100%）
95m/40g
よこ糸▶
細いピンク（ウール100%）
180m/40g（4.5m/g）
使用量：たて糸▶
①42m②18m③18m
④36m⑤56m
よこ糸▶60m

PROCESS

1 整経長2mになるようスティックを立てる。

2 選んだ残り糸をそれぞれ2mの長さに揃え束にする。

3 ピンクは21本、茶は9本、白は9本、赤は18本取れた。緑の糸は多めにあったので、約80本になるよう28本分整経した。

オリジナルの縞デザインはリピートで

最大公約数で細い縞をつくる。茶と白が9本なので、それぞれの糸を9分割してピンク2本、茶と白各1本、赤2本、緑3本計9本の中で並べる順番を考える。

ここでは茶・赤・緑・ピンク・白の計9本×9縞で計81本のたて糸となる。

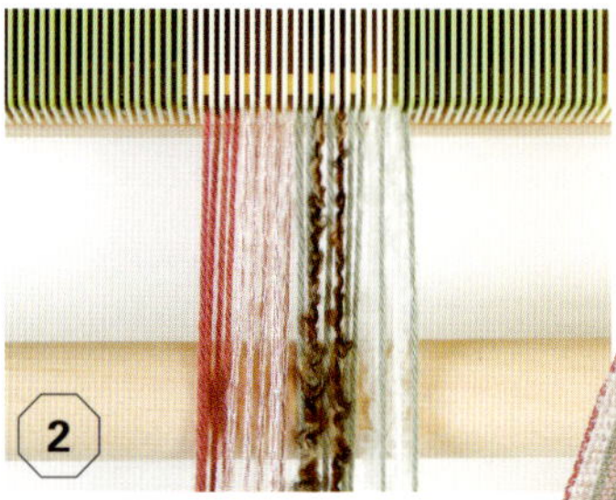

3分割で白茶各3本・ピンク7本・赤5本・緑9本が1つの縞の組み合わせ。

茶1本・ピンク1本・茶1本・ピンク1・茶1・緑3本・赤3本・緑3本・白1本・ピンク1本・白1本・ピンク1本・白1本・赤2本の計27本×3縞で計81本。

それぞれの糸を4分割にし、白と茶各2本・ピンク5本・赤4本・緑7本の計20本で1つの縞を考える。変わり糸を続けて並べると開口が悪くなるので間にプレーンな糸を挟むのがデザインのポイント。

ここでは赤4本・ピンク5本・緑2本・茶1本・緑1本・茶1本・緑2本・白1本・緑1本・白1本・緑1本の計20本×4縞で計80本。

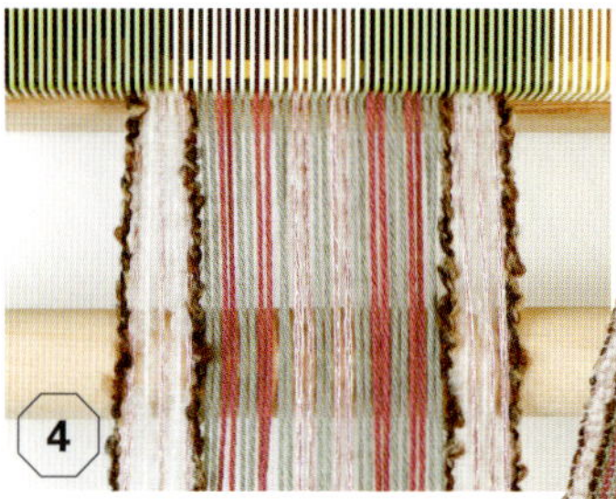

2分割で白・茶各4本,ピンク10本・赤8本・緑14本の組み合わせ。

A(茶1本・ピンク1本・白1本・ピンク1本・白1本・ピンク1本・茶1本)＋B(緑2本・赤2本・緑2本・赤2本・緑2本)＋ピンク2本・緑2本・ピンク2本＋B＋Aで40本×2縞で計80本。

COLUMN

たてよこ糸の計算方法

たて糸の長さは整経長(織る布の長さ＋縮み分＋ムダ糸)×たて糸の本数です。織り布は仕上げると約1割縮みます。ムダ糸とは織ることのできないたて糸のはじめと終わりのロス分のこと。織機の種類によって異なりますが、高機の場合は1m、卓上織機は50cmを目安にします。

たて糸の本数は筬目×織り幅です。筬目30羽とある場合この本では1cmに3本が筬のたて糸の密度になりますが、寸尺や輸入織機の中にはインチを単位としている筬もあるので注意しましょう。織り上げた布は幅も約1割縮むので、その分を考慮して織り幅を決めます。

たて糸の重さは、たて糸の長さ÷使用糸の1g当たりのm数です。たてよことも同じ糸で平織りをする場合のよこ糸の目安はたて糸の7割程度と考えるとよいでしょう。

織りの技法
2

格子

タータンチェックに代表される身近な柄。
色の組み合わせによっても、いろいろな表情を見せてくれます。

縞同様、とても身近な柄なのが格子です。手織りはたて糸とよこ糸で成り立っているのでほかの技法でのデザインを考えていて結果的にチェック柄となっていることもよくあります。格子そのものが柄となっている技法といえばタータンチェック。タータンチェックはスコットランドのある地方が発祥とされ、その伝統柄は日本における家紋同様、その氏族を表しています。伝統の保護などの意味から正しい意味でのタータンチェックは登録制になっています。

何色もの色を使ってつくる細かいチェック柄はその色の組み合わせを考えたり試作する過程がとても楽しくそればかりをしていた時期もありますが、わたしのつくる格子はタータンチェック風というべきですね。

平織りの千鳥格子マフラー(ツーアンドツーチェック)

2色の糸でたて糸は2本ずつの縞、よこ糸も2段ずつ交互に織ると平織りの千鳥格子ができます。千鳥格子を織る上での一番の注意点はたてよこ糸の密度バランス、たてよこどちらから見ても同じに見えるのが理想です。毛糸のマフラーでたて糸を強く張る傾向のある人は千鳥格子の場合、少し縦長になるくらいの加減で打ち込むとよいでしょう。

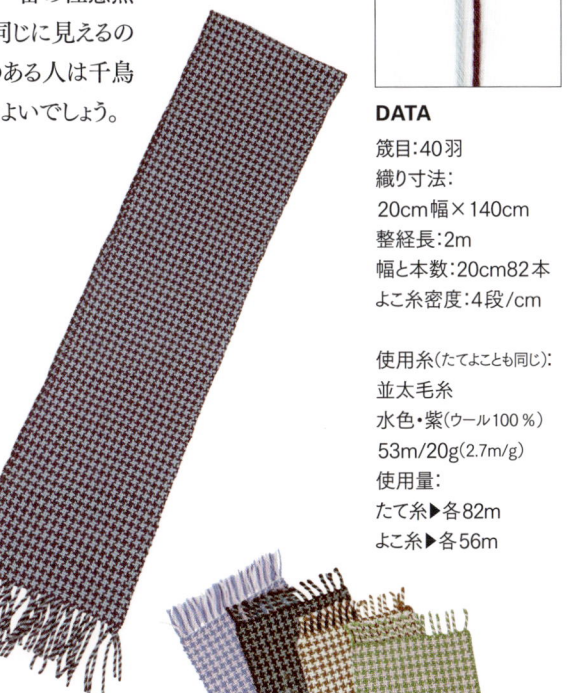

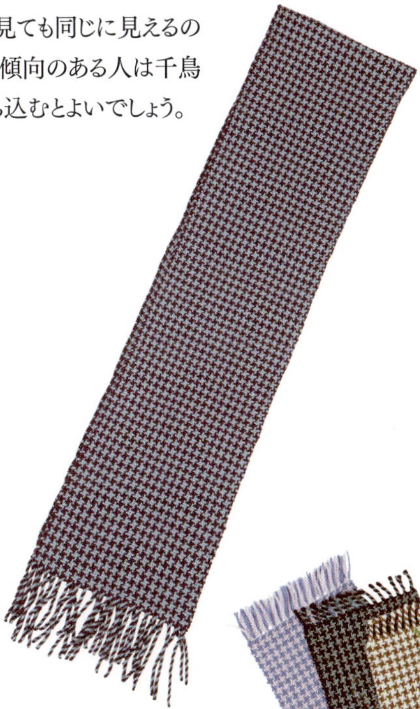

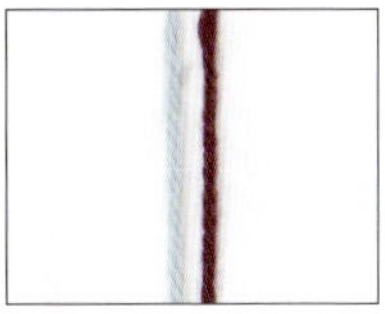

DATA
筬目:40羽
織り寸法:
20cm幅×140cm
整経長:2m
幅と本数:20cm82本
よこ糸密度:4段/cm

使用糸(たてよことも同じ):
並太毛糸
水色・紫(ウール100%)
53m/20g(2.7m/g)
使用量:
たて糸▶各82m
よこ糸▶各56m

組織図　平織りの千鳥格子マフラー

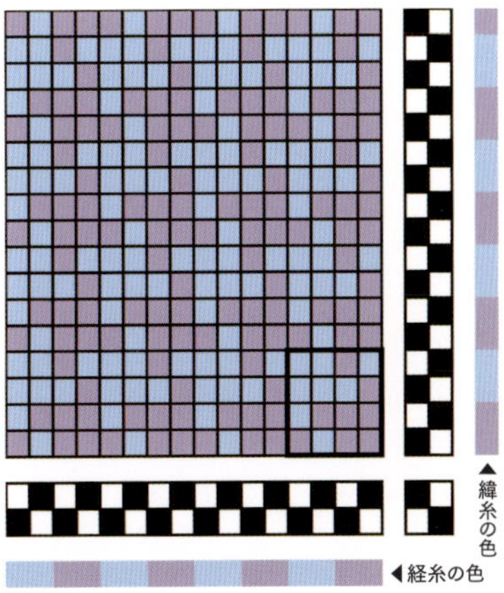

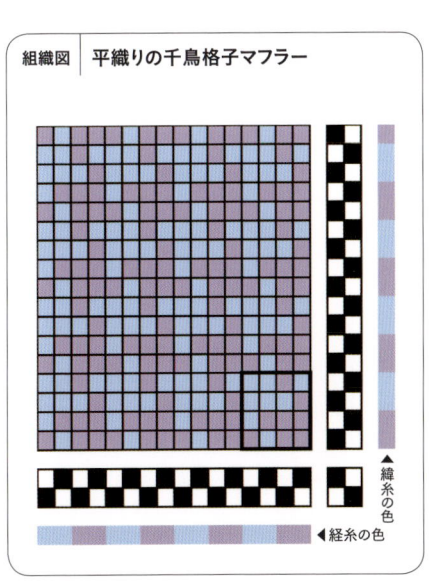

●たて糸:(紫2本+水色2本)×20回+紫2本
●よこ糸:紫2段+水色2段の繰り返し

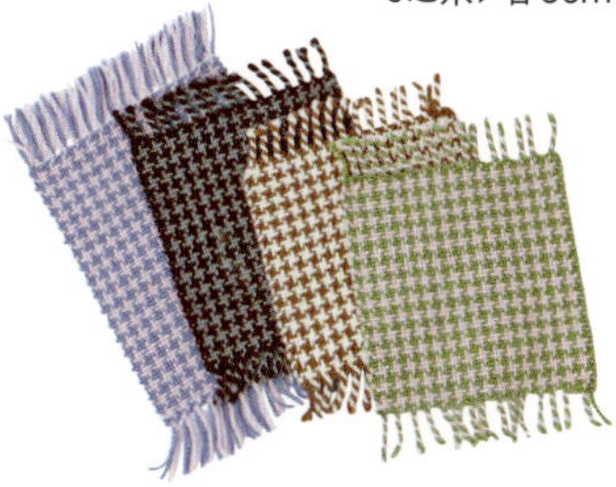

綾千鳥のマフラー

2色の糸でたて糸は4本ずつの縞、よこ糸の4段ずつ平織りで交互に織ると細かいチェックになります。でも綾織りで織ると糸足が上下左右にずれて千鳥格子柄になります。

最小単位のツーアンドツーチェックと違ってこの綾千鳥は織り図を見ても千鳥が飛び立つさまが想像できます。たてよこ6本ずつの綾織りでも千鳥格子になります。

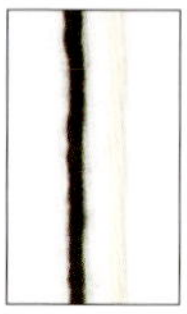

DATA

筬目:40羽
織り寸法:
20cm幅×200cm
整経長:2m
幅と本数:20cm80本
よこ糸密度:4段/cm

使用糸(たてよことも同じ):
並太毛糸　黄緑・深緑
(ウール100%)
53m/20g(2.7m/g)
使用量:
たて糸▶各80m
よこ糸▶各60m
※写真左は同じ糸の白と黒を使用。

組織図　綾千鳥のマフラー

●たて糸:(深緑4本+黄緑4本)×7回+深緑4本
●よこ糸:深緑4段+黄緑4段の繰り返し

カラーサンプルショール

黄・紺・緑・茶・赤・黒6色の濃淡12色の色糸を使って、カラーサンプルにもなるショールをつくりました。

手織りの色合わせは絵の具の色を混ぜるのに似ています。たてよこで違う色が重なればまた別の色が生まれます。素材は問いませんが、色の組み合わせを考えるときの参考になるので、一度は作っておきたいのがカラーサンプルです。

DATA

筬目:40羽
織り寸法:
40cm幅×150cm
整経長:2m
幅と本数:20cm160本
よこ糸密度:4段/cm

使用糸(たてよことも同じ):
並太毛糸
11色(ウール100%)
53m/20g(2.7m/g)
使用量:
たて糸▶各22m
よこ糸▶22m

●よこ糸:たて糸と同じ色の順番で12段ずつの繰り返し

ななこ織りのマフラー

ななこ織りはその柄が魚のたまごに似ていることから漢字では魚子織り、あるいは七子織り、斜子織りと書くこともあります。織り組織は平織りの拡大で、たてよこの糸が2本ずつなど複数本で動き、このマフラーは3本ずつのななこ織りです。データに30羽とありますが、筬ソウコウ織機の場合は変化通し(22ページ)なので50羽ソウコウを使用します。

DATA

筬目:30羽
織り寸法:
20cm幅×150cm
整経長:200cm
幅と本数:20cm60本
よこ糸密度:3段/cm

使用糸(たてよことも同じ):
並太ツイード毛糸 (ウール100%)
53m/20g(2.7m/g)
はさみ糸/2色(アクリル85%、ナイロン15%)
48m/40g(1.2m/g)
使用量:
たて糸▶A100m B20m
よこ糸▶A75m B15m

SAMPLE

偶数と奇数のななこ織り

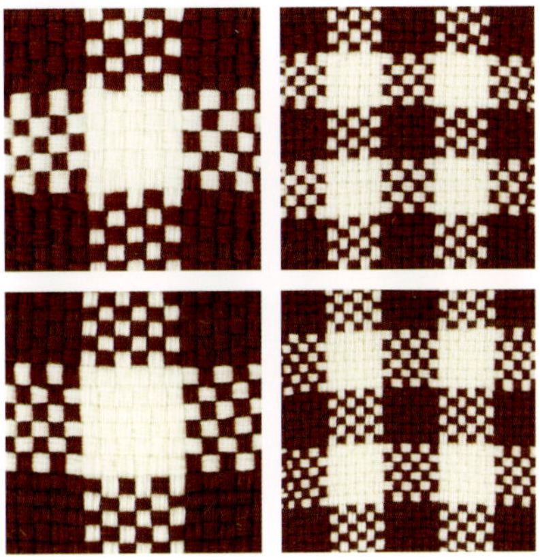

複数本1組の縞の本数を奇数にすると左右対称の格子になる。

たてよことも偶数にすると格子の角が変化する。

組織図　ななこ織りのマフラー

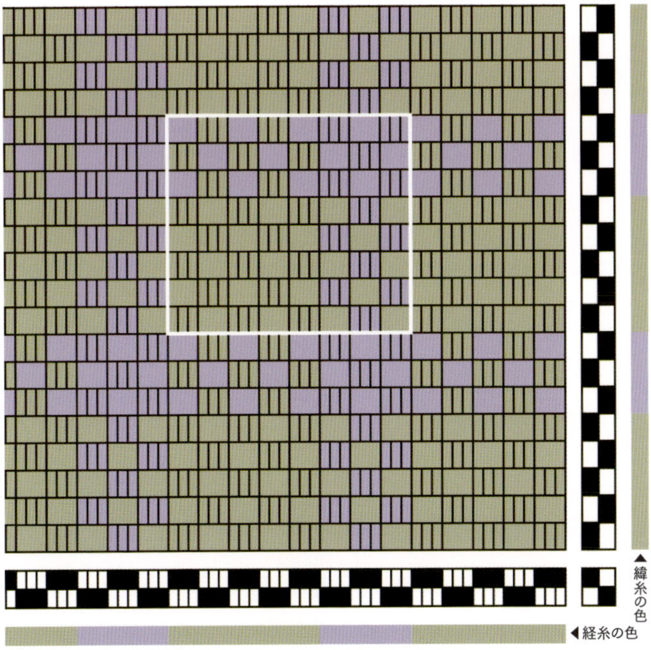

●たて糸:グレー15本＋紫9本)×2回＋グレー15本
●よこ糸:グレー15段＋紫9段の繰り返し
1組3本とし、たては3本ずつ同じ動き、よこは3段ずつ同じ開口。

PROCESS

1 サンプルのななこ織り過程。たて糸は2本ずつ同じ動きのたて糸の通しを2本取りでしてあるので、4本4段のななこになる。

2 よこ糸も同じ開口で4段ずつ織る。折り返すときは一番端のたて糸にひっかける。

風車柄のマフラーとショール

シンプルに平織りをすればたて糸8本よこ糸8段の格子柄ですが、格子の隅を少しずつ延ばせば素敵な風車柄になります。

糸の重なり具合でAB二つのパターンがあり、Aパターンはソウコウを8枚使い、高機でピンクのショールを織りました。Bパターンは14枚ソウコウ。14枚ものソウコウを持つ織機をお持ちの方はあまりいないので、ここでは卓上織機でたて糸を拾いながら風車柄をつくっていきました。AB2パターンの柄の違いは、格子の境目部分の菱形ブロックです。織り図で比較してみてください。

右の写真のピンクとブルーのマフラーや茶系のバッグも2枚ソウコウの織機で織ってあります。

このような複雑な織り図を拾っていくときのもっと便利な方法は18ページで説明しているのでご参照ください。

A 8枚ソウコウの風車柄ショール

SAMPLE

DATA

筬目:70羽
織り寸法:32cm幅×160cm
整経長:210cm
幅と本数:32cm224本
よこ糸密度:7段/cm

使用糸(たてよことも同じ):中細毛糸ピンク・グレー(アルパカ100%) 90m/25g(3.6m/g)
使用量:
たて糸▶各236m
よこ糸▶各180m

この織り図通りに通すと耳の糸を毎回のように拾うことになります。8本の縞の中央2本は平織りです。

8本のたて縞にプラスで両脇4本ずつたて糸を増やすと平織りが端に来るので織りやすいでしょう。

組織図 | 8枚ソウコウの風車柄ショール

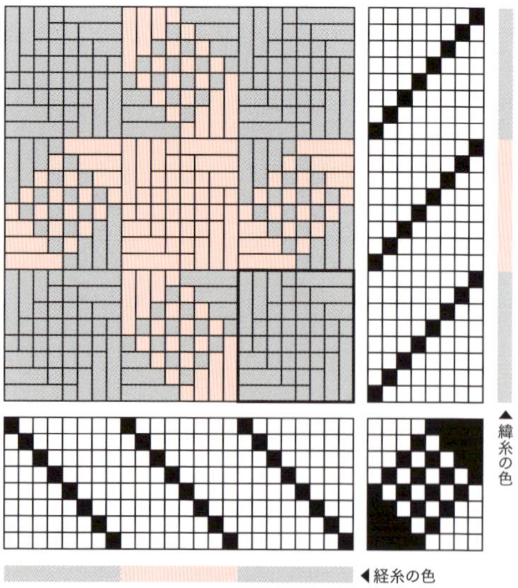

●たて糸:グレー4本+(ピンク8本+グレー8本)×27+ピンク4本
●よこ糸:グレー8段+ピンク8段の繰り返し

B 卓上織機の風車柄マフラー

30羽で2色のネップ入りの並太毛糸で風車柄を拾いながら織りましょう。ここでは風車柄を2列だけポイント的に入れています。

はじめは拾い方を迷いますが、何度か繰り返していくうちにパターンを自然と覚えていきます。赤8段・茶8段でひと模様ですが、柄のはじまりは赤あるいは茶の5段目からであることと、拾うまたは飛ばすたて糸はよこ糸と逆の色のたて糸であることを覚えておくとよいでしょう。また、織り図を拡大コピーして織機の横に置いてもいいですね。

SAMPLE

DATA

筬目:30羽
織り寸法:
20cm幅×150cm
整経長:2m
幅と本数:20cm58本
よこ糸密度:3段/cm

使用糸(たてよことも同じ):
並太ツイード毛糸
赤・茶(ウール78%、ナイロン9%、モヘヤ8%、アンゴラ5%)
57m/30g(1.9m/g)
使用量:たて糸▶
赤44m・茶72m
よこ糸▶赤・茶各45m

組織図 | 卓上織機の風車柄マフラー

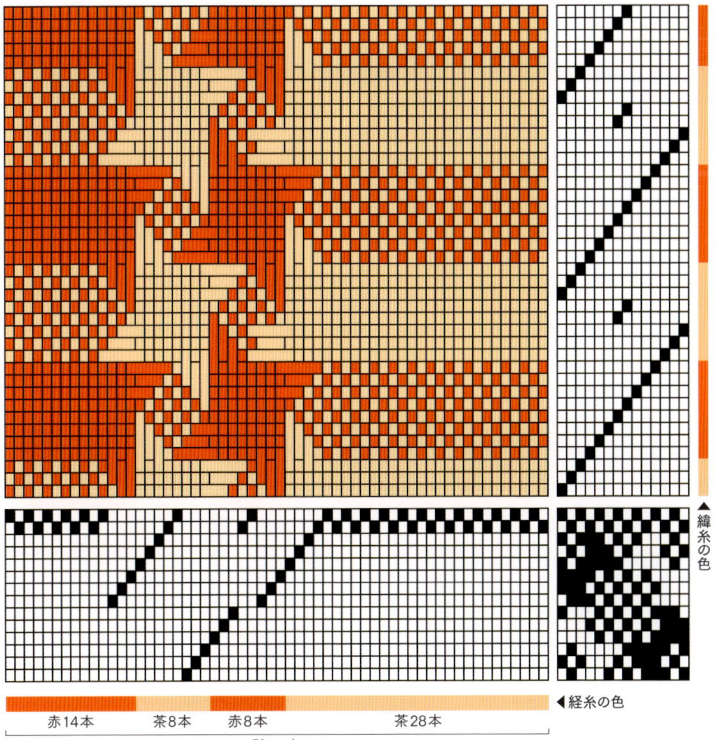

PROCESS

1 茶色の縞で風車をひとつ織っていく過程。始まりは、よこ糸赤の5段目。茶の縞の右端の糸がよこ糸の上に来る開口で一段平織りする。

2 よこ糸赤6段目。開口を変え、茶の左端1本目を飛ばし、右端1本目を拾って織る。

3 よこ糸赤7段目。開口を変え、茶の左端2本目を飛ばし、右端の2本目を拾って織る。

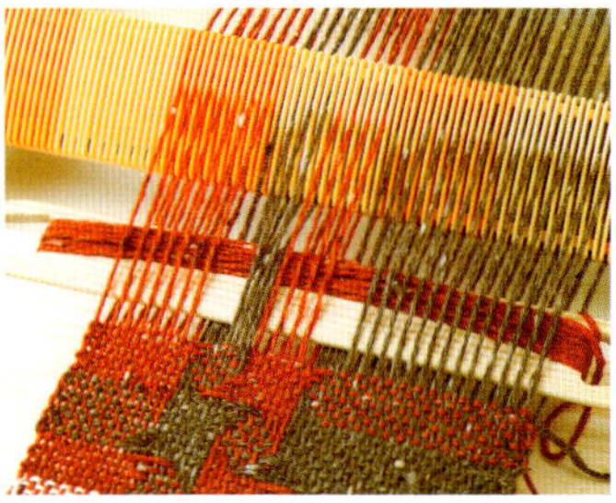

4 よこ糸赤8段目。開口を変え、茶の左端1本目と3本目を飛ばし、右端から1本目と3本目を拾って織る。

5 よこ糸を茶色に替えて1段目。茶の縞の左側の赤いたて糸の1本目と3本目を飛ばし、右側の赤いたて糸の1本目と3本目を拾って織る。

6 よこ糸茶2段目。左の赤いたて糸の2本目を飛ばし、右の赤いたて糸の2本目を拾って織る。

7 よこ糸茶3段目。左の赤いたて糸の1本目を飛ばし、右の赤いたて糸の1本目を拾って織る。

8 よこ糸茶の4段目と5段目は普通に平織りする。

9 よこ糸茶6段目。左の赤1本目を拾い、右の赤1本目を飛ばして織る。

10 よこ糸茶7段目。左赤2本目を飛ばし、右の赤2本目を飛ばして織る。

11 よこ糸茶8段目。左赤1本目と3本目を飛ばし、右の赤1本目と3本目を拾って織る。

12 よこ糸を赤に替えて1段目。茶の縞の左から1本目と3本目を拾い、右から1本目と3本目を飛ばして織る。

13 よこ糸赤2段目。右から2本目を飛ばし、左から2本目を拾って織る。

14 よこ糸赤3段目。右から1本目を飛ばし、左から1本目を拾って織る。

15 よこ糸赤4段目。そのまま平織りをして茶色い風車がひとつできた。

織りの技法 3

色糸効果

複数の色糸が織りなす幾何学模様。たて糸・よこ糸のかけ方や織り順により、さまざまな美しい柄を生み出せます。

たてよこに同じ太さの複数の糸を使うことで幾何学模様を織りだすことができます。それをここでは「色糸効果」と呼んでいます。

代表的な織り技法でいえば「網代織り」がそれにあたります。古い建築物に見られる網代天井、交互に組み合わさった竹編みの幾何学美を思わせる柄ができるので網代織りと言います。

網代織りの一例はAB2色の糸を使いABABの順に10本、次はBABAの順に10本でたて糸をかけ、よこ糸もABAB、BABAと交互に10段織ること。

そのほかの技法も含め、色糸効果の織りのパターンは無限ですが、いくつかの作品例を取りあげてみました。

4本網代のマフラー

もっとも最小単位でできる網代織りのたて糸はABAB、BABAの4本単位の縞の繰り返しです。そしてよこ糸もABAB、BABAの繰り返し、これが4本網代の織り方です。

地模様にも見える細かい柄のところどころに別の色でたて筋を入れたり、別糸を挟んだり、たて縞や枠をつくるとまた違った印象の網代織りになります。

組織図 | **4本網代のマフラー**

●たて糸・よこ糸とも：ABAB＋BABAの繰り返し

PROCESS

2本のよこ糸に交互に織り込んでいく場合は、たて糸の端を落とさないよう、2本の糸を耳で絡めながら織っていくのがポイント。

SAMPLE

DATA

筬目：40羽
織り寸法：
20cm幅×150cm
整経長：2m
幅と本数：20cm80本
よこ糸密度：4段/cm

使用糸(たてよことも同じ)：
並太毛糸　A ピンク・B 茶(ウール100%)
53m/20g(2.7m/g)
使用量：
たて糸▶各80m
よこ糸▶各60m

蚊絣風マフラー

絣《かすり》は糸の一部分を括り、染め残したその部分で柄を出す織り技法(149ページ)です。蚊絣はその中でも本当に小さな絣模様のことを指します。

それに対してここで提案のするのは絣風、染めた糸ではなく、濃淡のはっきりした2色の糸の色糸効果で蚊絣風の柄を織りだしています。

組織図　蚊絣風マフラー

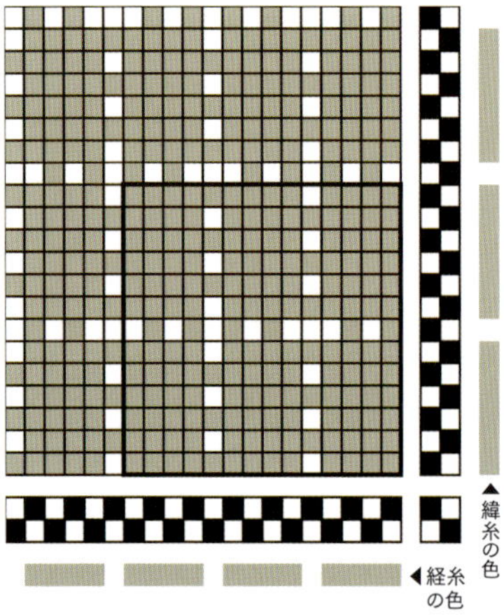

SAMPLE

●たて糸:(A4本+B1本)×24+A4本
●よこ糸:A6段+B1段の繰り返し

DATA

筬目:40羽
織り寸法:
18cm幅×150cm
整経長:2m
幅と本数:18cm84本
よこ糸密度:5段/cm

使用糸(たてよことも同じ):
並太毛糸
Aグレー・B白(ウール100%)
53m/20g(2.7m/g)
使用量:
たて糸▶
白34m・グレー134m
よこ糸▶
白20m・グレー115m

色糸効果ショール

紺と水色の2色の糸を使って色糸効果の組み合わせを一枚の布の中に織りだしました。

ABAB、AABB、BBABBA……とちょっとずつ組み合わせを変え、またよこ糸との組み合わせでできる平織りとは思えない不思議な柄が生まれます。

拡大画像は同じ糸での綾織り(22ページ)バージョンです。平織りから綾織りにすることでまた別の表情の幾何学模様が生まれます。

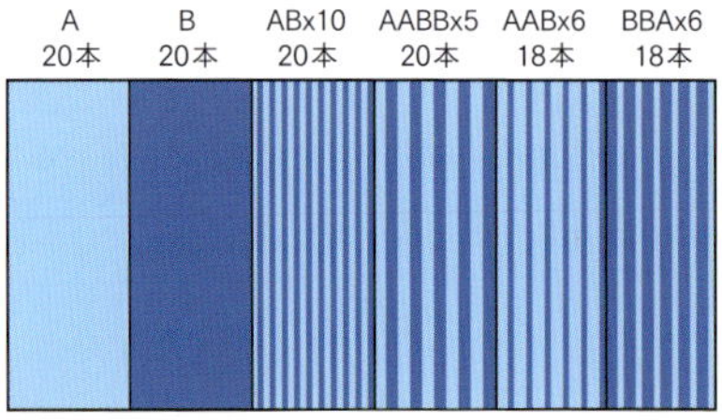

●経糸計160本　密度40羽
●パターン5と6は18本、あとは20本
●並び順:2−6−1−4−5−2−3−1(両端は22本)
●a色:水色 計80本　●b色:紺 計80本
●緯糸:1ブロック24段(最初と最後は25段)
●パターン順番:1−3−2−5−1−4−2−6−1−3−2−5−1−4−2−6−1−3−2−5−1−4−2−6−1−3−2−5−1
計29ブロック

SAMPLE

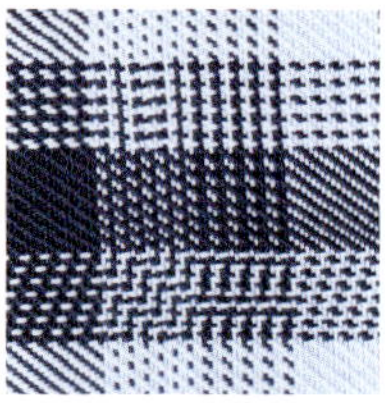

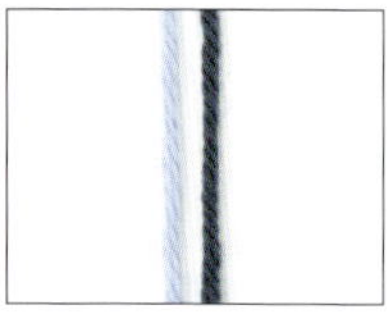

DATA

筬目:40羽
織り寸法:
40cm幅×140cm
整経長:2m
幅と本数:20cm160本
よこ糸密度:4段/cm

使用糸(たてよことも同じ):
並太毛糸
紺・水色(ウール100%)
53m/20g(2.7m/g)
使用量:
たて糸▶各160m
よこ糸▶各120m

風通絣マフラー

風通織りとは二重組織の織り技法です。通常の二重織り（114ページ）が上下2枚の布で構成されるのに対し、風通織りは2層の布が接合した状態で糸が入れ替わります。

この糸の入れ替わりを利用して絣風の柄を織りだしたのが風通絣です。

染めた絣糸を使用するのではなく、色糸効果で織りだした絣風の柄です。

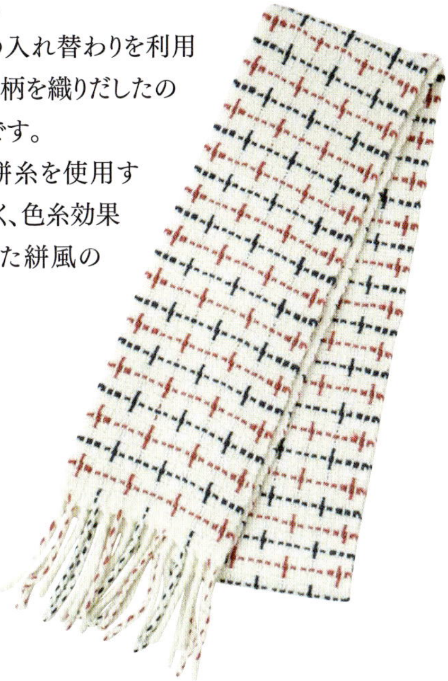

SAMPLE

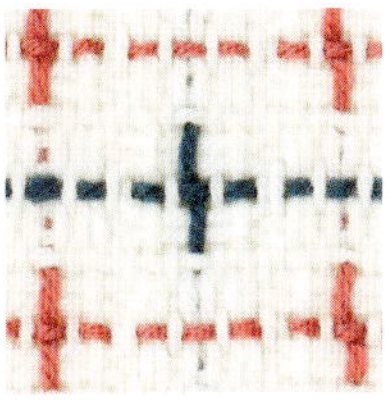

表

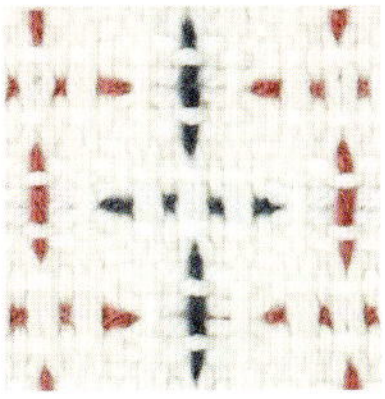

裏

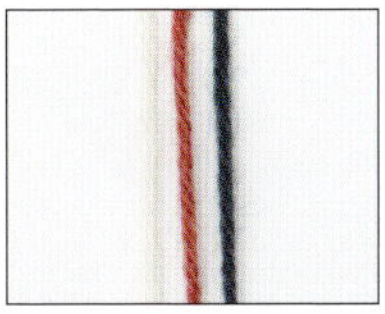

DATA

筬目：30羽（丸羽）
織り寸法：15cm幅×160cm
整経長：210cm
幅と本数：15cm89本（2本取り）
よこ糸密度：4段/cm

使用糸（たてよことも同じ）：
並太毛糸　A白（ウール100%）
53m/20g（2.7m/g）
並太毛糸　B青・C赤（ウール100%）
95m/40g（2.4m/g）
使用量：
たて糸▶白173m・青7m・赤9m
よこ糸▶白96m・青7m・赤7m

PROCESS

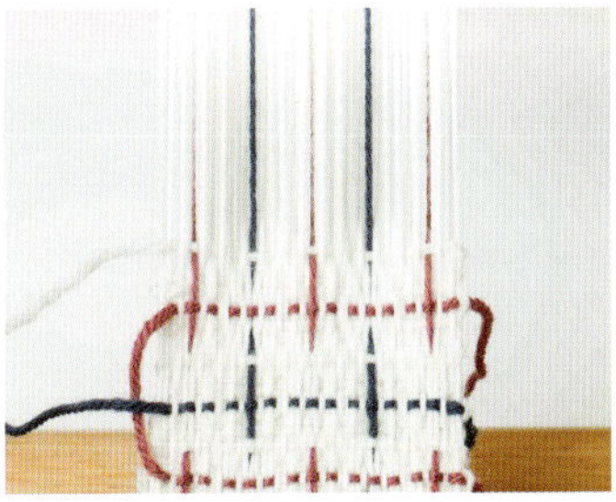

1　4枚ソウコウでできる。織り図通りに機掛けをして赤と青の糸が交互に浮かび上がる。

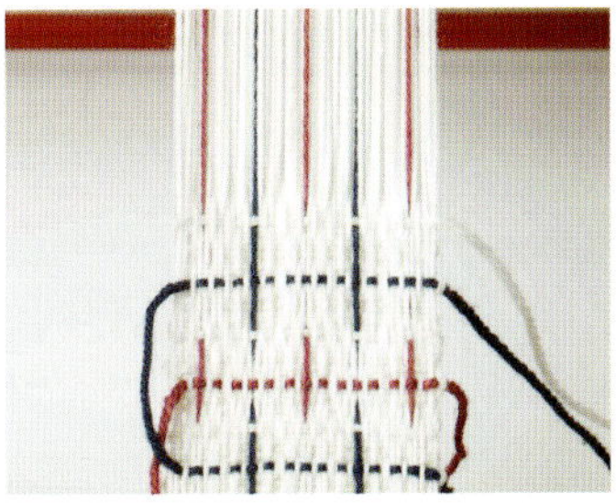

2　ここでは飛ばしているが青と赤の糸は毎回切って始末する。

組織図　風通絣マフラー

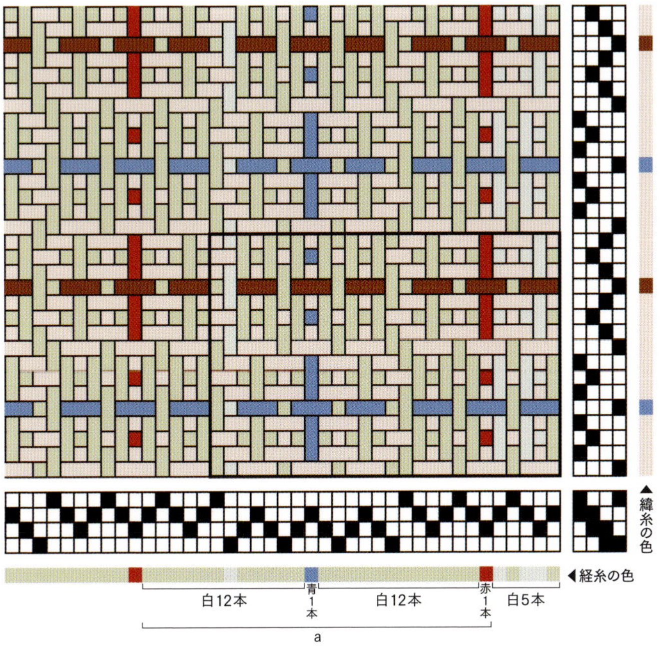

●たて糸：A5本＋（C1本＋A12本＋B1本＋A12本）×3＋C1本＋A5本
●よこ糸：A12段＋B1段＋A12段＋C1段の繰り返し

織りの技法

4

浮き織り

織りながらよこ糸で柄が浮き出るように描く浮き織り。
刺しゅうのようにさまざまな柄を織りだすことができます。

一見平織りの布に刺しゅうをしているようにも見えて、じつはよこ糸で織りながら柄を描き出す、それが浮き織りです。

左上画像のように浮き織りでの柄作りは、ほかの柄を織りだす技法に比べて制限が少ないので自由な図柄をデザインしやすいのが特徴です。

2枚ソウコウ織機の場合はおもに柄を入れたいときだけたて糸を拾いますが、クローズドリードの場合はこの織機ならではの方法で浮き織り柄を入れることもできます(210ページ参照)。

また日本の伝統的な浮き織りの花織りは、浮かせたい部分のたて糸部分だけの別ソウコウをつくり、浮き糸を入れるときだけそのソウコウを使用する方式です。

閉口と開口

浮き織りには閉口、 つまりたて糸を閉じた状態で浮き柄をつくる方法と、開口、おもに平織りで糸口が開いている状態で浮き柄をつくる方法があります。

閉口の浮き織りは表に出ていない浮き糸が裏を渡るので少し凸凹した布になります。開口の浮き織りは表面だけで糸を浮かしているので裏は少ししか浮き糸は出ない平たんな布になります。

閉口

PROCESS

1 平織り段と浮き織り段は交互に織る。たて糸を閉じた状態で拾って浮き糸を入れる。

2 浮き糸を1段入れたら、開口させて地糸で平織りを1段入れる。開口の方向を間違えないように注意する。

3 別の浮き糸で違うたて糸を拾って柄とする。同じように繰り返す。

開口

PROCESS

1 平織りの地糸と同じ開口で、浮き糸で上糸だけを拾って柄とする。

2 開口を変えて、地糸で平織りを1段入れる。同じように繰り返す。

スキップ織りのマフラー

よこ糸そのものを浮き糸として柄を出す方法もあります。スキップするようにたて糸を飛ばすのでスキップ織りといいます。

ここではたて糸より少し太い変わり糸をよこ糸にして立体的な白い小花模様の浮き織りを入れました。このスキップ織り部分の裏面はたて糸がたてに飛んでいる状態です。

裏側もまたもうひとつのおもしろい柄として見えるのが特徴です。

SAMPLE

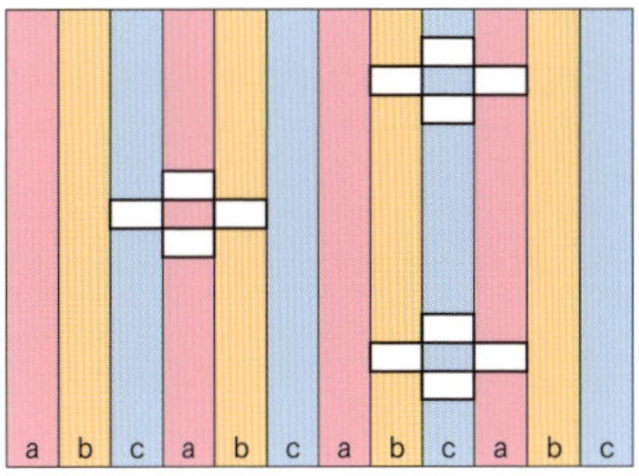

- たて糸：aピンク、bベージュ、c水色。各色6本ずつ計72本
- よこ糸：白一色。6段おきにスキップ織り　最初と最後の平織りは8段ずつ
- スキップ織りパターン：7本スキップ×3＋（7本スキップ＋7本平織り＋7本スキップ）×3＋7本スキップ×3

DATA

筬目：40羽
織り寸法：
21cm幅×150cm
整経長：2m
幅と本数：21cm84本
よこ糸密度：2段/cm

使用糸：
たて糸▶並太毛糸　ピンク・水色・ベージュ（アルパカ100%）
80m/40g（2m/g）
よこ糸▶並太毛糸　白（ナイロン33%、モヘヤ30%、アクリル24%、レーヨン13%）
25m/30g（0.8m/g）
使用量：
たて糸▶各56m
よこ糸▶70m

PROCESS

1 平織りをしながらスキップさせたい縞だけよこ糸はたて糸の上を通る。

2 5段織ったら、別の縞をスキップさせて5段織る。

女の子と男の子の浮き織りマフラー

　カラフルな色の合太毛糸を少しずつ組み合わせて浮き糸に使い、具象柄を織り出しましょう。

　デザインパターンをいくつか用意したので、楽しみながら織ってください。浮き糸は地織りの糸よりやや太め糸を選ぶときれいに柄ができます。

　なお、浮き織りの具象柄の裏側は糸が渡ってあまりきれいではありません。そこでこのマフラーは出来上がりの倍の幅の織り布の中央に女の子を入れ、布の端と端をかがって筒状に仕上げ、裏側を隠しています。

DATA

筬目：40羽
織り寸法：
22cm幅×150cm
整経長：2m
幅と本数：22cm88本
よこ糸密度：4段/cm

使用糸：
たて糸▶並太毛糸　グレー（アクリル70%、ウール30%）
約96m/40g（2.4m/g）
よこ糸▶
並太毛糸　グレー（アクリル70%、ウール30%）
約96m/40g（2.4m/g）
並太毛糸　各色（ウール100%）
80m/40g（2m/g）
使用量：
たて糸▶176m
よこ糸▶グレー132m、その他各色約5m

PROCESS

1 柄部分に目印で段数リングを付ける。地糸での平織りと浮き糸を交互に織る。複雑な柄の時は裏面を上にして織る。

2 浮き糸の糸端は出したままにし、織り上がってからまとめて始末する。

3 糸端は浮き糸に絡めて始末する。スカートの裾のように長く浮く時は、赤い糸を2本用意して浮き糸を2ブロックに分ける。

女の子

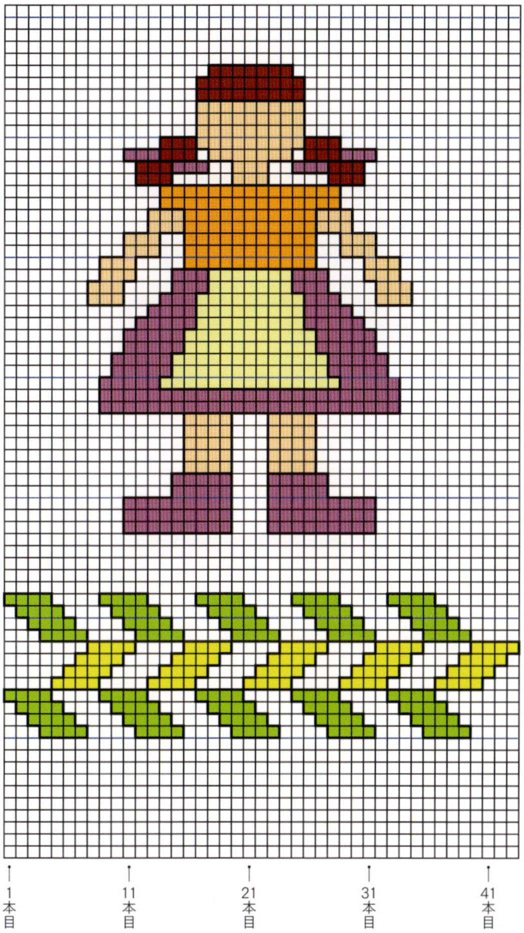

男の子

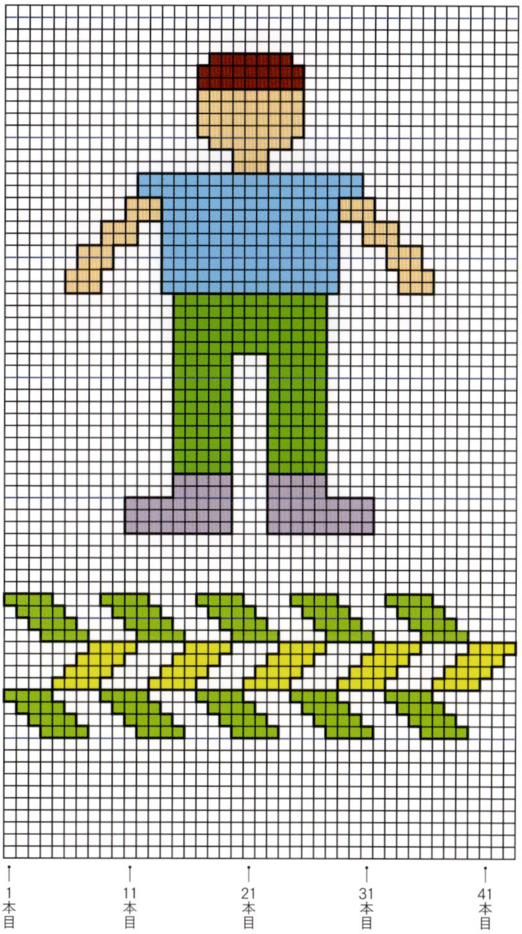

お花とチューリップ

ツリーとお花

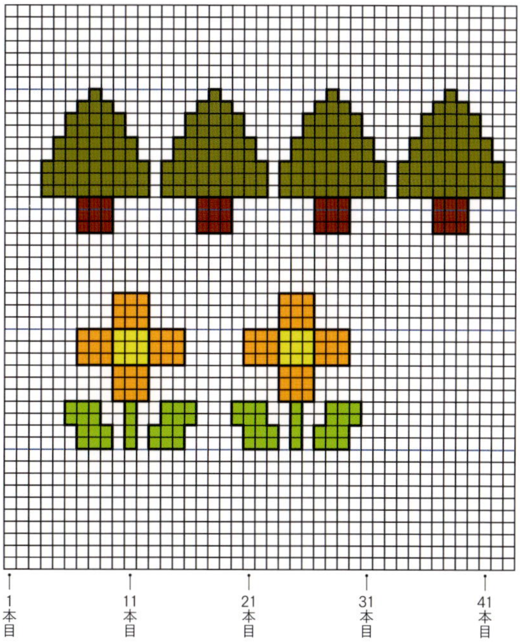

一人の女の子に織り慣れたら連続模様もいいですね。クッションに仕立てたこの模様の地糸は綿糸、浮き糸は毛糸を使っています。浮き糸にかたい糸を使うと地の平織りがきれいに織れないので要注意。

224ページの名古屋帯と同じ素材でバッグ地を織りました。浮き糸に使用したモール糸は芯は細くても毛足が広がって地糸の裂き布に負けない存在感があるため、浮き織りには最適です。

COLUMN

ひとつのデザインからの技法展開

手織りの技法の中で具象柄をつくりやすいのは、浮き織り・はさみ織り・綴れ織り・バウンド織りなどなど。

この本の中ではそれぞれの項目で複数のデザイン図を載せましたが、互いのデザインをほかの技法にも生かすことができる例として、浮き織りの女の子（画像①。デザイン図は53ページ）をもとにそのポイントを挙げました。

画像②は浮き織りの女の子の図を、同じ糸でそのままはさみ織りにした織り地です。たて糸2本で浮き織りなら2本の上に柄糸がそのまま渡りますが、はさみ織りの場合は1本はたて糸の下になる、つまり半分隠れるのでラインがうまく出ません。はさみ織りで浮き織りと同じような女の子にするため④のように図を変更すると画像③のようになります。またはさみ織りの柄は地糸の影響を受けるので、もう少し地糸に薄い色か細い糸を選ぶと、柄糸が生かせるでしょう。同様に綴れ織り（画像⑤。図は⑥）とバウンド織り（画像⑦。図は169ページ）でも女の子を織りました。この2点の場合、よこ糸は浮き織りと同じですが、たて糸は中細綿糸を使っています。

①浮き織りの女の子

②浮き織り図のはさみ織り女の子

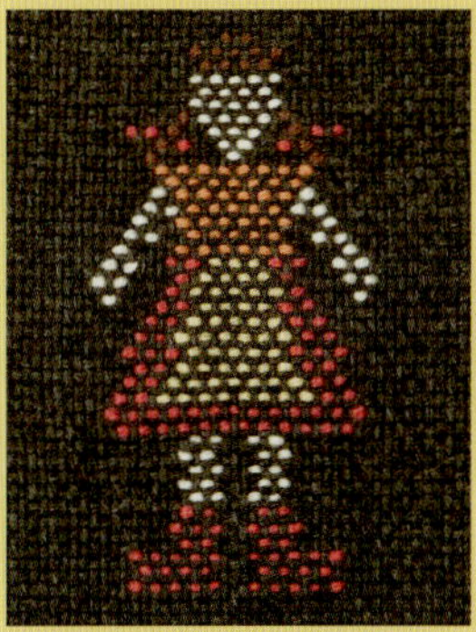

③はさみ織り女の子

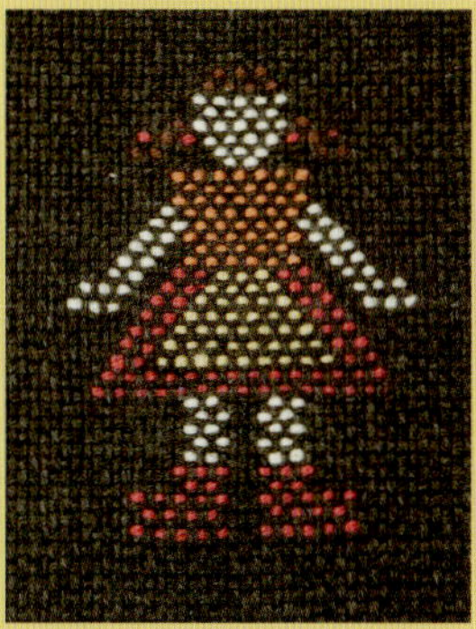

④はさみ織り女の子デザイン図

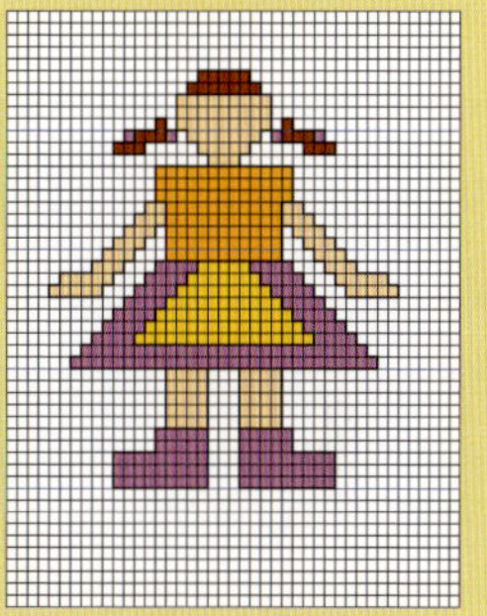

⑤綴れ織り女の子

⑥綴れ織りデザイン図

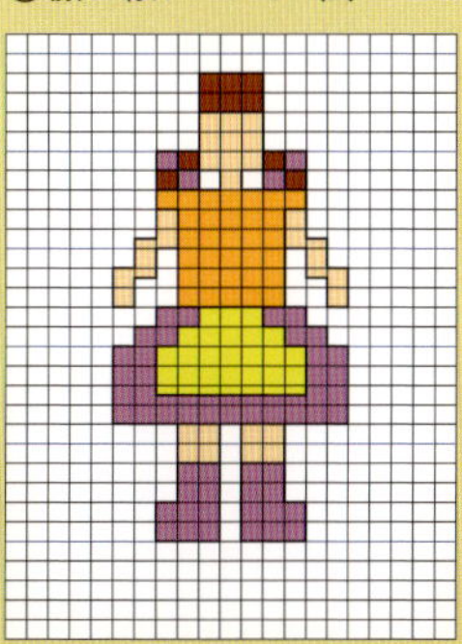

⑦バウンド織り女の子

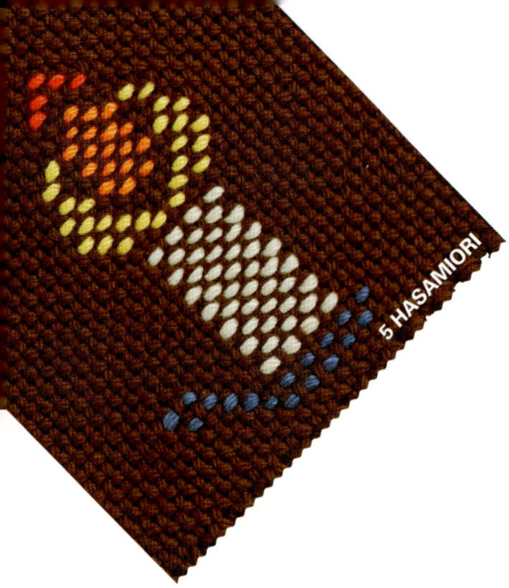

織りの技法
5

はさみ織り

**伝統的な織り技法で「縫い取り」とも呼ばれるはさみ織り。
地織りの中に別糸をはさみ込んで、柄を織りだします。**

前項の浮き糸が地織りの上を渡る浮き織りと違い、はさみ織りは別糸が平織りと同じ開口で地織りの中にはさまって柄を織りだす技法です。

日本の伝統的な織り技法「縫い取り」は、別糸をはさむ時、地糸を裏で飛ばすという手法です。

浮き織り（50ページ）や綴れ織り（107ページ）同様、具象柄を描き出すように織り込むことができます。その場合はまず下絵を描くとよいでしょう。

はさみ糸は平織りの合間からしか見えません。例えばたて糸4本分の柄の場合、浮き織りでは4本分飛ばした浮き糸が見えますが、はさみ織りでは2本分はたて糸の下に隠れるので、見えるのは2本分だけ。たて糸の下に隠れる部分も考慮するのがはさみ織りのデザインのポイントになります。

ここでは具象柄のほか、別糸をはさみ込んで簡単にできるマフラーパターンもいくつか取り上げました。

密度の違い

一口にはさみ織りで具体的な柄を織り込むと言ってもその方法は多様です。キャンドルデザインをもとに、代表的な3つの方法で織り比べてみました。

A

細い糸で粗い密度のたて糸に粗く織った地織りの一部分にはさみ糸を入れる方法です。インレイなどとも呼ばれ、暖簾や間仕切りなどによく使われます。

B C

BとCの使用糸と密度は同じです。通常の打ち込み密度の地織りに対し、Bはキャンドルデザイン部分だけにはさみ糸を入れ、Cはすべてが一定密度になるようにキャンドル以外の部分にも地糸と同系色の茶色の糸をはさんでいます。

A

B

C

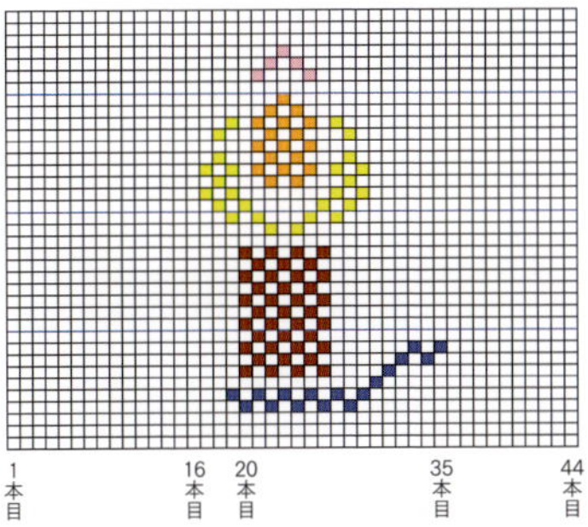

PROCESS

1 キャンドルの1段目。はさみ糸は4目見えている。逆の開口だと、キャンドルの角はたて糸の下に隠れて3目になるので注意。

2 平織りの地糸と同じ開口にはさみ糸を入れる。

変わり糸のはさみ織りマフラー

何かの残りの半端な変わり糸があれば、マフラーを織るときに時々はさんでいってもおもしろい飾りになります。

ここではたて糸とよこ糸の一部に変わり糸を使い、格子デザインのマフラーにして、その格子枠に合わせて変わり糸をはさみました。短く切ってもほつれない糸を選ぶとよいでしょう。

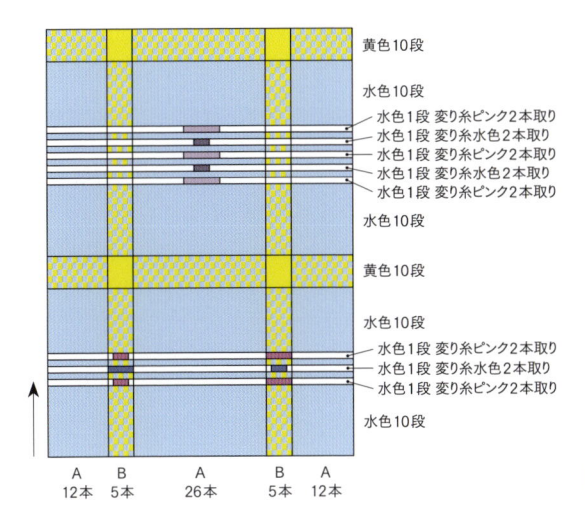

SAMPLE

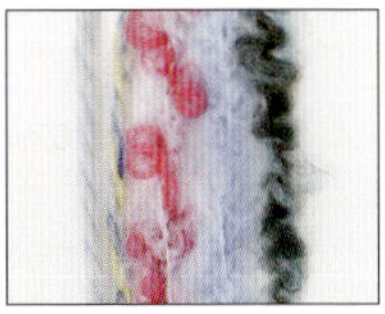

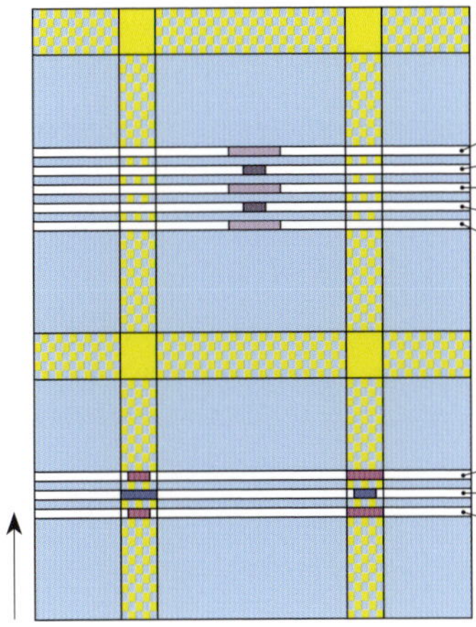

DATA

筬目:30羽
織り寸法:
20cm幅×150cm
整経長:200cm
幅と本数:20cm60本
(A50本、B10本)
よこ糸密度:3段/cm

使用糸(たてよことも同じ):
A 並太毛糸 水色(アルパカ100%)
80m/40g(2m/g)
B 並太ツイード毛糸 水色段染め
(ウール100%)
500m/250g(2m/g)
はさみ糸/2色(アクリル85%、ナイロン15%)
48m/40g(1.2m/g)
使用量:
たて糸▶A100m B20m
よこ糸▶A75m B15m
はさみ糸各1~2m

PROCESS

1 はさむ糸は前もって一定の長さに切りそろえておく。

2 変わり糸は平織りと同じ開口ではさむ。

ツイストパターンマフラー

シルクウールと組み合わせて太めのモール糸をはさむように使いました。

部分的にモール糸を飛ばして絡め、ねじれたような立体的なツイスト柄を織りましょう。絡めることによりモール糸は引っ張られます。織り布全体が湾曲しないようにモール糸は緩みを多めに入れます。

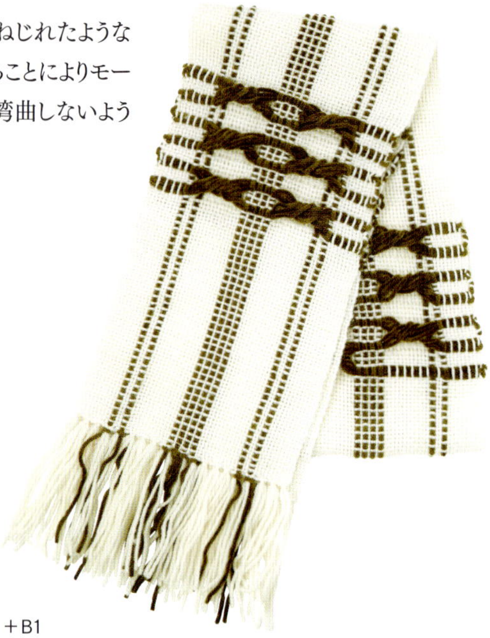

A

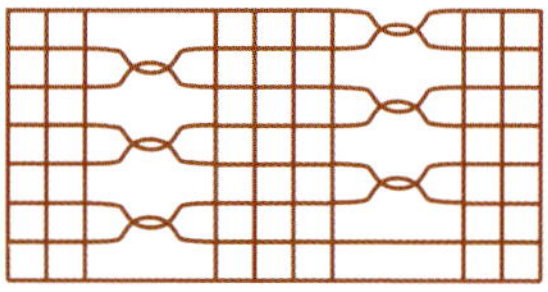

B

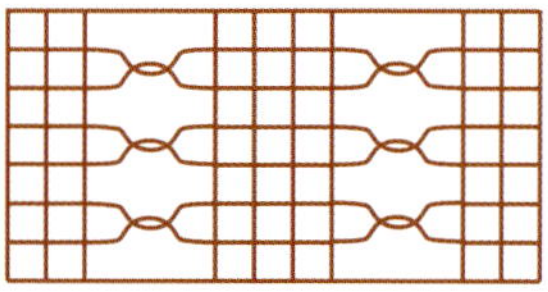

●たて糸：A10＋B1＋A2＋B1＋A12＋B1＋A1＋B1＋A1＋B1＋A1＋B1＋A12＋B1＋A2＋B1＋A10
●よこ糸：適宜柄糸モールヤーンを入れる

SAMPLE

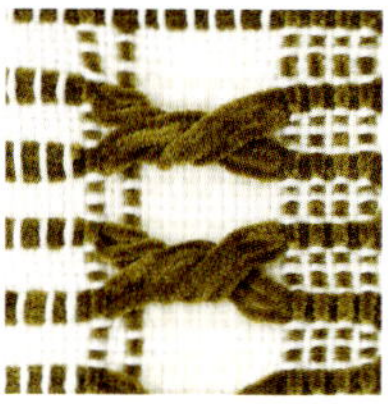

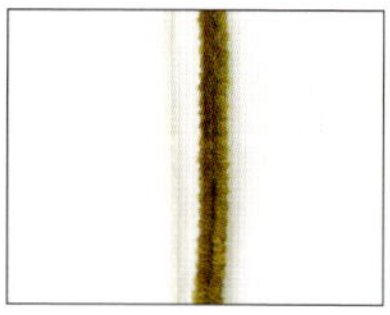

DATA

筬目：30羽
織り寸法：
20cm幅×140cm
整経長：2m
幅と本数：20cm59本（A51本、B8本）
よこ糸密度：3段/cm

使用糸（たてよことも同じ）：
A 並太シルクウール 地糸（毛80%、絹20%）
110m/40g（2.8m/g）
B モールヤーン 柄糸（ポリエステル86%、ナイロン14%）
95m/40g（2.4m/g）
使用量：
たて糸▶A104m B16m
よこ糸▶A84m B25m

PROCESS

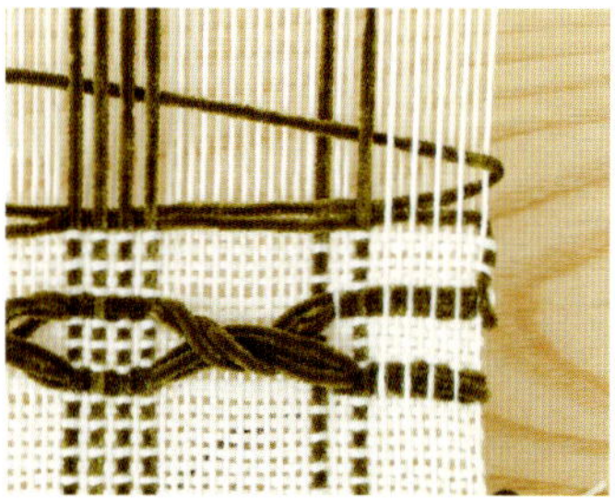

1 モール糸はたて糸の端にひっかけて折り返し、同じ開口で3段入れる。○印部分にだけモール糸を通すので、3本のモールが浮く部分が2か所できる。

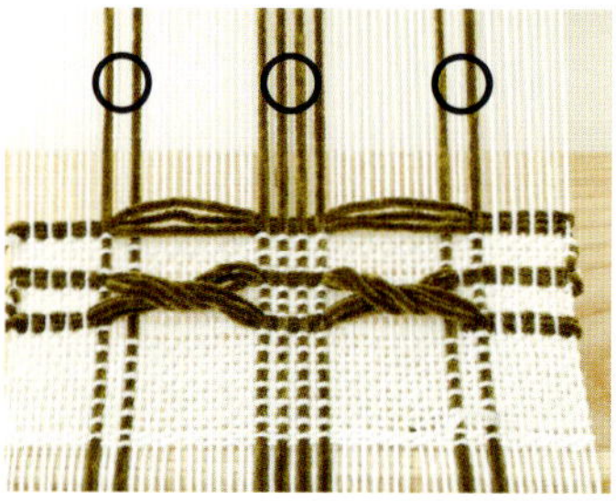

2 ツイスト柄はこの浮いたモール糸2組でつくる。シルクウールで平織り5段織ってから開口を変えてモール糸を織る。

3 1本目のモール糸は左側の○印まで平織り、浮いたモール3本の下からシャトルを通す。

4 2本目のモール糸は、浮いているモールの上からシャトルを通し、3本目はシャトルを下から通す。

5 モールのツイストパターンは、2つの縞で並べることも、互い違いにすることもできる。

はさみ織りでおうちのミニ額

56ページのCパターンのはさみ織りで家の形のミニ額をつくりましょう。地の平織りに細いたてよこ糸を使っているので、ちょっと綴れのようにも見えるはさみ織りです。

ここでは平織り用にごく淡いグリーンを選んでいます。もし平織りの糸に黒を選んだら、家の背景の白地にぽつぽつと黒いたて糸が見えることになります。平織り用の糸ははさみ糸の邪魔にならない色を選ぶのがポイントです。

同じたて糸ではさむ糸の色を変え、6つのおうちデザインを合わせて紹介します。

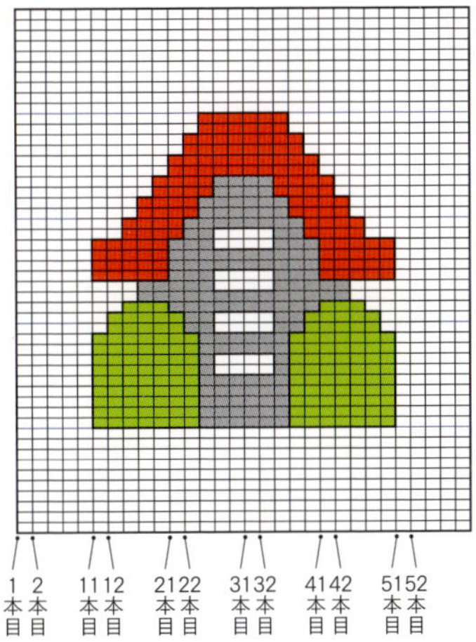

DATA

筬目:40羽
織り寸法:
22cm幅×40cm
整経長:1m
幅と本数:22cm90本
よこ糸密度:4段/cm

使用糸:たて糸▶中細リネン(綿50%、麻50%)
100m/25g(4m/g)
よこ糸▶中細リネン(綿50%、麻50%)
100m/25g(4m/g)
極太毛糸 白、グレー、緑、赤(毛85%、ナイロン15%)
40m/50g(0.8m/g)
使用量:たて糸▶90m
よこ糸▶中細リネン20m、白15m、その他各5m

PROCESS

1 白い背景部分の拡大写真。たてよこに淡いグリーンの細い糸を使い地織りとなり、太いはさみ糸は細い糸と同じ開口にある。

2 1段に複数のはさみ糸を入れる場合は入れる方向は必ず互い違いにする。

3 はさみ糸を次の段で引き返すときは、隣り合う糸と絡ませる。

4 **3**の拡大写真。たて糸が上糸になっている側のはさみ糸が上から下に絡むように引き返す。

5 簡単な柄は織り布の見える側を表にするが、はさみ糸を何色か使う場合は裏を見ながら織る。

6 額の中におさめるので房はミシンで縫い、糸端は別糸でとめて始末する。

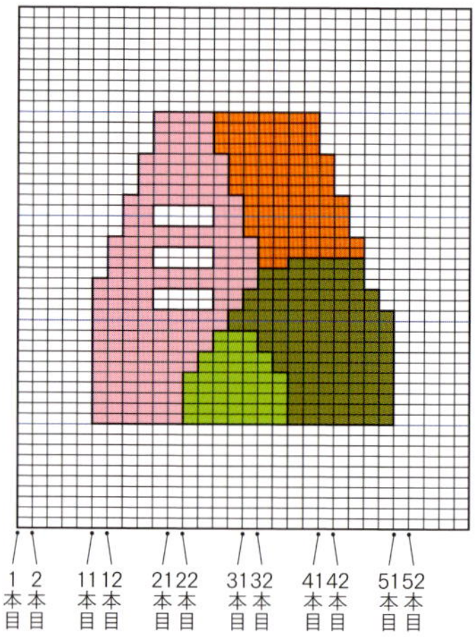

DATA

筬目・織り寸法・整経長・幅と本数・よこ糸密度はP59と同じ

使用糸：たて糸▶中細リネン（綿50%、麻50%） 100m/25g（4m/g）
よこ糸▶中細リネン（綿50%、麻50%） 100m/25g（4m/g）
極太毛糸　オレンジ、白、緑、青、茶色（毛85%、ナイロン15%） 40m/50g（0.8m/g）
使用量：たて糸▶90m
よこ糸▶中細リネン20m、白15m、その他各5m

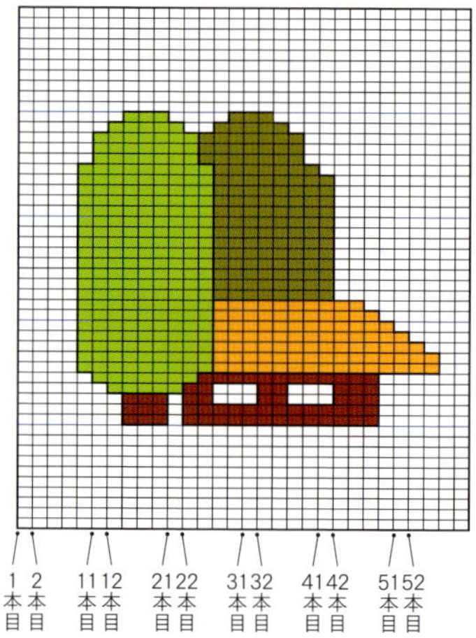

DATA

筬目・織り寸法・整経長・幅と本数・よこ糸密度はP59と同じ

使用糸：たて糸▶中細リネン（綿50%、麻50%） 100m/25g（4m/g）
よこ糸▶中細リネン（綿50%、麻50%） 100m/25g（4m/g）
極太毛糸　白、オレンジ、茶色、紺、緑、グレー（毛85%、ナイロン15%） 40m/50g（0.8m/g）
使用量：たて糸▶90m
よこ糸▶中細リネン20m、グレー15m、その他各5m

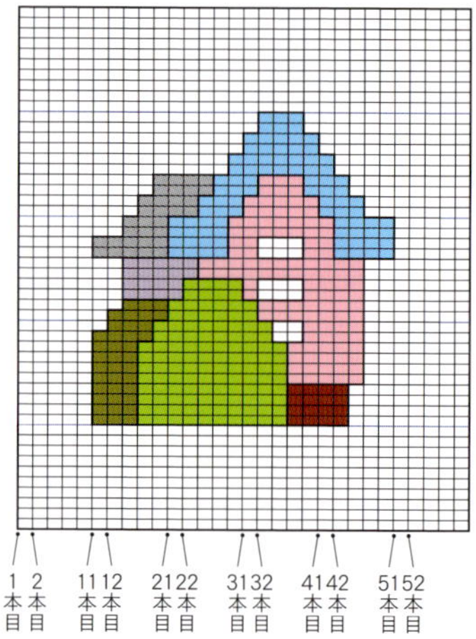

DATA

筬目・織り寸法・整経長・幅と本数・よこ糸密度はP59と同じ

使用糸：たて糸▶中細リネン（綿50%、麻50%） 100m/25g（4m/g）
よこ糸▶中細リネン（綿50%、麻50%） 100m/25g（4m/g）
極太毛糸　緑、オレンジ、薄紫、濃紫、青、グレー（毛85%、ナイロン15%） 40m/50g（0.8m/g）
使用量：たて糸▶90m
よこ糸▶中細リネン20m、グレー15m、その他各5m

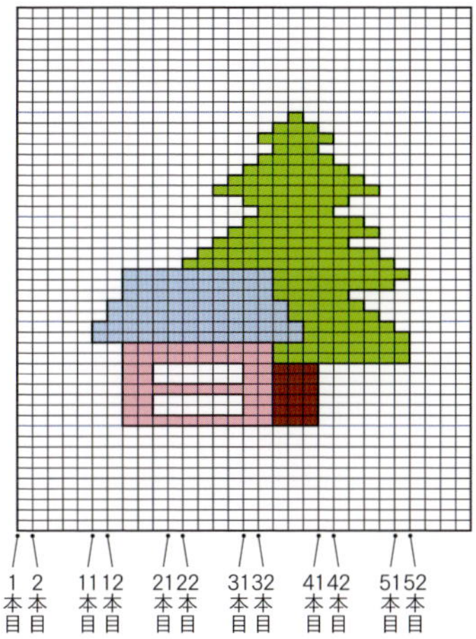

DATA

筬目・織り寸法・整経長・幅と本数・よこ糸密度はP59と同じ

使用糸：たて糸▶中細リネン(綿50%、麻50%) 100m/25g(4m/g)
よこ糸▶中細リネン(綿50%、麻50%) 100m/25g(4m/g)
極太毛糸　茶色、赤、白、青、深緑(毛85%、ナイロン15%) 40m/50g(0.8m/g)
使用量：たて糸▶90m
よこ糸▶中細リネン20m、白15m、その他各5m

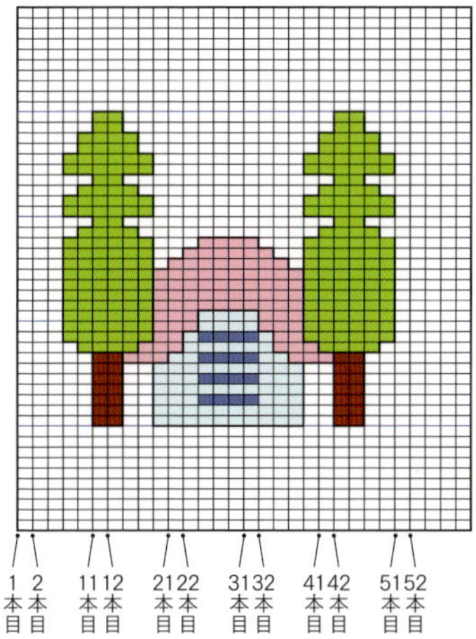

DATA

筬目・織り寸法・整経長・幅と本数・よこ糸密度はP59と同じ

使用糸：たて糸▶中細リネン(綿50%、麻50%) 100m/25g(4m/g)
よこ糸▶中細リネン(綿50%、麻50%) 100m/25g(4m/g)
極太毛糸　緑、青、グレー、白、オレンジ、茶色(毛85%、ナイロン15%) 40m/50g(0.8m/g)
使用量：たて糸▶90m
よこ糸▶中細リネン20m、グレー15m、その他各5m

参考作品

ANOTHER PLACE

わたしの秘密基地といった意味でつけたタイトルです。地の平織りは細い100%リネンで、中央は濃いブルー、両サイドは深緑色。はさみ糸は草木染めした木綿や絹の帯揚げを裂いたものと毛糸などを使っています。

（70cm×200cm×3枚　裂き織り・はさみ織り）

灯る家

細いリネンコットンを平織りの地糸にして裂き布や毛糸をはさみ込んでいます。窓枠の周りはコーデュロイの裂き布で、暖かい部屋の中の白壁の質感を出しました。

（70cm×200cm×3枚　裂き織り・はさみ織り）

COLUMN

糸ソウコウ

織り地全体に絡み織りを入れたいとき、2段に一度を毎回拾っていくとかなり手間がかかります。

その場合は別糸で必要なたて糸を開口させる「糸ソウコウ」をつくると便利でしょう。糸ソウコウは絡みの時だけではなく、浮き織りやはさみ織りでいつも特定のたて糸だけを開口させるときにも役立ちます。

筬
ソウコウ
織機

PROCESS

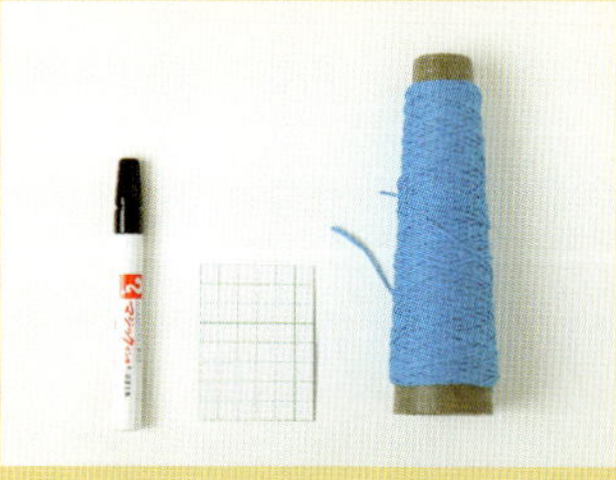

1 伸びない糸、8cmに切った厚紙、マジックを用意する（厚紙の大きさは織機によって異なる。クローズドリードは約10cm）。

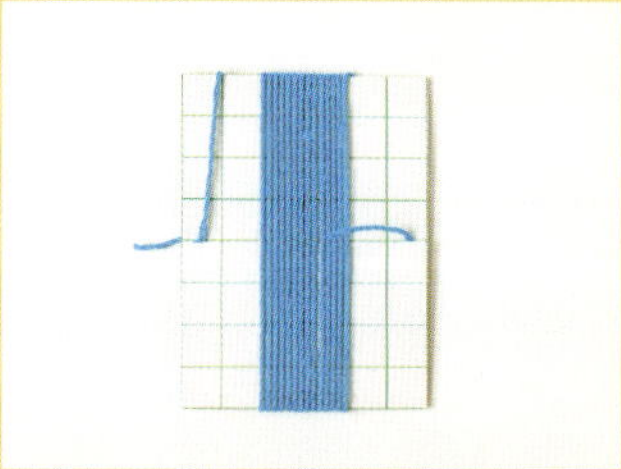

2 厚紙に切れ込みを入れて、伸びない糸を拾いたいたて糸の数だけ厚紙に巻く。

3 巻いた糸の真上と前後上から2cmのところの3カ所にマジックで印をつける。

4 3カ所の目印のうち、中央が頂点、両側の目印が結び目にくるようそれぞれ結ぶ。

5 拾いたいたて糸（透かしなら絡ませた状態）の開口にピックアップスティックを立てて**4**を通す。

6 織り幅より長い棒を用意し、上糸の端から1本ずつ間を通して結んだ穴に棒を通していく。

7 棒を持ち上げてすべての糸が上がることを確認したら、糸の輪がずれないようにセロテープで貼り付ける。
※織り方については73ページ参照

多ソウコウ織機

筬ソウコウ織機の糸ソウコウが1本でつながっているのに対し、多ソウコウ織機の糸ソウコウは1本ずつバラバラにつくります。まず細い伸びない糸をその機種のソウコウの長さ+5cmに必要な数だけ切り、両端から1cmのところで結んで輪にします。

ここでは卓上多ソウコウ織機を例にとり、空いているソウコウ枠に糸ソウコウを設置する方法を説明します。ソウコウ枠の空きがない場合は、糸ソウコウを通す棒を用意し織機上部から吊り下げるか、高機の場合はその棒を踏み木側に設置してもよいでしょう。

PROCESS

1 絡み織り用に糸ソウコウが設置された状態。一番手前のソウコウ枠1が糸ソウコウ用、2は糸ソウコウを通すためのソウコウ枠、3～4枚目が平織り用。1の枠上部に取り付けた糸ソウコウの端を2のソウコウ穴に通しておく。

2 紺と白を交互に整経したたて糸を用意し、右から3に紺、4に白を通す。4白の右側に糸ソウコウを置き、紺はソウコウの手前で白の下を通し、糸ソウコウの中を通す。

3 白と紺の糸は揃えてひとつの筬目に2本一緒に通す。

4 **3**のレバーを倒すと紺の糸が上糸になる。

5 **4**のレバーを倒すと白の糸が上糸になる。

6 **2**のレバーを倒すと糸ソウコウが引っ張られ、それに伴い紺の糸が白を絡める状態で上糸になる。**2**と**3**のレバーを交互に倒しよこ糸を入れるとパターン1(66ページ)の基本の透かし織りができる。

織りの技法

6

透かし織り

のれんや夏物衣類などだけでなく、
マフラーにワンポイントで入れても素敵な透かし柄。
糸ソウコウを使えば手軽にできます。

織り技法を表す言葉はそれぞれですが、ここでいう透かし織りのカテゴリーはレースのような透かし柄に見える地織り文様全般を指しています。

たて糸を交差させる絡み織り、あるいはもじり織りと呼ばれる以外の方法も含め、ここでは全部で9タイプの透かし織りを紹介しました。透かし織りというと間仕切りや夏物衣類など綿麻系の素材を使うことが多いですが、毛糸のマフラーにワンポイントで入れても効果的です。はじめて織る方のためにそれぞれのマフラーはその技法に合わせたたて縞にしました。同じ本数の縞にすると糸の拾い方がわかりやすいでしょう。また毎段の透かし模様の手間が苦手という方のために、多ソウコウと2枚ソウコウ、それぞれの織機に対応した糸ソウコウのつくり方を64〜65ページに載せました。

パターン1

もっとも基本的な紗(しゃ)という透かし織りです。隣り合う2本のたて糸を絡める透かし段とその絡みをとめる平織り1段の2段ひと組の繰り返しでできています。

透かし段と組み合わせる平織りの段数を増やすと絽(ろ)になります。

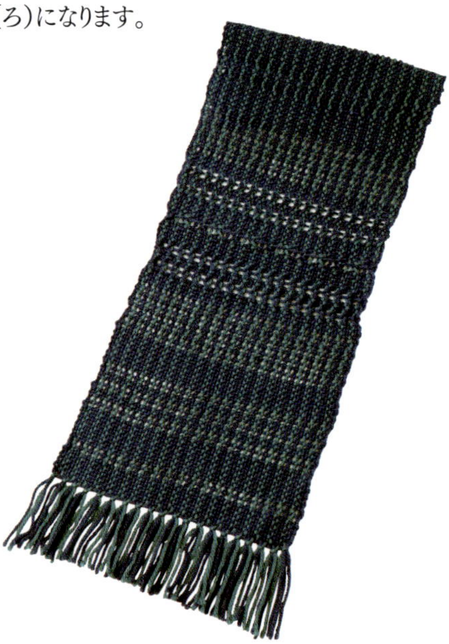

SAMPLE

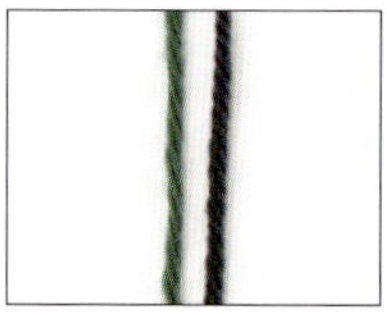

DATA

筬目:40羽
織り寸法:
20cm幅×150cm
整経長:2m
幅と本数:
20cm78本(青40本・緑38本)
((青2本・緑2本)×19回+青2本)
よこ糸密度:4段/cm

使用糸:
たて糸▶並太毛糸　青・緑(ウール100%)
53m/20g(2.7m/g)
よこ糸▶並太毛糸　青(ウール100%)
53m/20g(2.7m/g)
使用量:
たて糸▶青80m・緑76m
よこ糸▶青120m

PROCESS

1 2本の糸は左右どちらに絡めてもかまわないが、前の平織り段のよこ糸の上を渡っているたて糸が下に来る方向で絡め、その拾った糸の隙間によこ糸を入れる。

2 透かし段の次の平織りは、その前の平織りと必ず同じ開口でよこ糸を入れる。

3 一定の強さでしっかりと打ち込む。

パターン2

うずら絽とも言われる技法です。たて糸は8本ひと組、よこ糸は透かし段・2本置きに拾うを2回繰り返す4段ひと組です。たて糸8本の絡め方はそれぞれ2本ずつですが、2組4本ずつで絡める方向を変えます。この織り布には表裏があり裏面はよこ糸が斜めに出ます。

SAMPLE

表

裏

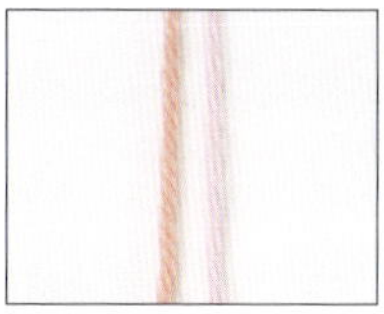

DATA

筬目:40羽
織り寸法:
19cm幅×150cm
整経長:2m
幅と本数:19cm76本(ピンク40本・サーモンピンク36本)〈(ピンク4本・サーモンピンク4本)×9回+ピンク4本〉
よこ糸密度:4段/cm

使用糸:
たて糸▶並太毛糸
ピンク・サーモンピンク(ウール100%)
53m/20g(2.7m/g)
よこ糸▶並太毛糸 ピンク(ウール100%)
53m/20g(2.7m/g)
使用量:
たて糸▶ピンク80m・サーモンピンク72m
よこ糸▶ピンク114m

PROCESS

1 たて糸は左から1、2、3、4……とする。1段目はよこ糸が1、2の上、3、4の下、5、6、7、8とたて糸を2本置きに拾ってよこ糸を入れる。

2 2段目。1は2の下を、4は3の下を通して拾う。6は5の下、7は8の下を通して拾うでよこ糸を入れる。

3 3段目は1段目と同じ糸を2本置きに拾う。

4 4段目。2は1の下、3は4の下を通し、5は6の下、8は7の下を通して拾う。この4段を繰り返す。

パターン3

3本羅あるいは網もじりともいわれる技法です。パターン1の紗が2本ずつのたて糸を絡めるのに対し、羅は3本以上の奇数のたて糸を絡めます。はじめはたて糸の拾い方に戸惑いますが、透かし段と平織りの2段ひと組の繰り返しです。

SAMPLE

DATA

筬目：40羽
織り寸法：20cm幅×150cm
整経長：2m
幅と本数：20cm78本（紫40本・グレー38本）《（紫2本・グレー2本）×19回＋紫2本》
よこ糸密度：4段/cm

使用糸：
たて糸▶並太毛糸　紫・グレー（ウール100%）53m/20g（2.7m/g）
よこ糸▶並太毛糸　紫（ウール100%）53m/20g（2.7m/g）
使用量：たて糸▶紫80m・グレー76m
よこ糸▶紫120m

PROCESS

1 たて糸を左から123456……とする。偶数のたて糸がよこ糸の上にある平織りの次の開口から始める。拾うのは偶数のたて糸のみ、奇数の下を通して拾う。

2 はじめは2、4を1、3の下を通して拾う。続けて6は3、5の下から、8は5、7の下、10は7、9の下と3本手前の糸の上に偶数の糸を出してよこ糸を入れる。

3 絡みをとめる平織りは毎回同じ開口にする。

パターン4

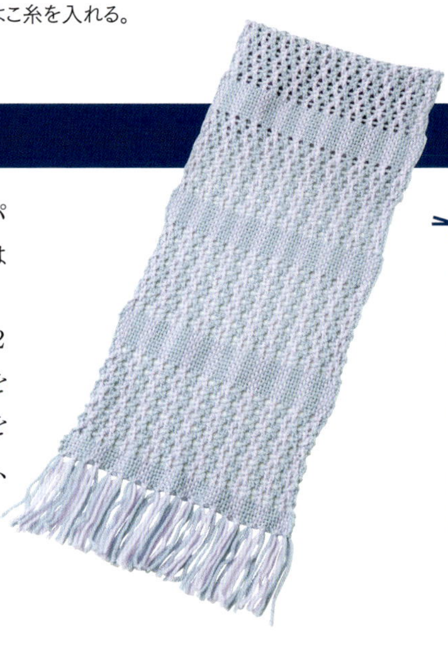

5本羅あるいは籠もじりとも言われる方法でパターン5と同じくたて糸4本ひと組で絡め、織り方は4段ひと組の繰り返しです。

その4本を1.2.3.4とした場合、パターン5は12と34の組み合わせで絡めますが、籠もじりは24を13の下から拾って絡めます。止めの平織り1段を入れた後3段目は2本ずらした位置で4本ひと組、つまり46を35の下から拾います。

SAMPLE

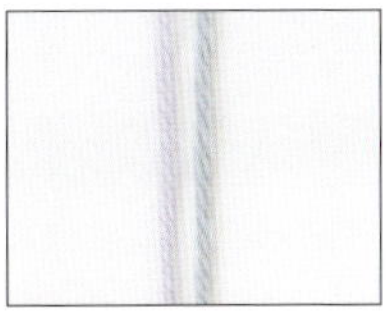

DATA

筬目:40羽
織り寸法:20cm幅×150cm
整経長:2m
幅と本数:
19cm76本(水色40本・紫40本〈水色2本+(紫4本・水色4本)×9回+紫4本水色2本〉
よこ糸密度:4段/cm

使用糸:
たて糸▶並太毛糸　水色・紫(ウール100%)
53m/20g(2.7m/g)
よこ糸▶並太毛糸　水色(ウール100%)
53m/20g(2.7m/g)
使用量:
たて糸▶水色・紫各80m
よこ糸▶水色120m

PROCESS

1 平織りは4本ひと組の1と3のたて糸がよこ糸の上にある状態から始める。4本ずつ右から24を13の下から拾い、よこ糸を入れる。

2 もじりをとめる平織り1段ははじめと同じ開口で織る。

3 端は2本ひと組で絡める。3456、78910……をそれぞれひと組とし、46を35の下から拾ってよこ糸を入れる。

4 はじめと同じ開口の平織り1段の計4段で1模様。絡ませる4本ひと組のたて糸が交互にずれるようにする。

パターン5

パターン1でたて糸2本をひと組として絡めたのに対し、パターン5はたて糸4本をひと組として2本ずつで絡めます。

ここではこの透かし模様を横列だけではなくたてにも入れました。たての透かし模様は空羽をつくり、あとからとじ針で絡めています。

SAMPLE

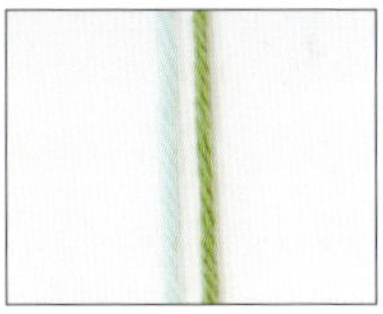

DATA

筬目:40羽
織り寸法:20cm幅×150cm
整経長:2m
幅と本数:20cm72本(緑48本・水色24本・空羽6本)〈緑24本+空羽3本+水色24本+空羽3本+緑24本〉
よこ糸密度:4段/cm

使用糸:
たて糸▶
並太毛糸　緑・水色(ウール100%)
53m/20g(2.7m/g)
よこ糸▶並太毛糸　緑(ウール100%)
53m/20g(2.7m/g)
使用量:たて糸▶緑96m・水色48m
よこ糸▶緑120m

PROCESS

1 たて糸4本をひと組にして2本ずつを絡める。方向は左右どちらでも構わない。

2 絡める前の平織りと同じ開口で止めの1段を入れて、しっかりと打ち込む。

3 たての透かし模様は空けておいた隙間部分のよこ糸4段をひと組にして2段ずつとじ針で絡めていく。

パターン6

ブーケ織りとも呼ばれる技法で平織りの開口したときの上糸奇数本をよこ糸で括っていきます。括った部分が緩まないようによこ糸を少し引っ張った状態のまま次の束を括るのがポイントです。この布には表裏があります。

SAMPLE

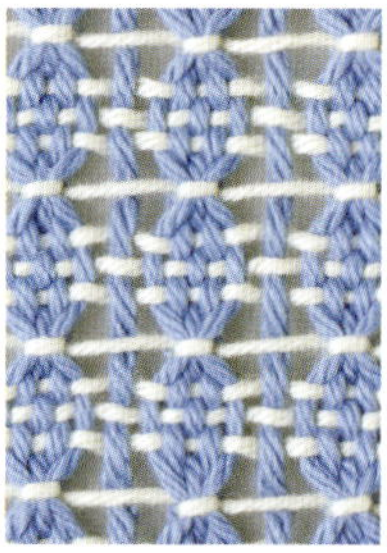

表

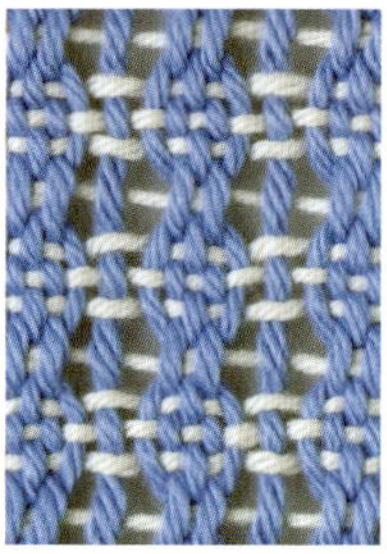

裏

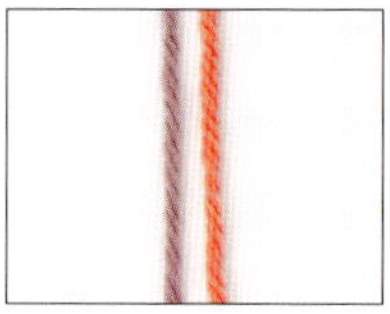

DATA

筬目:40羽
織り寸法:19cm幅×150cm
整経長:2m
幅と本数:19cm76本(ピンク50本・紫26本)〈ピンク2本+(紫1本+ピンク1本+紫1本+ピンク3本)×12回+紫1本+ピンク1本+紫1本+ピンク2本〉
よこ糸密度:4段/cm

使用糸:
たて糸▶並太毛糸　ピンク・紫(ウール100%) 53m/20g(2.7m/g)
よこ糸▶並太毛糸　ピンク(ウール100%) 53m/20g(2.7m/g)
使用量:
たて糸▶ピンク100m・紫52m
よこ糸▶ピンク114m

PROCESS

1 開口した上糸3本をシャトルで拾い、同じ場所から次の3本を含めた6本を拾い、ブーケ部分をよく締める。

2 1列括った次の平織りは、その前の平織りと必ず同じ開口にする。

3 前の段の端の緩みを引きながらしっかりと打ち込む。

パターン7

ハックレースあるいは摸紗織りとも呼ばれる技法で、たて糸を絡めるのではなく、たて糸を飛ばして糸目を寄らせることで隙間をつくります。ここでは一番基本の3×3を2組で6本6段のハックレースですが、次ページに応用パターンを載せました。

SAMPLE

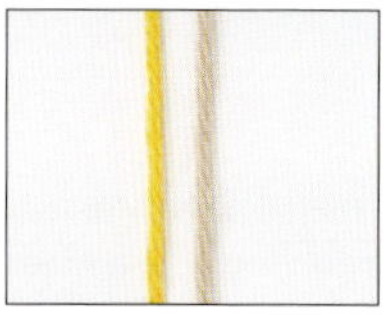

DATA

筬目:40羽
織り寸法:19cm幅×150cm
整経長:2m
幅と本数:19cm77本(黄39本・ベージュ38本)〈ベージュ1本+(黄3本+ベージュ3本)×12回+黄3本+ベージュ1本〉
よこ糸密度:4段/cm

使用糸:
たて糸▶
並太毛糸　黄・ベージュ(ウール100%)
53m/20g(2.7m/g)
よこ糸▶
並太毛糸　ベージュ(ウール100%)
53m/20g(2.7m/g)
使用量:
たて糸▶黄78m・ベージュ76m
よこ糸▶ベージュ114m

PROCESS

1 この柄は平織り、3本ずつ飛ばす、平織りを2回繰り返して織る。1段目は平織りを織る。

2 2段目はたて糸を閉じて3本ずつ拾う。

3 3段目4段目は平織り。5段目は2と逆の糸を3本ずつ拾い、6段目は平織りの繰り返し。

ハックレース

ハックレースの特徴は一枚の布の中の好きな位置にその柄を自在に配置できることと、奇数の倍数で柄を大きくできることにあります。

下の3つのサンプルは赤と白の並太毛糸を使い、白の格子の中にハックレースをおさめました。

Aの3×3は前ページ参照、Bは（平織り1・左5本拾う×2）・平織り2段・（右5本拾う・平織り1×2）の計10段、Cは（平織り1・左7本拾う×3）・平織り2段・（右7本拾う・平織り1×3）の14段。ハックレースも糸の選び方によっては立体的な柄になります。

SAMPLE

A
3×3
（たて6本よこ6段1模様）

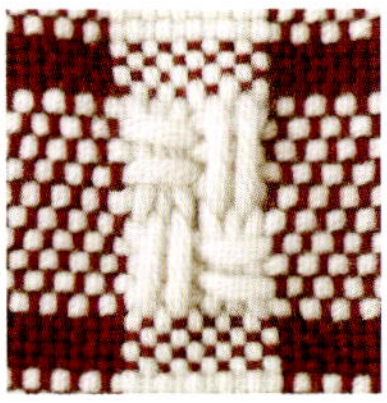

B
5×5
（たて10本よこ10段1模様）

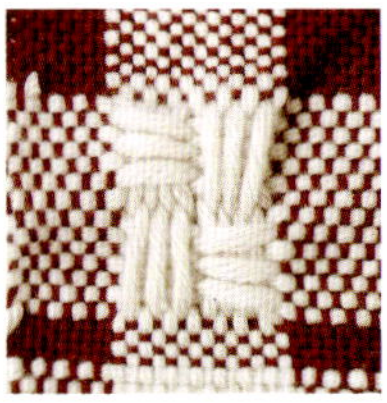

C
7×7
（たて14本よこ14段1模様）

観音もじりのマフラー

この織り技法の布はまるで編み物のように、ビヨォ〜ンと伸び縮みするのが特徴です。

このマフラーのたて糸はグレー・白・白・グレー×18回繰り返し計72本でかけています。2色の糸をこの順でかけると表裏で色の出方が変わり、よりおもしろい布になります。

ほかのもじりはたて糸を閉口させて絡めますが、観音もじりは開口させた方が拾いやすいのでグレーと白それぞれが同じ開口でたて糸が動くよう、グレー・白・空羽1・白・グレー・空羽1と隙間を入れながらたて糸をかけています（変化通し・22ページ）。またこの織り方は織っているうちに縮んで幅が狭くなります。

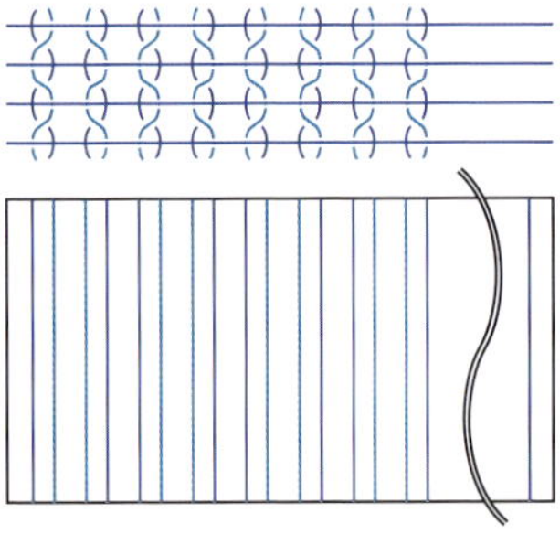

●たて糸：グレー・白・空羽を繰り返し、最後はグレーで終わる。

織り地は伸び縮みする。

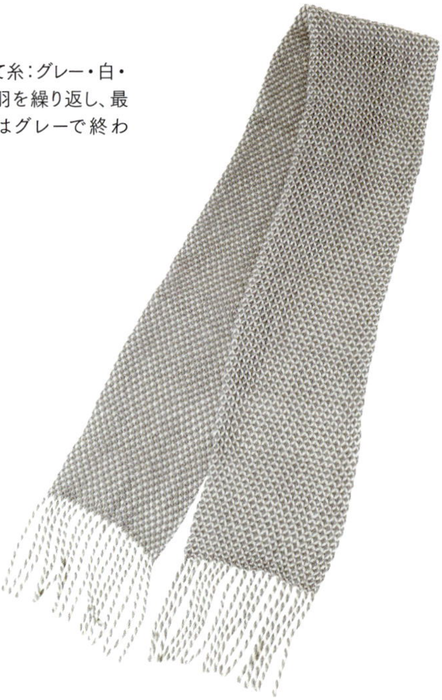

SAMPLE

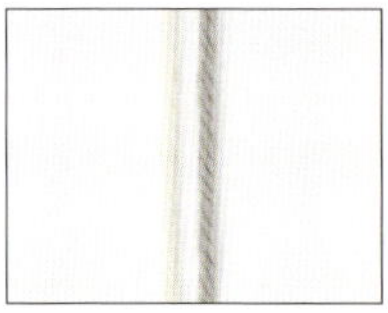

DATA

筬目：50羽
織り寸法：
14.5cm幅×150cm
整経長：2m
幅と本数：
14.5cm約72本
よこ糸密度：2.5段/cm

使用糸（たてよことも同じ）：
中細毛糸　グレー・白
（ウール100%）
53m/20g（2.7m/g）
使用量：
たて糸▶
グレー・白各72m
よこ糸▶グレー55m

PROCESS

1 たて糸を端から1234とする。白の上によこ糸が渡っている平織りの次に透かし段を入れる。2の下を通して1を、3の下を通して4を、つまりグレーの糸だけを拾う。

2 ピックアップスティックを立ててよこ糸を入れ、しっかり打ち込む。

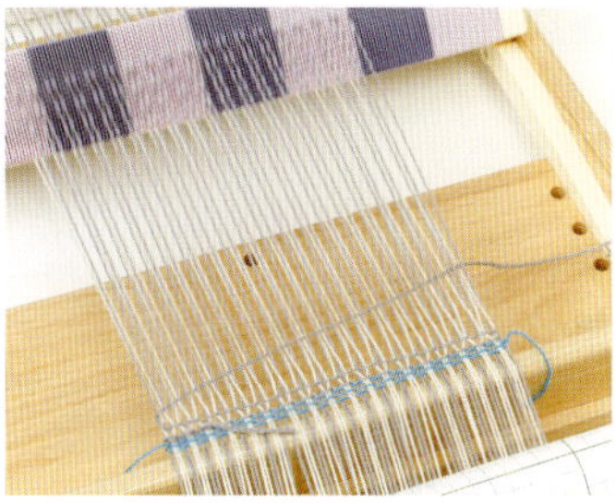

3 はじめと同じ開口で平織りを入れる。透かし段と平織り1段の繰り返し。

●糸ソウコウを使うと便利！

毎段たて糸を絡めるのが大変な時は糸ソウコウがあると便利です。
糸ソウコウのつくり方は64～65ページを参照してください。

1 糸ソウコウを通した編み針を持ち上げると、絡めたグレーの糸が持ち上がるのでその隙間によこ糸を入れる。

2 編み針を糸ソウコウごとソウコウに寄せて、傾けると平織りの開口になる。

3 よこ糸を入れて強く打ち込む。

参考作品

色糸効果の透かし織り

同じ太さの糸なのに浮かび上がる1本の白い曲線。地模様風に織り上がる透かし織りの中で色の組み合わせによってレース風に仕上がる透かし織りがあります。織り方は74ページ。

SAMPLE

参考作品

風柳

何かをつくるとき、つくりたいものがあって素材を探す場合と、素材に出会ってこれを生かしたいと思う場合があります。この暖簾は下のスイカのようなキュウリのような布を見て何か裂き織りの作品に仕上げたいと思いました。
川縁にたつ柳が風にそよぐさまをイメージし、暖簾という用途に裂き織りが重く感じないよう、白いラインの透かし織りで清涼感を出しました。

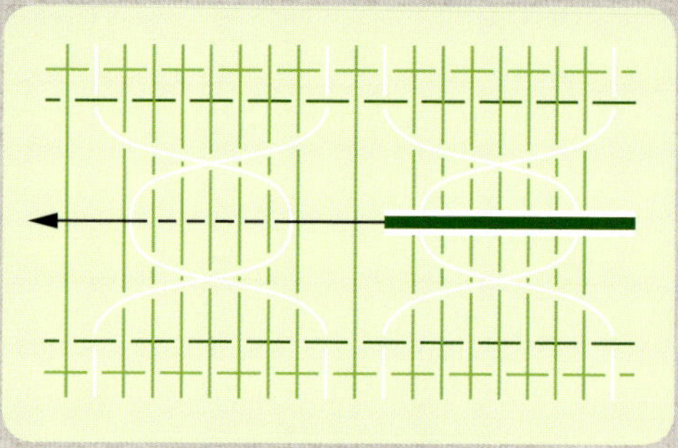

この透かし織りの織り方は上の図を参考にしてください。73ページのクッションも含め、基本的には濃色1・白1・濃色7・白1で1柄です。たて糸をかけた後開口させて白い糸が同じ動きをしているかどうか確認してから織り始めましょう。

木綿100%の薄手の布で縦にも横にも裂けます。縞に対して垂直に裂いて織りこむと絣風の織り地になり、川面に映る揺れる柳のようになりました。

役立つ技法 1

織り人に役立つ
簡単ステッチ

織りに刺繍をプラスすると織り地にデザイン性がプラスされるだけでなく、よこ糸止めや房の始末にも役立ちます。

わたしの興味は織りであって刺繍なんて……と思う人もいるかもしれませんが、刺繍の中には手間をかけずに織りに取り入れやすいいくつもの技法があります。

大変奥行きの深い刺繍の世界をとても乱暴に分類すると3種類に分かれます。①織りあげた布の表面に針を刺す大部分のステッチ、②縁取りに使うエッジングステッチ、③インサーションステッチと言って布のはぎ合わせのステッチです。下のバッグのステッチは①ですが（76ページの⑥）、織り途中、織機に布が張られている時にステッチを加えていきました。

織りにもよこ糸同士を絡ませたりたて糸に絡めたりして凹凸を出すスマックあるいはトワイニングという技法があり、これはループを引き出さないパイル織り（97ページ）に分類され、それをステッチに応用したのが右の画像1。画像2の上半分はシャトルステッチと言って織り途中のよこ糸を巻いたシャトルでできるステッチです。画像3が②のエッジングステッチあれこれ。たて糸を大きく開けたいときのよこ糸止めや房の始末に役立ちます。③のはぎ合わせステッチを覚えておけばあらゆるシーンに役立ちます。

1

2

3

並太毛糸のマルチステッチタピストリー

生成り色の並太毛糸をたてよこに使い、幅15cm×長さ2mの布を2枚織りました。2mの布は上の三角部分で織り返してあるのでこのタピストリーは4枚の布を剥いで作ってあります。手持ちの中途半端な並太毛糸で気が向くまま、思いつくまま糸を選んで楽しみながらステッチを加えました。マフラーを織るのと同じ密度で織った柔らかい布をステッチではぎ合わせたり、柄を加えたりするとどのような効果があるか実験的につくったタピストリーですが、思わぬ収穫が得られました。

ここで使ったステッチの一部は、166ページのタピストリー「蜂蜜色の村」(ステッチ1)や94ページのベビーケープ(残った糸で縁取りにステッチ3)に取り入れています。

織り布を自分の持つ織機よりもっと広い幅で使いたければはぎ合わせるしかありません。そんなときセーターの脇を剥ぐような閉じ方ではもったいない。はぎ合わせることのステッチ自体がひとつのデザインとなるようなおすすめのステッチを刺し方とともに一覧にしました。

1

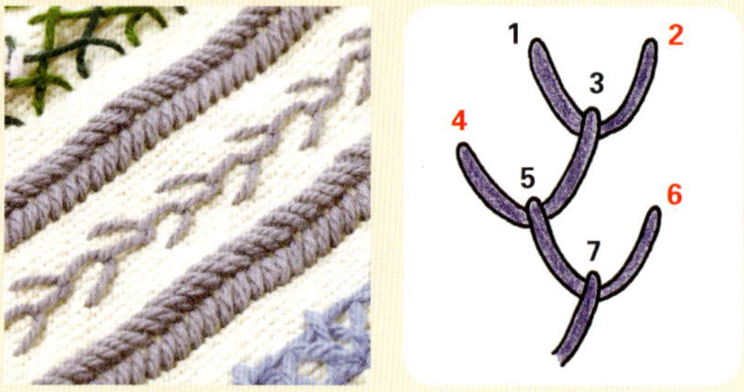

2

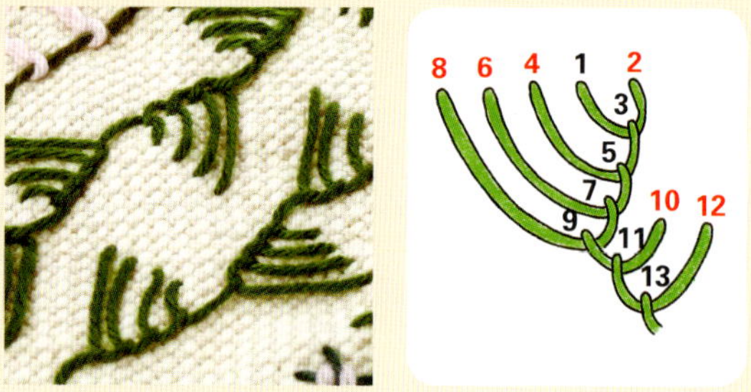

3

4

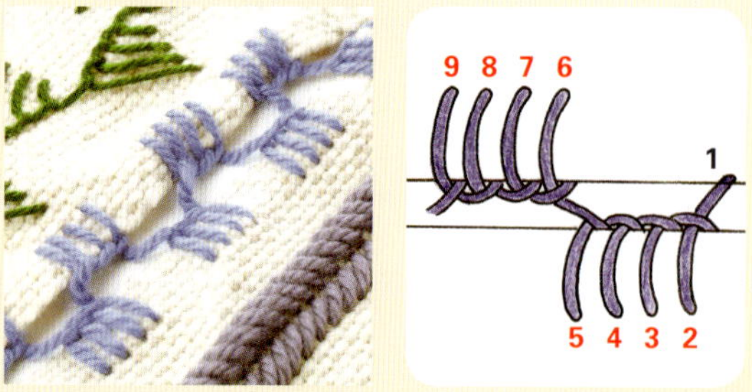

※図の中の黒い数字は針が「出る」。赤字は針が「入る」を示しています。

5

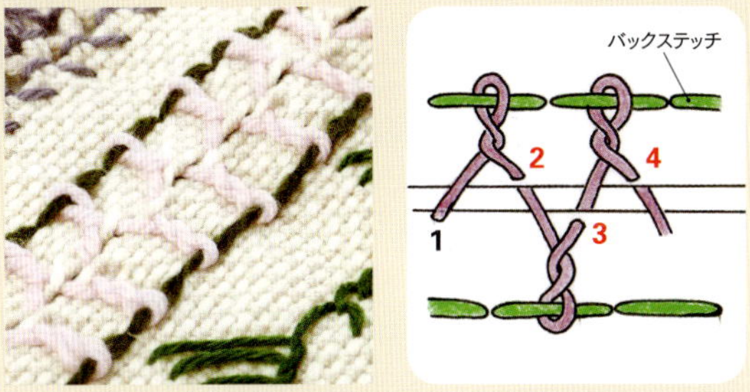

6

7

8

9

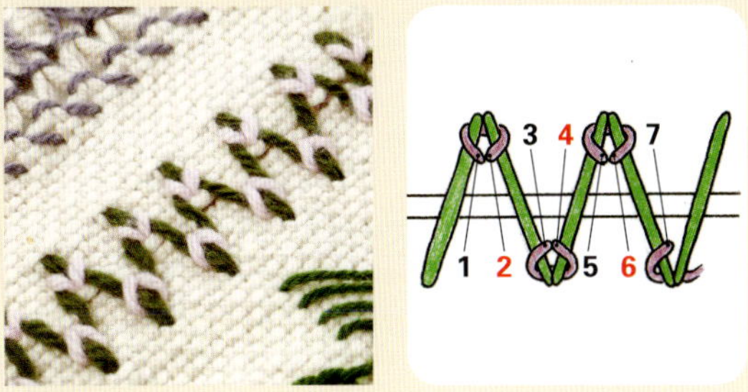

10

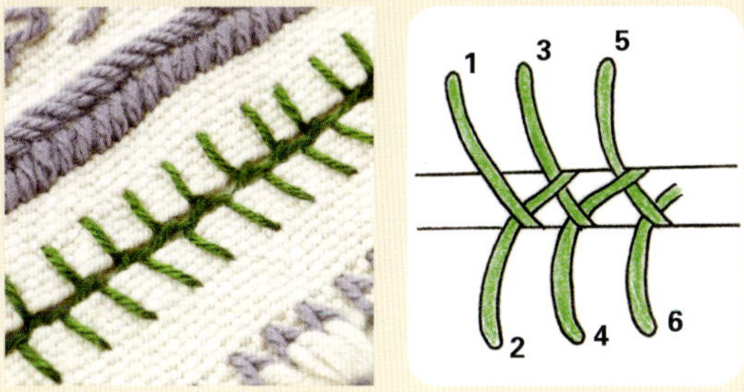

11

12

役立つ技法 2

房の始末と増毛

マフラーなどは房の始末の仕方によって表情が変わります。
代表的なパターンだけでもマスターしておきましょう。

房の始末

巻き結び（束ねる方法のこと）

PROCESS

一番基本的な方法。何本かをまとめて縛る。結び目は織り布の際で行い、高さを揃えるのがポイント。

ネクタイ結び1

PROCESS

房にする糸を2つに分けてその片方で残りの糸を巻きつけて、ネクタイを締める要領で縛る。

ネクタイ結び2

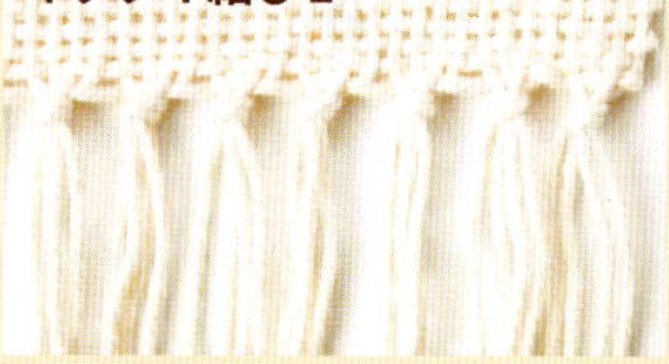

PROCESS

房にするうちの1本の糸でその他のたて糸を縛る。結び目が小さくなるので敷物などに向く。

マクラメ

PROCESS

結んだ房を2つに分けて隣の房と組み合わせてレース風の模様にする。たて糸は4の倍数にするとよい。

三つ編み

PROCESS

房を3の倍数にして三つ編みにし（四つ編みでもよい）糸先で結ぶ。ほどけやすいたて糸の時に向く。

布を織りあげたあとの房の始末の中から代表的なものをいくつか取りあげました。ここでは4本をひと組としていますが、たて糸の縞の本数などに合わせ適宜増減します。またたて糸をプラスして、つまり増毛することでボリュームのある房にしたり、ビーズなどを通して装飾的な仕上げもできます。房をきれいに切り揃えるにはテープカット定規(232ページ)があるととても便利です。

なお房の始末は織り布が動かないように厚い本など織り布の上に重しを乗せて作業します。

撚り合わせ

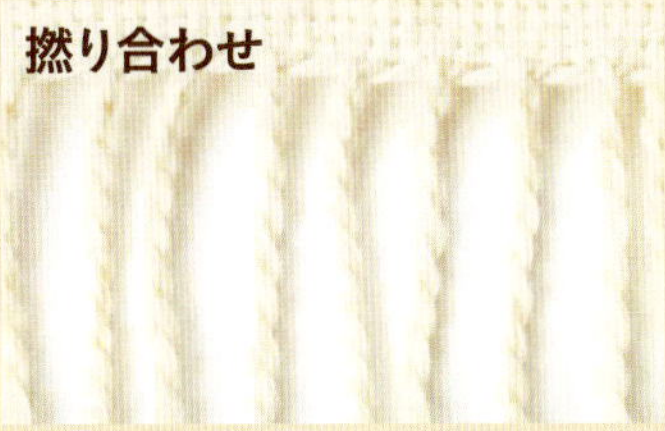

PROCESS

1 房の糸を半分に分けてそれぞれを撚りと逆方向に強くねじる。

2 次に一緒にして逆方向にねじり、糸先を結ぶ。房撚り器(233ページ)があると楽に作業できる。

増毛

PROCESS

1 房にする糸の、根元から2段目あたりに追加の糸を通す。

2 その追加の糸と元のたて糸を組み合わせて撚り合わせる。細いたて糸の時に効果的。

ウールなら縮絨《しゅくじゅう》すれば

ウールは刺激を与えることで繊維同士がくっつく特性があります。
その特性を利用して撚り合わせた糸を固定することができます(詳細は179ページ)。

1 50〜60度の湯を用意し、その中に房の始末をした織り布を入れる。

2 ウール用ではない普通の洗剤あるいは石鹸を入れ、撚り合わせた部分をよくもむ。

3 よく乾かしてから房を切り揃える。ウール以外の素材は結び目を切るとほどけるので注意する。

役立つ技法 3

かぎ針を使う

かぎ針を使って織り地に変化を持たせましょう。
オリジナルなデザインもたくさんつくることができます。

レンガ織り

　ダニッシュメダリオンと呼ばれる織り技法です。地糸とは別の飾り糸をよこ糸として用意し、よこ糸をたてのラインにも出すのが特徴です。プラスの糸は地糸よりやや太めの糸を選ぶとよいでしょう。

　ここでは基本的な垂直のラインを一定間隔で拾うことで積み重ねたレンガのような柄にしました。

1段目の飾り糸は上下を同じデザインにするための飾りの1段です。

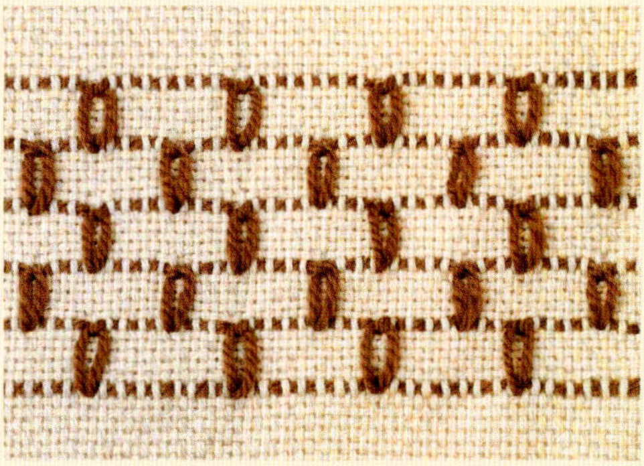

PROCESS

1 地糸を何段か織ったあと飾り糸を1段織り、その後地糸で奇数段平織りする。2段目の飾り糸は拾う場所でシャトルを出す。

2 1段目の飾り糸の下に編み針をさし、出しておいた飾り糸を引き抜く。

3 引き抜いた飾り糸の輪の中にシャトルをくぐらせる。

4 糸を引っ張って適度に絞める。

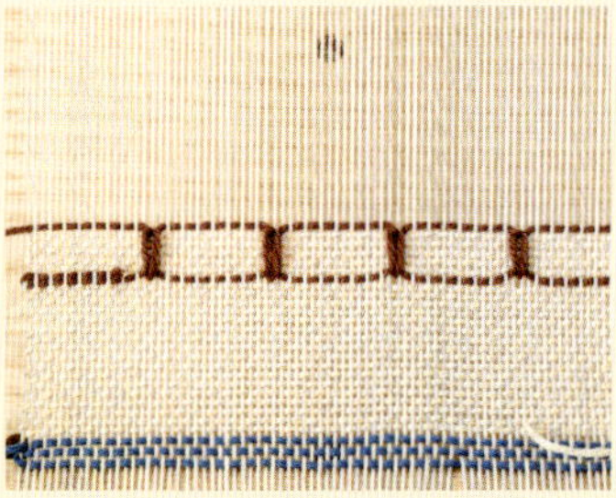

5 また次の拾う地点までよこ糸を通し、これを繰り返す。

本来編み物の道具であるかぎ針を、織っている最中に使うことで変化のある織り地をつくることができます。

飾り糸を加えれば刺繍のような柄になり、よこ糸をそのまま使えばレース模様のような透かし柄になります。

97ページのパイル織りで取り上げたループ織りもかぎ針があるからつくりやすい織り方のひとつです。

ここでは違うタイプの2例を取りあげましたが、バリエーションのあるデザインができるのでぜひ試してみると楽しいでしょう。

大きなハスの花のショール

レンガ織りをアレンジして、大きなハスの花をショールに織り込みました。飾り糸には太いモコモコの変わり糸と、ラメの混じったループヤーンを使いました。

アップ画像の1段目の緑の飾り糸は、かぎ針をさすときの目安としたり、デザイン上必要なだけで、織る上で必要とする段ではありません。

SAMPLE

DATA

筬目：40羽
織り寸法：
39.5cm幅×160cm
整経長：2.3m
幅と本数：39.5cm158本
よこ糸密度：4段/cm

使用糸：
たて糸▶A 中細毛糸（ウール100%）120m/40g(3m/g)
よこ糸▶A 中細毛糸（ウール100%）120m/40g(3m/g)
ラメループ糸 茶・ピンク（ポリエステル56%、ナイロン24%、ウール20%）50m/50g(1m/g)
モヘア極太糸 緑（アクリル81%、ナイロン19%） 約68m/30g(2.3m/g)

使用量：
たて糸▶A 364m
よこ糸▶A 253m 柄糸 茶・ピンク各15m、緑5m

柄A

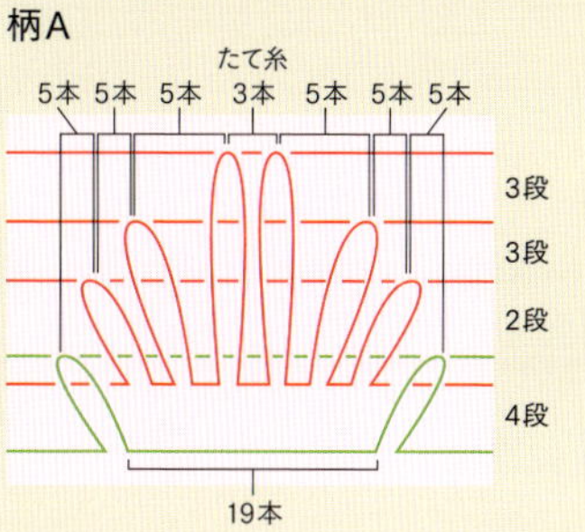

柄B

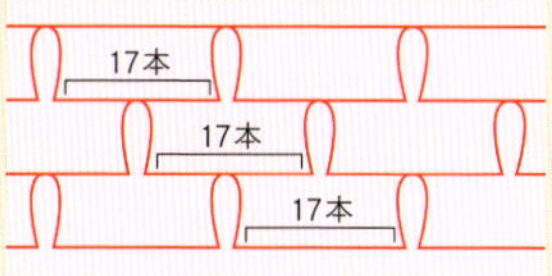

全体図

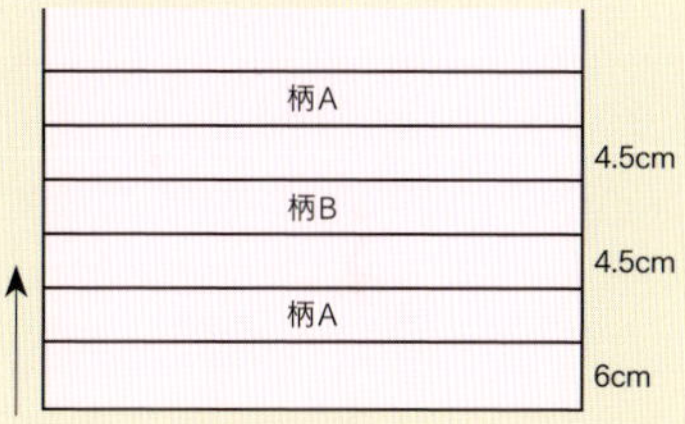

PROCESS

1 ハスの花部分の織り手順。花びら部分を高さ3段階に分けて飾り糸を拾う。

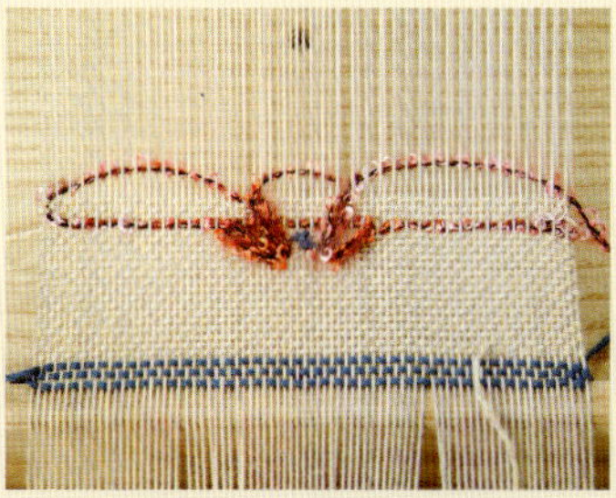

2 2段階目の花びら。織り図のイラストを参考にする。かぎ針を差し込む位置は1段階目と同じ。

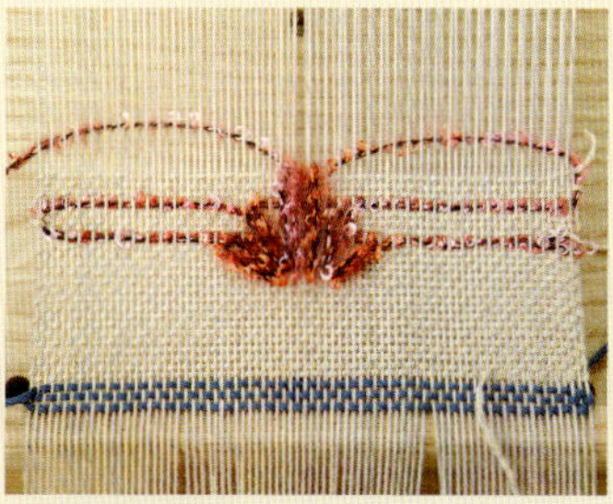

3 飾り糸はたてに長く渡るので引っ張りすぎないよう緩みを多めにするのがポイント。

コインレースのストール

透かし織り＋かぎ針の組み合わせです。このストールの織り地は飾り糸ではなく地のよこ糸をかぎ針で拾っていきます。引き抜いた糸をしっかり締めるとコインの形が際立ちます。透かし織りは66ページのパターン1と同じ方法です。透かし段の前後は必ず同じ開口で平織りをします。

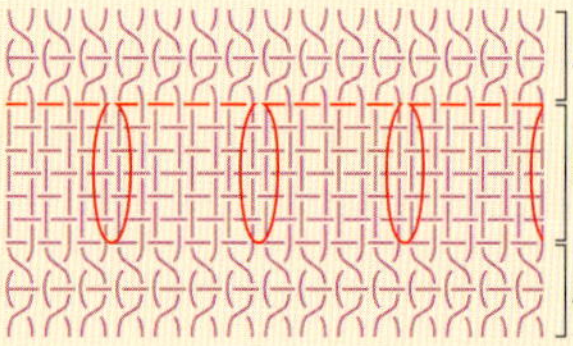

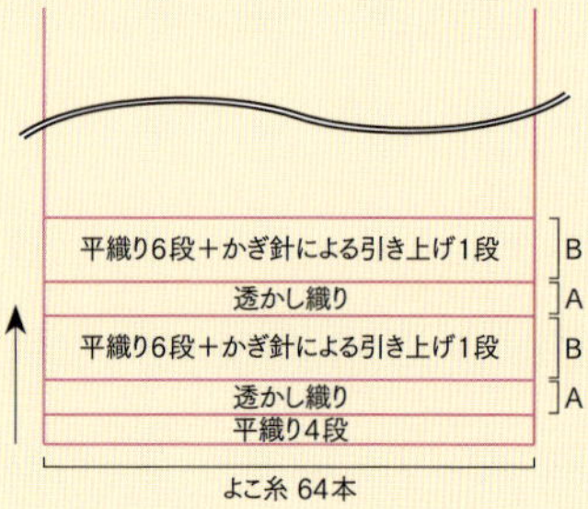

SAMPLE

DATA

筬目：50羽
織り寸法：
13cm幅×150cm
整経長：2m
幅と本数：13cm64本
よこ糸密度：5段/cm

使用糸（たてよことも同じ）：
並太綿糸（綿70%、リヨセル30%）
68m/25g（2.7m/g）
使用量：
たて糸▶128m
よこ糸▶98m

PROCESS

1 透かし織りをしたら平織りを6段織る。

2 7段目の平織りはコインひとつ分のよこ糸を通したらシャトルを外に出し、透かし織りでできた穴にかぎ針をさす。

3 かぎ針でよこ糸をすくい、引き抜く。

4 引き抜いた糸の輪にシャトルを通して締める。

5 コインひとつ分ずつこれを繰り返し、透かし織り、平織り6段、7段目でかぎ針を繰り返す。

織りの技法
7

スペース織り

**たて糸の隙間部分が柄を織り出すスペース織り。
できたスペースでよこ糸を括ったり、
ビーズを入れたりと様々な工夫ができます。**

たて糸のところどころに隙間を入れる(たて糸を入れない部分)をつくることで柄を織りだす技法です。空羽(あきば・あきは)とも言います。おもに平織りでの作品展開ですが、たて糸の本数やソウコウの通し方によって色の出方や織り布の表裏の表情が変わります。

筬ソウコウ一体の卓上織機の場合は空羽10ならそのまま10本分空けてたて糸をかけます。筬とソウコウ分離型の織機の場合は空きが偶数なら筬をその数だけ空けますが、ソウコウの通し方1、2、1、2はここでいう偶数の場合はそのまま、奇数の場合は1、2、2、1、2、1……つまりソウコウをひとつ飛ばして通します。

スペース織りの基本

サンプルは白茶の順で2色のよこ糸を1段交互に40段織って1ブロック、次に茶白の順で40段織ることで1ブロックができています。空きスペースやたて糸の本数の違いによる織り布の表情の変化を比べてみました。

またスペースを空けたまま織るとたて糸が緩んできます。広くスペースを空ける場合は次ページのEFを参考に緩み止めをするとよいでしょう。

空きスペース奇数

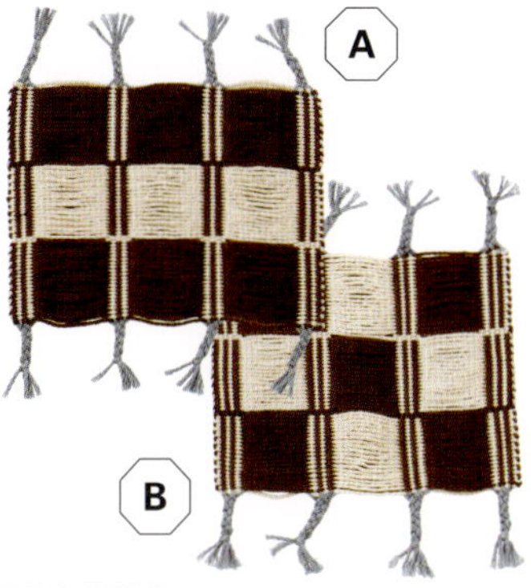

PROCESS

Aはたて糸5本(奇数)空羽奇数、Bはたて糸6本(偶数)空羽奇数。空きを奇数にするとたて糸の縞の両端の糸は同じ動きになり、同じ色糸が見える。織り布の表裏は逆の色が出る。

空きスペース偶数

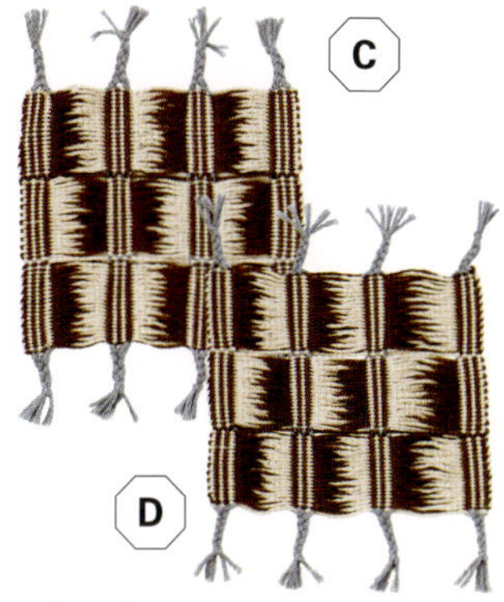

PROCESS

Cはたて糸5本・空羽偶数、Dはたて糸6本・空羽偶数。空羽を偶数にすると縞の両端の糸は逆の動きをし、半分ずつ異なる色が見える。

緩み止めの方法

E

PROCESS

1 1ブロックに一度の割合でそれぞれのたて糸の筋の端の2本を絡める。絡め方は66ページパターン1。

2 この3筋のたて糸の縞の場合は○印の4カ所を絡め、よこ糸を通す。

F

PROCESS

1 1ブロックに一度の割合でそれぞれの筋で引き返して平織りを2段多く織る。

2 4筋それぞれに追加の平織りを加える。

ふわふわリボンマフラー

たて糸はプレーンな並太毛糸、よこ糸にもこもこふわふわの変わり糸を使って、リボン風のマフラーに仕上げました。

ある程度織り進んだら、別糸で空羽で渡っているよこ糸の束を括ってから巻き取ります。

たて糸の本数が少ないので、房はそのまま出しておくより織り地に縫い込んで始末した方が仕上がりがきれいです。リボンをつくる括り糸の糸端も織り地に縫い込んで始末します。

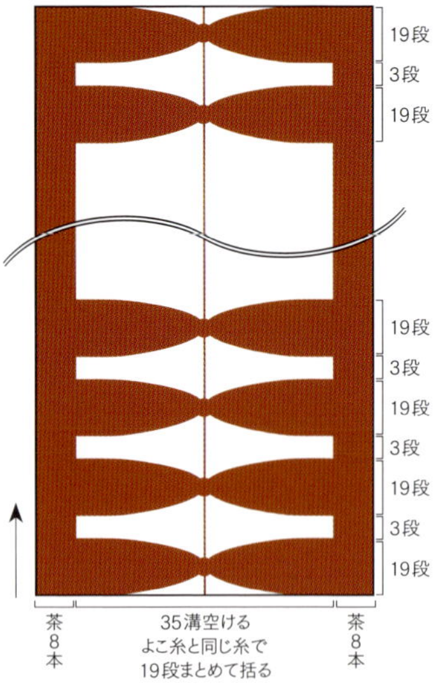

PROCESS

1 リボンをつくるための括り糸はよこ糸と同じものを使い、織り地に沿ってとじ針で縫い込む。

2 よこ糸19本1ブロックをとじ針で拾い、括り糸の輪の中にとじ針を通して締める。

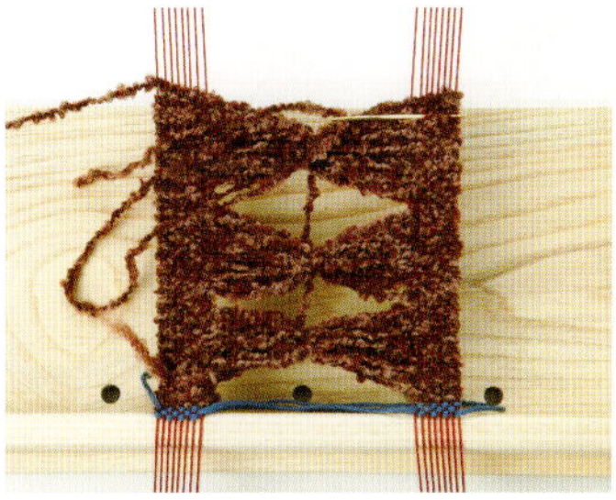

3 織りながら括り、最後も織り地に縫い込んで始末する。

4 房もたて糸に沿ってとじ針で縫い込んで始末する。

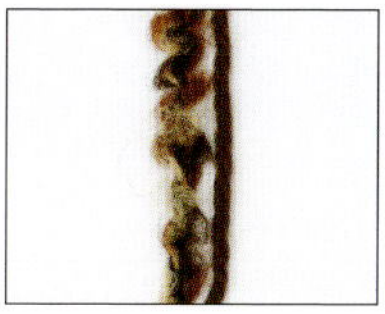

DATA

筬目:30羽
織り寸法:
17cm幅×90cm
整経長:1.5m
幅と本数:17cm16本
よこ糸密度:4段/cm

使用糸:
たて糸▶
並太毛糸(ウール100%)
53m/20g(2.7m/g)
よこ糸▶
変わり糸(アクリル68%、ウール23%、ナイロン9%)
68m/40g(1.7m/g)
使用量:
たて糸▶24m
よこ糸▶68m

カラフルリボンマフラー

たて糸を3筋にして、よこ糸もカラフルに3色使い、リボンの位置も斜めにずらしてあります。

イラストを参考に糸の流れを確認しましょう。青い糸は左の筋を19段平織りするところから始まります。糸端はその平織り部分に縫い込みます。次に左と中央の筋で19段織り、同時に右の筋は茶の糸で平織りをします。続けて青い糸は中央と右の筋で19段織り、同時に左の筋では茶の平織りが始まります。最後に青い糸は右の筋で19段平織りをし、糸端を織り地に縫い込みます。房もたて糸に沿って織り地に縫い込みます。そのため左右の列が1ブロック分ずれているように見えます。

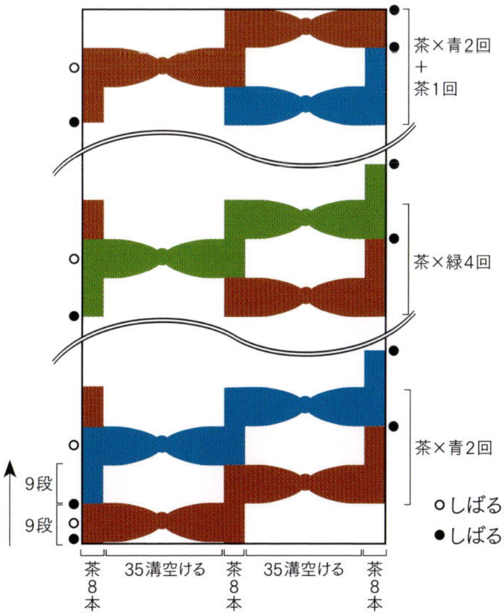

○しばる糸を入れる位置
●しばる糸を縫い込む位置

DATA

筬目:30羽
織り寸法:
31cm幅×165cm
整経長:2.3m
幅と本数:31cm24本
よこ糸密度:4段/cm

使用糸:
たて糸▶
並太毛糸(ウール100%)
53m/20g(2.7m/g)
よこ糸▶
変わり糸　あずき色・緑・青(アクリル68%、ウール23%、ナイロン9%)
68m/40g(1.7m/g)
使用量:
たて糸▶56m
よこ糸▶あずき色59m・緑26m・青26m

カフェカーテン

木綿の糸3色を使って、陽射しをやさしく遮るカフェカーテンをつくりました。

それぞれ筋だけを長く織って折り返すとカーテンポールの通し穴ができます。房には重しを兼ねてウッドビーズをつけ、マクラメ飾り(78ページ)にしました。

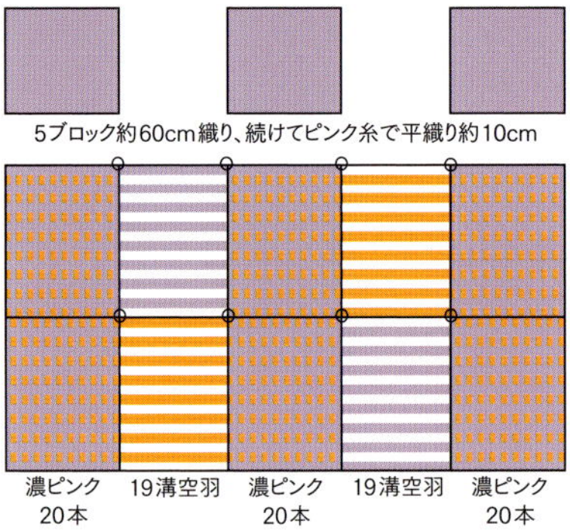

●よこ糸:

1 淡ピンク－茶の繰り返し16回＋茶を1段。

2 茶－淡ピンクの繰り返し16回＋茶を1段。

●図の○部分、同じ色の糸が2段になるところでたて糸を絡ませる。

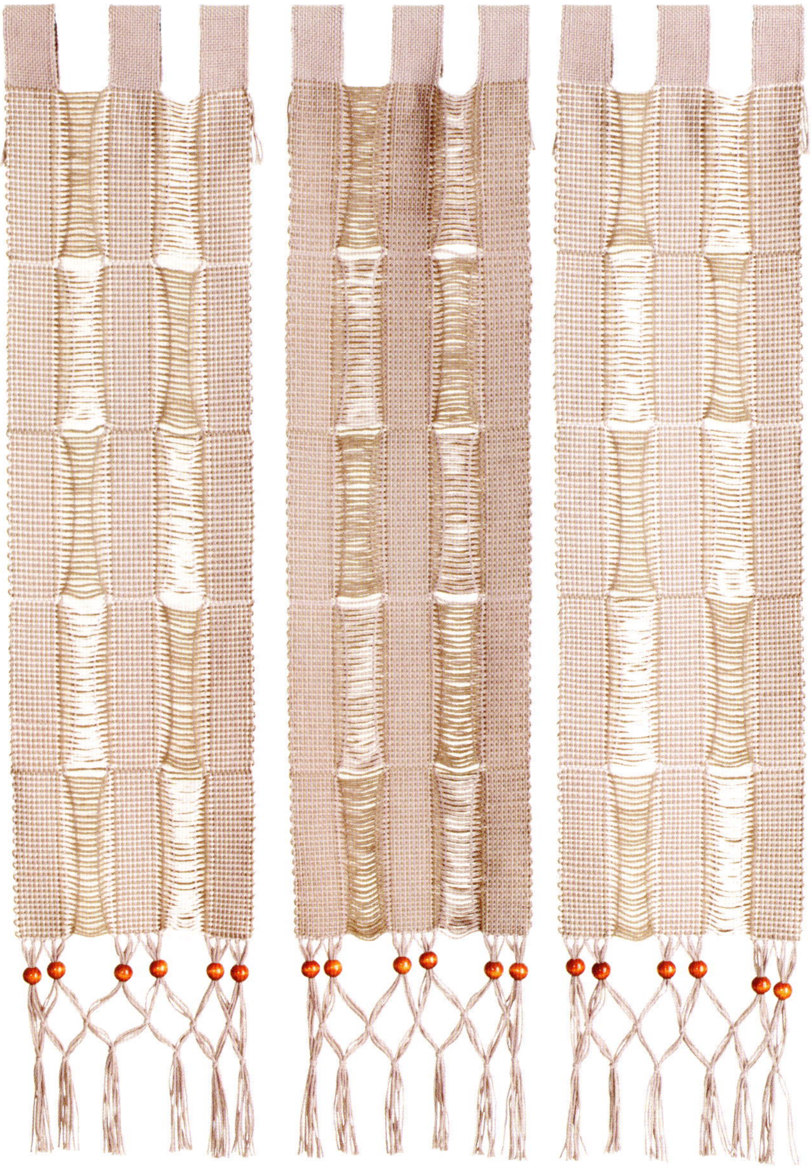

SAMPLE

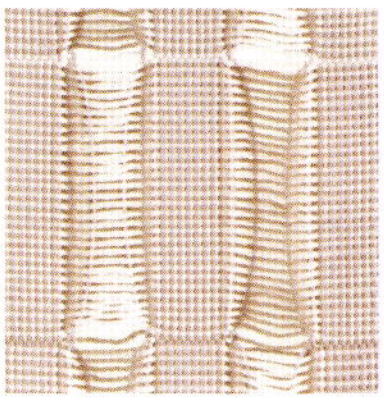

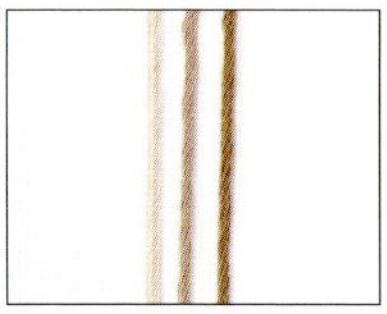

DATA

筬目:50羽
織り寸法:
20cm幅×70cm(×3本)
整経長:4m
幅と本数:20cm60本
よこ糸密度:5段/cm

使用糸:
たて糸▶並太綿糸
濃ピンク(綿70%、リヨセル30%)
よこ糸▶並太綿糸
淡ピンク・茶(綿70%、リヨセル30%)
68m/25g(2.7m/g)
使用量:
たて糸▶
濃ピンク240m
よこ糸▶
各105m
ウッドビーズ

ビーズクッション

たて糸1本分だけ隙間を空けてビーズを織り込みました。この1本分の隙間にビーズがすっぽり収まり、よこ糸で抑えられるため織り地の中でビーズが動くことはありません。アップ画像はビーズ部分の織り地の表裏です。ビーズは表面だけに浮き上がって見えます。

ビーズはよこ糸の通る大きさの穴のものを選び、前もってよこ糸に通しておきます。柄部分のたて糸の通し方は筬とソウコウが別構造の織機はソウコウに1、1、2、2、1、1、2、2とたて糸を通し、筬にはひと筋置きにたて糸を入れます。筬ソウコウ織機は22ページの変化通しです。

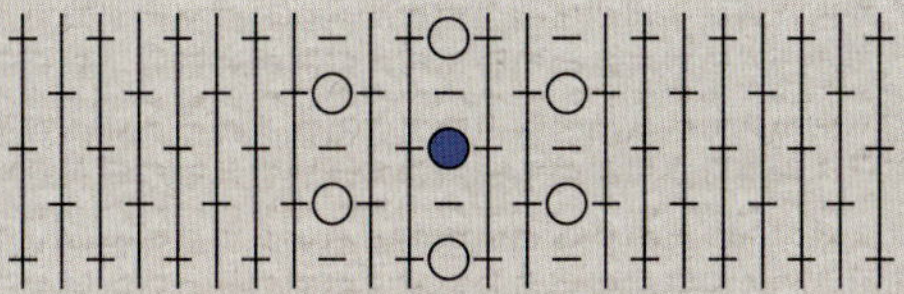

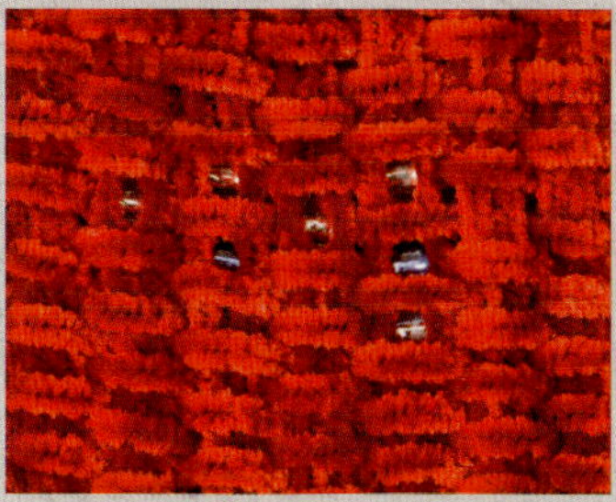

PROCESS

1 空羽1本部分はたて糸が2本ずつ上下する。2本下がった2カ所にビーズを置く。

2 次の開口ではたて糸が2本下がった3カ所にビーズを置く。

参考作品

ステンドグラス風暖簾

前ページのクッションと同じ要領で大玉のビーズを織り込みました。光がさすと、このビーズ部分だけ光が通り、まるでステンドグラスのように見えます。

大玉のビーズは何色か組み合わせるとより楽しい。よこ糸に通すビーズの色の順番を間違えないように気をつけましょう。

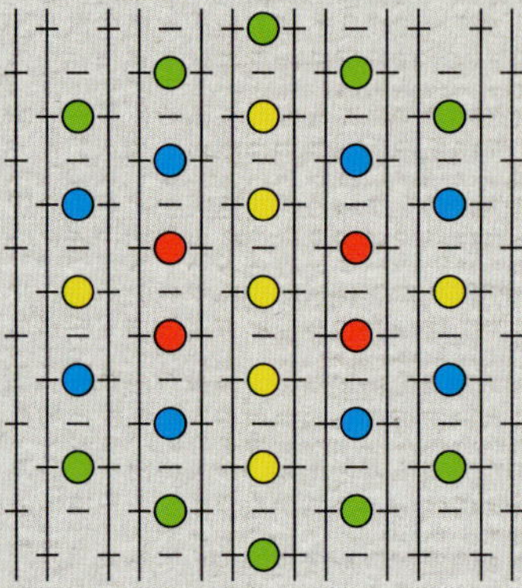

役立つ技法 4

布の形を変える

**布を織りつなげたり、たて糸を引いたりして長方形の布を変えてみましょう。
思いがけない使いやすさにびっくりします。**

A 布をつなぐ

さらさらのシルクの糸で長方形のショールを織ると肩におさまらず滑り落ちる、直線そのままの布で仕上げた衣服は人の体の丸みにはフィットしない……。ではこんな提案はいかがでしょうか？　と思いついたちょっとした工夫のひとつが布をつなぐこと。はぎ合わせるのではなく、織りつなげること。織り布の形が変わるとそれだけでとても使いやすい仕上がりになります。ここではそのバリエーションの数々を紹介します。

直角に布を織る千鳥格子マフラー

長い長方形の途中で直角に布がつながっていると肩にもおさまりがよく、自然なラインで長い布が前に来ます。直角の角の三角形は背中側でいい感じの飾りとなります。このマフラーは背中の三角を中心に織り布の長さを変えましたが、同じ60cmずつでもたっぷりしたマフラーに仕上がります（千鳥格子についてはp.41ページ参照）。

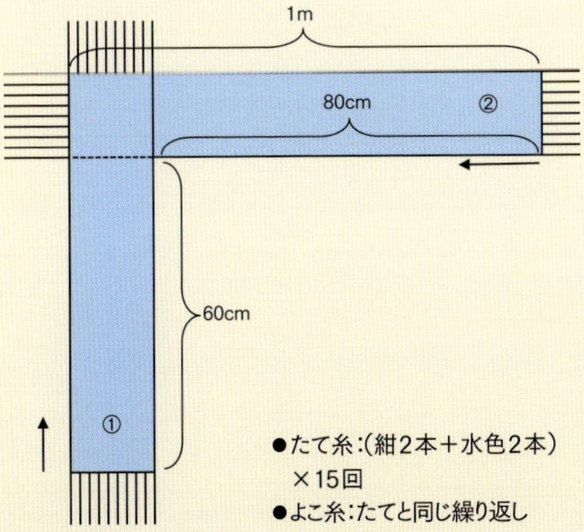

●たて糸：(紺2本＋水色2本)×15回
●よこ糸：たてと同じ繰り返し

DATA
筬目：30羽
織り寸法：
16cm幅×160cm
整経長：3m
幅と本数：20cm60本
よこ糸密度：3段/cm

使用糸(たてよことも同じ)：
並太ツイード毛糸　紺・水色(ウール100%)
500m/250g(2m/g)
使用量：
たて糸▶各90m
よこ糸▶各35m

PROCESS

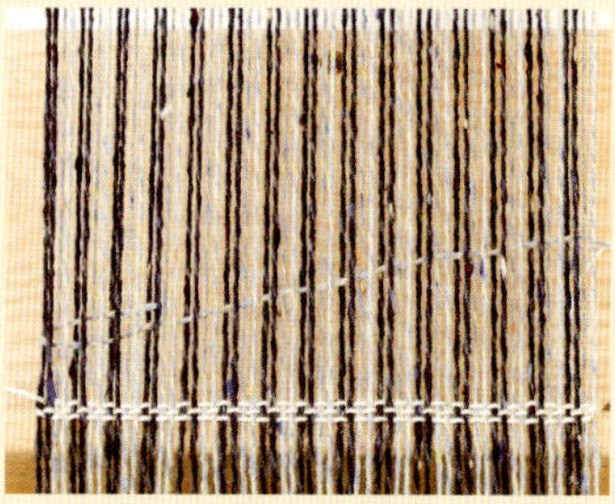

1 たて糸をかけてほつれ止めを織ったら紺2段・水色2段を繰り返し織る。紺から織り始めることがポイント。

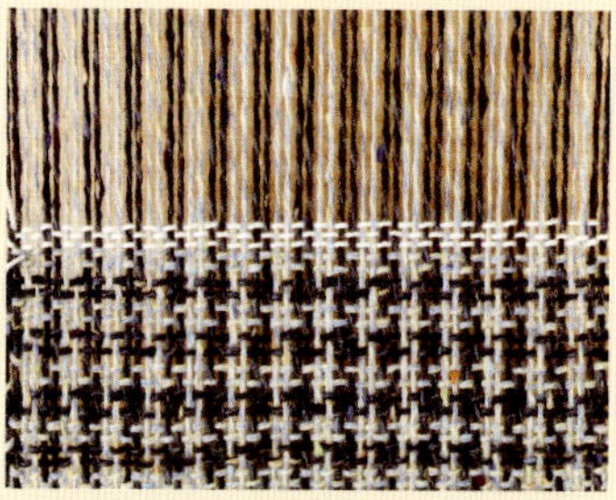

2 60cmの織り終わりは水色2段であることがポイント。ほつれ止めを3段織る。

3 房のたて糸は50cm残した状態でたて糸を切り、織機から外す。

4 一度たて糸は巻き戻し、長さ1mの綿糸を右端に1本追加してからあらためて巻き取る。

5 綿糸は外した状態で紺・水色の順で80cm織る。外しておいた綿糸を織り布にとりつける。

6 **2**で織った布を織機の左側に置き、残しておいた50cmのたて糸をよこ糸として織り込んでいく。

7 紺側から始めるとそのまま千鳥格子になる。よこ糸にするたて糸の順を間違えないように気をつける。

8 ジョイント部分の引き加減を注意しながら織る。追加した綿糸はほつれ止めの役割を果たす。

9 織り終えたら織機から外し、房の始末をする。

40cm幅で直角に織ったたっぷりサイズのショールは腰まで包みます。増毛（79ページ）で房飾りをしました。

コの字型のマフラー

コの字型は2カ所をジョイントします。サイズを肩幅にすると肩まで暖かく、セーラールックのような後ろ襟になります。たて糸は①17cm幅×130cm、②23cm幅×100cm、③17cm幅×150cmの3辺をそれぞれでかけます。図の矢印は織るときの方向です。

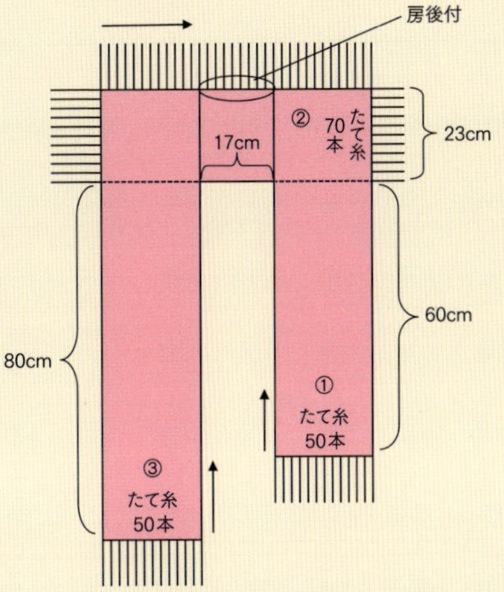

DATA

筬目:30羽
織り寸法:
①17cm幅 ×85cm②23cm幅 ×17cm③17cm幅×100cm
整経長:①1.3m②1m③1.5m
幅と本数:①17cm50本②23cm70本③17cm50本
よこ糸密度:3段/cm

使用糸(たてよことも同じ):
並太ツイード毛糸(ウール78%、ナイロン9、モヘヤ8%、アンゴラ5%)
57m/30g(1.9m/g)
使用量:
たて糸▶計114m よこ糸▶計107m
※使用糸データは無地の場合

●つなげ方
1.①でたて糸をかけ、60cm織って織機からはずす。
2.②でたて糸をかけ、手前のたて糸を40cm残して17cm織る。次に①の残したたて糸をよこ糸として織り込みジョイントする。
3.③でたて糸をかけ、80cm織り、②の手前で残した40cmをよこ糸として織る。

井桁のポンチョ

井桁の形をした布を織るには布を4回つなぎます。卓上織機で織る場合として2.4mのたて糸を2回かけますが、高機で織る場合ははじめから5mで整経するといいでしょう。四角く残ったところに首を通します。布の角を前に持ってきても、サイドに持ってきてもいいでしょう。首回りのすっきりしたポンチョになります。

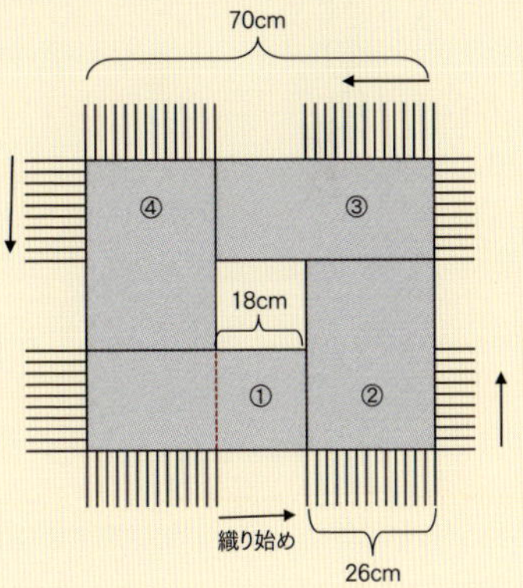

DATA

筬目:40羽
織り寸法:
26cm幅×計280cm
整経長:2.4mを2回
幅と本数:26cm104本
よこ糸密度:4段/cm

使用糸(たてよことも同じ):
並太毛糸(ウール%)
53m/20g(2.7m/g)
使用量:
たて糸▶500m
よこ糸▶75m
※使用糸データは無地の場合

●つなげ方
1.1つ目のたて糸は手前50cmを残して18cm織り、房を50cm残して切る。
2.あらためてたて糸を結び、1で残したたて糸50cmをよこ糸にとして織り、2辺をつなげる。
3.さらに別糸で18cm織ってから織機から外す。
4.2回目のたて糸をかけ、3で残したたて糸をよこ糸にして織り、3辺目をつなげる
5.さらに別糸で18cm織り、房を50cm残してたて糸を切る。
6.あらためてたて糸を結び5で残したたて糸をよこ糸として織り、4辺目をつなげる。
7.別糸で18cm織ったあと、1のはじめの糸をよこ糸として織り、井桁につながる。

ギザギザの形のマーガレットベスト

このギザギザ型のマーガレットは3.5mのたて糸をかけ、2回のジョイントでできています。3カ所ある角のうち、中央の角が背中を覆う飾りにもなり、残りの二つの角は折り返して襟にします。前合わせにあたる部分にループとボタンを取り付ければマーガレット風のベストに。後付とある部分は織り布の耳なので房を増毛します。

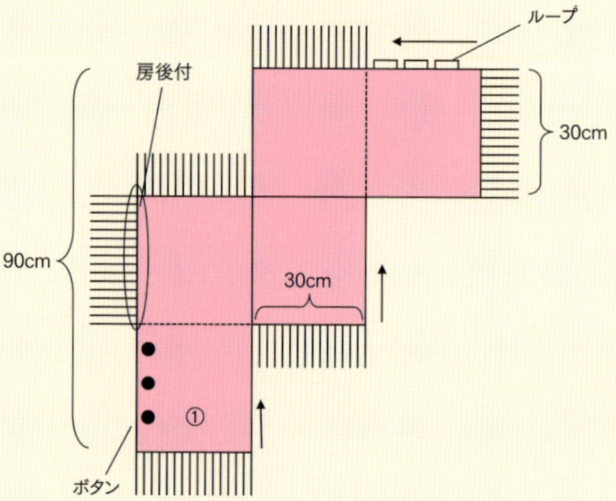

DATA

筬目:30羽
織り寸法:
30cm幅×110cm
整経長:3.5m
幅と本数:30cm90本
よこ糸密度:3段/cm

使用糸(たてよことも同じ):
並太毛糸(ウール100%)
53m/20g(2.7m/g)
使用量:
たて糸▶315m
よこ糸▶126m
※使用糸データは無地の場合

PROCESS

※プロセス画像は1/2の縮小サイズで説明

1 たて糸90本の右端に綿糸を1本足して機掛けする。綿糸はよこ糸30cmを織ったあとに織り地にとめる。

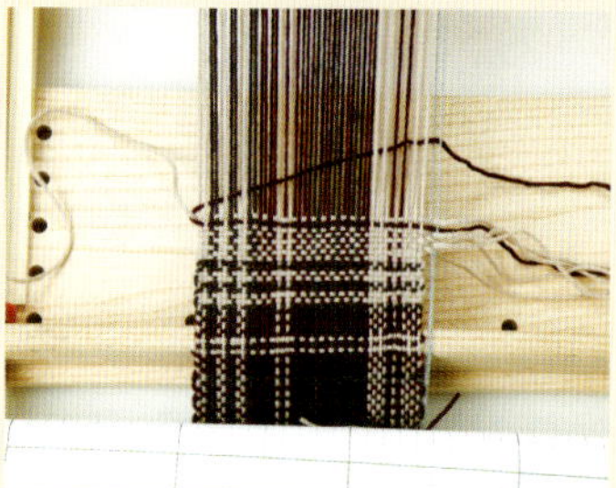

2 1.6mの長さの糸を45本用意し、右によこ糸の端50cmを残した状態で30cm(90段)織る。

3 1.6mに切った糸は2本で4段分とし、交互に絡めて織る。

4 30cm織れたら、房を50㎝残してたて糸を切る。

5 あらためてたて糸をとめる。ほつれ止めの綿糸も一緒にとめる。

6 **4**で出したよこ糸を、よこ糸にして30cm織って一度目のジョイントとなる。

7 そのまま別糸で30cm織ってから、房を50cm残してたて糸を切る。

8 あらためてたて糸をとめ、別糸で30cm織り、そのあとに**7**で残しておいた房をよこ糸として織り込み2度目のジョイント。

不思議なメビウスショール

1枚の織り地がメビウスの輪のように反転してねじれた状態でつながっている不思議なショール。すっぽりかぶって肩におさまり、後ろ姿は腰まで覆うたっぷりサイズのおしゃれなショールです。ジョイントは一度だけ。図に起こせる形ではなかったのでプロセス画像をじっくりと見てください。たて糸をかけるときに、手前のたて糸を55㎝残した状態でとめるところからはじまります。途中織り地を巻き取り棒にとめるのにホルダーがない場合は何カ所か糸で縫いとめます。

DATA
筬目:50羽
織り寸法:
37cm幅×137cm
整経長:2.3m
幅と本数:37cm187本
よこ糸密度:5段/cm

使用糸(たてよことも同じ):
中細毛糸(ウール100%)
160m/40g(4m/g)
使用量:
たて糸▶430m
よこ糸▶185m
※使用糸データは無地の場合

PROCESS

※プロセス画像は1/2の縮小サイズで説明

1 手前のたて糸を55cm残してたて糸をとめ、100cm平織りをする。

2 巻き取った布をたて糸ごと外し、織り終わりから10cmのところでホルダーでとめ、織り地を半回転させてから、はじめのたて糸をよこ糸にして織る。

Bたて糸を引く

直線の布を切らずに何かつくるときにできる余分すぎるギャザーやたるみ、それが気になる人も多いでしょう。それならいっそたて糸を引っ張って布の長さを部分的に変えて、ドーナツを半分に切ったような末広がりの曲線を持つ布に仕上げたらどうでしょうか……。そんなひと工夫を加えた作品を3点取り上げました。普通に織られた布のたて糸を引っ張る、それは引っ張りやすいたて糸素材を選ぶことがひとつのポイントとなります。

はさみ織り・引き返し織りのベビーケープ

出産祝いに手織りのベビーケープはいかがでしょうか。たてよこの地糸はプレーンな並太毛糸、それにプラスでモコモコの変わり糸を地糸と同じ開口ではさみ、縁にはコイリング、織り上がってからブランケットステッチ（76ページ③）を入れています。

たて糸を引く側のはさみ糸を少なくしてあるのでたて糸も引きやすく、余分すぎるギャザーもできません。

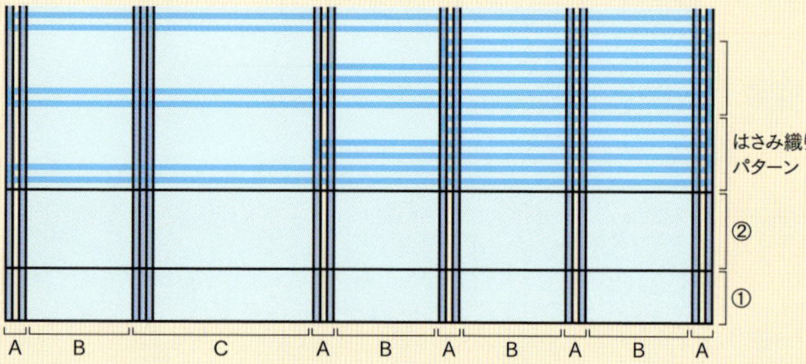

●たて糸：
A＝変わり毛糸1本＋1溝空羽＋変わり毛糸1本
B＝ストレート糸16本
C＝変わり毛糸3本＋ストレート糸24本
A＋B＋C＋（A＋B）×3＋A
●よこ糸：
①変わり毛糸4段
②ストレート糸6段
はさみ織り＝図の濃い色がはさみ糸の動き。図の左端で5回巻くコイリング

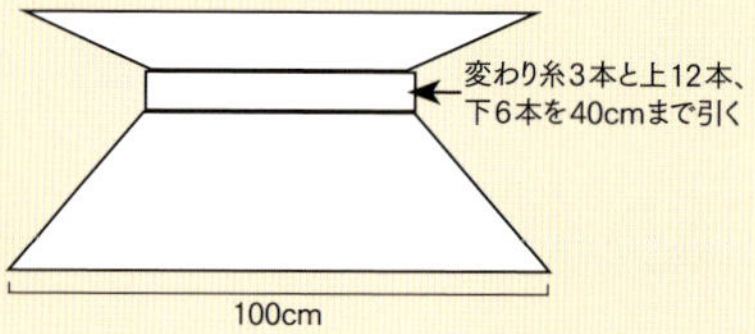

DATA
筬目：30羽
織り寸法：
35cm幅×100cm
整経長：1.6m
幅と本数：35cm100本
よこ糸密度：3段/cm

使用糸（たてよことも同じ）：
並太毛糸　白（アクリル60%、ウール40%）
105m/40g（2.7m/g）
変わり毛糸　白（ナイロン100%）
35m/40g（0.9m/g）
使用量：
たて糸▶並太毛糸140m、変わり毛糸20m
よこ糸▶並太毛糸116m、変わり毛糸58m

PROCESS

1　地糸とはさみ糸は同じ開口のよこ糸として入れて織る。

2　変わり糸を端まで通したとき端のたて糸に5回巻きつけるコイル織り（212ページ）を入れる。

3 たての変わり糸がよこの変わり糸の引き返し地点。地糸は端まで通し、変わり糸は途中で表に出す。

4 次の段。地糸はそのまま平織り、変わり糸は表に出した地点で引き返す。

5 織りあげたら左右交互に少しずつたて糸を引き、引いたたて糸の一部が首ひもとなる。

おしゃれな透かし織りマーガレット

ピンクのシルクとラメ糸でたて縞をつくり、よこ糸にはビーズの入った細い艶のある綿糸を織り込んでいます。ピンク側のたて糸を引いて、ドーナツを半分に切ったような布に仕上げ、引いた房をそのまま三つ編みにして結び目と飾りを兼ねた紐にしています。ラメのたて糸部分に透かし織り(66ページ)を加えて織りましょう。どの角度から見てもすっきりとしたおしゃれなマーガレットになりました。

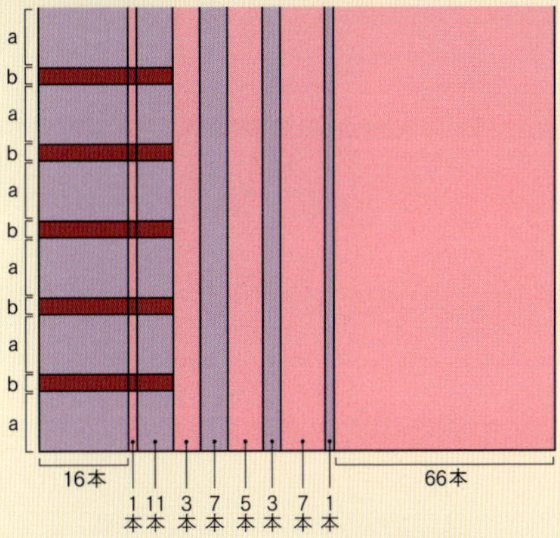

●よこ糸:中細綿糸ピンク一色　捨て織り7段
a＝20段
b＝2本交差の透かし織り×8(図の濃い色部分)

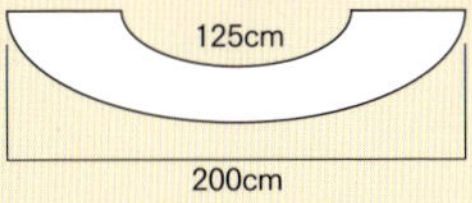

DATA
筬目:50羽
織り寸法:
25cm幅×200cm
整経長:2.8m
幅と本数:25cm120本
よこ糸密度:5段/cm

使用糸:
たて糸▶
中細シルク　ピンク(絹100%)
150m/25g(6m/g)
中細ラメ糸　紫(レーヨン65%、ナイロン29%、ポリエステル6%)
よこ糸▶
中細綿糸 ピンク(ポリエステル54%、綿24%、ガラス22%)
84m/20g(4.2m/g)
使用量:
たて糸▶ピンク230m、紫107m
よこ糸▶250m

ラーヌ織りのカフェエプロン

細くて柔らかいシルクウールのたて糸を、2本ずつ動く変化通し（22ページ）でたて糸をかけています。よこ糸は2色の糸を交互に織りたて糸が隠れるように詰めて織ったラーヌ織り（109ページ）ですが、グラデーションに色の変わる糸のため、ラーヌ織りの幾何学柄がランダムに散っています。

DATA

筬目：50羽
織り寸法：
32cm幅×140cm
整経長：2.1m
幅と本数：32cm108本
よこ糸密度：6段/cm

使用糸：
たて糸▶
中細シルクウール（アクリル56%、毛37%、絹7%）
105m/30g（3.5m/g）
よこ糸▶
ラメ変わり糸（毛68%、ナイロン32%）
180m/40g（4.5m/g）
使用量：
たて糸▶223m
よこ糸▶270m

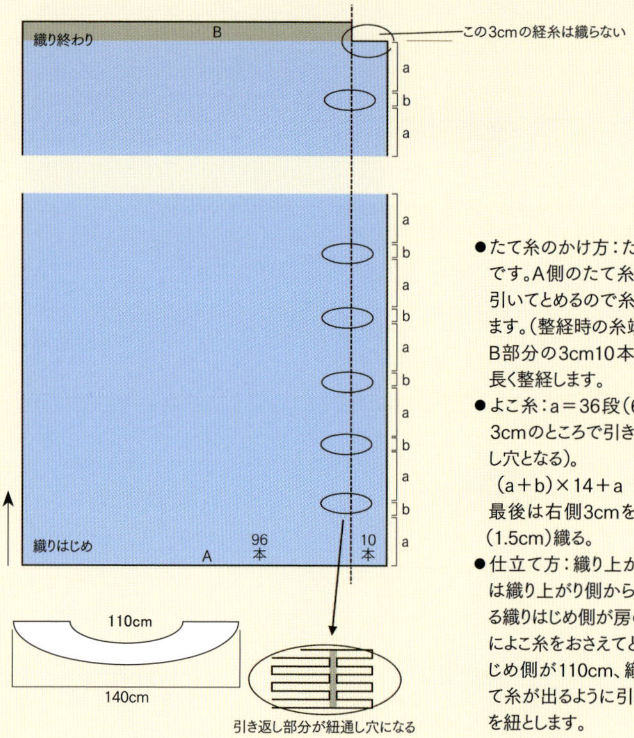

- たて糸のかけ方：たて糸はすべて変化通しです。A側のたて糸は房をつくらないように引いてとめるので糸端をUターンのままかけます。（整経時の糸端の輪を切らない）
  B部分の3cm10本はヒモとなるので1.5m長く整経します。
- よこ糸：a＝36段（6cm） b＝6段（1cm）。3cmのところで引き返し織り（この部分が通し穴となる）。
  （a＋b）×14＋a
  最後は右側3cmを織らずにたて糸で9段（1.5cm）織る。
- 仕立て方：織り上がったらA部分のたて糸は織り上がり側から引き、Uの字になっている織りはじめ側が房の無い耳状態になるようによこ糸をおさえてとめます。B部分は織りはじめ側が110cm、織り終わり側が40cmたて糸が出るように引き、三つ編みにしてそれを紐とします。

織りの技法
8

パイル織り

**ラグによく使われるノット織りや、
タオルに使われるループ織りなど、
普段の生活に密着した身近な織り技法です。**

パイル織りとは表面に毛羽や輪奈《わな》をつくる立体的な織り布のことで、その技法は大きくノット織り（ノッティング）とループ織り（ルーピング）、スマック、トワイニングなど地模様風のものに分かれます。

ノット織りとは、平織り部分とパイル部分が個別にあわさった織り技法で、ペルシャ絨毯や緞通がこれにあたり、シャギーラグという言い方もします。たて糸にパイルとなるよこ糸を結び付けていきますが、その結び方にはいくつかのパターンがあり、ここでは最もポピュラーなトルコ結びを説明しています。

ループ織りは平織りと一緒に織り込むよこ糸をループ状に引きだすものでわたしたちが普段使っているタオルがこれにあたります。ここでは棒針とかぎ針を使う手織りならではの方法を説明します。

ノット織りとループ織りのミニタピストリー

たてよことも同じ糸を使ってノット織りとループ織りそれぞれの技法でミニタピストリーをつくりました。

ノット織りもループ織りもそのパイルの大きさによって使用量が変わります。制作データのフェルトヤーンの使用量は目安として考えてください。

ノット織りは織ったあとにパイルをカットして立体感のある織り地に仕上がり、ループ織りは立体ながら細かい柄を織り出せるのが特徴です。ともに裏は平坦な織り地になります。

ノット織り

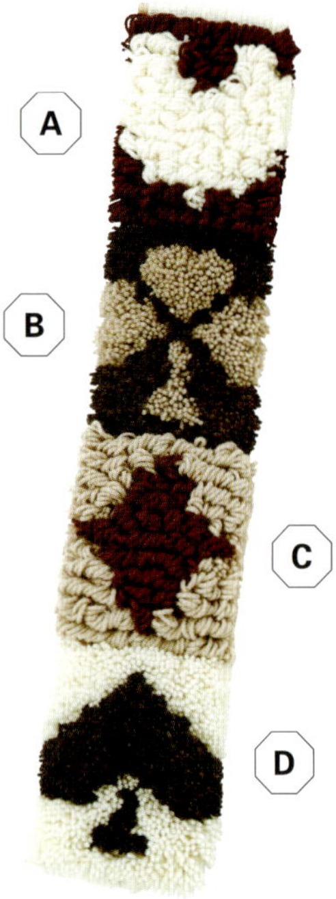

DATA
筬目：15羽
織り寸法：
13cm幅×80cm
整経長：1.5m
幅と本数：13cm18本
よこ糸密度：
1段/cm(ノット)

使用糸：たて糸▶
並太綿糸(綿100%)
32m/25g(1.3m/g)
よこ糸▶フェルトヤーン
白・ベージュ・エンジ・グレー(毛100%)
34m/30g(1.1m/g)
並太綿糸(綿100%)
32m/25g(1.3m/g)
使用量：たて糸▶27m
よこ糸▶フェルトヤーン各140m、並太綿糸60m

ループ織り

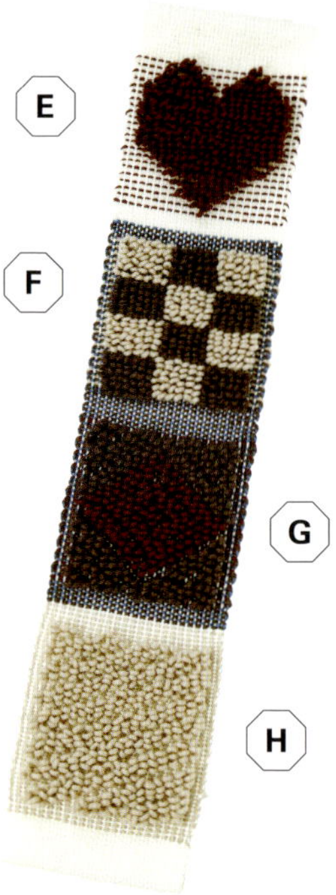

DATA
筬目：30羽
織り寸法：
16cm幅×80cm
整経長：1.5m
幅と本数：16cm48本
よこ糸密度：4段/cm

使用糸：たて糸▶
並太綿糸(綿100%)
32m/25g(1.3m/g)
よこ糸▶フェルトヤーン
ベージュ・エンジ・グレー
(毛100%)
34m/30g(1.1m/g)
並太綿糸(綿100%)
32m/25g(1.3m/g)
使用量：たて糸▶72m
よこ糸▶フェルトヤーン各20m、並太綿糸60m

図の見方

ノット織りは1マスがたて糸2本、よこはパイルひと組フェルトヤーン8本引き揃え、よこ糸4段を表しています。ループ織りは1マスがたて糸2本、よこ糸はたてと同じ糸1段・フェルトヤーン1段(2色使っているものはおなじ開口で2段)を表しています。

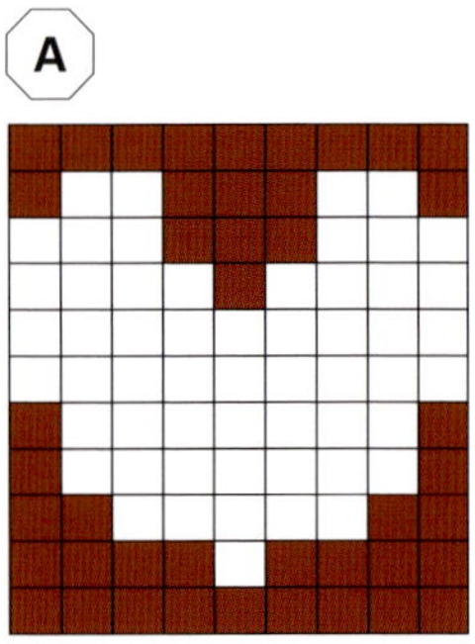

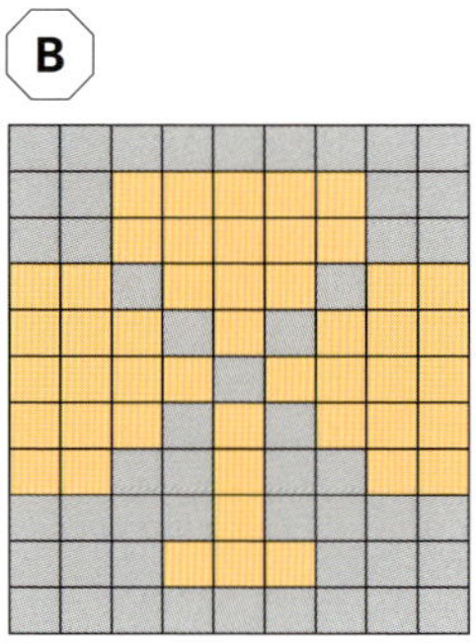

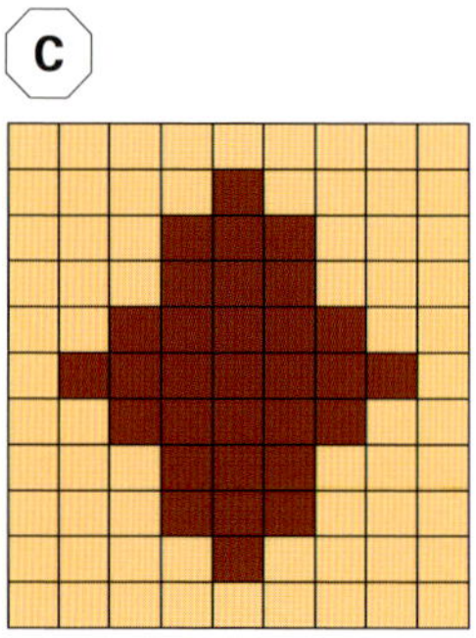

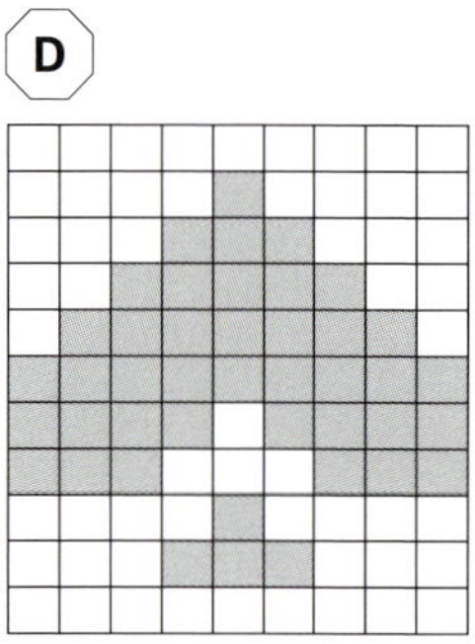

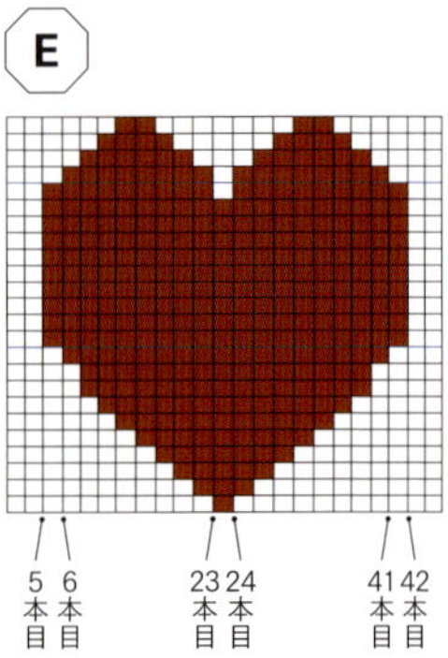

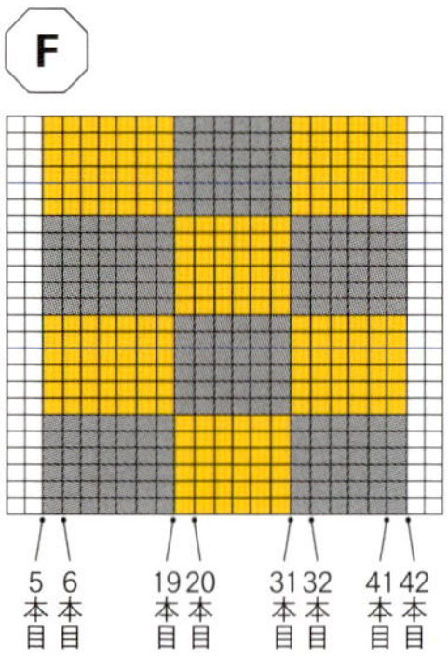

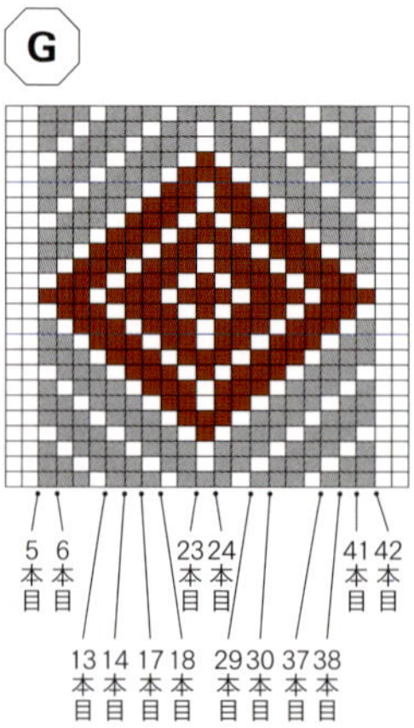

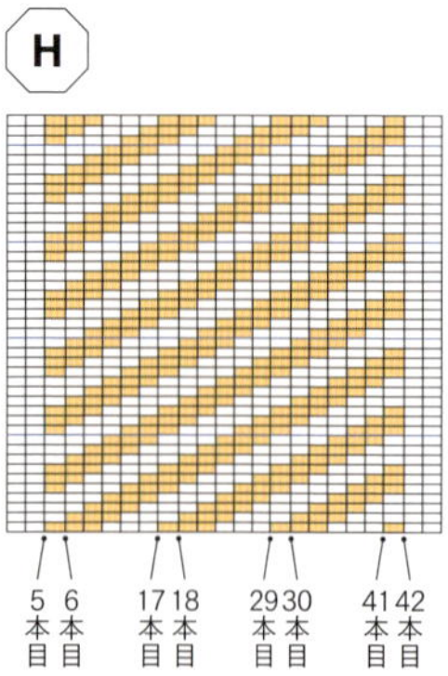

ノット織り

PROCESS

1 巻きつけるフェルトヤーンは8本束ねて結ぶ。たて糸2本をひと組とし、2本の間から糸端が出るように結ぶ。

2 パイルの大きさが一定になるようにパイル物差し（シャトルなど）に巻きつけながら結ぶ。

3 たて糸2本の中央から左に出し、右から入れて中央に出す。

4 巻きつけた糸は引っ張ってよく締める。

5 色を変えるときは1と同じ作業をする。1列巻きつけたら、たて糸と同じ糸で4段織る。

ループ織り

PROCESS

1 綿糸とフェルトヤーンを交互に何段か平織りしてから始める。フェトルヤーンの開口時にループをつくる部分をかぎ針で引き出し、棒針にかける。

2 棒針を通したまま打ち込み、逆開口で綿糸を1段織ったのち棒針は抜く。次の段で引き出すループの方向を前段と揃えるように注意する。

PROCESS

1 1列で2色使うときはまず片方の糸で必要な部分のループを1列拾って打ち込む。

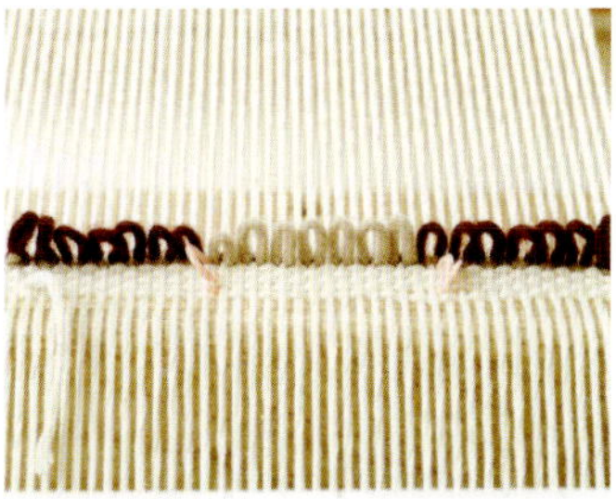

2 次に同じ開口で2本目の糸を入れる。ループ織りはたて糸の端から1cmはループを入れない。

クリスマスツリーのタピストリー

部分的にノット織りを入れてクリスマスツリーのタピストリーをつくりましょう。家の中にある極太毛糸・リボン・モヘヤ・ラメ糸……あらゆるものを集めてパイルの材料にします。雪の積もった枝のように垂れ下げるのにはかなり大きなパイルが必要となります。厚紙を7〜8cm幅に切ってパイル物差しをつくります。

織り上がったらオーナメントを飾りつければ出来上がりです。

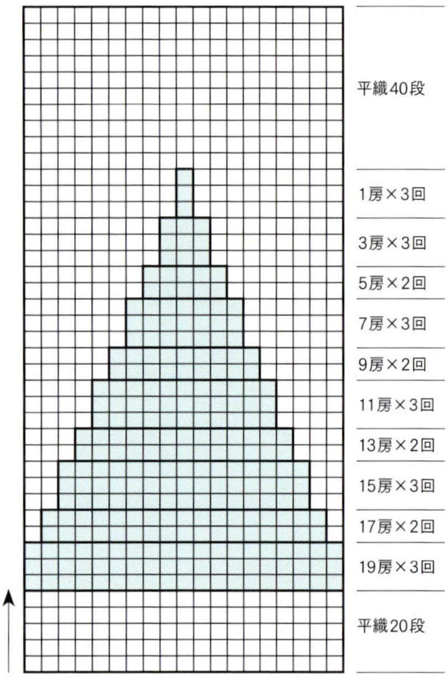

- たて糸：76本＋両端2本取り2本
- ノット織り部分：1マスノット織り1段＋平織り4段

（作品サイズ：20cm幅×60cm）

材料について

パイルにする材料を揃えたら、すべての材料を引き揃えていったん玉にするとよいでしょう。

地のよこ糸にコーデュロイの布地を裂き織りして大きなタピストリーにしました。サンタのオーナメントは紅絹の裂き織り、プレゼントボックスは中細毛糸でタータンチェック、ベルもラメ糸で織ってあります（作品サイズ：50cm幅×150㎝）。

ノット織りの座布団

ノット織りとラーヌ織り（109ページ）を組み合わせて、壁掛けにもなる座布団を織りました。

はじめに綿の結束糸を200段織っていますが、これは織り返してタピストリーバーを通せるようにしたためで、座布団として使うなら20～30段程度でいいでしょう。またここではパイルに超極太毛糸4本取りを使っています。もし並太毛糸を使うのであれば10本くらい引き揃える必要があります。

DATA

筬目：30羽
織り寸法：
32cm幅×58(60)cm
整経長：1.2m
幅と本数：32cm64本
よこ糸密度：
糸部分8段/cm
ノット部分1段/cm

使用糸：
たて糸▶
結束糸（綿100%）
100m/100g（1m/g）
よこ糸▶
超極太毛糸　赤・エンジ・こげ茶・茶（アクリル100%）
30m/50g（0.6m/g）
段染め麻糸（麻100%）
25m/35g（0.7m/g）
結束糸（綿100%）100m/100g
コーデュロイ（布地）
使用量：
たて糸▶77m
よこ糸▶超極太毛糸
赤60m・エンジ30m・こげ茶45m・茶15m
段染め麻糸13m
結束糸170m　コーデュロイ110cm幅×20cm

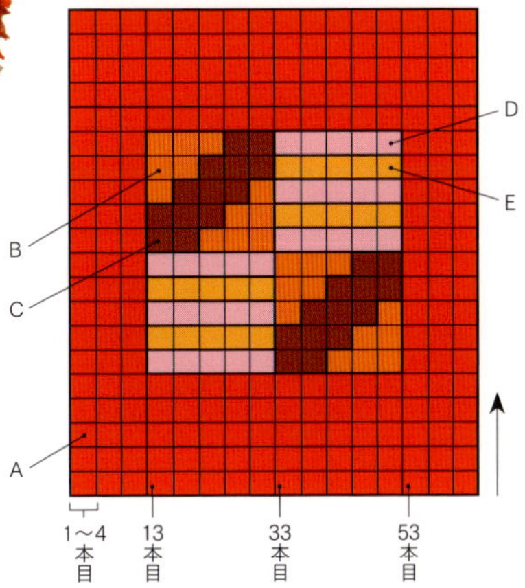

●図は1マスたて糸4本
A＝赤2本、エンジ1本、こげ茶1本の計4本取り
B＝茶4本取り
C＝こげ茶4本取り
D＝コーデュロイ10段（地糸を含む）
E＝麻糸10段（地糸を含む）

PROCESS

1 パイル用の毛糸は前もってカセにし、1カ所を切って同じ長さの束にする。

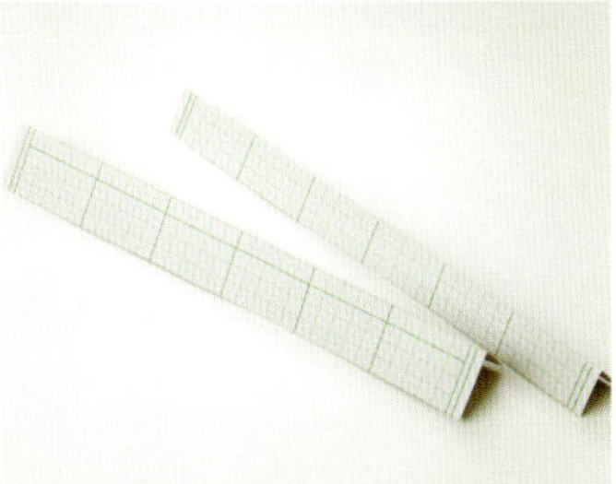

2 厚紙を2つ織りにして5cm幅のパイル物差しをつくる。

3 コーデュロイの布は溝3本分で切れ目を入れ、裂いておく。

4 **1**の束の中から4本を引き抜き、たて糸にパイルを巻きつける。

5 たて糸2本の中央から左、右から中央に糸を巻きつける。

6 よく締めてから、パイル物差しに巻いて同じ作業を繰り返す。

7 パイル物差しは折り目を下にして糸を巻きつけ、厚紙の間にはさみを入れて切ると長さが揃う。

8 1列巻きつけたら綿糸を6段織る。

9 裂き織りのラーヌ柄部分に来たら、綿糸の代わりに裂いたコーデュロイを2段織る。

10 ラーヌ柄部分は毛糸の巻きつけを先にし、毛糸と同じ高さになるまで別のコーデュロイで詰めて織る。

11 高さが揃った時点で織り幅全体にコーデュロイを2段。図に沿ってこれを繰り返して織る。

12 巻き取る時は窪みにパッキンなどをあて、布の厚みを均一にする。

13 織り上がったら房の始末をする。何本かを一組にして編みあげる。

14 編みあげた房の端の余分はカットし、束は三つ編みにする。

15 デザインに合わせてシャギーカットする。

参考作品

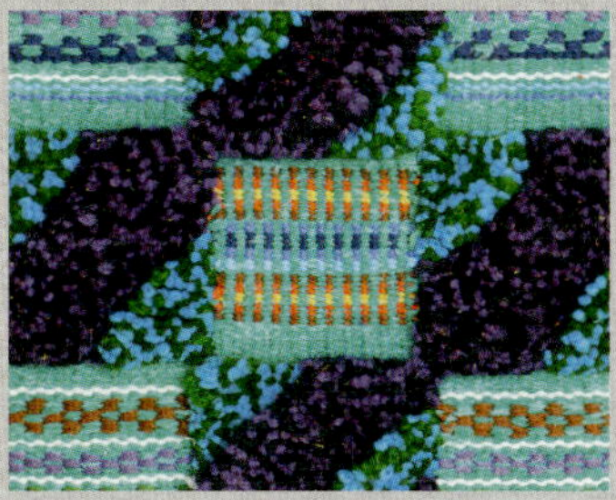

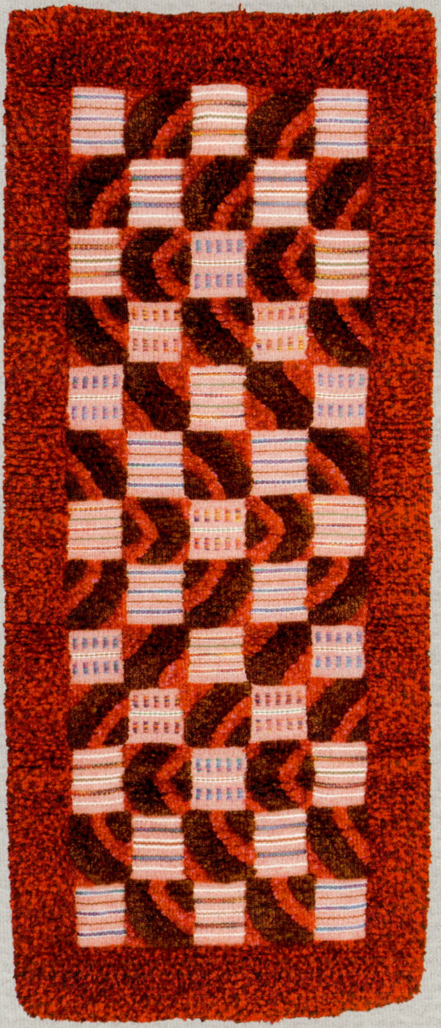

赤　MAPLE
青　BLUE　LAKE

カナダを旅した時に印象に残った風景を2枚対のタピストリーに仕上げました。メイプルは鮮やかな紅葉が風に揺れる様を、ブルーレイクは湖面のさざ波と見る角度によって色の変わる水の色をシャギーテクニックで表現しました。

（作品サイズ：100cm幅×長さ 230cm×2枚

材料：毛糸・綿結束糸・コーデュロイ布・麻糸

役立つ技法 5

織機をつくる

特別な織機がなくても手織りを楽しむ方法があります。
まずは身近なもので手織りの楽しさを体験しましょう。

地機

柱（机の脚など）にたて糸を括りつけ、腰でたて糸の張りを調節する織機を地機（じばた）と言います。日本各地で本格的な地機を使った伝統織物も多く残りますが、ここではクローズドリードの卓上織機（13ページ）のヘドル（筬ソウコウ）を利用して簡単地機をつくりました。それ以外の材料はシャトルと棒2本と太いビニールヒモなどです。

材料

PROCESS

1 たて糸は前もって整経し、ヘドルに通す。糸端を棒①に縛り付け柱にとめる。たて糸が動かないように棒①側も何段か織る。

2 たて糸を揃えて棒②に糸端を結び、ビニールひもを腰に回し、棒に結び付ける。

3 ヘドルを上下させることでたて糸が開口するのでよこ糸を入れる。

4 打ち込んで織り布がたまってきたら、棒②に巻きつける。

手織りには興味があるけれど、織機を買うのは躊躇する、あるいは子どもたちともっと気軽に手織りを楽しんでみたい。そんな方のために自分で簡単に作ることのできる織機をいくつか提案します。すべて一からつくることもできますが、一番の目的は織機づくりではなく手織りです。

筬ソウコウやシャトルなど細かな道具は市販のものを購入するとよいでしょう。

牛乳パック織機

紙製の牛乳パックを用意して、そのまま織機兼小物入れの土台にしましょう。太めの糸を用意して、とじ針で縫うように織っていきます。口の切れ込みが気になるようであれば、両面テープを貼ったリボンを巻きつけて縁飾りにしてもよいでしょう。たて糸が偶数のため、1周織ったところでたて糸を2本飛ばし、拾う糸を1本ずらしていきます（写真下参照）。

DATA

筬目：2本/cm
幅と本数：
1辺13本×4（計52本）
よこ糸密度：3/cm

使用糸：
たて糸▶
並太麻糸（ジュート100％）
24m/25g（1m/g）
よこ糸▶極太綿糸　ピンク・紫・紺（綿100％）
26m/25g（1m/g）
使用量：
たて糸▶75m
よこ糸▶ピンク・紫各3m、紺9m

PROCESS

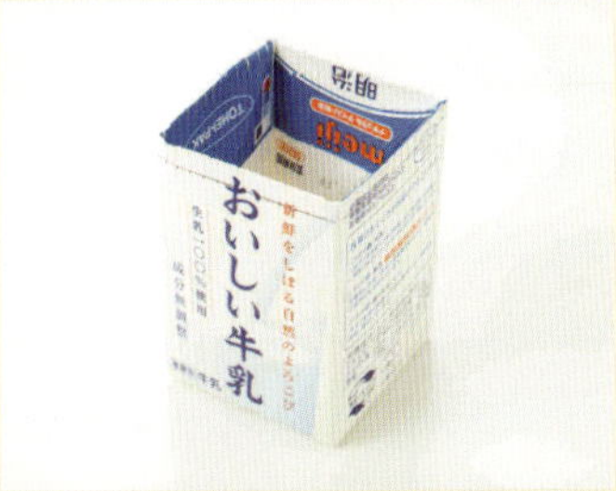

1 500mlの牛乳パックを用意し、よく洗って乾かしたあと、上部は内側に折り込む。

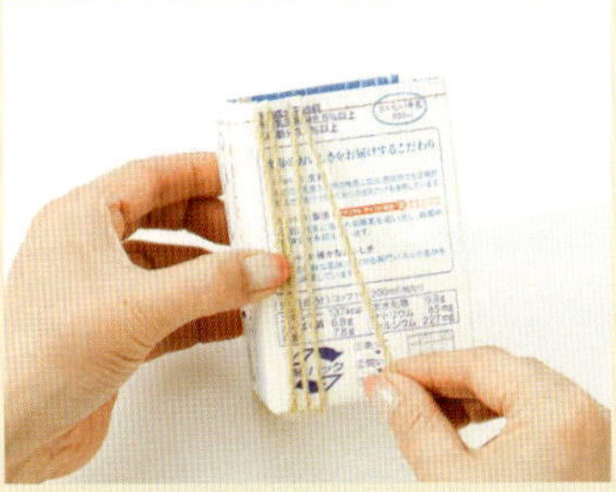

2 1辺につき13カ所、5mmおきに切り込みを入れる。糸端に結び目をつくり切り込みにひっかけ、2側面と底にたて糸を張る。

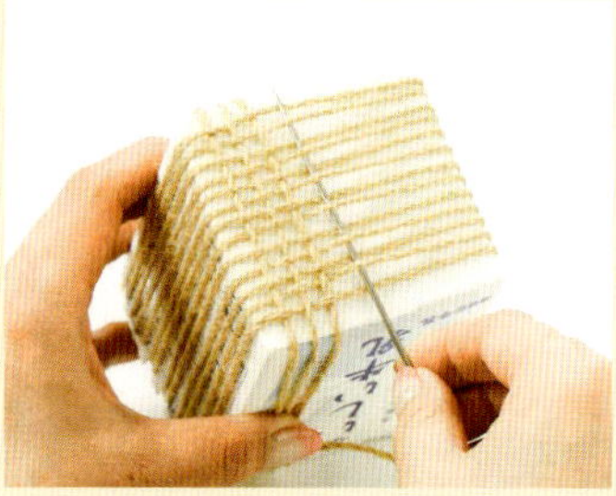

3 残り2面にもたて糸を張るが、底は平織りになるよう1本おきにとじ針ですくって通す。

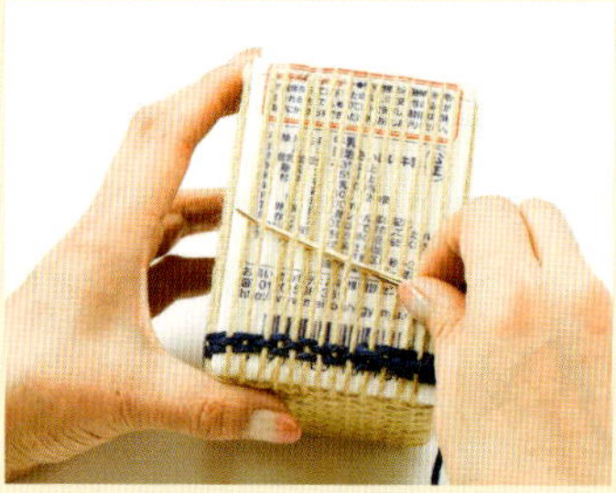

4 4側面をぐるぐると回しながらよこ糸をとじ針で1本おきにすくう。

5 1周ごとに境目はたて糸を2本飛ばす。

段ボール織機

コースターを織るくらいなら、丈夫な段ボールを2枚重ねれば十分に織機として使えます。

段ボールを2枚重ねたら端を指先でつぶし、幅を狭く細くとがらせてから布のガムテープで止めるのがポイントです。たて糸はぐるぐると巻きつけていくので、裏側でもう1枚コースターを織ることができます。棒針は2本用意します。

PROCESS

1 丈夫な段ボールを2枚用意し、ガムテープで止め、上部に5㎜間隔で切り込みを入れる。

2 糸端に結び目をつくって切り込みにはさんで止め、切り込みに糸をはさみながらぐるぐるとたて糸を張る。

3 ほつれ止めを織ったあと、1段目は棒針①で1本おきに拾い、よこ糸を入れ、櫛で打ち込む。

4 棒針①はそのまま残し、棒針②で①と違う糸を拾い、2段目のよこ糸を入れて櫛で打ち込む。

5 ②の棒針は外し、3段目は棒針①を持ち上げた隙間に入れ、櫛で打ち込む。

6 **4**と**5**を繰り返す。ほつれ止めを織り始める前に房分としてPPベルトをはさむとよい。

織りの技法

9

綴れ織り

具象的な柄を織り出せる、古くから使われる織り技法。オリジナルデザインを楽しみたいならぜひチャレンジ!

綴《つづ》れ織りとはたて糸が隠れるようによこ糸を詰めて織り込む平織りで、畳み織り、マット織り、ラーヌ織り、絵織りなどと呼ばれる織り方もこの項目に入ります。

具象的な織り柄を出せる織り技法のため、古くはエジプトのコプト織りやフランスのゴブラン織り、現代においても西陣の帯や舞台の緞帳など各方面で受け継がれています。

その手法は様々ですが、ここでは基本的なラインやパターンの出し方やデザインのつくり方について説明します。

とても奥の広い技法ですので、これらを参考にぜひオリジナルデザインを組み立ててください。また多ソウコウでつくる、表面的には綴れのような織り地に見えるバウンド織り(ブンデンローセンゴン)については168ページを参照してください。

綴れのたて線と斜め線のバリエーション

綴れ織りをする上で必ず必要となってくるのは縦や斜めのラインです。垂直の線でよこ糸の色を変える場合、そのまま引き返して織ると当然隙間ができます。織り布を額装にするなら多少の隙間は問題なく、織り布の両面を使うならダブルインターロックは不向きなど、使用糸や目的によって対処の仕方は変わり、織り地を見ながら判断していきます。

はつれ

PROCESS

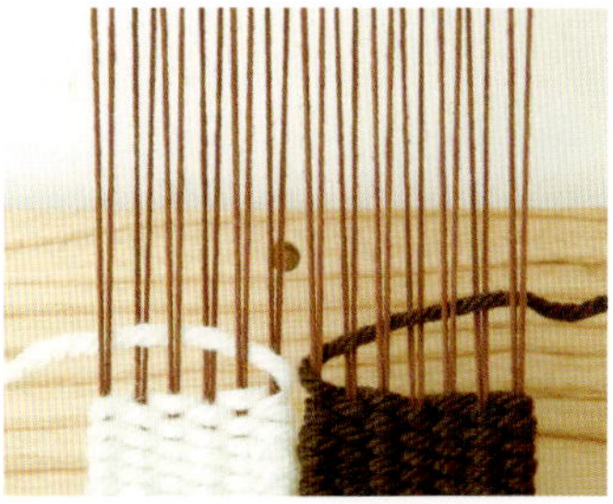

たての線でそのまま折り返す。隙間が気になる時は裏面でとじたり、細い隠し糸(111ページ)を入れてもよい。

インターロック

PROCESS

互いの糸を絡めながら織る。凸凹が気になる場合は10段に一度など時々絡めてもよい。

PROCESS

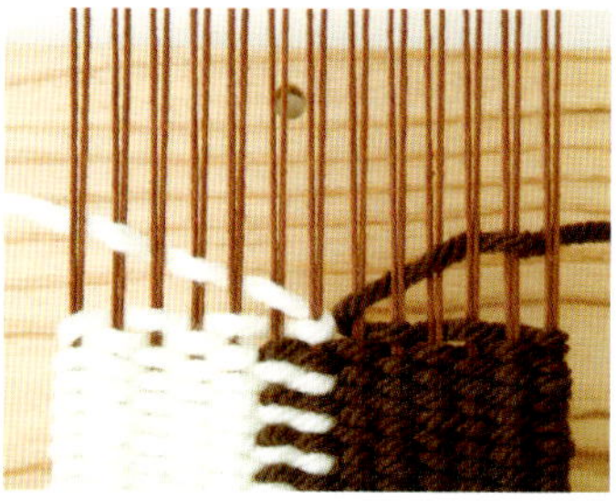

よこ糸の織り返すたて糸の位置を交互にずらしながら織る。ジグザグになるデザインとしても使える。

斜線

PROCESS

2色の糸は絡めない。折り返すたて糸の位置を毎段ずらすか3段おきにずらすかなどで斜線の角度が変わる。

三段綴れ

よこ糸を途中で引き返して重複して織ることで2色の色の割合を変え、市松模様のように見える織り方です。

三段綴れという名前ですが、実際にはA色が3段、B色が1段（あるいはその逆）の計4段でひと模様を構成します。

折り返し地点を変えることでブロックに大小ができるので、石畳を描くときに使ったりします。

SAMPLE

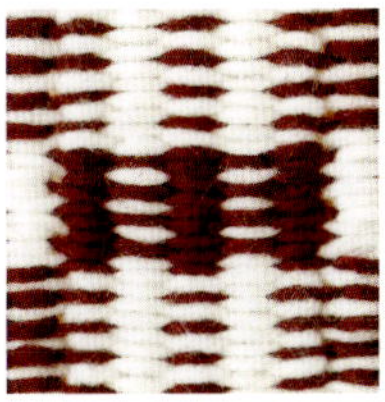

PROCESS

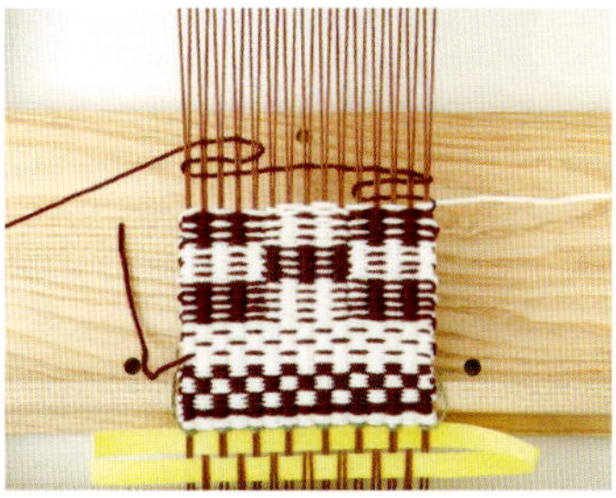

1 引き返し地点に目印をつけて3ブロックに分ける。エンジの糸は両サイドが3段になり中央は1段分となる。

2 開口を変え、白い糸は中央のブロックで引き返して3段となる。これを繰り返す。

ラーヌ織り

2本のシャトルにそれぞれ別の色糸を巻き、何段かずつ交互に織るとよこ縞になり、2色の糸を1段ずつ交互に織るとたて縞になります。

そのようにしてつくった連続的幾何学柄をラーヌ織りと言います。

SAMPLE

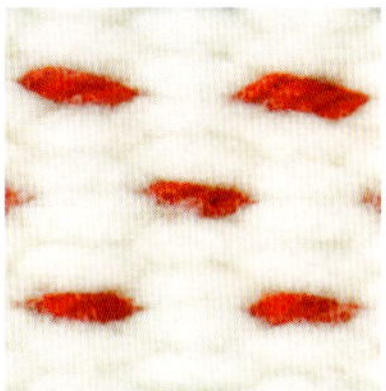

A

白を何段か織り、時々赤を入れると粒粒模様になる。赤と赤の間の白が偶数なら互い違いに、奇数段なら同じ列に赤い粒がくる。

B

この細いよこ縞は3段ずつ織る。よこ縞が偶数段ならほぼ直線に、奇数段にすると凹凸のあるよこ線になる。

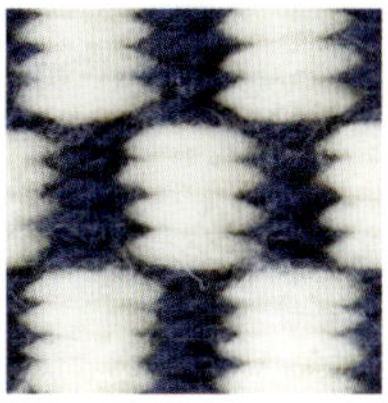

B

(青＋白・青×4回)＋(青・白×4回＋青)の計18段を繰り返すと画像の柄になる。

PROCESS

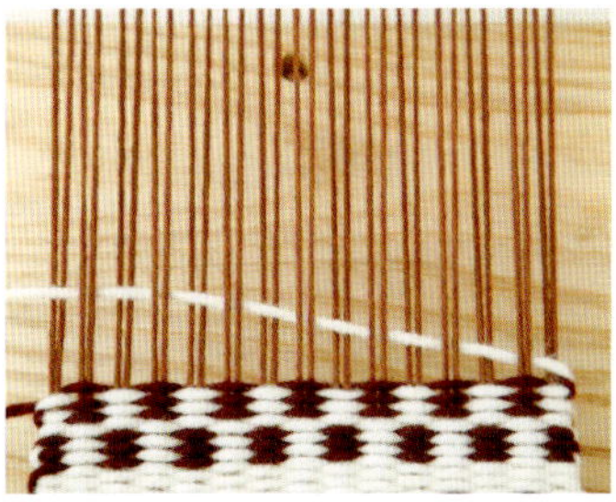

1 エンジ・白の順で交互によこ糸を入れる。打ち込むとたて糸が隠れ、たて縞になる。

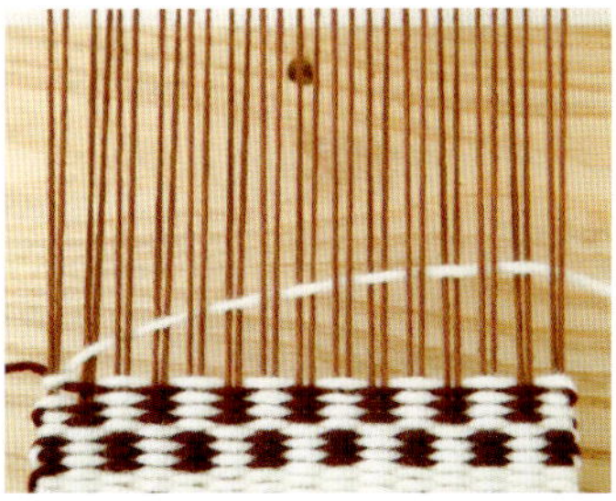

2 途中、白・エンジと入れる順番を入れ替えると色の位置が入れ替わり市松模様になる。

落ち葉を綴れ織りで描くドイリー

通常の平織りをする組み合わせよりたて糸を細く、よこ糸を太くして織ればたて糸は自然と隠れます。綴れのたて糸は1本単位でも構いませんが、2本ずつ上下するようにかけると織り地がしっかりとし、よこ糸もスムーズにおさまるので、ここでは変化通し(22ページ)で糸をかけています。

綴れでオリジナルの図案をつくるにはまず使用する糸を決めて無地でサンプル織りをしてたてよこの密度を確認するところから始めるといいでしょう。ここで使用した糸は1マスでたて1cm、よこ8段でした。

左の落ち葉のドイリーは織りはじめと終わりに比べて中央が膨らんでいますが、これは無地の部分と何色か使う段と同じように8段で入れたからです。よこ8段はあくまで目安です。112ページのブドウのような何色も糸を入れ替える部分はよこの密度も6段程度に減らすなどの調節をすると幅の揃った織り地になります。

DATA

筬目:20羽
織り寸法:
20cm幅×30cm
整経長:1m
幅と本数:20cm40本
よこ糸密度:8段/cm

使用糸(A～F共通):
たて糸▶
結束糸(綿100%)
100m/100g(1m/g)
よこ糸▶
極太毛糸(毛85%、ナイロン15%)
40m/50g(0.8/g)
中細綿糸(綿100%)
32m/25g(1.3m/g)
使用量(A):
たて糸▶40m
よこ糸▶
極太毛糸 グレー20m・茶系4色各10m
中細綿糸10m

A 落ち葉

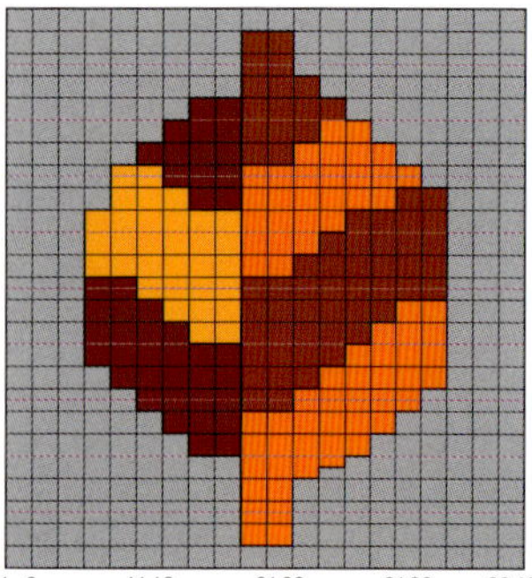

※1マス＝8段

PROCESS

1 使用する糸を決めてたてよこの織り密度を確認する。ここでは1マス8段。

2 桜の落ち葉を色鉛筆で描く。

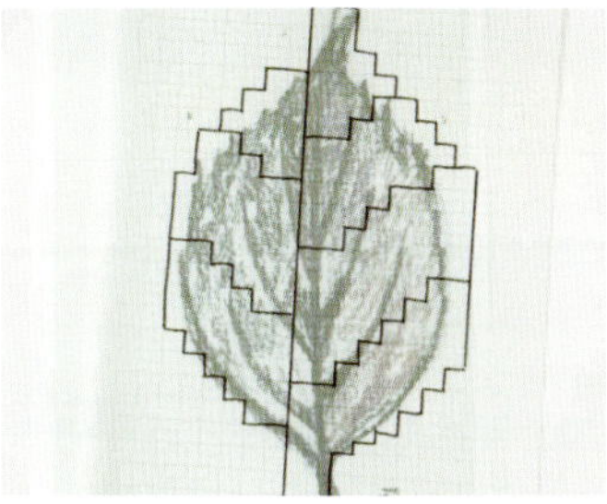

3 つくりたいサイズに拡大コピーし、方眼紙をあてて、マス目に添った形に書き写す。

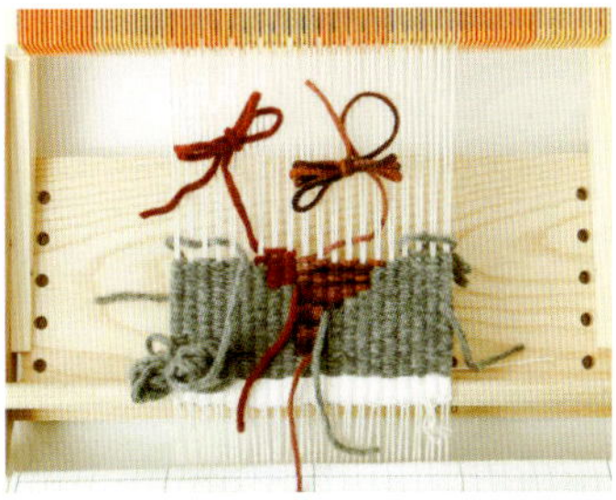

4 起こしたデザインをもとに織る。表裏の無い綴れにする場合は隣り合う糸は逆の方向から入れる。

5 はつれの隙間をとめるため、50段に一度くらいの割合で細い隠し糸(※)を入れる。

6 糸端はとじ針でたて糸の線にそって縫い込んで始末する。

※織り幅の倍の長さの同色のミシン糸を何本か用意し、50段に一度くらいの割合で一緒に織り込む。この糸は幅が広がった場合の調節とはつれを閉じる役目をする。糸端は織り地に縫い込んで始末する。

B もみの木

DATA

筬目:20羽
織り寸法:
20cm幅×30cm
整経長:1m
幅と本数:20cm40本
よこ糸密度:6段/cm

使用糸:Aと同じ
使用量:
たて糸▶40m
よこ糸▶極太毛糸　紺30m、白・グレー2色各10m、茶1m
中細綿糸10m

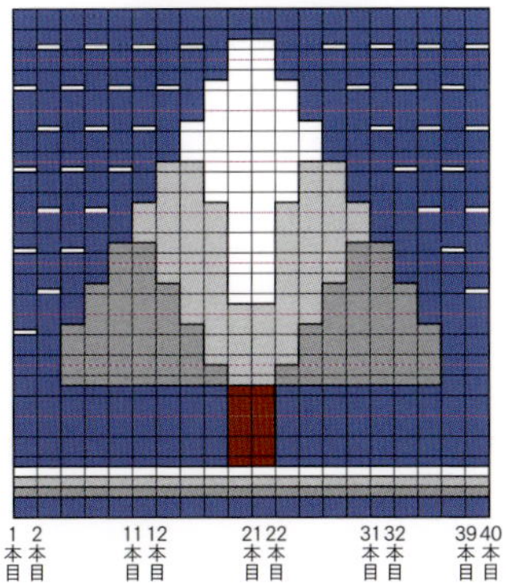

C ポピー

DATA

筬目:20羽
織り寸法:
20cm幅×30cm
整経長:1m
幅と本数:20cm40本
よこ糸密度:6段/cm

使用糸:Aと同じ
使用量:
たて糸▶40m
よこ糸▶
極太毛糸　グレー30m、ピンク・オレンジ各14m、緑2色・茶各1m
中細綿糸10mm

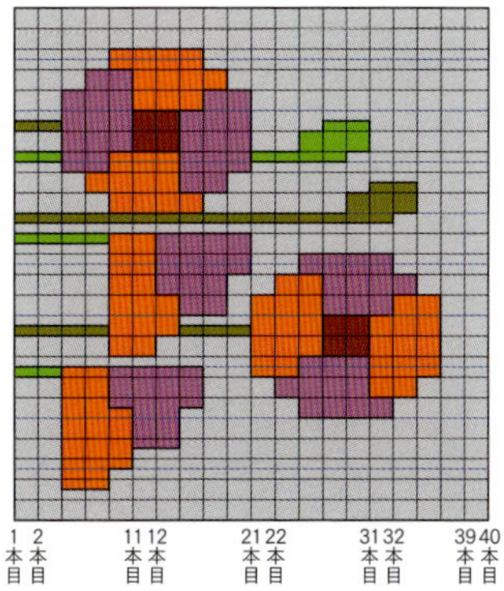

D シクラメン

DATA
筬目:20羽
織り寸法:
20cm幅×30cm
整経長:1m
幅と本数:20cm40本
よこ糸密度:6段/cm

使用糸:Aと同じ
使用量:
たて糸▶40m
よこ糸▶極太毛糸　白34m、緑AB各3m・緑CD各1m、ピンク3色各6m
中細綿糸10m

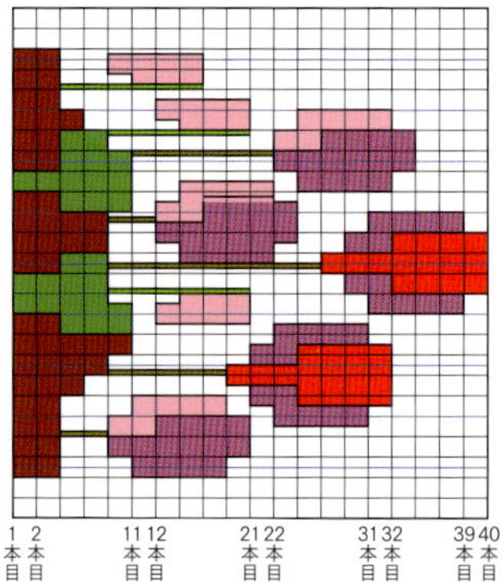

E ポインセチア

DATA
筬目:20羽
織り寸法:
20cm幅×30cm
整経長:1m
幅と本数:20cm40本
よこ糸密度:6段/cm

使用糸:Aと同じ
使用量:
たて糸▶40m
よこ糸▶極太毛糸　グレー20m、赤2色各10m、緑2色各10m
中細綿糸10m

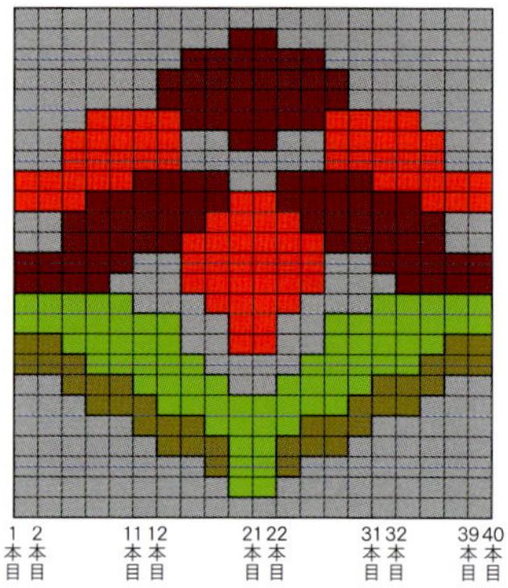

F ブドウ

DATA
筬目:20羽
織り寸法:
20cm幅×30cm
整経長:1m
幅と本数:20cm40本
よこ糸密度:6段/cm

使用糸:Aと同じ
使用量:たて糸▶40m
よこ糸▶極太毛糸　茶35m、緑1m、紫6色各4m
中細綿糸10m

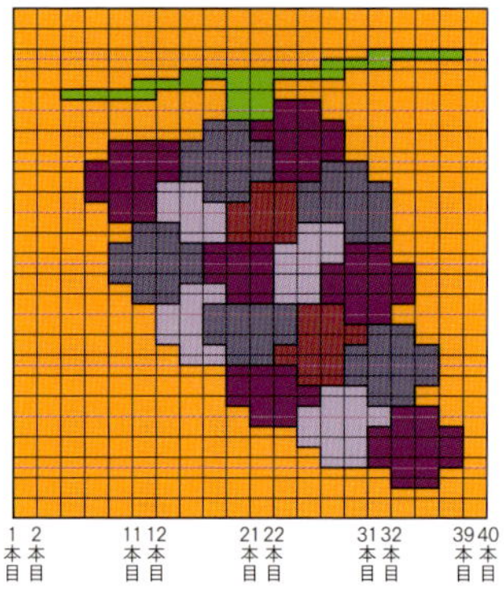

PLANTS

　この綴れのタピストリーはすべて卓上織機で織りました。
わたしが卓上織機を使うときは折りたたみ机と座イスを用意します。この綴れのように何色もの色を使うときは周りにたくさんのものを広げて置けるこのセッションが最適！　この綴れに使った多くの色は化学染料による手染めです。
　たくさんの色を用意してちょっと織ってみては気に入らなければ織り直す、どっしり座ってじっくり取り組むそれが至福の時。
（作品サイズ：25×150cm　材料：たて糸／極太綿糸、よこ糸／フェルトウール）
連作：シクラメン・イチョウ・パンジー・クリスマスローズ・ヒイラギ・ポインセチアなど

織りの技法

10

二重織り

(4層構造の織り技法)

4本のたて糸が4層で動いて、上下2層ずつ2枚の布ができる織り技法。マフラーなどにすると布の間に空気を含み、ふんわりと暖かです。

二重織りは4本のたて糸が4層で動き、上の2層と下の2層がそれぞれ布になる組織です。

それを下の二重織りのタイアップ図で説明しましょう。まず2層の布を織るにはシャトルを2本(a.b)用意し、たて糸4層は上から①②③④とします。

1段目は①だけが上がりaのよこ糸を入れる。2段目は④だけ下がりbを入れる。3段目は②が上がりaを入れると上の層でよこ糸1往復。4段目は③が下がりbを入れると下の層でよこ糸1往復、これの繰り返しで上下2枚の布ができます。

二重織りはソウコウが4枚あって成り立つものと思われがちですが、2枚筬ソウコウでも1本の綿糸があれば簡単に4層構造になります。それについては117ページを参照してください。

4枚ソウコウの二重織り

シャトルを1本にして1段目上の層で右から左、2段目下の層で左から右、3段目上の層で右から左、4段目下の層で左から右と輪になるように織ると筒状の布つまり袋織りになります。さらに3段目と4段目の開口を入れ替え、3段目下の層で右から左、4段目上の層で左から右、つまり横Uの字でシャトルを往復させると倍幅織りになります。

PROCESS

二重織りのタイアップ図

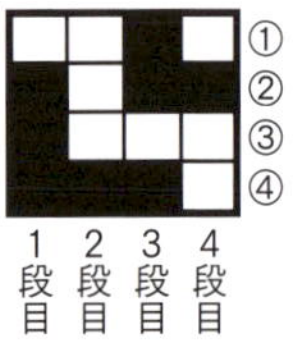

1 1段目は①が上がりaのよこ糸を入れる。

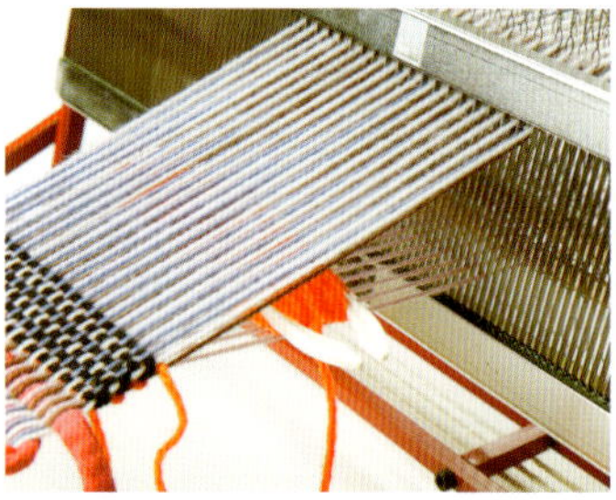

2 2段目は③だけ下がりbのよこ糸を入れる。

4枚ソウコウの二重織りマフラー

茶を基調にプラスで4色の糸を使い、市松模様のマフラーを織りました。ブロックごとに平織りを加え、上下2枚の布を合わせています。織り布の耳を閉じたいときは2本のよこ糸を絡めながら織るといいでしょう。二重織りの織り図の色部分は表面（片面）しか見えません。データに80羽とありますが、二重織りの場合は40羽の2本取りです。

SAMPLE

表

裏

組織図　4枚ソウコウの二重織りマフラー

- たて糸：（緑茶の順で16本＋茶ピンクの順で 16本＋青茶の順で16本＋茶ベージュの順で16本）×2回＋緑茶の順で16本・茶ピンクの順で16本　計160本
- よこ糸：平織り3段＋上の層が茶、下の層が青で20段＋平織り3段＋下の層が茶、上の層がベージで20段＋平織り3段＋上の層が茶、下の層が緑で20段＋平織り3段＋下の層が茶、上の層がピンクで20段を繰り返し

PROCESS

1　1層ずつ開口するので織り図の順によこ糸を入れる。

2　織り進むと上下で2枚の布になる。

3　織り布の耳を閉じたい場合は2本のよこ糸をひっかけながら織る。

4　同じデザインを8枚ソウコウで織った織り地。平織りを入れなくてもたてよこのラインで上下の布がクロスする。

DATA

筬目：80羽（40羽　丸羽）
織り寸法：20cm×150cm
整経長：2m
幅と本数：20cm160本
よこ糸密度：4段/cm（表裏で8段）

使用糸（たてよことも同じ）：
並太毛糸　A 緑・ピンク・青・ベージュ（ウール70%、絹30%）
100m/25g（4m/g）
並太毛糸　B茶（ウール100%）
53m/20g（2.7m/g）
使用量：
たて糸▶A　緑・ピンク各48m、青・ベージュ各32m、B 160m
よこ糸▶A 4色各30m、B 120m

8枚ソウコウの十字架マフラー

4枚ソウコウで織る二重織りは2枚の布の組み合わせまでですが、ソウコウの枚数が増えるとさらに多層構造の布を織ることができます。ここでは8枚のソウコウを使って2枚の布が十字架のようにクロスするマフラーを織りました。一見複雑そうに見えますが、機掛けが済めばごく普通の平織りを織るようにさくさくと織り進みます。

組織図　8枚ソウコウの十字架マフラー

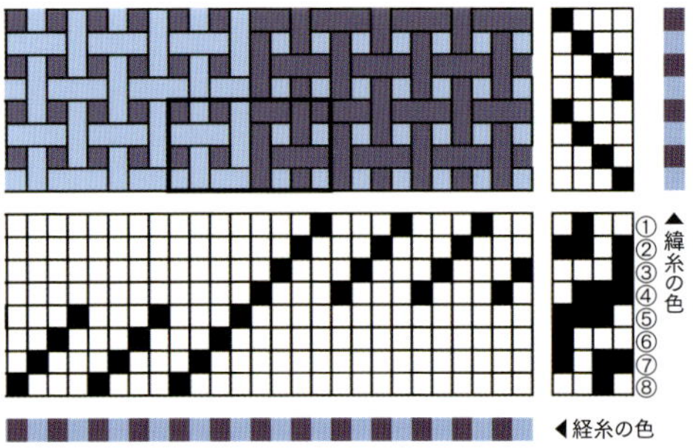

●たて糸：③④から通し始め、①②③④を青・変わり糸の順で110本まで繰り返す。次に⑤⑥⑦⑧を繰り返し、最後は⑤⑥で110本通す。
●よこ糸：青・変わり糸を交互に織る。

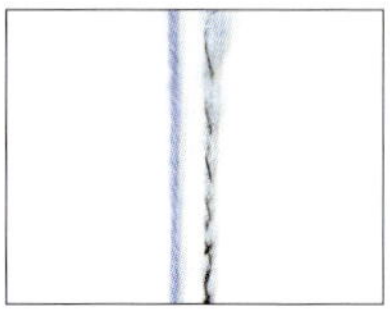

DATA

筬目：50羽
織り寸法：
20cm×130cm
整経長：2.2m
幅と本数：
20cm220本(各110本)
よこ糸密度：4段/cm

使用糸(たてよことも同じ)：
中細毛糸　青(毛100%)
180m/40g(4.5m/g)
中細変わり糸(毛68%、ナイロン32%)
180m/40g(4.5m/g)
使用量：たて糸▶青243m、変わり糸243m
よこ糸▶各115m

PROCESS

1 たて糸の真ん中で2つのたて糸が別の二重織りを構成する。1段目右半分下の層、左半分上の層。

2 2段目よこ糸青。2本のシャトルで交互に織る。糸同士が絡まないように注意する。

3 織り図の順に添って開口すると、それぞれ交互にクロスするたて糸が開く。

4 4段目。右半分上の青いたて糸の層、左半分下の青いたて糸の層に青いよこ糸を入れる。繰り返し。

5 いつの間にか青2枚、変わり糸2枚のクロスする4枚の布になっている。

2枚ソウコウの二重織りの基本

2枚ソウコウ織機の二重織りは4枚ソウコウでの二重織りより明快です。4枚ソウコウの二重織りが1層ごとに開口するのに対して2枚ソウコウの二重織りははじめから4層に分かれていることが目で確認できます。

ここでは114ページの二重織りのタイアップ図の①にあたる糸が青、②は白、③は薄いピンク、④は茶、シャトルaは黒、bはオレンジで説明します。

まずたて糸は各色10本ずつ用意し、筬ソウコウ織機は①と②、③と④の組み合わせで2本ずつ入れます。筬とソウコウが別の織機は1①.2②.1③.2④の順でソウコウを通し、筬には2本ずつ入れます。織り幅より30cm長い綿糸を用意し、①と③を拾い、その間に通します。

PROCESS

1 たて糸はひとつの溝に①と②、③と④の組み合わせで2本ずつ交互に入れてたて糸をかける。

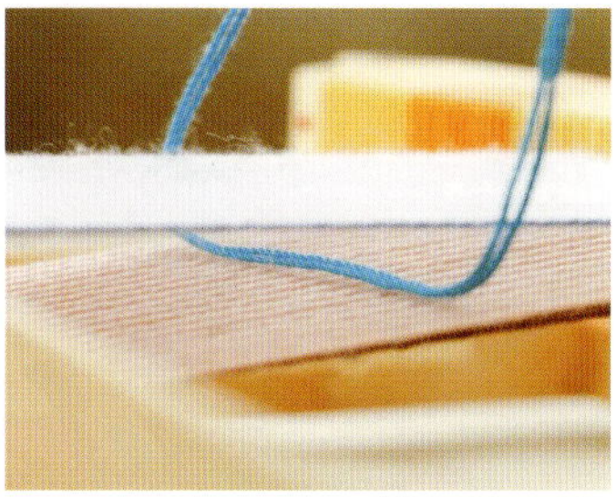

2 2本のうちの①と③を拾い、綿糸(以下中糸)を通して糸端同士を結ぶ。

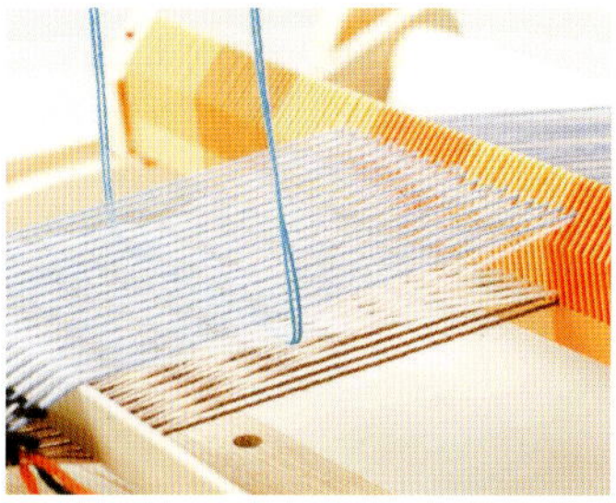

3 片側に開口をすると、①の青が一番上、④の茶が一番下で4層になっているのが見える。

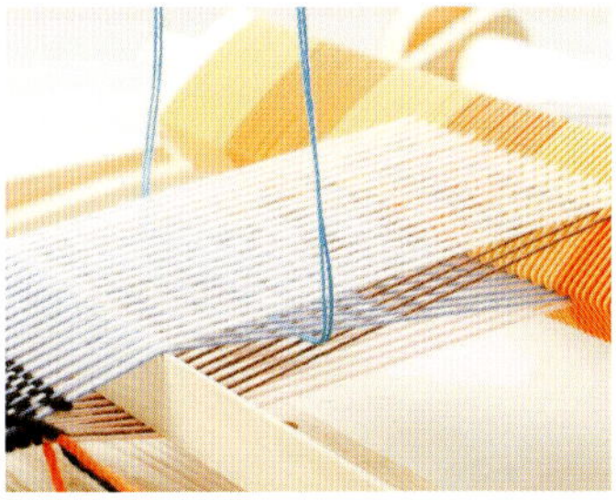

4 逆に開口すると、②の白が一番上、③の薄いピンクが一番下になっているのが見える。

5 この二重織りは一度の開口で上下2段同時に織る。3の開口で上はa黒、下はbオレンジを入れる。

6 中糸も一緒に打ち込む。

7 中糸だけ織り前の中央に戻す。

8 シャトル1本で一度の開口で横Uに往復すれば倍の幅になり、輪に織れば筒状の布、袋織りになる。

2枚ソウコウの袋織りバッグ

木綿の糸ではじめから袋状になっている布を織りましょう。房は結ぶあるいはミシンで縫ってほつれ止めをし、三つ折りでかがります。ホックと肩紐を付ければ仕立ていらずのバッグが完成！　このバッグは織り途中で中糸を抜き5cm平織りを入れる、つまり筒の布を閉じているので袋が2つあります。バッグの底にあたる平織り部分は折りたたみ傘やペットボトルをはさむため脇は閉じていません。肩紐は共糸でのベルト織り（122ページ）です。

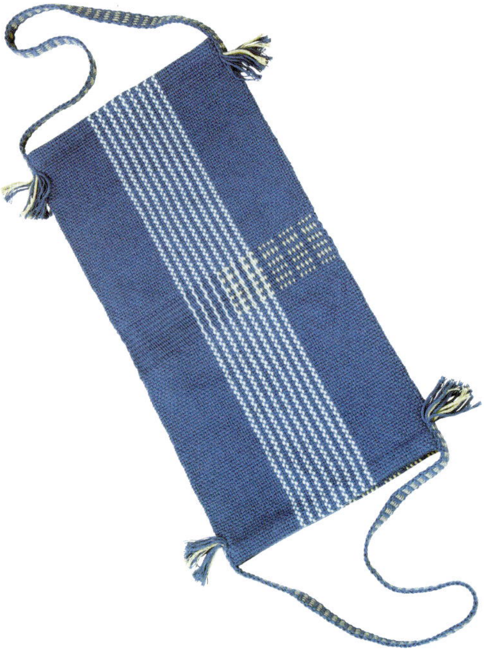

バッグは表裏で縞の柄を変えていますが、制作データは表面のベージュの縞だけの内容で表示してあります。糸の拾い方を間違えないようにしましょう。

房をそのまま生かしてミニポーチやペットボトルケースをつくるなど袋織りの応用範囲はとても広い。

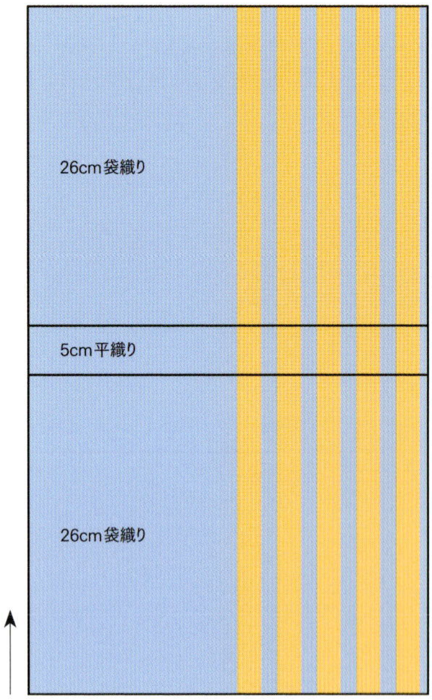

●たて糸：青1本＋青2本×50回＋（白と青＋青2本＋白と青＋青2本＋白と青＋青2本＋白と青＋青2本＋青2本＋青2本）×5。必ず青1本の側からよこ糸を入れはじめる。

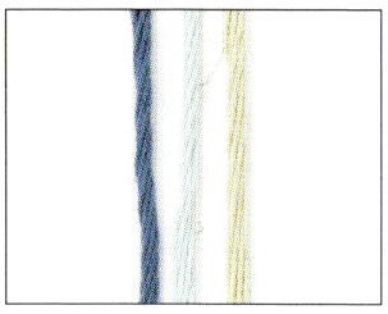

DATA

筬目：40羽
織り寸法：
25cm×57cm
整経長：1.2m
幅と本数：
25cm201本
よこ糸密度：
3段/cm（表裏で6段）

使用糸（たてよことも同じ）：
並太綿糸
青・ベージュ（綿100%）
60m/25g（2.4m/g）
使用量：
たて糸▶青218m、ベージュ24m
よこ糸▶青86m

2枚ソウコウのチュブロスマフラー

2枚ソウコウの二重織りは1本ずつ普通にたて糸をかけてもできます。考え方を117ページの図になぞらえて説明すると①②の繰り返しで10本、③④の繰り返しで10本×2回で40本のたて糸をかけます。片方の開口で③④を飛ばし、①②だけ織ります。逆の開口も①②だけ織ります。次の2回の開口は③④だけ織るつまり上下2枚を横に並べるということです。

●たて糸:
A:ピンク8本
B:紫8本
C:紫7本
A+(B×2+A×2)×2+C

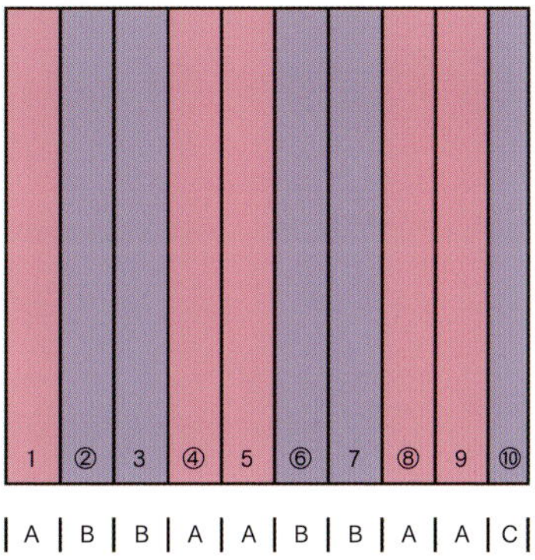

SAMPLE

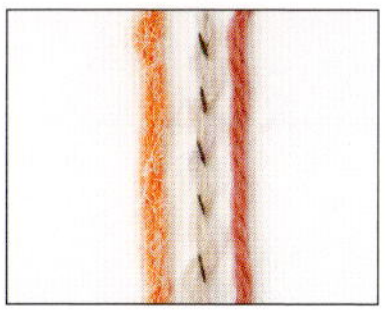

DATA

筬目:30羽
織り寸法:
20cm×150cm
整経長:2.2m
幅と本数:20cm79本
よこ糸密度:2段/cm

使用糸:
たて糸▶合太アクリル毛糸(アクリル100%)
56m/40g(1.4m/g)
合太毛糸(アクリル64%、ウール28%、ナイロン8%)
60m/40g(1.5m/g)
よこ糸▶
並太毛糸(ウール100%)
95m/40g(2.4m/g)
使用量:たて糸▶合太アクリル毛糸86m、合太毛糸88m
よこ糸▶132m

PROCESS

1 たて縞16本は8本ずつ2つの縞と考える。図の中で丸で囲まれた数字が上の布、それ以外が下の布。

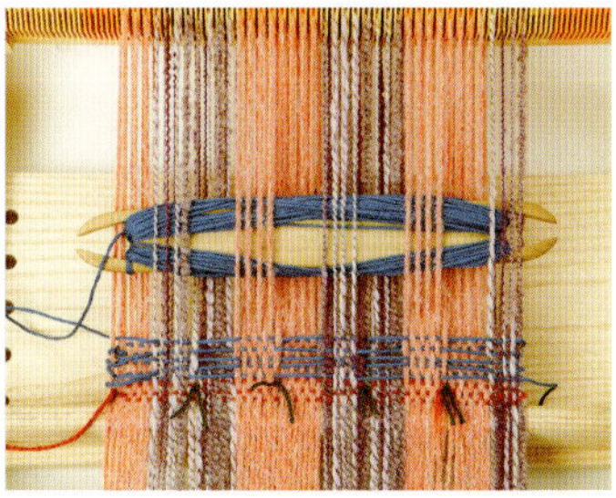

2 1段目。開口させた丸で囲まれた縞だけを織る。2段目開口を替え、同じ縞を織る。丸印以外の縞はたて糸の下になる。

3 3段目。丸ではない縞を織るが織らない縞はシャトルの上に来るようにする。4段目開口を替え3と同じ。

4 上の布2段、下の布2段を繰り返して織る。2段目はたて糸の端を拾い布が袋状になるようにつなげる。

5 縞を飛ばすので織りはじめは隙間があるが仕上げると目立たなくなる。

2枚ソウコウの二重織りマフラー

119ページと同じく2枚の布を横に並べる二重織りです。たて糸は1本ずつかけたあと、内側の縞だけを部分的に二重織りにしました。たて糸を飛ばして織っているので少し太めの変わり糸を選ぶとよいでしょう。ピンクのラメループは二重織り部分しか織らないのでそこだけ倍の厚みになり、織り布の表裏で違う色が出てくるおもしろい柄のマフラーです。

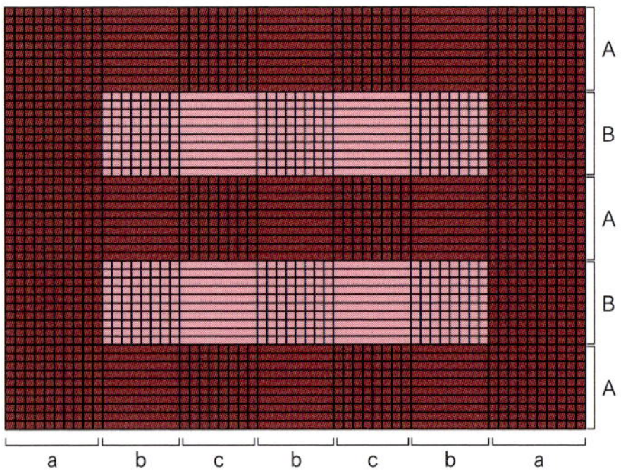

●たて糸：a＝紫10本、b＝ピンク8本、C＝紫8本
a＋(b＋c)×2＋b＋a
●よこ糸：(A+B)×19回＋A

SAMPLE

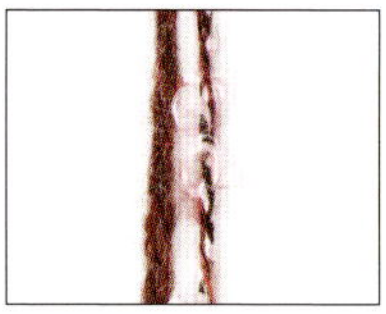

DATA

筬目：30羽
織り寸法：
20cm×150cm
整経長：2m
幅と本数：20cm60本
よこ糸密度：3段/cm

使用糸（たてよことも同じ）：
合太毛糸　エンジ（毛70%、アクリル30%）
100m/50g（2m/g）
ループヤーン　ピンク（ポリエステル50%、ナイロン24%、毛20%）
50m/50g（1m/g）
使用量：
たて糸▶エンジ72m・ピンク48m
よこ糸▶エンジ99m・ピンク32m

PROCESS

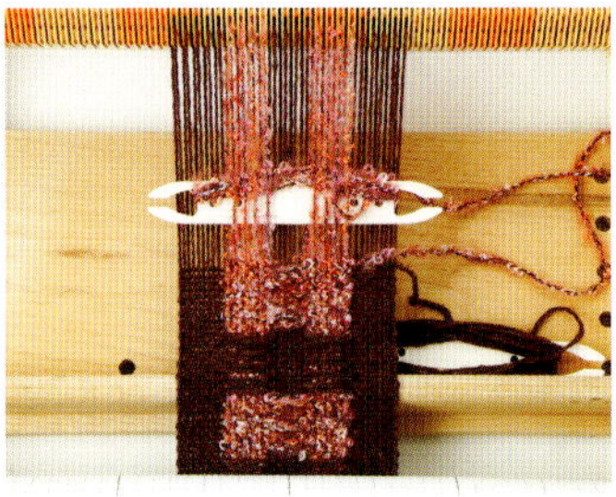

1 2本のシャトルにそれぞれの糸を巻き、一度の開口でそれぞれ糸を入れる。

2 柄B部分。ピンクのラメループはエンジの糸をまたぎ、エンジは下を通ってエンジだけを織り10段。

3 エンジの糸がラメループを拾わず、エンジだけを織っている状態。

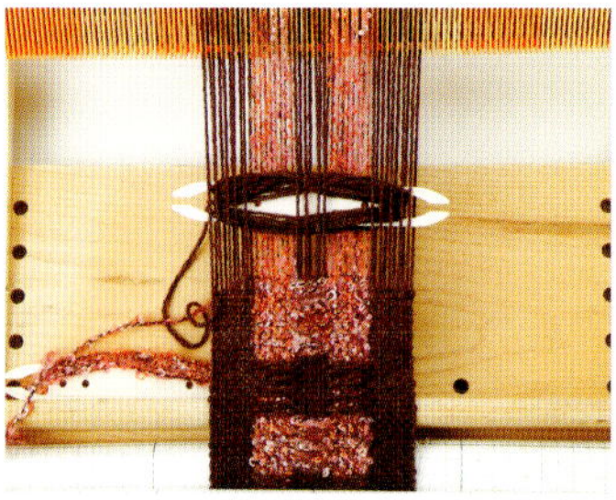

4 柄A部分。エンジはラメループの上を渡ってエンジだけを織る。

5 同じ開口の時にラメループはエンジの下を渡ったラメループの縞だけ織る10段の繰り返し。

2枚ソウコウの十字架マフラー

116ページの8枚ソウコウによる十字架マフラーは2枚ソウコウの織機でも織ることができます。織り方は難しくありませんが、たて糸を縞ごと飛ばすためクロス部分が少しゆるくなります。二重織りマフラーと同じ合太毛糸ピンクベージュとゴールドのラメループヤーンを使って、不思議感の漂うゴージャスマフラーに仕上げました。

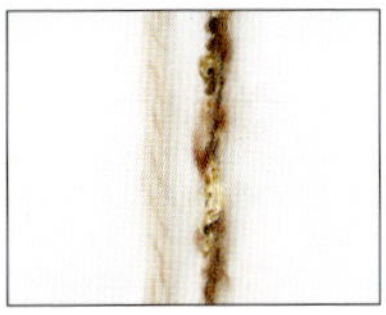

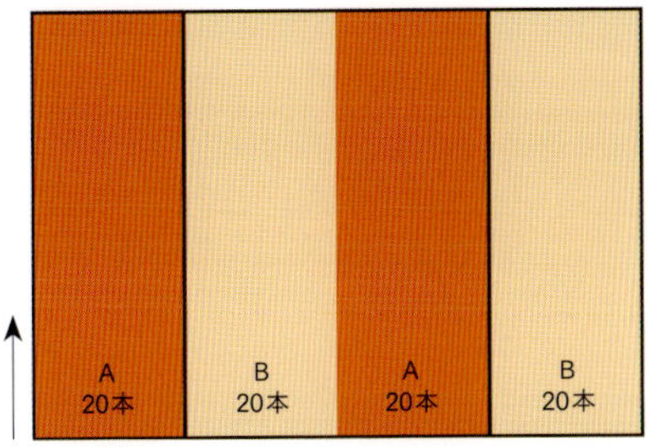

- たて糸：茶、ベージュの順に20本ずつ4縞つくる。
- よこ糸：
  A＝茶はベージュの糸の上を渡り、茶だけ織る。開口を変えて1段同様に織る。
  B＝ベージュは茶の糸の上を渡り、ベージュだけ織る。開口を変えて1段同様に織る。

DATA

筬目：30羽
織り寸法：
20cm×150cm
整経長：2m
幅と本数：
20cm80本（20本×4）
よこ糸密度：2.5段/cm

使用糸（たてよことも同じ）：
合太毛糸　ピンク（毛70%、アクリル30%）
100m/50g（2m/g）
ループヤーン　ゴールド（ポリエステル56%、ナイロン24%、毛20%）
50m/50g（1m/g）
使用量：
たて糸▶各80m
よこ糸▶各75m

PROCESS

1 2本のシャトルにそれぞれの糸を巻く。このマフラーは1度の開口につき、よこ糸は1本だけ入れる。

2 1段目、ラメループで毛糸の縞の上を渡りラメループの縞だけ織る。開口を変え2段目も同じ。

3 3段目、毛糸でループヤーンの上を渡って毛糸の縞だけ織り、シャトルはラメの縞の下に出す。

4 **3**の拡大写真。毛糸の縞を通したあとシャトルはラメループのたて糸の下に出す。

5 開口を変え**3**と同じ。毛糸のたて糸の開口だけを織るのでラメループの下からシャトルを入れる。

6 **5**の拡大。織るのは毛糸から毛糸の範囲。この4段を繰り返す。2色のよこ糸をひっかけないように注意。

織りの技法
11

ベルト織り

**そのままベルトはもちろん、
バッグのショルダーベルトやタピストリーの縁飾りなど
さまざまな使い方ができます。**

　多くの手織りはたて糸の幅に合わせて緩みを持たせてよこ糸を入れますが、入れたよこ糸が見えなくなるくらい引くことで堅くてしっかりとしたベルト状の布を織ることができます。

　ベルト状の布はそのままベルトとしてだけでなく、バッグ地を織ったときの残り糸で共糸のショルダーベルトにすることもできます。用途の広い技法なので覚えておくと便利でしょう。

基本のベルト織り

　並太綿糸を使ってベルト織りの練習をしましょう。よこ糸は布表には出ませんが、耳の部分で見えます。ここではわかりやすいように水色と茶色の糸を使いましたが、よこ糸にはたて糸の端と同じか少し細めの糸を選ぶとよいでしょう。

PROCESS

1 織りながら幅を狭くしていくので、たて糸の端はなるべく狭い幅で止める。

2 よこ糸は2つ用意する。1段目はPPベルトをはさみ、逆の開口で左右からよこ糸を入れる。

3 開口を変えて定規などで打ち込む。ベルト織りのときの筬やソウコウは開口のみが役目で打ち込みには使わない。

4 開口を変え、よこ糸を入れる。

5 はじめのよこ糸の端も一緒に持って左右に引く。

6 開口を変えて打ち込み、もう一度左右に引いて織り幅を揃え、これで織りはじめとなる。

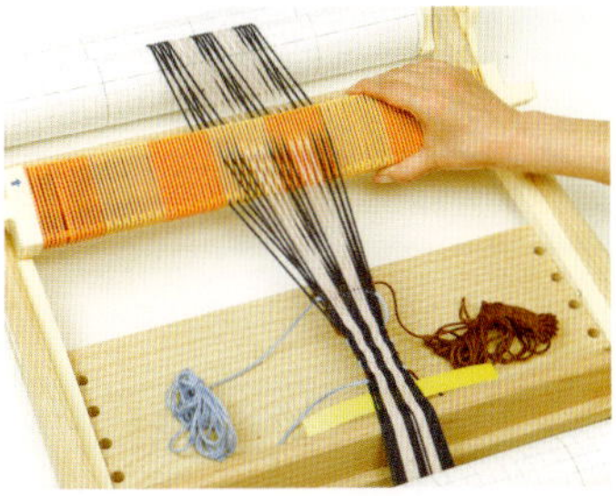

7 ①よこ糸を入れる②開口を変える③打ち込む④左右に引くを繰り返す。

8 ときどき定規をあてて、一定の織り幅かどうかを確認する。

市松模様のベルトバッグ

たて糸を縞にかけるとそのままたて縞柄のベルト布になりますが、2色のたて糸を交互の網代織り（47ページ）のかけ方にすると市松模様の柄になります。

ここのたて糸の本数は51本。50羽ソウコウなら10cm幅ですみますが、30羽ソウコウでは17cm幅になります。それを2.5cmまで縮めるので50羽があるなら50羽ソウコウを使った方が織りやすいでしょう。

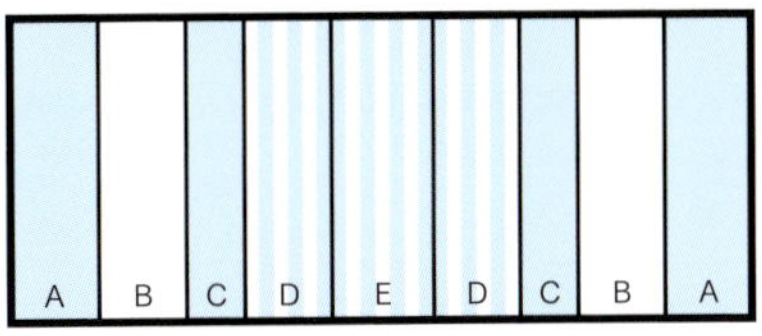

●たて糸：A＝紺6本、B＝白6本、C＝紺4本、D=（白1本＋紺1本）×3、E＝（紺1本＋白1本）×3＋紺1本

DATA
筬目：30羽
織り寸法：
2.5cm幅×150cm
整経長：2m
幅と本数：17cm51本
よこ糸密度：3段/cm

使用糸（たてよことも同じ）：
麻糸 紺・白（アクリル70%、麻30%）
62m/25g（2.5m/g）
使用量：
たて糸▶
紺60m、白42m
よこ糸▶紺25m

PROCESS

1 図を参考にしてたて糸をかける。よこ糸を2本用意する。

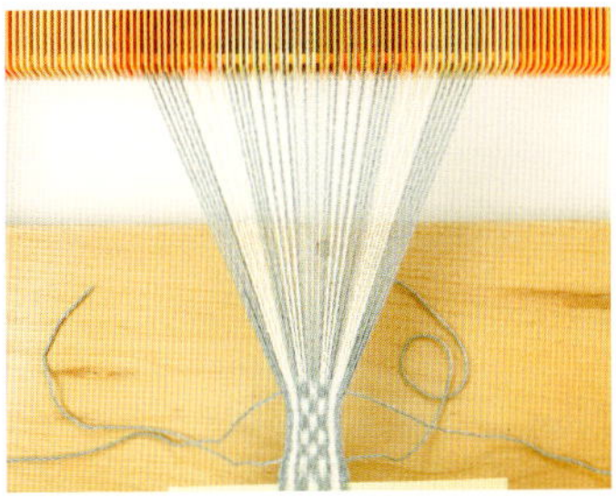

2 幅を決めたあとは①よこ糸を入れる②開口を変える。

3 ③打ち込む④左右に引く、を繰り返す。

刺繍糸のストラップベルト

家にちょっとだけ残っているカラフルな刺繍糸でベルト織りをして、丸カンをつければ携帯電話やデジカメのストラップになります。

織ったそのままのベルトをプレゼントにしてもいいですね。

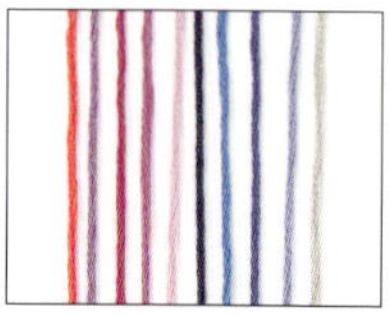

DATA

筬目：50羽

織り寸法：

1.2cm幅×8cm

整経長：70cm

幅と本数：

1.2cm20〜21本

よこ糸密度：5段/cm

使用糸（たてよことも同じ）：

刺しゅう糸（綿100%）

使用量：たて糸▶15m

よこ糸▶（赤系）濃ピンク、（青系）青各11m

赤

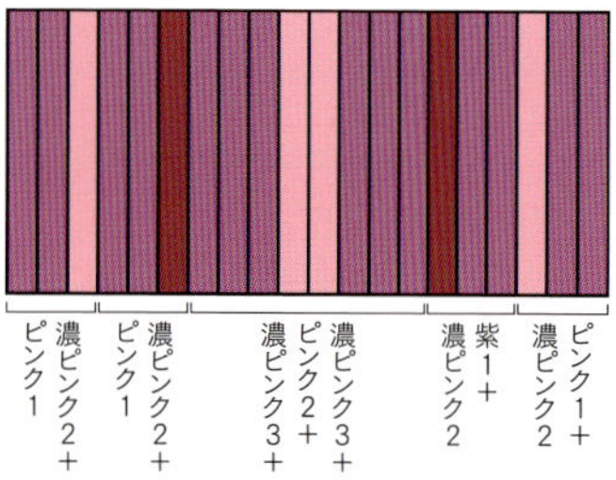

●たて糸の通し順

濃ピンク	2		2		3		3		2		2
ピンク		1				2				1	
紫				1				1			

青

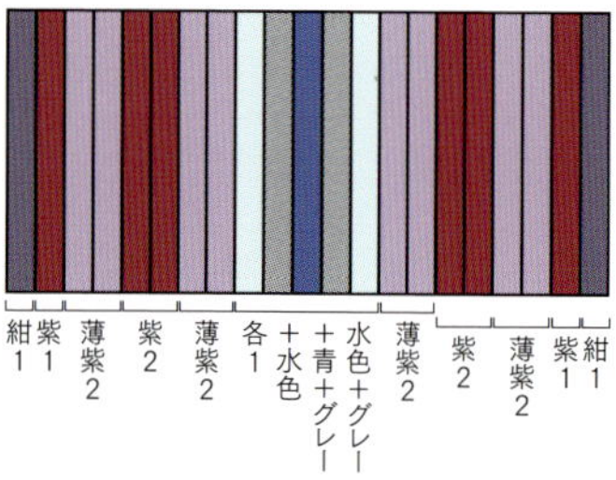

●たて糸の通し順

紺	1														1
紫		1		2								2		1	
薄紫			2		2						2		2		
水色						1				1					
グレー							1		1						
青								1							

ピックアップによるベルトの柄織り

たて糸の中に地の糸と柄を出すための糸を混在させ、柄を出すときだけすくい上げて模様とするベルト織りの方法があります。

たて糸の順番は柄糸と柄糸の間に地の糸を2本ずつ入れるのが基本です。この織り方ではよこ糸が布表に多少出るのでよこ糸は地糸に近い色の糸を選ぶとよいでしょう。また織り布の裏面で柄糸がたてに大きく渡ります。126ページの応用作品のベルト画像は表裏両方とも写っているのでご参照ください。

同じたて糸で右ページのような柄のバリエーションをつくることができます。下の手順はAの柄を織る場合のものです。

●たて糸の通し順

A（茶色）	5		2		2		2		2		5
A（白）		1		1		1		1		1	

計23本

●たて糸の通し方

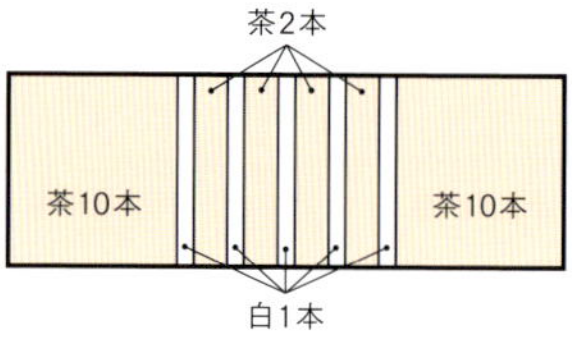

DATA

筬目：30羽

使用糸：たて糸▶極太綿糸　茶（綿100%）300m/250g（1.2m/g）　フェルトヤーン　白（ウール100%）34m/30g

よこ糸▶並太綿糸　茶（綿100%）520m/250g（約2.1m/g）

PROCESS

1　よこ糸はひとつ用意。普通に開口すると画像の手元の白い柄糸も見えるベルトになる。地の茶だけにする場合は開口した時に上糸となる柄糸をシャトルの下に落としながら織る。

2　Aの柄は、上糸に白糸が3本見えているときから織り始める。3本のうちの両側の白糸を落とし、中央の白糸だけそのまま上糸として織る。

3　2段目は上糸に白糸が2本見えるのでそのまま織る。画像は3段目。白糸が3本見えるのでそのまま織る。ほかの柄も同様に白糸を拾ったり落としてたりして模様を出す。

A

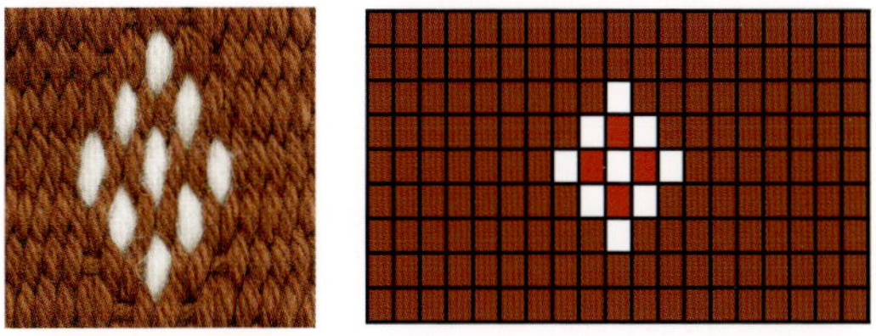

B

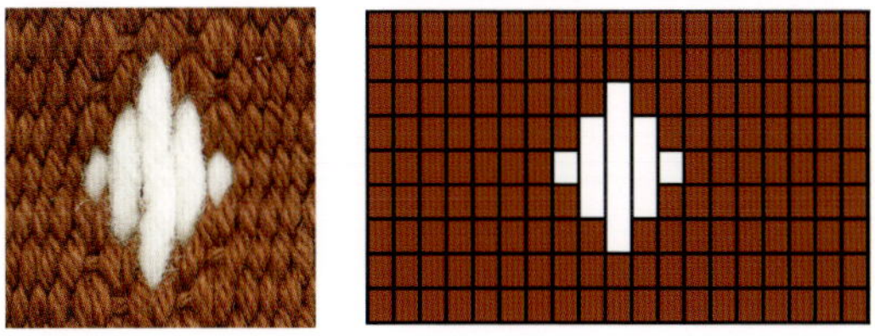

C

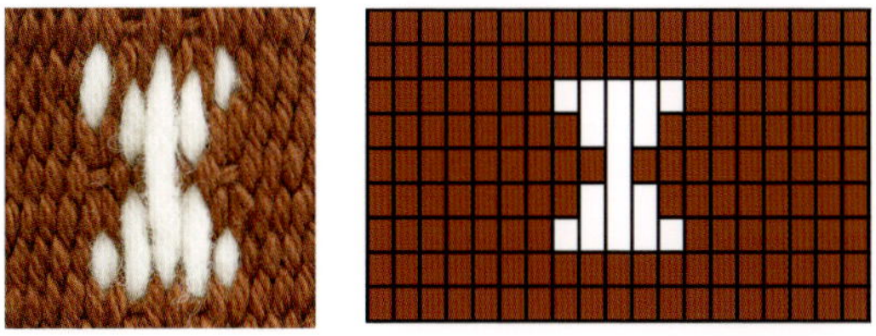

D

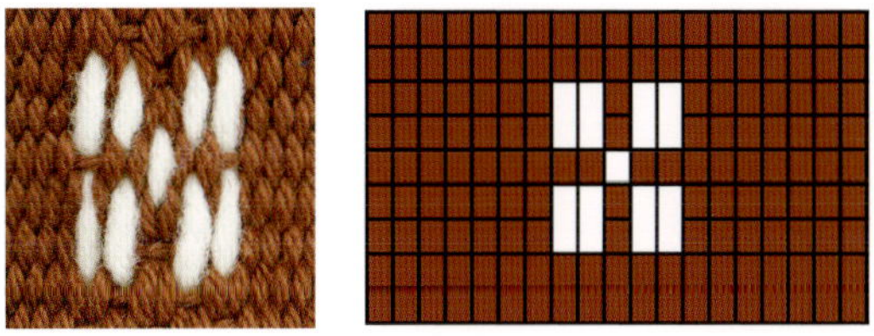

E

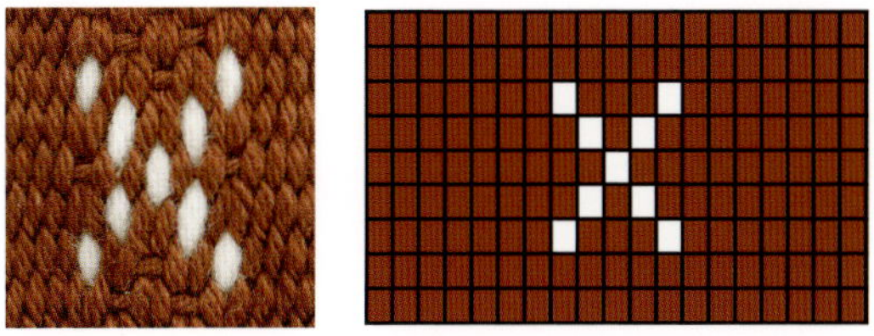

F

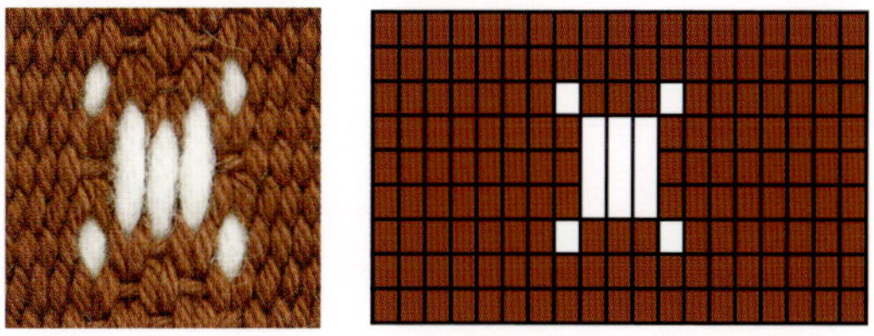

G

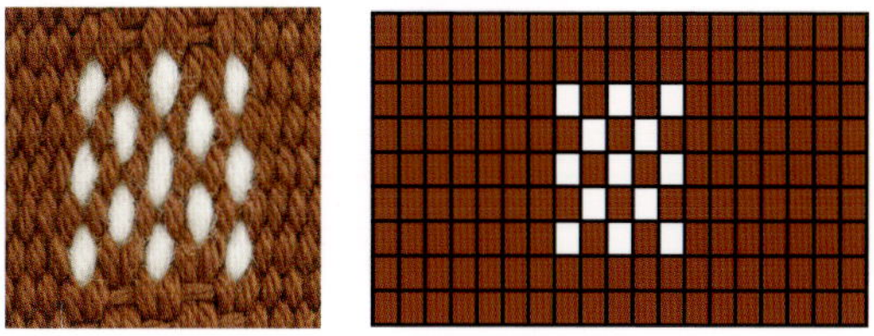

H

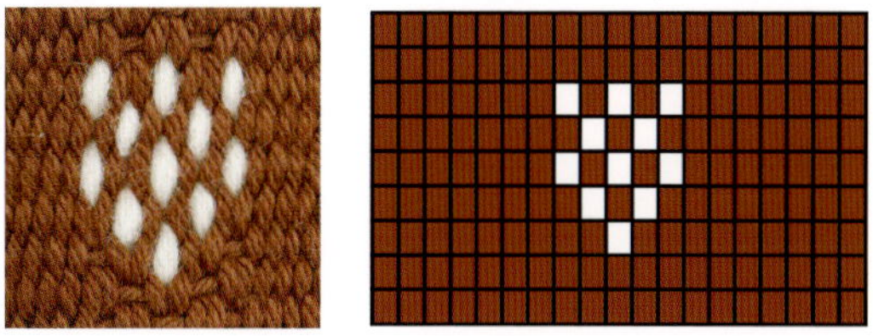

I

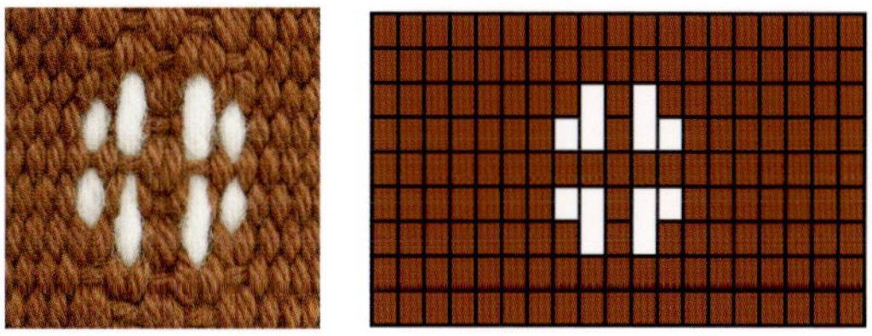

J

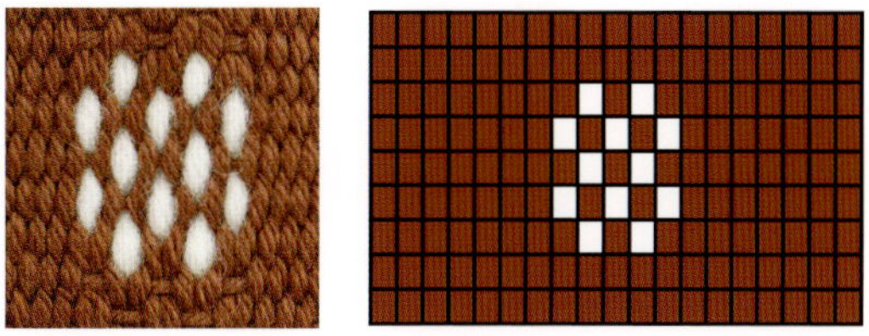

参考作品

幾何学模様のピックアップベルト（紺×白系）

織り始め

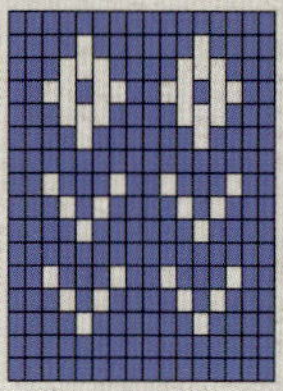

くり返しパターン

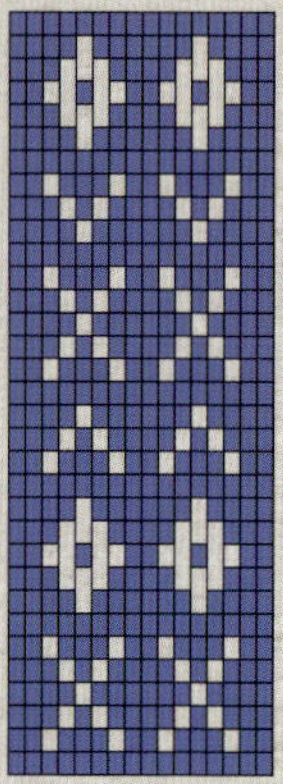

織り終わり

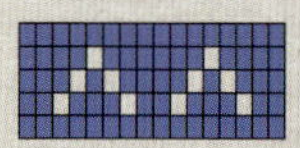

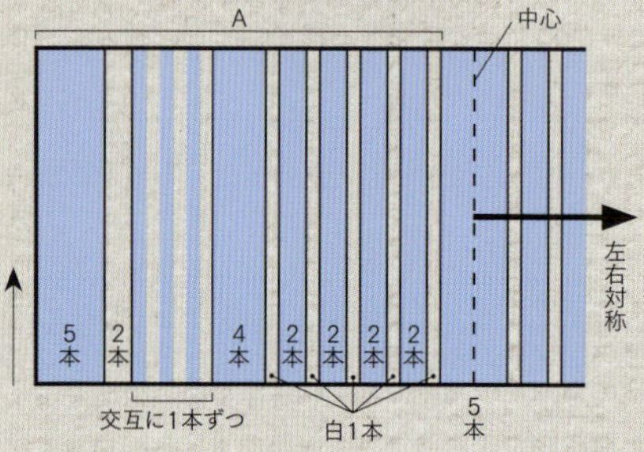

DATA

筬目：40羽
織り寸法：
16cm幅×150cm
整経長：2m
幅と本数：
16cm（5cm縮める）65本
よこ糸密度：2段/cm

使用糸：たて糸▶並太綿糸　紺・白（綿100%）
520m/250g（1.2m/g）
フェルトヤーン　白（ウール100%）
34m/30g（1.1m/g）
よこ糸▶中細綿糸　紺（綿100%）
116m/25g（4.7m/g）
使用量：たて糸▶紺90m・白各20m
よこ糸▶15m

幾何学模様のピックアップベルト（黒×赤系）

パターンA

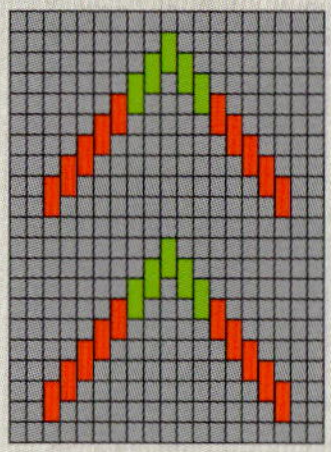

パターンB

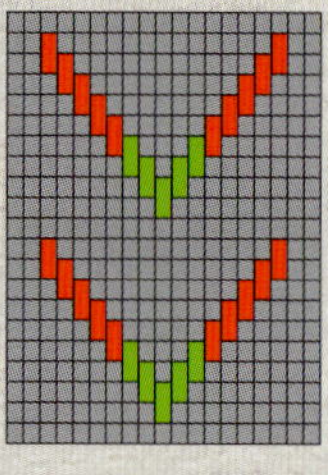

パターンC

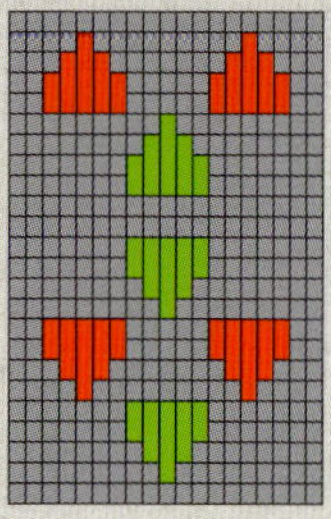

●織り順：A＋（B＋C＋A）×繰り返し＋B

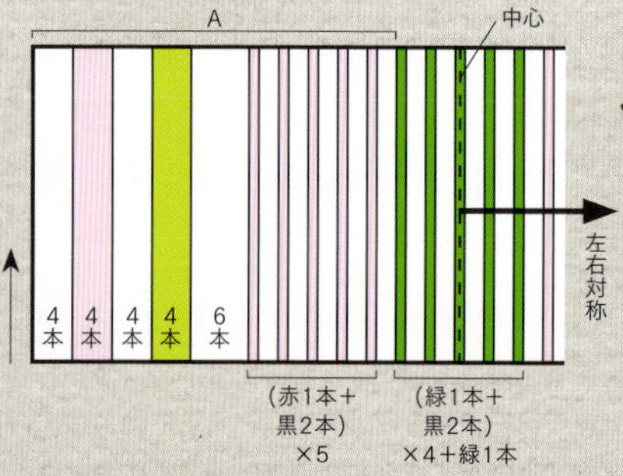

DATA

筬目：40羽
織り寸法：
22cm幅×150cm
整経長：2m
幅と本数：6cm87本
よこ糸密度：2段/cm

使用糸：たて糸▶
並太綿糸　黒・赤・緑（綿100%）
520m/250g（1.2m/g）
フェルトヤーン　赤（ウール100%）
34m/30g（1.1m/g）
よこ糸▶
中細綿糸　紺（綿100%）
116m/25g（4.7m/g）
使用量：
たて糸▶黒112m、赤・緑各16m、フェルト　赤20m、フェルト　緑10m
よこ糸▶20m

織りの技法
12

カード織り

**カードの穴に糸を通し、カードを回転させながら
よこ糸を入れて織る技法。
カードの回転によってさまざまな模様ができます。**

コースターサイズの厚紙に、ストローサイズの穴が空いたウィービングカードという織りの道具があります。この穴にたて糸を通してカードを回転させながらよこ糸を入れてベルト状の布を織ります。

ほかの織りはたて糸を上下に開口させますが、カード織りはたて糸のひねりで開口させるのでソウコウは必要ありません。

ウィービングカードには三つ穴の三角形、四つ穴の正方形、六つ穴の六角形などいくつもの種類がありますが、ここでは一番プレーンな四つ穴の正方形のカードを使っての基本的な織り方とバリエーションを説明します。

カード織りの図の見方

カード織りの織り図はほかの手織りとは書き方が異なります。基本パターン①の図をもとに織り図の見方を説明します。

基本パターン 1

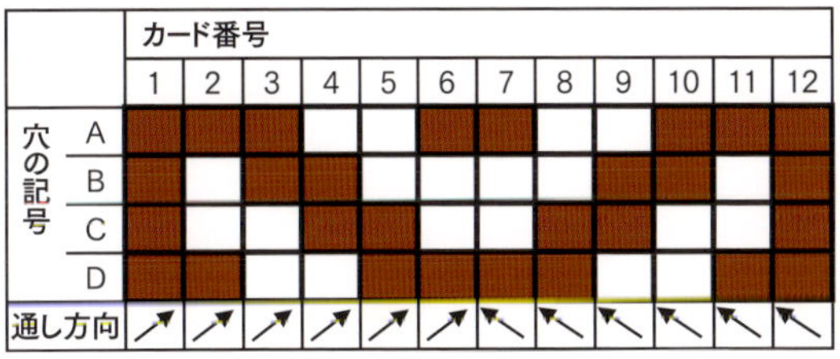

（スタートAD　前転4→後転4）

① 前転4

② 後転4

●カード番号

使用するカードの枚数を表しています。ここでは12枚のカードを使います。

●穴の記号

カードの四隅に空いた穴を表します。ここでは1枚目のカードはABCDすべての穴に茶の糸を、2枚目のカードはAとDが茶、BとCが白のたて糸を通すという意味です。

●通し方向

↗は表から裏、つまり文字の印刷されている面からたて糸を入れます。↖は裏から表、つまりたて糸の端を文字のある面の方に出します。

●スタートAD

セットしたカードの上にAとDの文字があるところから始めましょうという意味です。

●前転4→後転4

カード織りの1回転は90度動かすことです。前転とはカードを90度向こうに回すこと。フォアードの略でFと表すこともあります。それに対して後転はカードを手前に90度回します。バックの略でBとあらわすこともあります。

左は前転4後転4のイラストです。1回転ごとによこ糸を入れ、これを繰り返して柄にします。

カード織りの基本

カード織りはたて糸の束を柱などに括りつけ、地機（104ページ）の要領で腰ひもで支えて織ることもできます。本来織機を使わなくてもできるためオフフレームの織りですが、簡単なデザインであれば織機（フレーム）と筬を使う方が作業しやすいので、織機を使う場合で説明します（高機の場合も織る時は筬もソウコウも使いません）。

まずは基本パターン1を織りましょう。織り図は前ページを参照してください。

PROCESS

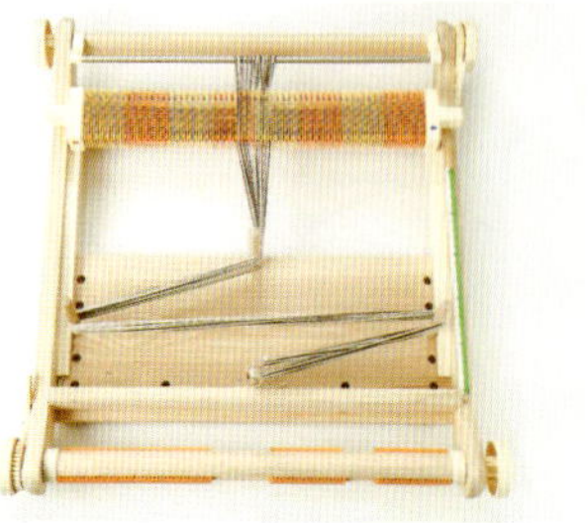

1 必要な量と長さのたて糸を整経する。

2 ひとつの筬目にカード1枚4本分のたて糸を入れて巻き取る。

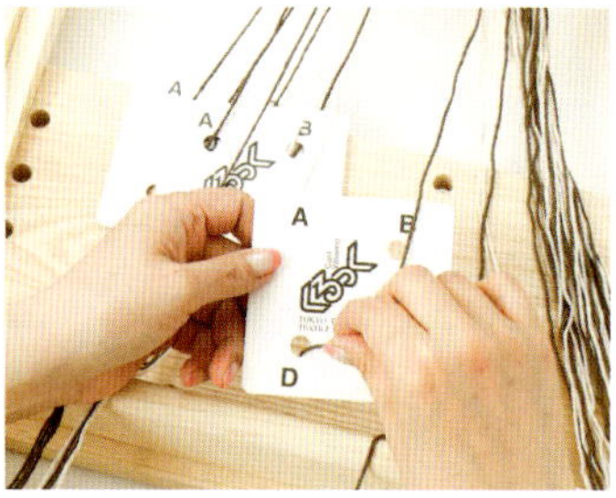

3 左端からたて糸を4本ずつ引き抜き、カードに織り図通りにたて糸を通す。

4 カードはABを上にし、表面（文字印刷面）が上に来るように重ねていく。

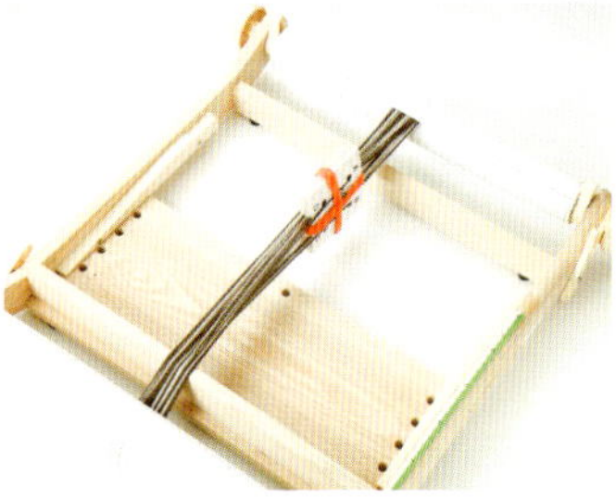

5 すべて通したらカードをベルトや輪ゴムなどで束ねる。筬ソウコウをはずし、たて糸を揃えて、とめる。

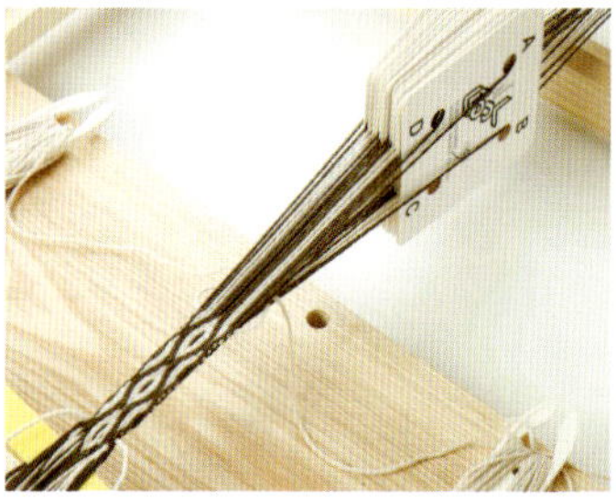

6 よこ糸は2本用意する。スタートADでできる開口に左右からよこ糸を入れる。

7 カードを向こう側に90度動かす（前転1回目）。

8 定規などで打ち込む。

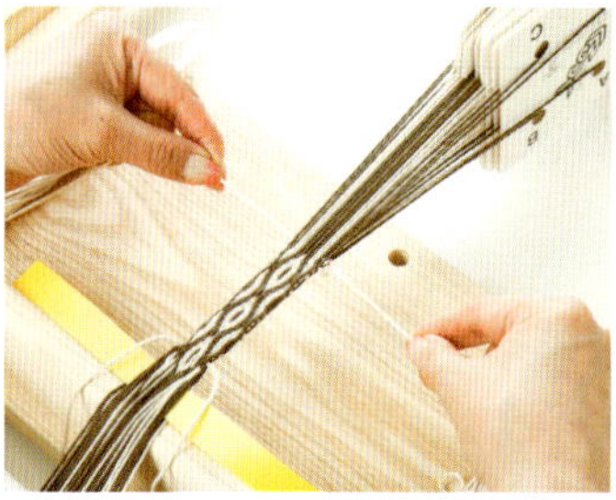

9 よこ糸を引いて、幅を揃える。

10 カードを向こう側に90度動かす（前転2回目）。前転4後転4を繰り返す。

カード織りバリエーション

同じ2色の色糸を使ってもたて糸の通し方で柄が変わり、同じたて糸の通し方でもカードの動かし方によって、さまざまな柄ができます。

表裏で異なる柄になるものは裏面も載せました。

DATA

筬目:30羽
織り寸法:2cm幅×80cm
整経長:1m
幅と本数:2cm、**パターン1・3・4** カード12枚48本、**パターン2** カード13枚52本
よこ糸密度:2段/cm

使用糸(たてよことも同じ):並太綿糸 茶・白(リヨセル100%) 51m/25g(2.1m/g)
使用量:たて糸▶茶約25m・白25m
よこ糸▶茶1m

基本パターン 1

1-1(スタートAB 前転4→後転4)

裏

1-2(スタートAB 前転12→後転12)

裏

1-3(スタートAD 後転2→前転2)

裏

1-4(スタートCD 後転8→前転8)

裏

基本パターン 2

	カード番号 1	2	3	4	5	6	7	8	9	10	11	12	13
穴の記号 A	□	■	■	□	□	■	■	□	□	■	■	□	□
B	■	■	□	□	■	■	□	□	■	■	□	□	■
C	■	□	□	■	■	□	□	■	■	□	□	■	■
D	□	□	■	■	□	□	■	■	□	□	■	■	□
通し方向	↖	↖	↖	↖	↖	↖	↖	↖	↖	↖	↖	↖	↖

2-1（スタートAD　前転4→後転4）

裏

2-2（スタートAD　前転2→後転2）

裏

2-3（スタートAD　前転のみ、または後転のみ）

裏

2-4（スタートAD　左側7枚を前転12→後転12、右側6枚を後転12→前転12）

裏

基本パターン 3

		カード番号											
		1	2	3	4	5	6	7	8	9	10	11	12
穴の記号	A												
	B												
	C												
	D												
通し方向		↗	↖	↗	↖	↗	↖	↗	↖	↗	↖	↗	↖

3-1（スタートAB　前転のみ、または後転のみ）

3-2（スタートAB　前転4→後転4）

3-3（スタートAB　前転3→後転3）

3-4（スタートAD　前転5→後転1→前転1→後転1→前転1
→後転5→前転1→後転1→前転1→後転1）

基本パターン 4

		カード番号 1	2	3	4	5	6	7	8	9	10	11	12
穴の記号	A	■	□	■	■	■	■	■	■	■	■	□	■
	B	■	□	■	□	□	■	■	□	□	■	□	■
	C	■	□	■	■	□	■	■	□	■	■	□	■
	D	■	□	□	□	□	■	■	□	□	□	□	■
通し方向		↗	↗	↗	↗	↗	↗	↖	↖	↖	↖	↖	↖

4-1（スタートAB　前転のみ、または後転のみ）

4-2（スタートAB　前転5→後転5）

裏

4-3（スタートAB　前転4→後転4）

裏

4-4（スタートAB　左側6枚を前転のみ、右側6枚を後転のみ）

カード織りの応用

カード織りでもほかの手織りのように二重織りや昼夜織りなどの変化織りができます。

通し方図 A

		カード番号 1	2	3	4	5	6	7	8	9	10	11	12
穴の記号	A	■	■	■	■	■	■	■	■	■	■	■	■
	B	■	■	■	■	■	■	■	■	■	■	■	■
	C	□	□	□	□	□	□	□	□	□	□	□	□
	D	□	□	□	□	□	□	□	□	□	□	□	□
通し方向		↗	↖	↗	↖	↗	↖	↗	↖	↗	↖	↗	↖

DATA

筬目：30羽
織り寸法：2cm幅×80cm
整経長：1m
幅と本数：2cm、カード12枚48本
よこ糸密度：2段/cm

使用糸（たてよことも同じ）：並太綿糸　茶・白（リヨセル100%）51m/25g（2.1m/g）
使用量：たて糸▶茶約25m・白25m
よこ糸▶茶1m

よこ縞

通し方図 A
（スタートAB　前転のみまたは後転のみ）

PROCESS

1 同じ方向に回転させながら織ると茶と青の縞になる。

2 同じ方向を続けるとカードの向こう側のたて糸がねじれるのでときどき回転の方向を変える。

昼夜織り

通し方図 A
（スタートAD　前転2→後転2）

PROCESS

1 スタートをADにして前転2後転2を繰り返すと表面は常に水色、裏面が茶になる。

2 スタートをBCにして前転2後転2を繰り返すと表面が茶になる。

市松模様

通し方図 A（スタートAD　左6枚は前転4→後転4　右6枚は後転4→前転4）

PROCESS

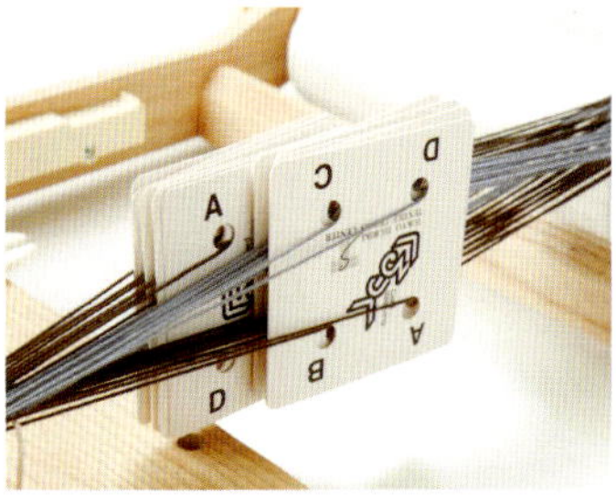

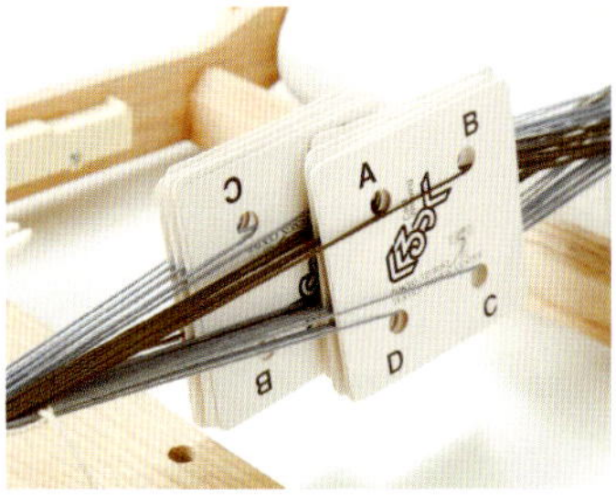

1 12枚あるカードを半分に分け、6枚ずつの束で回転させる方向を前後逆にする。

2 表に出る色を変えて市松にするときは、続けて2回転させる。

二重織り

通し方図 A
（スタートB　前転1→後転1）

PROCESS

1 カードの角を上にして菱形に揃えると2層構造になる。よこ糸を水色と茶と2本用意し、水色は上の層、茶は下の層とそれぞれ往復して織ると二重のベルトになる。

2 色を入れ替えるときは2回転させる。

袋織り・倍幅織り

ひとつのよこ糸で上下の開口を往復させたり、上下両方に通すと倍の幅や筒状になる（二重織りの構造については114ページ～を参照）。

筒織り

通常よこ糸は開口の中を左右に1段ずつ往復させるが、たて糸の上を渡って常に同じ側からよこ糸を入れると筒状になる。

通し方図 B

		カード番号							
		1	2	3	4	5	6	7	8
穴の記号	A								
	B								
	C								
	D								
通し方向		↗	↖	↗	↖	↗	↖	↗	↖

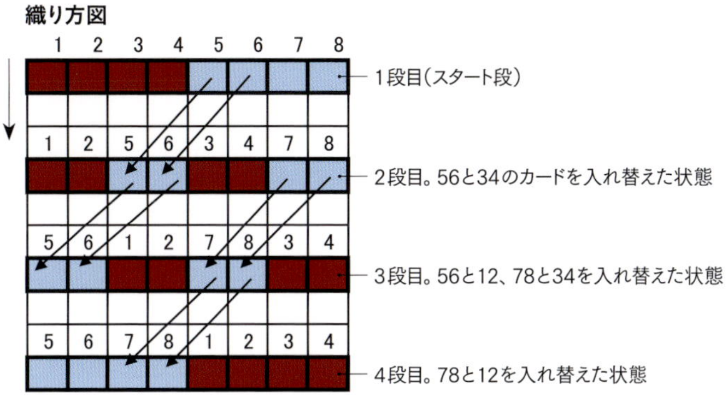

ツイスト

通し方図B （スタートAB）

PROCESS

1 上の図を参考に織っている最中にカードの位置を入れ替えることで、たて糸の色を交換させる。

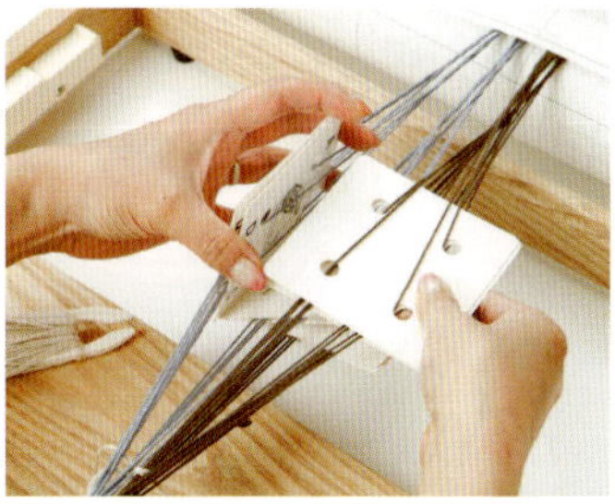

2 一度に行うのではなく、2色隣り合う色同士を段階を経て交換する。カード8枚中、はじめは中央の2枚ずつ。

3 次に両サイドの2枚ずつを交換する。

4 4段目。最後に中央の4枚を交換すると、たて糸の縞の色が逆転する。

ツイストベルト

133ページのツイスト技法を使って太い麻糸でベルトをつくりました。カードの枚数が多い分、カードの交換回数も増えます。この技法はカードの向こう側の糸がかなりねじれるので、織っている途中でたて糸を外して糸の絡みをほどく必要があります。

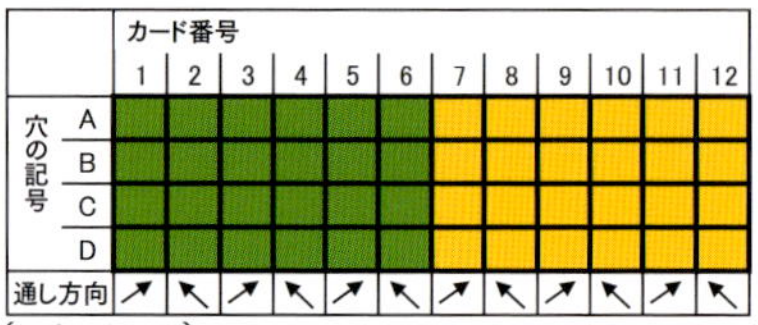

（スタートAD）

織り方図（図の見方は133ページ）

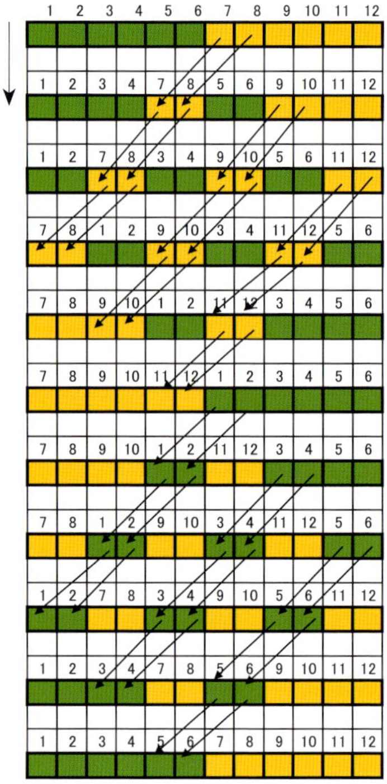

DATA

織り寸法：
3cm幅×1m
整経長：2m
幅と本数：3cmカード
12枚48本
よこ糸密度：2段/cm

使用糸（たてよことも同じ）：
ジュート糸　ベージュ・
草色（ジュート100%）
24m/25g（1m/g）
使用量：
たて糸▶ベージュ・草色
各24本48m
よこ糸▶草色6m

花園模様のベルト

たて糸の色数とカードの枚数は増やしてありますが、基本的なカード織り技法なので難しくはありません。129ページからを参考にいろいろなデザインを考えてみましょう。

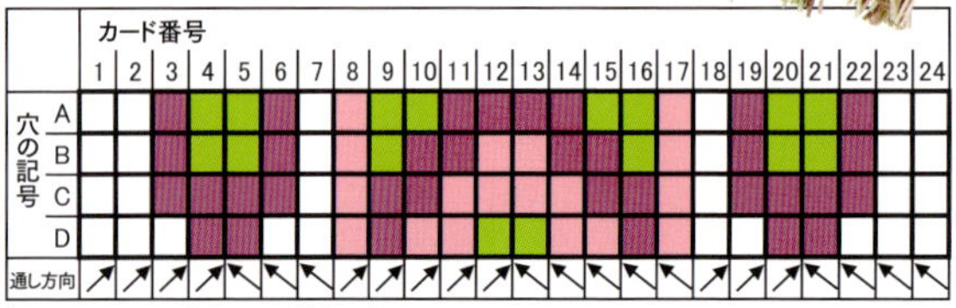

（スタートAD　前転4→後転4）

DATA

織り寸法：4cm幅×1.5m
整経長：2m
幅と本数：4cmカード24枚96本
よこ糸密度：2段/cm

使用糸：
たて糸▶木綿糸　白・濃ピンク・淡ピンク・緑（綿70%、リヨセル30%）68m/25g（2.7m/g）
よこ糸▶麻糸（アクリル70%、麻30%）62m/25g（2.5m/g）
使用量：たて糸▶ベージュ28本56m、濃ピンク34本68m、淡ピンク18本36m、緑16本32m
よこ糸▶24m

ウールネックウエア

これも基本のカード織りです。目的がマフラーなので注意点はよこ糸をきつく引きすぎないことと打ち込みは甘くすること。ウール素材でゆったりと一定の幅を保ちながら織るのは難しいので、カード織りの上級編と言えます。

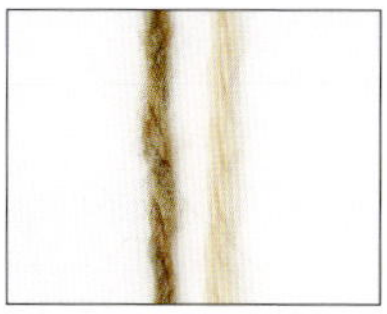

DATA

織り寸法:
16cm幅×70cm
整経長:1.5m
幅と本数:16cmカード48枚192本

よこ糸密度:1段/cm

使用糸(たてよことも同じ):
並太毛糸 ベージュ・茶
(ウール70%、アクリル30%)
100m/50g(2m/g)
使用量:
たて糸▶ベージュ108本162m、茶84本126m
よこ糸▶ベージュ12m

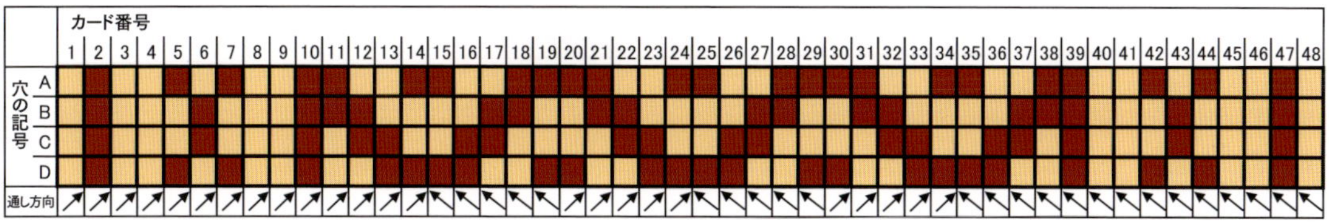

(スタートAD 前転4→後転4)

アルファベットコースター

132ページの市松模様の応用です。アルファベットの場合は図に合わせ、色を替えたいカードを個別に動かしていきます。

これも長く織っていくとたて糸がねじれるので、織りにくくなったらたて糸の端を一度はずして整え直すといいでしょう。

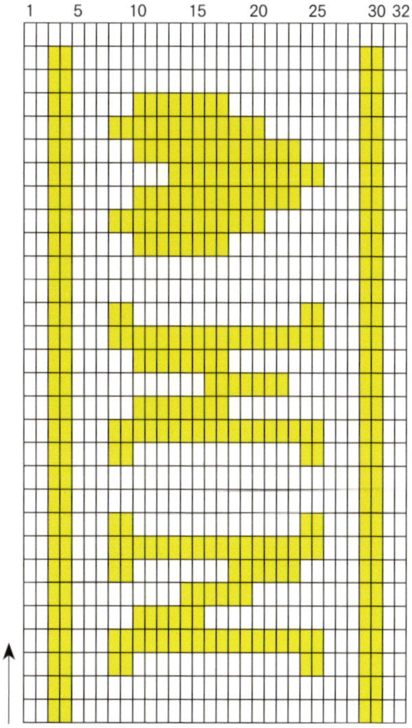

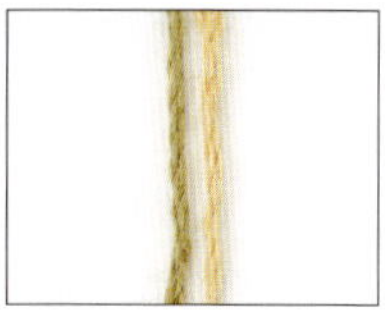

DATA

織り寸法:
8.5cm幅×10cm
整経長:1.5m(4枚分)
幅と本数:8.5cmカード32枚128本
よこ糸密度:1段/cm

使用糸(たてよことも同じ):
ジュート糸 ベージュ・草色(ジュート100%)
使用量:
たて糸▶ベージュ・草色各64本96m
よこ糸▶草色4m

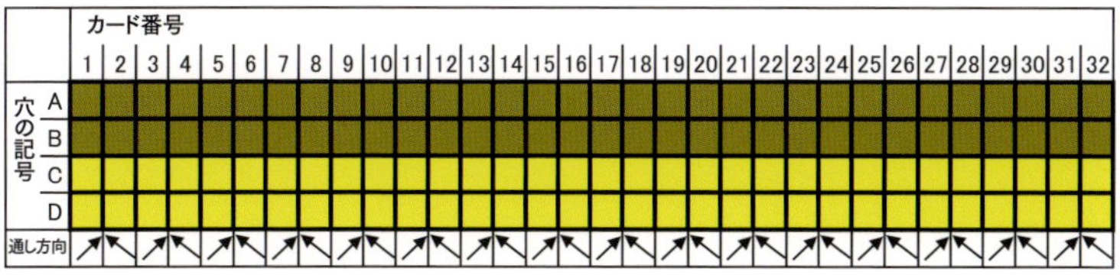

(スタートAD 前転2→後転2)

織りの技法

13

昼夜織り

(サマーアンドウインター織り)

数色の糸を使って、布の表裏で逆の色が出る織り技法。
柄の大きさによってデザイン・用途とも広く使えます。

昼と夜、あるいは夏と冬。ちょうど真逆にあるものをあらわす組み合わせです。そこからも想像できるように昼夜織りあるいはサマーアンドウインター織りは複数の色を使い、布の表裏で逆の色が出る織り方です。

ここで紹介するのはマフラーやバッグであるため、あまり大きな柄にはしませんでしたが、1柄のブロックを大きくすることでタピストリーなどにも向く大胆な柄をつくることもでき、デザイン・用途とも奥の広い織り技法です。たて糸の入り組み方が複雑になるため筬ソウコウ一体の卓上織機にはあまり向きません。

サマーアンドウインターマフラー

細いよこ糸を使い5色のたて糸のブロックを効果的に表現しました。一種の二重構造ですが、たて糸が二層になる二重織りと違い、たて糸が二層で混ざり合って成り立っています。たて糸の本数としては6本/cmですが、30羽丸羽(1本の筬目にたて糸2本)でたて糸を通しましょう。

組織図　サマーアンドウインターマフラー

●たて糸:A=(ベージュ1本+白1本)×12、B=(白1本+茶1本)×12、C=(水色1本+白1本)×12、D=(白1本+ベージュ1本)×12、E=(茶1本+白1本)×12、F=(白1本+ピンク1本)×12
A+B+C+D+E+F+A+B+C

DATA

筬目:30羽(丸羽)
織り寸法:
18cm幅×150cm
整経長:2m
幅と本数:18cm108本
よこ糸密度:2.5段/cm

使用糸:たて糸▶並太アルパカ毛糸 ピンク・水色・ベージュ・茶(アルパカ100%) 80m/40g(2m/g)
並太アクリル毛糸　白(アクリル30%、レーヨン26%、モヘヤ22%、ナイロン22%)
よこ糸▶中細毛糸　白(アクリル100%)
190m/40g(約4.8m/g)
使用量:
たて糸▶ピンク12m、水色24m、ベージュ36m、茶36m、白108m
よこ糸▶108m

PROCESS

1 織機右上にあるレバー4本が開口のするソウコウを表す。1段目は1と4。

2 2段目は3と4。高機であれば綾織りと同じタイアップになる。

3 3段目は2と3。ソウコウの通し順により、表・裏と交互によこ糸が入る。

4 4段目は1と2。この4段の繰り返しがひとつのブロックの色になる。

昼夜織りの裂き織りバッグ

赤を基調に草木染めした複数の色糸を使ってランダムにブロックの大きさを変えました。

プロセスでは柄がわかりやすいようにたては赤1色、よこに裂き布を使い、布の表裏で逆の色を出しています。

組織図 昼夜織りの裂き織りバッグ

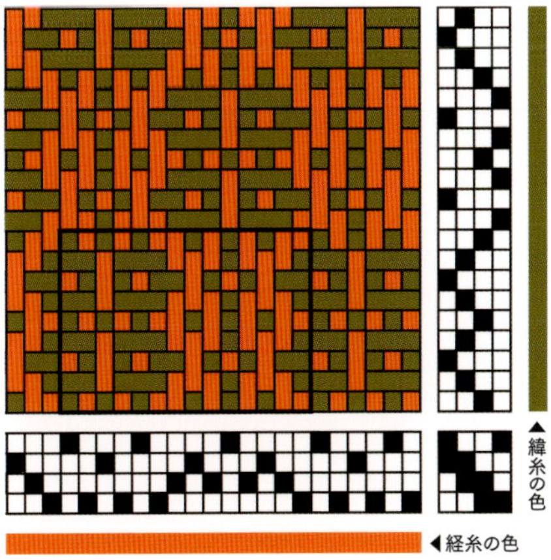

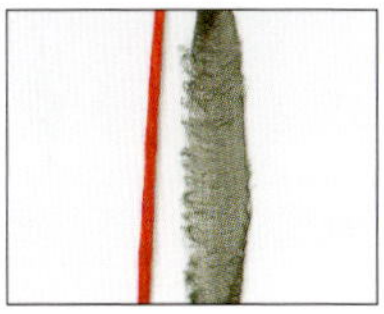

DATA

筬目:80羽
織り寸法:
25cm幅×80cm
整経長:1.3m
幅と本数:25cm200本
よこ糸密度:4段/cm

使用糸:
たて糸▶綿テープ(綿100%) 125m/30g(4.2m/g)
よこ糸▶シフォン地(裂き布・絹100%)
使用量:
たて糸▶260m
よこ糸▶110cm幅×1m(裂き幅1cm)

PROCESS

1 軽く仕上げるため、材料には綿テープとシルクシフォンの布を使う。裂き幅は1cm。

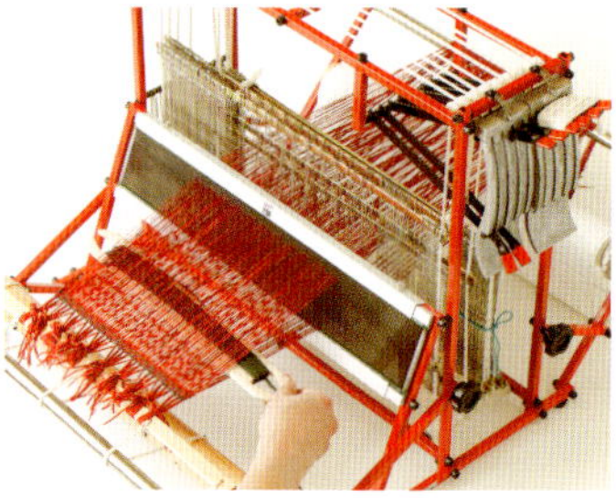

2 1段目は3と4を開口させ、よこ糸を入れる。

3 2段目は2と4を開口させ、よこ糸を入れる。その後織り図の踏み順に添って織る。

SAMPLE

表

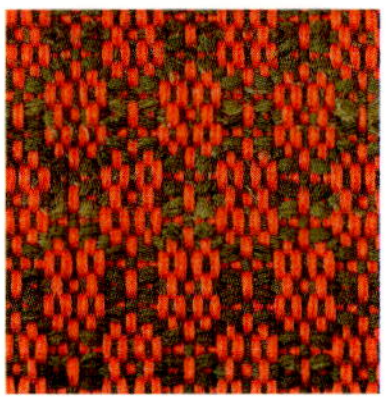

裏

裂き織りのチャイナドレス

裂き織りというと強く打ちこんだ硬い織り地をイメージする人が多いので、素材を選び、織り柄を考えればちょっとしたパーティにも着ていけるドレスにもなることを見せたくてつくりました。せっかくのリバーシブル柄はお見せできませんが……。

役立つ技法 6

エコな草木染め

**織りと深くかかわりがあり、欠かせないのが草木染め。
エコな素材でナチュラルな色に染めてみましょう。**

染織と書いて「せんしょく」と読むように織りにとって染めも欠かせないアイテムのひとつです。

例えば絣は自分で染めるからこそできる織物ですし、草木染めのやさしい色はオリジナル作品に彩りを添えてくれます。

ここではタマネギや藍など代表的な草木染めのほか落ち葉や土などエコロジカルな素材を使ってのナチュラルダイを紹介します。

もちろんそれ以外にも染まる植物の範囲や色は多くあります。それらにつきましては3500色余の染色サンプルとそれぞれの染色方法について詳しく書いた拙書「草木染め大全」をご覧ください。

基本の道具

- 染色容器
  (鍋・ボウル・バット・バケツなど)
  容器は染める量によって大きさが変わります。染めたい糸や布がゆったりサイズであること、煮出す場合は火にかけられる容器かどうかの確認を。
- 計量カップ・計量スプーン
- 染色棒または菜箸
- 不織布の袋・輪ゴム
- ゴム手袋
- ペーパータオル、ビニールひもなど

草木染めに必要な助剤

たいていの植物は煮出すことで色を取り出します。その場合は色止めと発色の効果をもたらす媒染剤が必要になります。媒染剤は粉末以外に取り扱いの便利な液体タイプもあります。そのほかの助剤については各項目を参照してください。

媒染剤

- みょうばん液(アルミ媒染)
  みょうばんを5%濃度の液体にしたもの。糸100gに対し、100cc使用。
- 銅液
  酢酸銅を3%濃度の水溶液にしたもの。糸100gに対し、50～100cc使用。
- 鉄液
  木酢酸鉄の2%水溶液。糸100gに対し100cc使用。

助剤

- 浸透剤
  界面活性剤を含む染色用助剤。染めるものを浸透剤を1ℓに対し約2cc垂らした水に浸すことで、ムラなく染められる。
- 濃染剤
  おもに綿の布や糸を染めるときに、早く濃く染めるために使う。

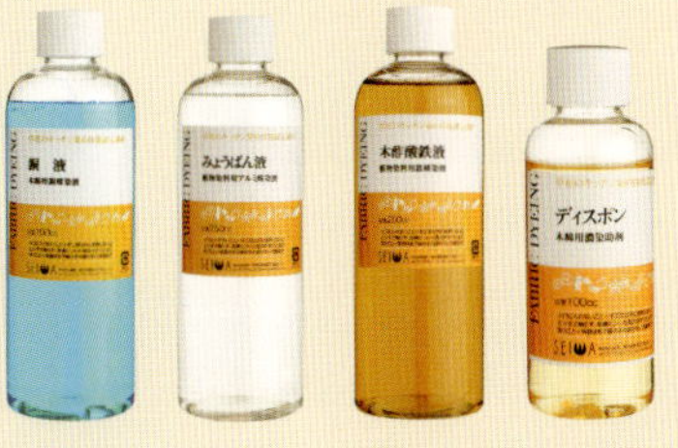

カセのつくり方

市販される玉の糸は染める前にいったん枷(カセ)にする必要があります。専用のカセ上げ器もありますが、組み立て式のカセ繰り棒(231ページ)も手ごろで丈夫で便利です。

PROCESS

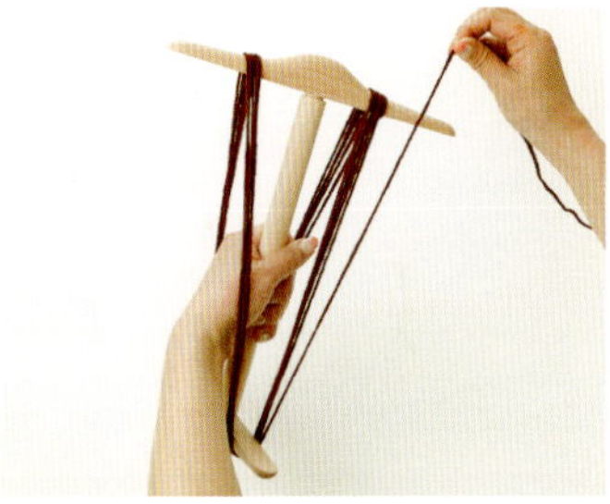

1 上下の横木が垂直になる状態で組み立て、横木の上下に交互にかかるように巻いていく。

2 はずすと円周120cmのカセができる。糸端どうしを結んでおく。

タマネギの皮で毛糸を染める

タマネギの外側の茶色いカサカサに乾いた皮は古くから使われている優秀な染料です。ここでは毛糸を単色と段染めの2タイプに染めました。身近で採集できる植物の多くがこれと同じ方法で染められます。

アクリル入りの毛糸は染まらないので、ウール100%かどうか表示をよく確認しましょう。

材料と道具

- 毛糸（50g×4玉）
- タマネギの皮50g
- みょうばん液・銅液・鉄液
- 酒石英
- ボウル(5L)
- カセ繰り棒
- ビニールひも
- 不織布の袋
- 輪ゴム
- 染色棒

PROCESS ●毛糸を媒染別に染める

1 毛糸は50gずつのカセにし、目印にビニールひもをつける。そのうちの1カセはひもで何カ所か括り、浸透剤（なければ洗剤）を少量加えたお湯の中に30分浸し、よく湿らせる。

2 タマネギの皮を不織布の袋に入れ、輪ゴムで口をしばる。

3 ボウルに3ℓの水とタマネギの皮を入れ、火をつける。中火で沸騰させ、沸騰後10分煮込んだら火を止めてタマネギの皮は取り出す。

4 ボウルに8分目まで水を足す。

5 湿らせておいた毛糸3カセを軽く絞り、染色棒に通して煮出し液の中に入れて火をつける。糸をときどき動かしながら沸騰後10分煮込む。

6 火を止めてそのまま2時間程度冷めるまで放置した後、ぬるま湯ですすぎ洗いをする。

7 みょうばん液50ccと酒石英1g、温湯3ℓを入れたボウルに1カセを入れて火をつけ、時々混ぜながら沸騰したら火を止め、冷めるのを待つ。

8 すすぎ洗い後乾かした毛玉。左からみょうばん・銅・鉄。酒石英は毛糸染めの時にだけ使うウール繊維を保護する助剤。

SAMPLE

タマネギ染めの裂き織りベスト

薄手の木綿のシーツをタマネギで染めて細く裂いたものとタマネギの段染め毛糸を組み合わせた織り布でベストをつくりました。

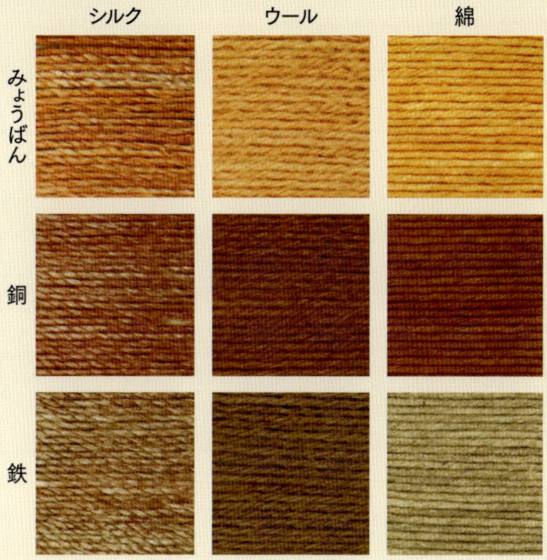

PROCESS ●みょうばんと鉄で段染めの糸にする

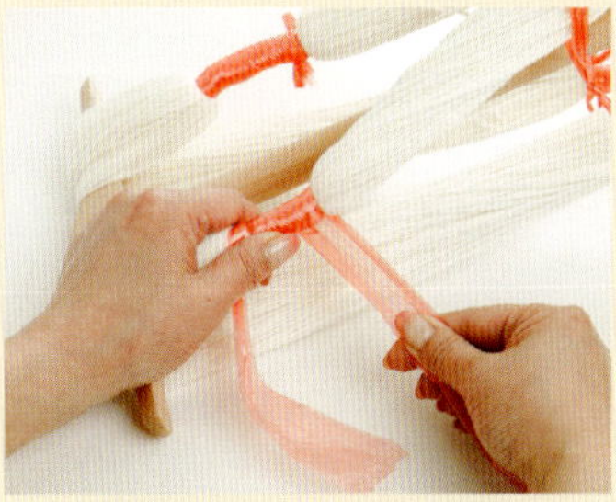

1 段染めにするカセはビニールひもで何カ所か括り、白く染め残す箇所をつくる。

2 よく湿らせた後、みょうばん液・酒石英・水を入れたボウルに入れて火をつけ、沸騰したら火を止めて30分放置冷却した後、タマネギの煮出し液に入れて20分ほど煮込む。

3 冷ましてから水洗いした毛糸は、黄色い部分を残したい箇所にビニールひもを巻きつける。

4 鉄液・酒石英を加えた媒染液の中にカセを入れ、沸騰後30分放置する。

5 再び洗ってほどくと黄色と白に染め残した箇所が出てくる。すべてほどいたらもう一度すすぎ洗いをする。

6 何カ所かに色の染め分けられた段染め糸の出来上がり。ここで染めた糸を使ったやたら絣ショールは156ページ。

落ち葉で染める

染まるのは新鮮な草木ばかりとは限りません。桜やミズキや杉など紅葉し枯れた葉も十分に染まります。

落ち葉の多くは煮出すときに重曹を小さじ1杯入れる、つまり弱アルカリ水の中で煮出すことで濃く染まります。

身近な野草、タンポポ・スギナ・ヨモギなども小さじ1杯の重曹が効果をもたらすことがあるのでぜひ試してみましょう。

アケボノスギ

カエデ

ハナミズキ

サクラ

イチョウ

アケボノスギの落ち葉で綿糸を染める

木綿の糸は毛糸に比べてそのままでは染まりにくいので、事前に濃染処理をします。ここで使う濃染剤はリンスや乳液などにも含まれるカチオン化剤で、有害なものではありません。

材料と道具

- 綿糸100g
- アケボノスギ150g
- 銅媒染液100cc
- 重曹3g
- 濃染剤5cc
- ボウル
- 菜箸
- 不織布
- 輪ゴムなど

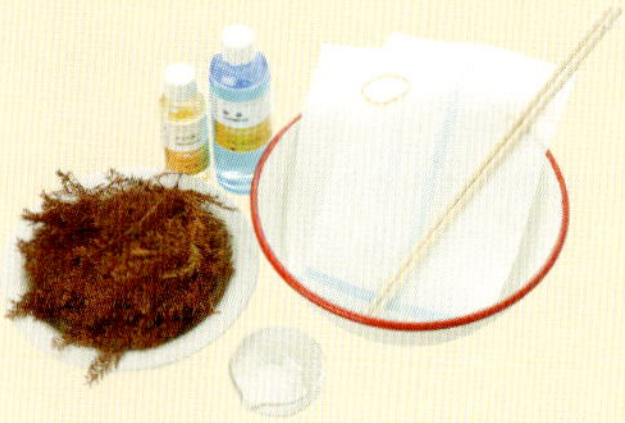

PROCESS

1 ボウルに濃染剤5ccと水、カセにした綿糸を入れて火をつけ、沸騰したら火を止めて水洗いをする。

2 銅媒染液100cc・水3ℓを入れたボウルの中に綿糸を入れ、30分置いて水洗いをする。

3 ボウルに不織布の袋に入れたスギの落ち葉と水3ℓ、重曹3gを入れて火をつける。沸騰してから20分煮込む。

4 スギを取り出し、ボウルに八分目まで水を加え、綿糸を入れて火をつける。時々混ぜて沸騰後20分煮込む。

5 火を止めて2時間以上冷まして、水洗いして乾燥させる。もっと濃くしたいときはもう一度銅媒染液に浸ける。

サクラの落ち葉で ぼかし絣のたて糸を染める

サクラの落ち葉は濃い色に染まるのでここでは153ページのぼかし絣のたて糸を染めています。絹糸はよく染まるので、濃染処理をする必要はありません。スギでは重曹を入れた弱アルカリの煮出し液を使いましたが、サクラの場合は少量の酢を入れ中和させた状態の方が赤みの強い美しい色に染まります。

材料と道具

- サクラの落ち葉200g
- 絹糸100g
- 重曹3g
- 食酢10cc
- 銅媒染液
- 鉄媒染液
- ボウル
- 菜箸
- 不織布
- 輪ゴム
- ビニールヒモなど

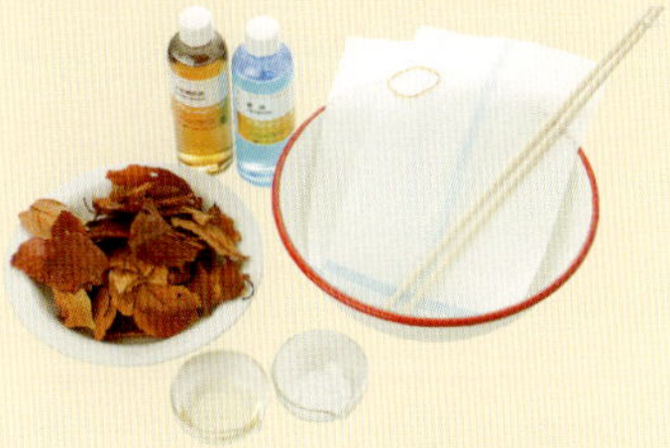

PROCESS

1 ボウルに3ℓの水と重曹、不織布の袋に入れたサクラを入れて火をつける。

2 沸騰後20分煮込む。

3 サクラを取り出し、食酢を10cc入れ、ボウルに8分目まで水を加える。

4 粗織りし、部分的に括った絹糸を入れて、沸騰後20分、放置冷却2時間。

5 銅媒染液に浸し、さらに括って色に段階をつける。

6 よく洗ったあとサクラの煮出し液に入れて染め重ねて濃くする。

7 一部ビニールひもをほどいて色の濃淡を確認する。

8 さらに濃くしたいときはもう一度鉄媒染液に浸す。

●アケボノスギ

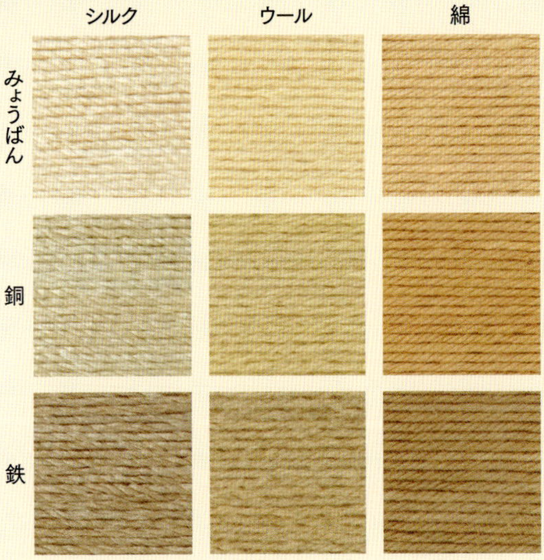

●サクラ

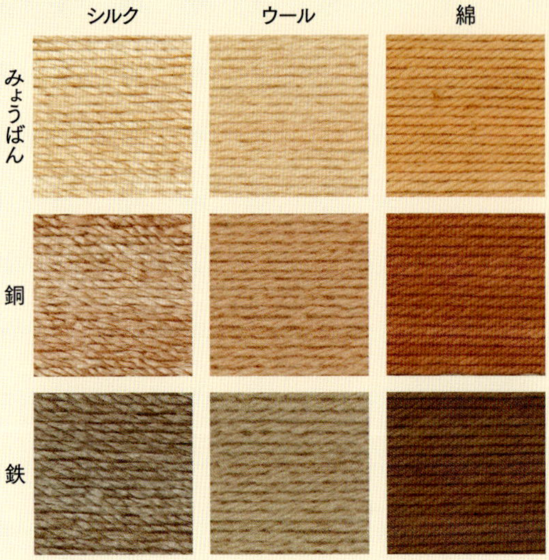

●カエデ

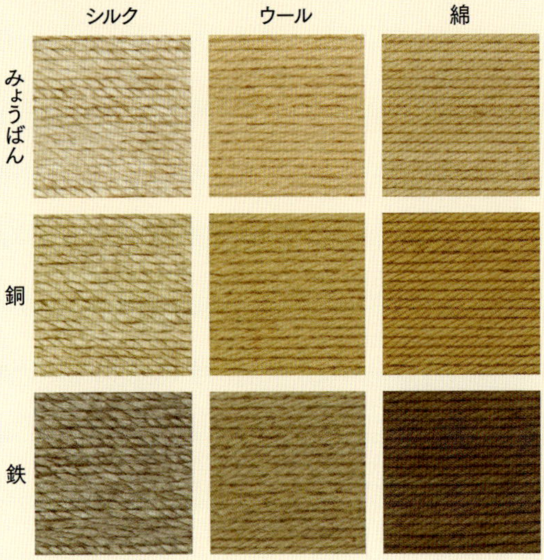

●イチョウ

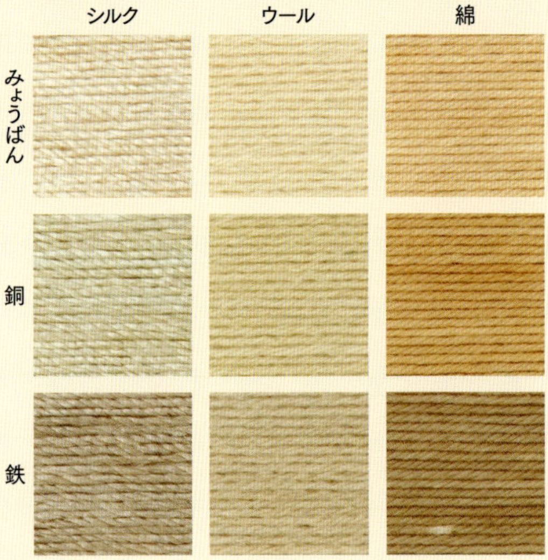

●ハナミズキ

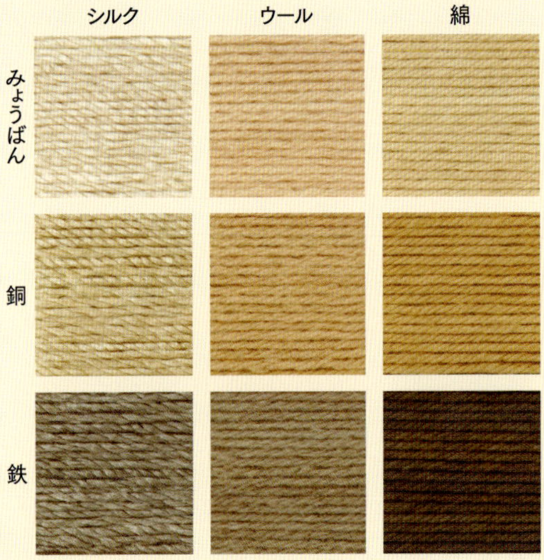

※綿は濃染処理をしてあります。

土で染める

植物ではないけれど、自然の中で手に入る土も染料化して使うことができます。ここでは陶芸用に市販されている土で染めましたが、自宅の庭の土でもぜひ試してみてください。ちょっと土染めを試してみたい方は市販の「土顔料用 浸染助剤セット」を使うとよいでしょう。

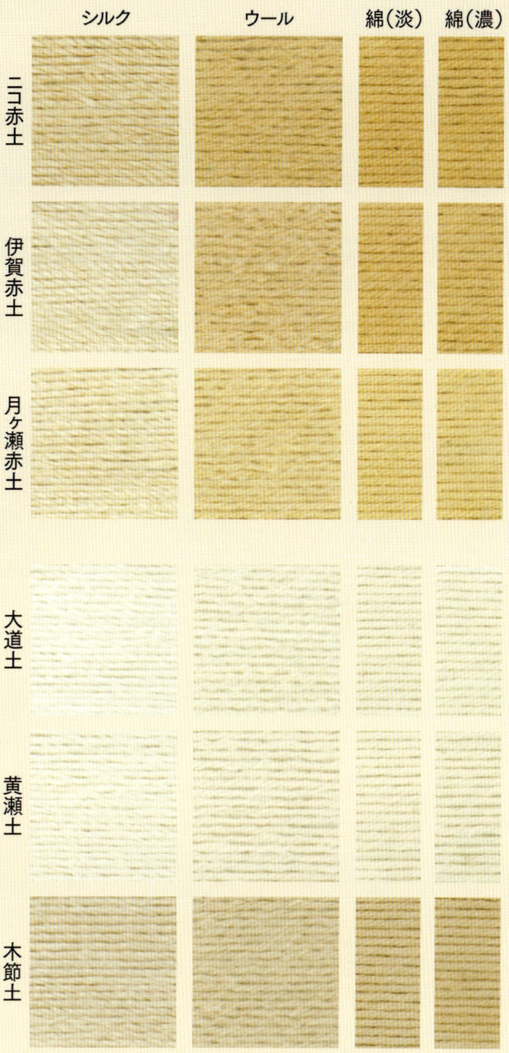

ニコ赤土

伊賀赤土

月ヶ瀬赤土

大道土

黄瀬土

木節土

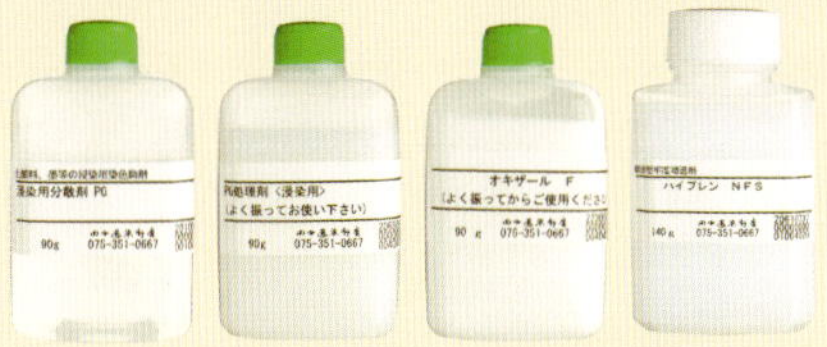
〈土顔料用浸染助剤セット〉（田中直染料店）

材料と道具

- 綿糸50g
- 伊賀赤土200g
- 濃製剤（PG処理剤）
- 浸染用分散剤
- ボウル
- 手袋など

PROCESS

1 まず土から土顔料を取り出す。ボウルに土と水2ℓを入れる。

2 土のかたまりをよくほぐしたあと、1分ほど放置する。

3 まだ濁った段階の上澄み液を別の容器に移す。これを2〜3回繰り返し、残った土は捨てる。

4 **3**の水とまじわりやすい細かい粒子の上澄み液の中に土顔料が含まれる。ためた上澄み液を一晩放置。

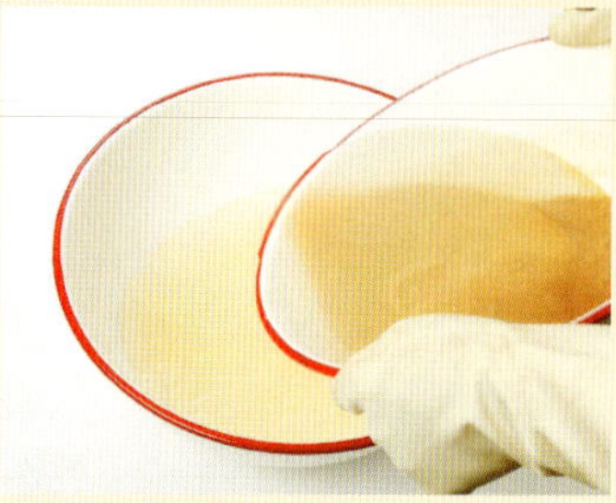

5 透明になった上澄み液は捨て、沈殿した泥状が土顔料となる。

6 ボウルに60度の湯とPG処理剤5ccを入れその中にカセにした糸を入れて揉み込む。

7 ボウルに**5**の土顔料と水、分散剤を入れ、2ℓの染色液をつくる。

8 よく浸しては絞って広げる、を30分繰り返したあと、よく水洗いする。

柿渋で染める

青い柿の絞り汁を発酵させた液が柿渋液です。火も使わずに浸すだけ。強い陽射しにあてることで発色させます。この本の中では、174ページの鉢植えカバー用に竹ひごを染めました。糸や布も染められますが、ごわごわするのでウール素材には向きません。

材料と道具

- 竹ひご50本
- 柿渋液
- 竹ひごが入るサイズの容器
- ゴム手袋など

濃

淡

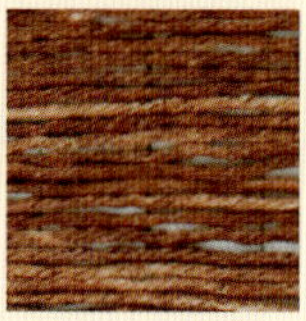

PROCESS

1 容器に柿渋液と同量の水を入れ、竹ひごを10分ほど浸す。

2 竹ひごを籠などに立てかけて、日のあたる所に置く。乾いたらまた浸し、これを繰り返す。

3 竹の青い面の色はあまり変わらない。天気の良い日に作業するとよい。

弁柄染め（酸化鉄で染める）

精製した酸化鉄の燃焼温度の違いによって染まる色を変えたのがベンガラ染料です。火も使わず、液体状で市販されているので水で薄めて染色液としますが、土染め同様ただ浸すのではなく、よく揉み込んで染めるのでウールには向きません。乾燥すると薄くなるので、濃くしたい場合はいったん乾かしてから染め重ねるといいでしょう。

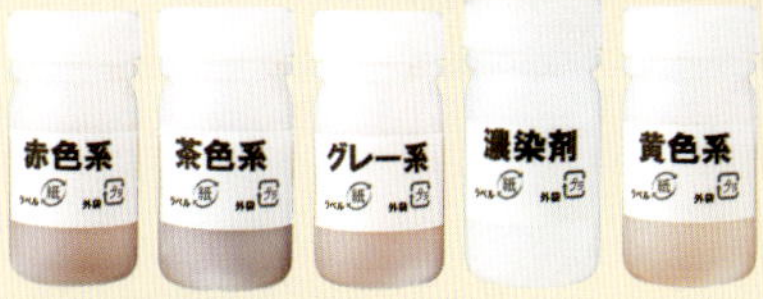

市販の弁柄染めセット

材料と道具

- 綿糸50g
- ベンガラ染料茶系10cc
- 濃染剤
- ボウル
- 手袋など

PROCESS

1 染める糸はカセにし、前もって濃染処理をする。

2 ボウルにベンガラ染料と水2ℓを入れてよく混ぜる

3 綿糸を入れて揉み込む。

4 揉み込む、絞る、広げるを20分繰り返し、よく水洗いする。

COLUMN

藍染め

多くの人が好む日本の伝統色の藍色。織り技法の中でも染めることでできる絣織りには欠かせない染料です。藍の染め方はタネから育てた藍の葉を水の中で揉み出し、その中に糸を浸すこと染まる生葉染めから、藍の葉を発酵させてつくる蒅（すくも）で藍建てする方法まで様々ですが、ここでは水に溶かすだけで藍染め液になる粉末藍を使っての糸染めを取りあげました。

絣織りに濃い藍色に染まる藍染めは欠かせない。濃淡の差で色の種類が広がるのも楽しい。

粉末藍と必要な助剤を含む市販の藍染めセット。建てた藍染め液と違い、粉末藍はその日のうちに使いきるので染めたいものをたくさん用意してから作業する。

PROCESS

1 ボウルまたはバケツに8分目の水をため、粉末藍と助剤を入れて静かに混ぜる。

2 とけ残った表面の膜をペーパータオルなどで取り除く。

3 事前に湿らせた糸を染色棒に通して藍染め液に入れる。糸のカセは何度か動かし、まんべんなく浸す。

4 ムラなく染めるポイントは均等に絞ること。棒と手かぎ（233ページ）を使ってよく絞る。

5 絞った糸は広げ、10分ほど空気に触れさせた後、よく水洗いをする。

織りの技法

14 絣

染めた部分と染め残した部分の美しいコントラストを生かした、伝統工芸として日本各地に残る織り技法です。

糸を部分的に括ってから染めると括った部分は白く残ります。その染め残した部分と染まった部分とのコントラストを生かして織るのが絣です。

絣は大きくたて絣・よこ絣・たてよこ絣に分かれます。

今回は取りあげませんでしたが、絵絣という具象柄を織りだす絣技法があります。絵絣の多くはよこ糸絣ですが、絵台（種糸台）という道具に織るときと同じ状態で糸を張り、その糸の上に直接下絵を描きます。その後、下絵に合わせて数十本ずつ絣括りをしてから染める高度な技で、伝統工芸では九州の久留米絣や山陰山陽地方の弓浜絣・広瀬絣・作州絣・倉吉絣などが有名です。

●よこ絣

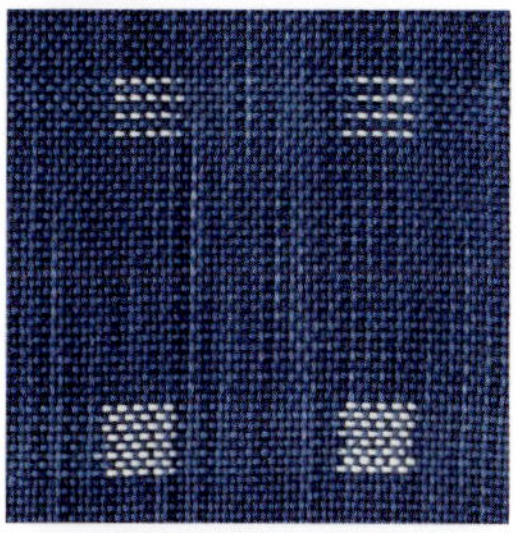

●たてよこ絣

●たて絣

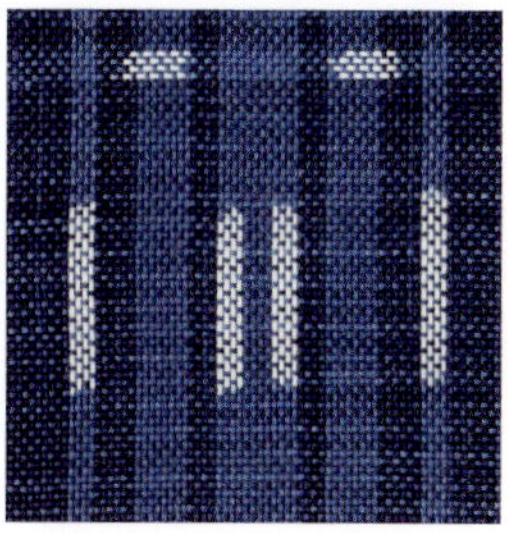

よこ絣のドイリー

この4点のドイリーはたて糸は紺無地、よこ糸の一部に同じ絣糸を使って織ってあります。出来上がりは12cm四方ですが、絣糸は20cm幅の中心3cmを括って染め、染め残った白い部分をずらすことで柄を織りだしています。ひとつの絣糸からいくつもの柄を出せる、そのバリエーションの広さがよこ絣の特徴です。

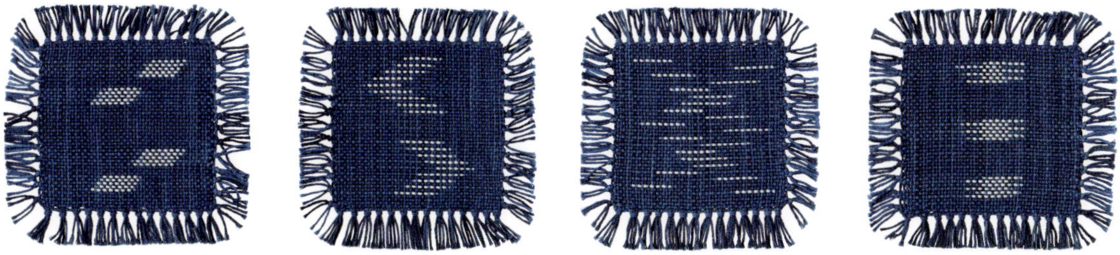

PROCESS

1 20cm間を空けたところにスティックを立て、糸を20周巻き、括る部分の両端に印をつける。

2 1cm幅のビニールひもなどで印の範囲を括る。まず印部分で数度括ってしっかり締める。

3 ひもは幅を広げたまま印まで括り、逆の印まで巻いたら折り返して括り、はじめの糸端と結ぶ。

4 括った中の糸に染料が染み込まないよう、染める前に水に充分に浸し湿らせておく。

5 藍染めをする（染め方は148ページ）。ビニールひもで括った際の部分も染まるよう糸を広げてよく染める。

6 十分に発色させた後、水洗いし、紐をほどいてからもう一度水洗いをする。

ひとつの絣糸で丸を描く

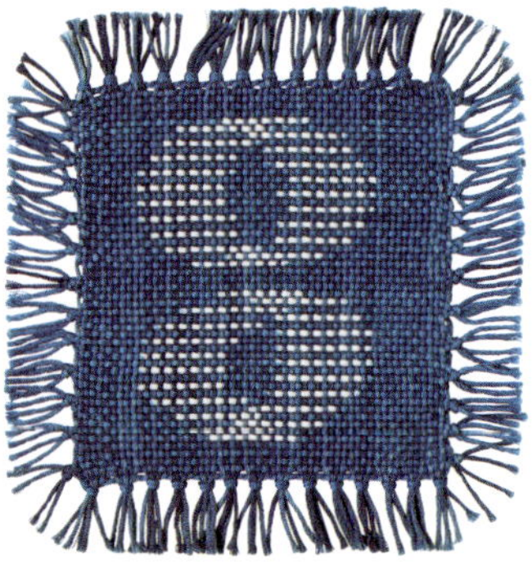

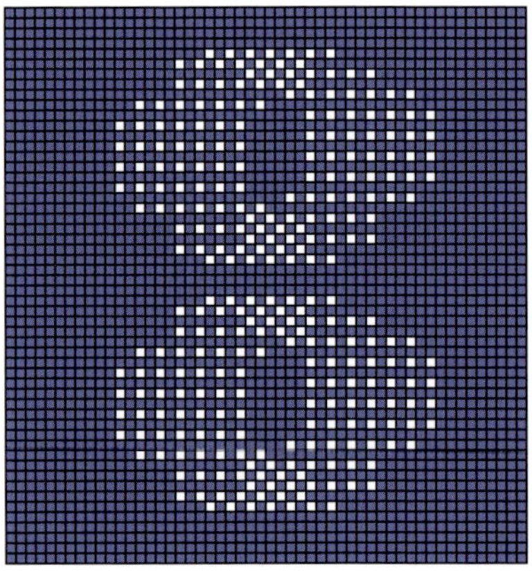

PROCESS

1 1段目の絣糸を織る。

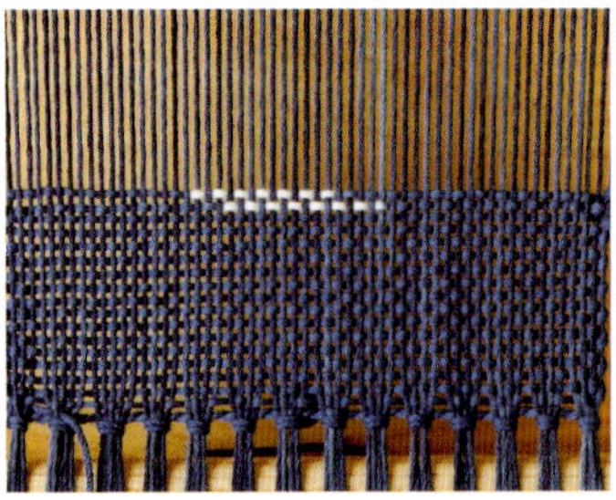

2 2段目の絣糸。白い部分をたて糸4本分左にずらす。

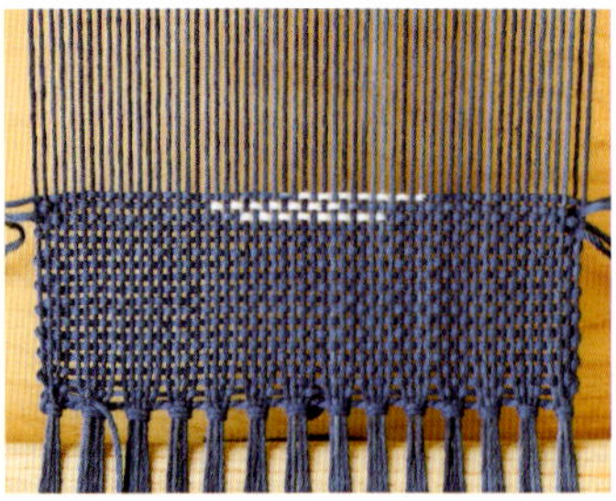

3 3段目の絣糸。1段目よりたて糸4本分右にずらす。

4 4段目の絣糸。2段目よりたて糸4本分左にずらす。

5 左右交互にずらしていくことでひとつの絣糸から丸を描くことができる。

織り布の耳を揃える よこ絣 1

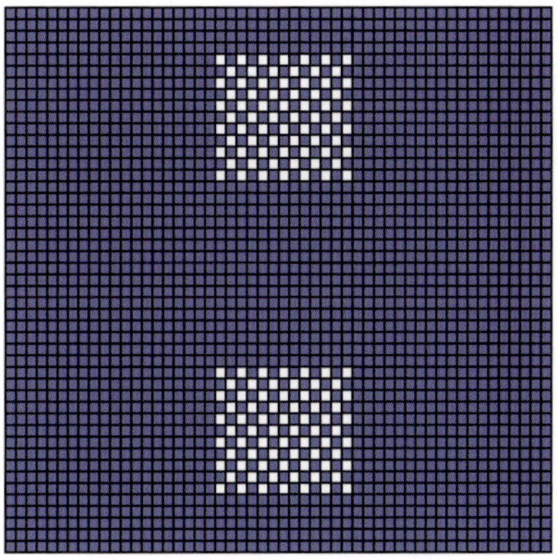

PROCESS

1 たて糸15cm幅と同じ幅で絣糸をつくる。毛糸の場合は縮み分を考慮した幅にする。

2 染めてほどいた状態の絣糸。

3 紺無地糸で平織りの後、絣糸も同じように織り布の耳を揃える。

4 多少のずれは、織り布の耳をきれいに揃えた後、緩みで調節する。

織り布の耳を揃える よこ絣 2

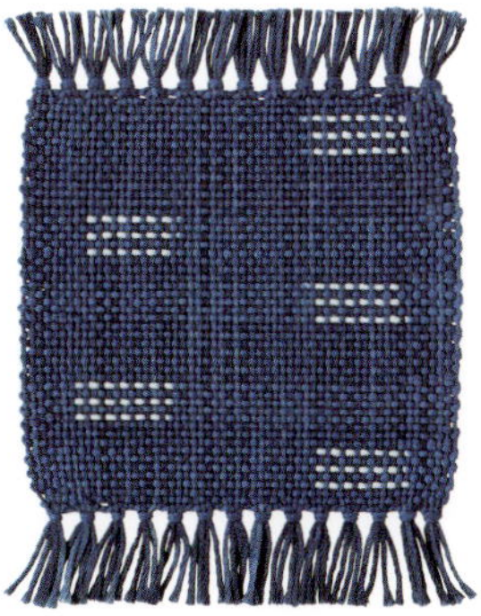

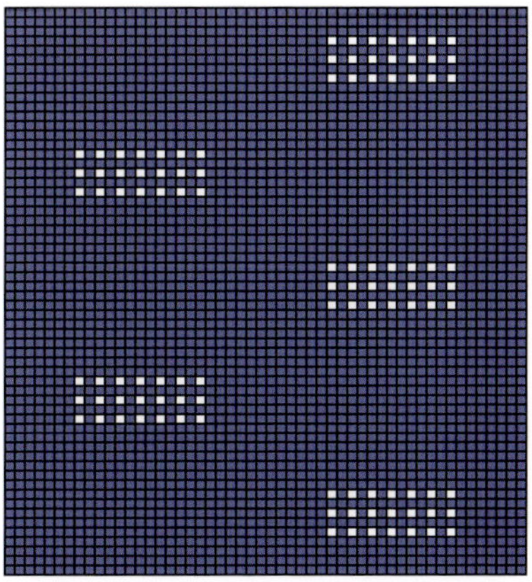

PROCESS

1 たて糸15cm幅の2倍の輪ができる位置にスティックを立て、糸を輪にしたら片側だけ括る。

2 染めてほどいた状態の絣糸。

3 紺無地糸での平織りの後、絣糸を織る。片側だけの括りなので2段に一度の絣模様となる。

4 片側だけの括りの場合は、絣柄の出てくる位置を変えることができる。

藍とタマネギ染めの絣クッション

たてよこに綿モールの糸を使い、よこ絣のクッション地を織りました。手前の黄色はタマネギの皮で染め、奥の緑はタマネギで染めた糸に藍をかけました。

ぼかし絣のストール

織機にかけたたて糸に粗織りをし、仮の布とした状態で織機から外します。その仮の布に絣括りをして、ここでは桜の落ち葉で染めました。染めた仮の布をたて糸としてもう一度ソウコウに通して粗織り糸を除きながら織機にかけましょう。あとは平織りをしていくと、大胆な柄のたて絣のストールができます。AB2つのデザインを織りました。

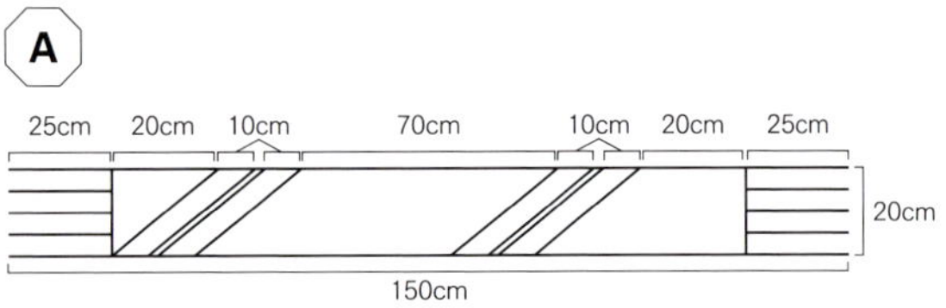

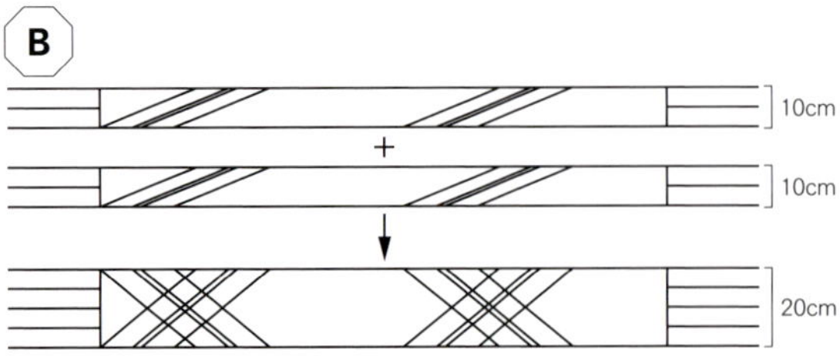

DATA

筬目:50羽
織り寸法:
20cm幅×150cm
整経長:
A 2m
B 3.7m
幅と本数:
A 20cm100本
B 10cm50本
よこ糸密度:3段/cm

使用糸(AB同じ):
たて糸▶
合太シルク(シルク100%)
360m/100g(3.6m/g)
よこ糸▶
中細毛糸(ウール100%)
180m/40g(4.5m/g)
粗織糸▶
中細綿糸(綿100%)
120m/40g(3m/g)
使用量:
A
たて糸▶200m
よこ糸▶90m
粗織糸▶10m
B
たて糸▶185m
よこ糸▶90m
粗織糸▶12m

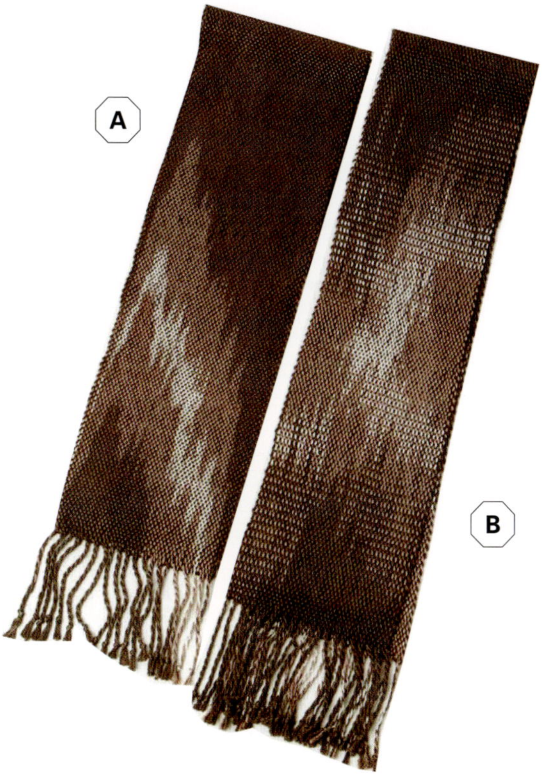

PROCESS ●デザインA

1 事前に括る位置のデザインを決めておく。たて糸をかけ、織れる状態にする。

2 粗織り糸ではじめに平織りを何段か織ったあと、5cm斜め、垂直を繰り返して織る。

3 織り終わりも平織りを何段か織ったら、粗織りしたたて糸を織機からそっと外す。

オープンリード織機の場合はあとでたて糸掛けがしやすいようにバックバー部分に紐を通しておくとよい。

4 粗織りしたたて糸を広げ、デザインAの図に合わせて目印を付けたら括る部分を指でつまむように集める。

5 つまんだ部分を白いビニールヒモなどで括る。

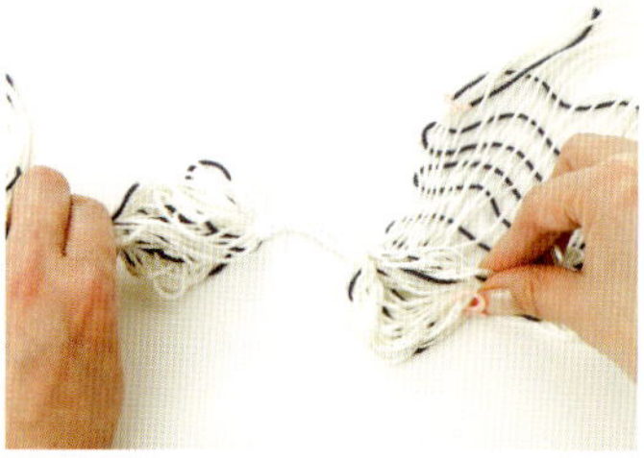

6 括り始めると元の位置がわからなくなるので必ず目印は付けておく。

7 2～4段階で色のグラデーションをつける。広い範囲は括らずにまとめる。

8 輪ゴムなどで仮にとめる。

9 仮に束ねた部分を小さいビニール袋の中に入れ、輪ゴムの仮止め部分をビニールひもで縛る。

10 袋の中の空気を抜きながらしっかりと巻きとめる。

11 たて糸の両端もたて糸を揃えて縛っておく。

12 染めあがった仮織りのたて糸（染め方は143ページ参照）。

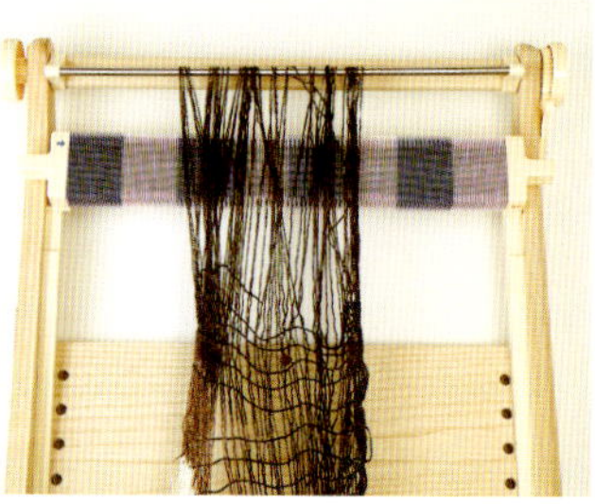

13 再び織機にセットする準備をする。

14 粗織りのよこ糸をよく確認し、たて糸の並び順を間違えないように注意しながらソウコウに通す。

15 粗織り糸を切る。

16 切った粗織り糸を抜く。

17 たて糸をよく揃えて巻き取る。その後平織りをする。

PROCESS ●デザインB

1 デザインBは、たて糸を2つに分けて染めるので半分の幅で2枚分のたて糸をかける。

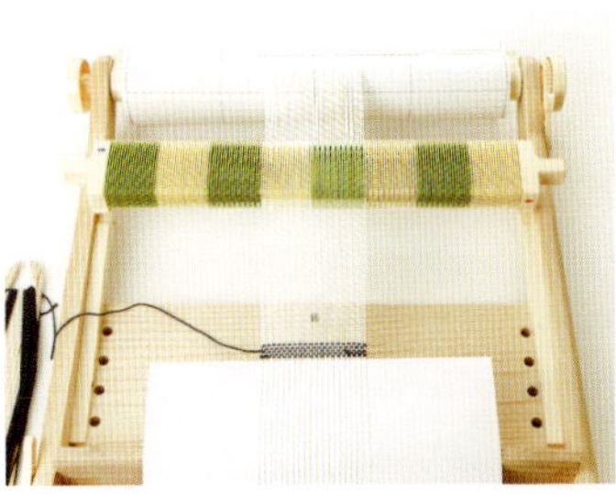

2 1枚粗織りしたら、20cm間を空けて、2本目を織る。

3 2本の仮布に括る箇所の目印をつける。

4 括り終わった状態。柄の前後がわかるように房の端にも印をつけてから染め、洗って乾かす。

5 ひとつの仮布のたて糸を1本置きにソウコウに通す。

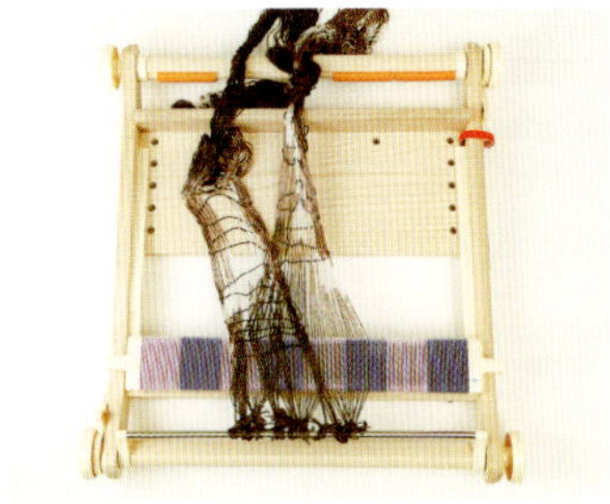

6 通し終えたら2本目の仮布のたて糸を**5**で空けた隙間を埋めるように通す。

7 たて糸を通し終えたら粗糸を除きながら巻き取る。2本の柄違いのたて糸が重なり合った状態。

8 開口をすると片方のたて糸の絣柄が見える。

9 逆に開口するともうひとつの柄が見える。

10 よこ糸・中細毛糸一色で織りきって出来上がり!

タマネギの段染め　やたら絣のショール

140ページで染めたタマネギ染めの糸とその段染め糸を使ってやたら絣のショールを織りました。段染め糸はいくつかに小分けして混ぜて整経すると色が全体に分散します。

右のサンプル画像は同じたて糸で織った綾織りの織り地です。この織り地の綾織りは25ページの綾織りバリエーション2と同じ織り方です。

SAMPLE

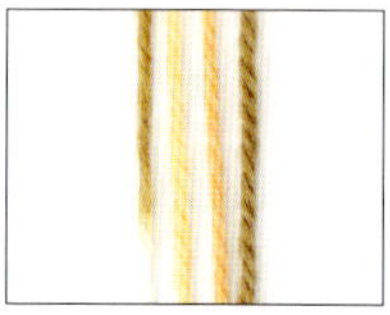

DATA

筬目：40羽
織り寸法：
40cm幅×160cm
整経長：2.1m
幅と本数：40cm160本
よこ糸密度：3.5段/cm

使用糸（たてよことも同じ）：
並太毛糸（ウール100%）
53m/20g（2.7m/g）
使用量：
たて糸▶各336m
よこ糸▶224m

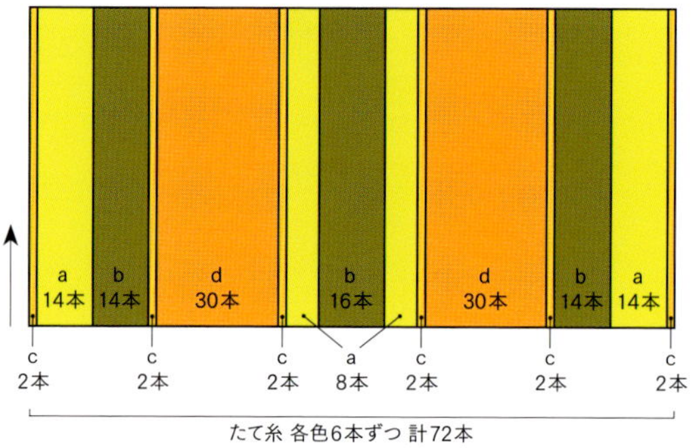

●たて糸：aみょうばん媒染、b鉄媒染、c銅媒染、d段染め糸
●よこ糸：銅媒染黄土色一色

参考作品

藍染め・ぼかし絣のテーブルウエア

極太の綿糸をたて糸に、よこ糸には紺色の並太綿糸を使って藍染めし、テーブルウエアをつくりました。

太いラインはビニールひもで括り、細いラインは輪ゴムで縛って括りとしました。たて糸を目立たせたい織りなので、よこ糸はたてと同系色の細い糸を選びましょう。

AURORA

タイトルそのままオーロラの移り変わる色の変化を表現するためぼかし絣技法で織ったタピストリーです。

いくつもつくった仮織りのたて糸を桜・茜・ラックダイ・藍、それぞれで草木染めし、ぼかし絣ストールデザインBの要領でたて糸をずらしながらかけています。

（作品：200×200cm　ぼかし絣・裂き織り
材料：たて▶合太シルク　よこ▶木綿布8mm幅）

段染め糸のななめ絣風マフラー

絣はしてみたいけれど、染めるのって面倒臭い！ という方は市販の段染め糸でできる斜めに色が変化していく絣風のマフラーがおすすめです。段染め糸はショートピッチで色の変わるタイプを選ぶのがポイント。段染め糸は一定の周期で色が変わり、その周期が整経長になります。ここで使用した糸の場合は1.6mでしたが、整経長は使用糸によって変わってきます。

段染め糸のマフラー
同じ糸を普通に整経して織ると色の散ったこんなマフラーになります。

DATA
筬目：30羽
織り寸法：
17cm幅×110cm
整経長：1.6m
幅と本数：17cm50本
よこ糸密度：4段/cm

使用糸：
たて糸▶合太毛糸　オレンジ茶系段染め（毛100%）
80m/40g（2m/g）
よこ糸▶中細毛糸　茶（ウール100%）
190m/40g（48m/g）
使用量：たて糸▶80m
よこ糸▶75m

PROCESS

1 段染めの糸を広げて色の変わるパターンを確認する。この糸は1.6mごとに色が変わった。

2 一周1.6mの位置にスティックを置き、ぐるぐると輪っか状にたて糸をかけると自然と斜めに糸が変わる。

3 整経の際には必ず1本ずつの綾を取り、たて糸を切る前に目印の紐を通す。たて糸は何カ所か縛る。

4 輪に整経した糸を切り、糸端は織機に結ぶ。綾棒またはテンションバーを必ず綾に通す。

5 たて糸は1本置きに棒を上下しているので、端から順にソウコウ通しをする。

6 糸端は2㎝分ずつ織機のバック側の棒に結び、巻き取る。よこは中細毛糸で平織りをする。

ななめ絣風のショール

同じ糸の色違いの段染めを6玉使ってショールにしました。整経長はこの糸の周期1.6m×2回分で3.2m。右のサンプルは段染め糸をたてよこに使ったマフラーです。

SAMPLE

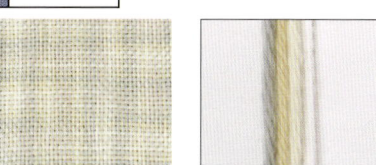

DATA

筬目：30羽
織り寸法：
51cm幅×180cm
整経長：3.2m
幅と本数：51cm153本
よこ糸密度：4段/cm

使用糸：
たて糸▶
合太毛糸　白ブルー段染め（毛100%）
80m/40g（2m/g）
よこ糸▶
中細毛糸　白（ウール100%）
190m/40g（48m/g）
使用量：
たて糸▶480m
よこ糸▶370m

COLUMN

バンド織り専用のインクルルーム

バンド織りとは122～135ページで取り上げたベルト織りやカード織りのこと。このヒモ状の布は使用範囲や応用範囲が広いため特化して興味を持つ人も多く、バンド織り専用の織機インクルルームもあります。

大きさも大小あり、右の画像は小で2mまで織れるタイプ。バンド織りをする上で必要な、①たて糸をきっちり張る、②平織りの開口をする、この2つの機能を備えていながら場所を取らないコンパクトさとちょっとしたインテリアにもなるところが魅力です。

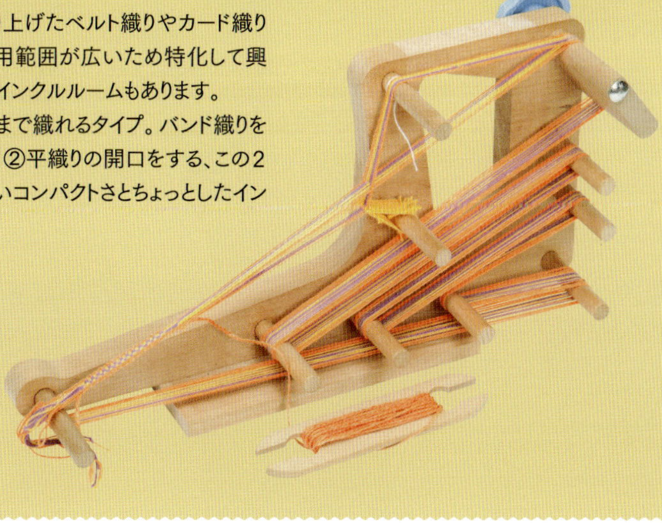

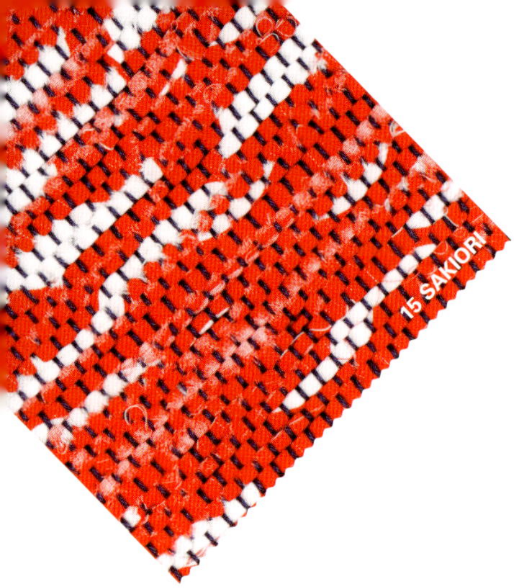

織りの技法

15

裂き織り

裂いた布を織りこむ裂き織りは、日本各地だけでなく、世界中で見られる技法。使う布によってさまざまな表情が楽しめます。

たては糸、よこに細くひも状に裂いた布などを織り込むのが裂き織りです。古くから世界の各地で生活の知恵として生まれてきた織り技法です。

布をひも状にするには、布端に切れ込みを入れて両手で勢いよく裂くのが一般的ですが、裂けない布の場合ははさみで切ったり、パッチワーク用のロータリーカッター(232ページ)などを使うとても便利です。

無地だけではなく、柄の布を裂いてもおもしろく、以下の画像でもとの布とその布で裂き織りした布を並べてみました。この本の中のほかの技法の応用作品にも、裂き織りはでてきますが、ここでは裂き織りだからこそできる方法をいくつか取り上げました。

PROCESS　●布の裂き方…手で裂く、裂き織りの基本的なよこ糸作りを説明します。

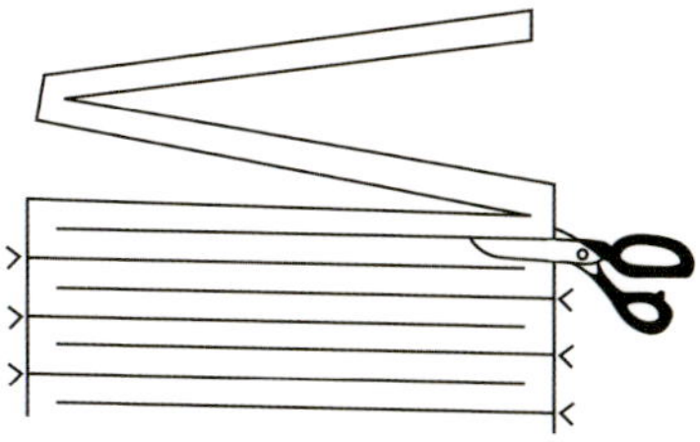

1　布によってたてよこのどちらかでしか裂けない布があるので事前に確認する。はさみで布の端に3cmの切れ込みを入れる。

2　両手で布を持ち、勢いよく裂く。

3　布端の際で止める。

4　その下に切れ込みを入れて裂く。布幅を往復することで長いヒモ状としてつながる。

5　裂いた布はほつれを取りながらいったん玉にする。

格子柄の布の裂き織り

格子柄の布を色別に裂き、それを組み合わせて織ることで新しい柄をつくりだすことができます。

格子柄の布は色のメリハリのあるタイプを選び、たて糸の幅より10cmくらい広い幅を用意します。布をよく見て、紺の強いところ、ベージュの目立つところなど何種類かに分別してつなげずに裂き切り、絣合わせの要領（149ページ）で柄をつくります。裂き布だけで織る場合と糸も一緒に織る場合のポイントを説明します。

PROCESS

1 格子布を色別に裂き、分類する。

2 糸と裂き布を交互に織り、裂き布の位置を少しずつずらして織る。

3 格子の布が絣のような柄になる。

4 もっと正確に織るには段数リングで目印を付ける。

5 ここでは段数リングの範囲を裂き布４段で白っぽい部分が移動するようにしている。

6 裂き布９段で白っぽい部分の位置を往復移動させ、矢絣風の柄にした。

参考作品

古くなったパジャマを裂いてベストにしました。洗いざらした布は裂きやすく、空気を含んで温かいベストに仕上がります。

SAMPLE

柄の再生

164〜165ページの参考作品は平面のプリント布地を手織りの暖かさにあふれた織り地として再生しています。1枚の布を裂いて織ると当然もとの柄はつぶれますが、同じ柄の布を2枚ないし3枚を使うことでもとと同じ柄にすることができます。柄布はたて糸より2cm広幅で用意し、織る前に両耳を1cm残して1cm間隔で線を引き、はさみで切って1本のヒモ状にしておきましょう。

同じ布を2枚使う
(よこ糸密度は布・糸・布・糸の4段で1cm)

PROCESS

1 2枚の布は5mmずらした状態で1cm幅で線を引く。布の切り始め(ここでは右下)にそれぞれ1.2と印をつける。耳は交互に1cm残しておく。

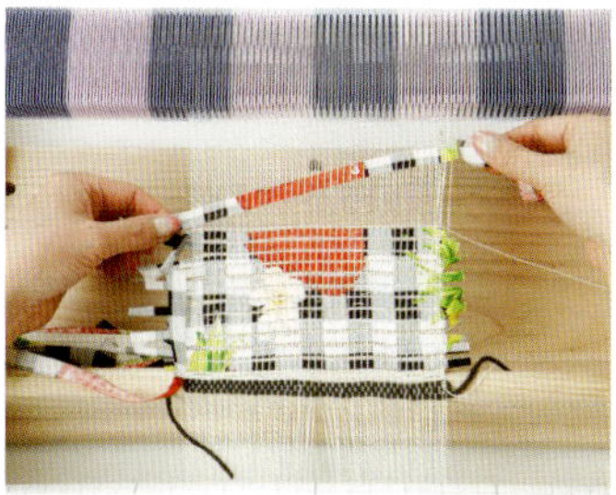

2 ❶、❷の印が最後に来るようシャトルに巻き、❶の布、糸、❷の布、糸の4段で1cmになるように打ち込む。柄の位置を5mmずらすことで元と同じイチゴ柄になる。

同じ布を3枚使う
(よこ糸密度は布3段で1cm)

PROCESS

1 3枚の布に1/3cmずつずらして1cm幅で線を引く。織る順を間違えると柄が崩れるのでシャトルに❶、❷、❸と目印をつけてもよい。

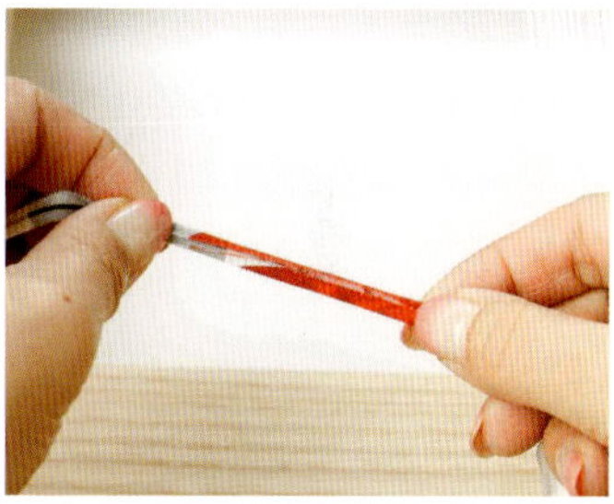

2 きれいに織るには打ち込んだときその1cm中の中央が表に出るよう、三つ折りに軽く爪で折り目をつけておく。

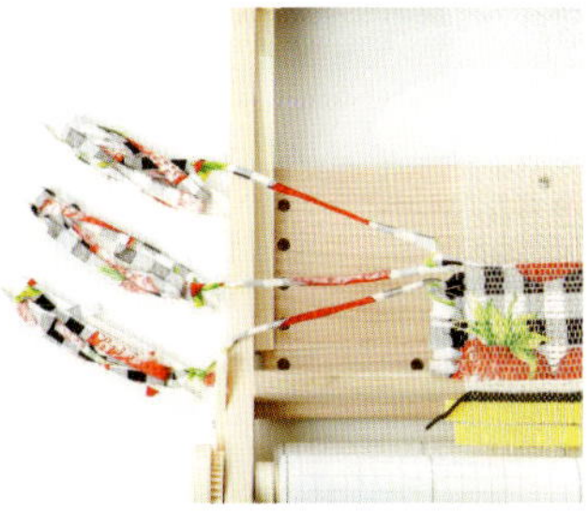

3 シャトル❶、❷、❸の順を繰り返しながら織る。

4 柄がずれないように丁寧に柄あわせをする。

5 よこ糸を入れたら櫛で押さえながら3段/1cmの密度になるように打ち込む。

参考作品

ハイビスカス

163ページの3枚パターン。たて糸が見えるのでたて糸の選び方が重要です。たてに赤を選ぶと、白地に赤いぽつぽつが見えるのでこのような場合は白い細い糸をたて糸にしましょう。

↑元布（これは縮小サイズです）

Tシャツのバスマット

黄ばんできた白い下着の胴体部分を4分割にして、糸と交互にはさみこむように織ってあります。織り布の厚みは3cm、吸水性に富む実用的なバスマットです。

SAMPLE

子どもの浴衣ベスト

着なくなった金魚の柄の浴衣を裂いてベストに仕立てました。1cm程度に裂いて、サクサク織っていくだけで別の柄の布のように見えます。

元布

SAMPLE

薔薇の花束

163ページの3枚パターン。たて糸は白。たて糸の密度が細かいと花の上に見える白いたて糸が目立つので、少し粗い密度で織りましょう。

ビワ

163ページの3枚パターン。地の色に近い茶のたて糸を選びます。形のはっきりしているビワと花部分は特に注意深く織りましょう。

藍色のベスト

たて糸に紺色とカラフルな段染めのレース糸を使いました。よこは裂き布と紺の糸を交互に織り、時々段染めレース糸をアクセントとして織り込みました。

参考作品

蜂蜜色の村

イギリス・コッツウォルズ地方を旅した時に立ち寄ったバイブリー村の心象風景をタピストリーに仕上げました。フリースははさみで5㎝幅に切って織り込み、草木染めした毛糸でステッチを加えました。（作品サイズ200cm×200cm　裂き織り　材料：絹糸、フリース）

COLUMN

プラスチック織機で手軽に織る

　織機は手づくりすることもできますが（104ページ）、手軽に楽しむなら1000円以下で手に入るプラスチックの織機もあります。何度も繰り返し使うことができ、額としてそのまま利用することもできます。

　たて糸はプラスチックのツメにひっかけていくので、端から端まで織ってそのままはずせば房の無い布を織ることもできます。

　基本的なたて糸のかけ方と応用デザインを3点取り上げました。応用デザインのノット織り（97ページ）や綴れ織り（107ページ）の織り方はそれぞれの項目を参考にしてください。

緑（ウール）・ノット織り（97ページ）
中央（綿）・ラーヌ織り（109ページ）

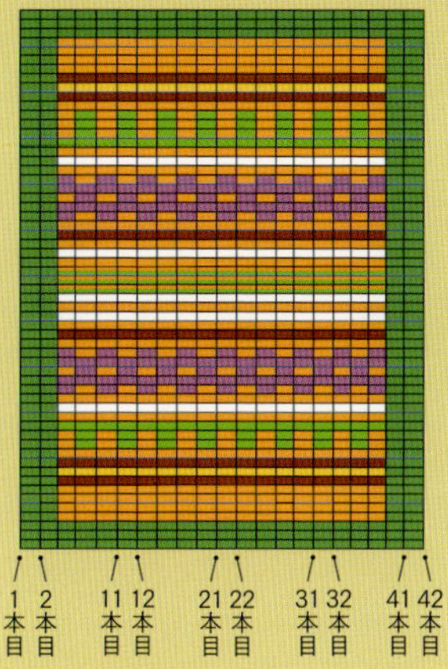

PROCESS　●使い方の基本

1　四隅の穴のどれかにたて糸の端を結び付け、ツメにひっかけた状態でたて糸をかける。終わりの糸端も四隅の穴に結んで始末する。

綴れ織り（107ページ）
額のまま飾るので背景は織らない

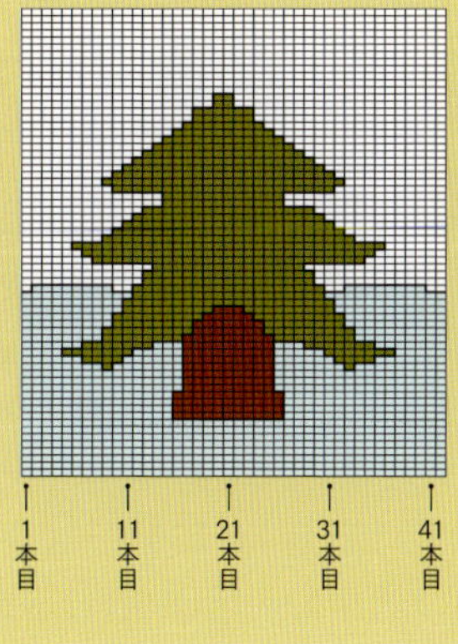

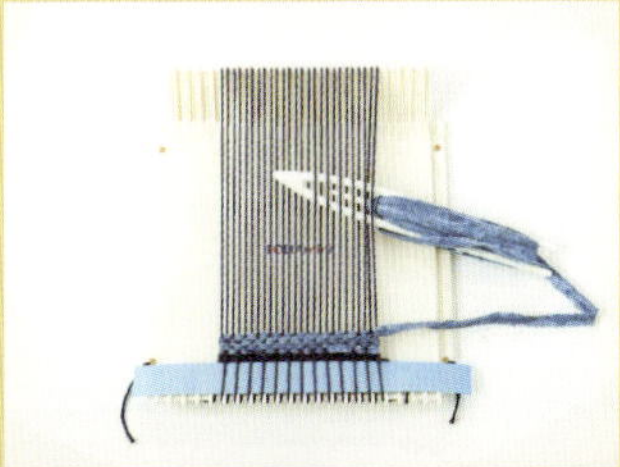

2　シャトルに巻いたよこ糸を1本ずつ交互に平織りする。

地・綴れ織り（107ページ）
うろこ・ノット織り（97ページ）

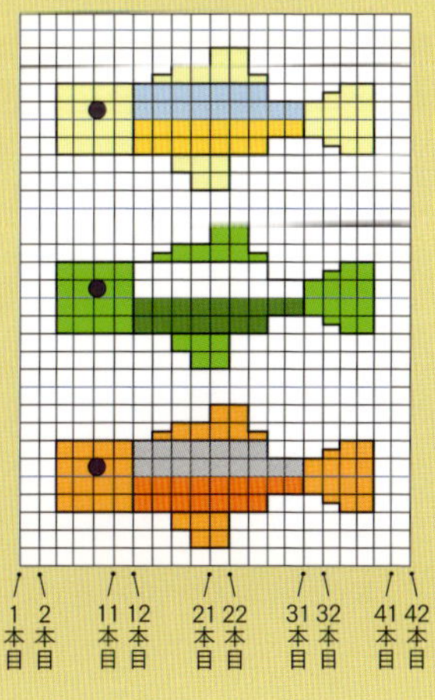

織りの技法

16

バウンド織り

(ブンデンローセンゴン)

綾織りのたて糸の通し方で、たて糸の密度に対して細いたて糸を使うことで、綴れのようにも見える織り技法です。

一見綴れ織り(107ページ)のようにも見えるあまり聞き慣れないこの織り方をわかりやすく言いかえると「1－3の綾のマット織り」が基本です。

もう少し具体的に言うとたて糸の通し方自体は綾織りですが、たての密度に対して細いたて糸を使うためよこ糸を入れると詰まってたて糸の見えない一見綴れのような織り地になります。また基本のパターンは1－3の綾、つまり1回の開口で下がるたて糸は1本だけなので、4回開口させそのたびによこ糸を入れて織ることでようやく1列すべてのたて糸によこ糸が渡ります。

ソウコウの枚数が多ければもっと複雑なデザインもできますが、ここでは4枚ソウコウ・2種類のたて糸通し順でできる7パターンを載せました。

図だけを見ると複雑そうですが、パターンに制限のある織り方なので、理屈を理解するとオリジナルデザインも作りやすいでしょう。

バウンドローズパスでハート柄

24ページからの綾織りバリエーションのパターン3と8がローズパスという柄と通し方です。ローズパスと同じたて糸の通し順でできるバウンド織りの柄をバウンドローズパスあるいはブンデンローズパスと言います。

ハートを含むAパターン4点の織り図(タイアップ・通し順・踏み順)は共通です。ハートの図は二つ並んでおり1はデザイン図、2は色糸を入れる順を一覧にした図です。図1と2の下の①②③④は、Aパターンの織り図①②③④と連動しています(織り図の見方は17ページ参照)。ハートの場合、下から順に1,2列目は①②③④の開口すべてにグレーを入れます。3と4列目は①②③の開口がグレーで④の時にピンク。5、6列目は①②の開口はグレー、③④はピンクというように織っていきます。表面はすっきりしていますが、裏は裏から見たところの画像のように糸が渡り、44段織ることでようやくハート柄ひとつになります。

DATA

筬目:30羽
織り寸法:
16cm幅×16cm
整経長:1m
幅と本数:16cm47本
よこ糸密度:30段/cm

使用糸:
たて糸▶**A・B共通** 綿糸 黄色(綿100%) 64m/25g(26m/g)
よこ糸▶**A・B共通** 並太毛糸 (ウール100%) 80m/40g(2m/g)
使用量(よこ糸の配色は各柄参照):たて糸▶47m
よこ糸▶80m

PROCESS

1 4段織ることで1列分になる。

2 一度の開口で①②③④のどれかひとつだけが下がる。

●裏から見たところ

A パターン

8本1パターン×7＋7本

ハート

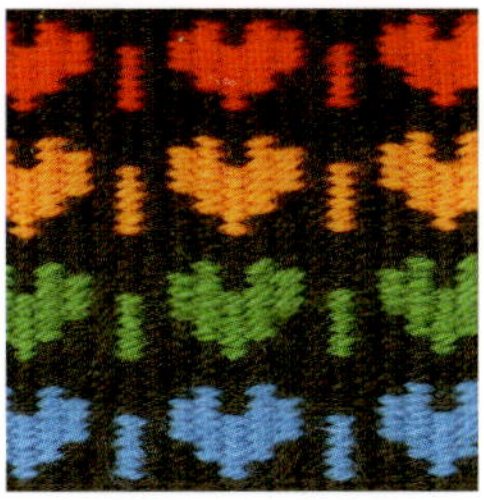

DATA

使用量：
よこ糸▶黒40m、赤・オレンジ・緑・青・紫 各8m

1

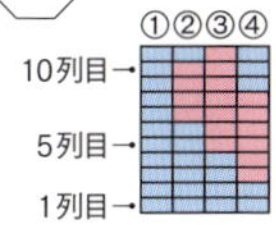

2

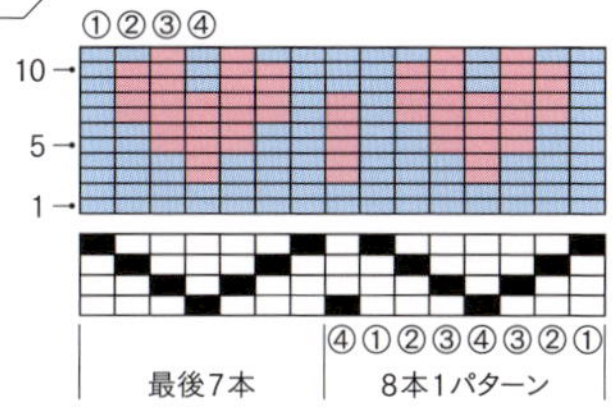

ツリー

DATA

使用量：
よこ糸▶水色45m、緑20m、黄緑5m、茶10m

1

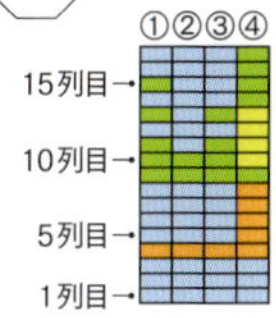

2

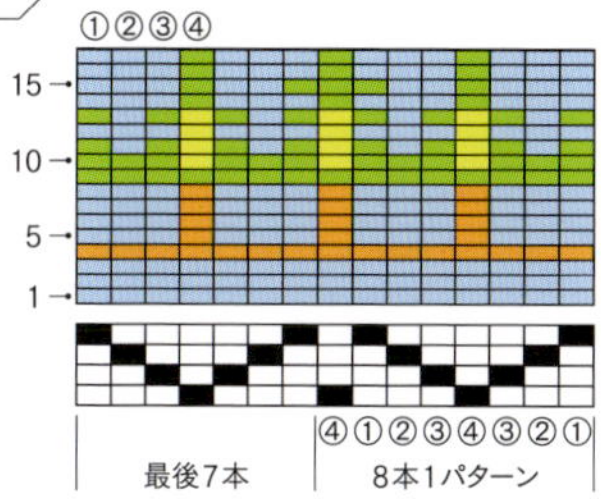

花

DATA

使用量：
ピンク48m、赤・紫 各18m、グレー5m

1

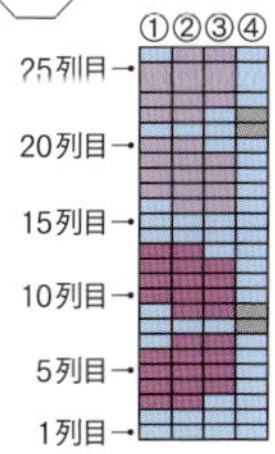

2

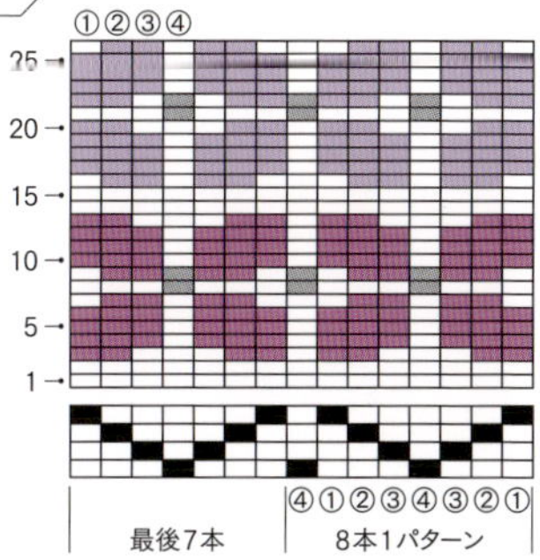

女の子

DATA

使用量：
黒35m、赤18m、オレンジ6m、肌色15m、茶6m

1

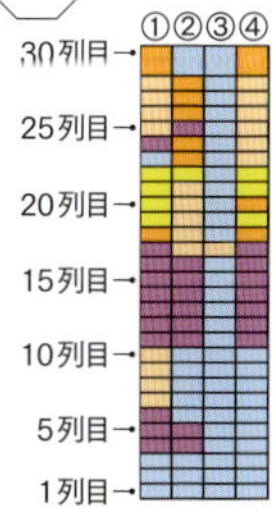

2

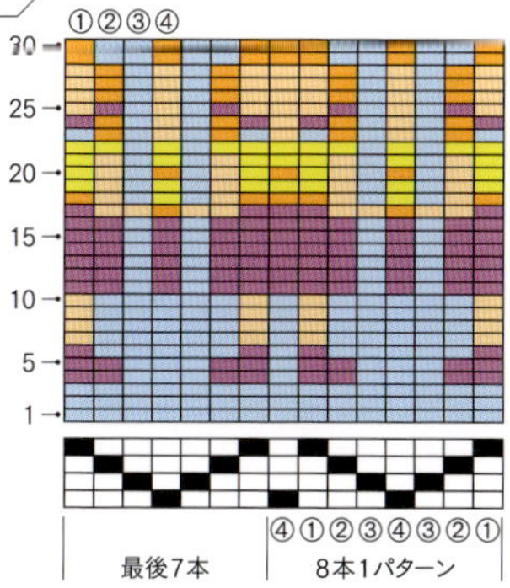

B パターン

8本1パターン×8

チューリップ

DATA

使用量:
グレー40m、黄緑10m、
緑10m、赤20m

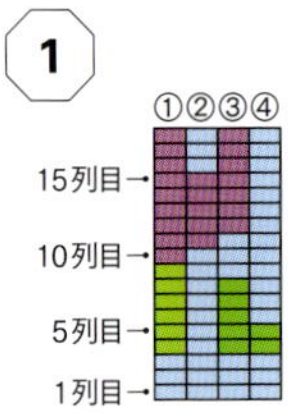

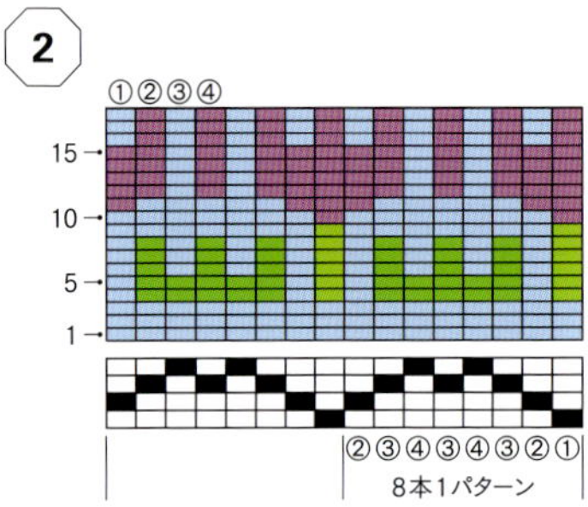

ウェーブ

DATA

使用量:
紫4色各20m

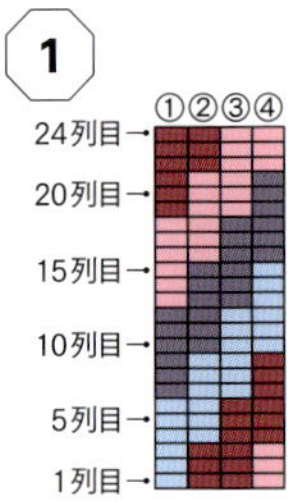

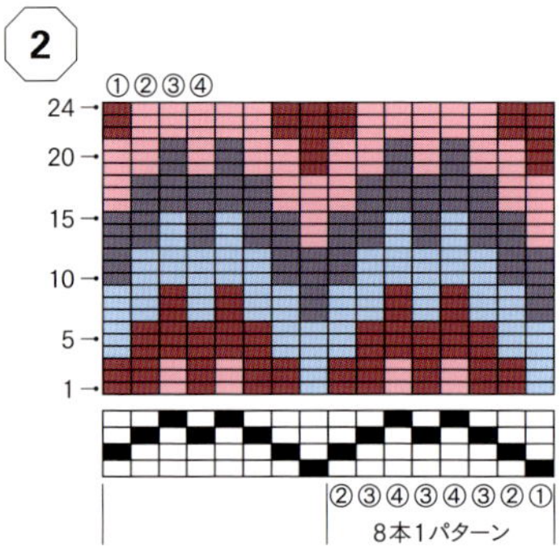

ホワイトツリー

DATA

使用量:
よこ糸▶白・グレー・緑
各12m

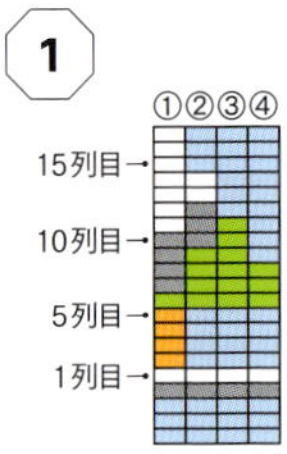

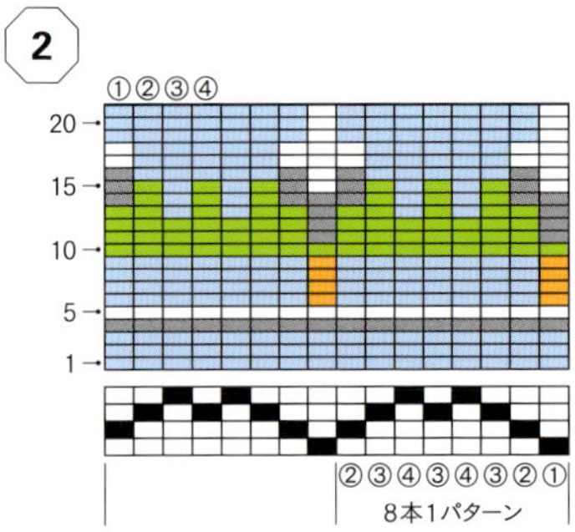

COLUMN

卓上織機でバウンド織り

　多ソウコウ織機の技法を咲きおりをはじめとするリジッド機で織る方法は21ページで説明しましたが、バウンド織りの場合はたて糸が見えなくなるのでたて糸を4色使って織る方法があります。例えば画像のように①は黄色、②は青、③は赤、④は紺として糸をかけ、①の時は黄色以外の糸を拾う、とすれば数式におこすより楽に糸を拾うことができます。

　大きな作品は大変ですが、クリスマスカードにちょこっと貼りつけるようなサイズなら楽しみながら織ることができるでしょう。

役立つ技法7

変わり素材を使う

ハーブや小枝、紙などヒモ状になるものならなんでもよこ糸にすることができます。それぞれの素材の特徴を生かしてみましょう。

よこ糸の素材はなにも糸ばかりとは限りません。拾ってきた小枝やトウモロコシの皮といった植物や紙など少し長いヒモ状になるものであれば何でもよこ糸素材になります。

以前、よく乾燥させたレモングラスをよこ糸にしたテーブルランナーを織ったことがあります。夏に涼しげで、ティーカップを置くたびほのかに香り立ちます。庭のラベンダーやローズマリーを織り込んだアロマタペストリーもいいですね。

トウモロコシのコースター

トウモロコシの皮を英語でハスクと言います。ハスキーでカラカラに乾いたとかしわがれたという意味。ハスキーボイスの語源はトウモロコシの皮なんですね。トウモロコシの皮は草木染めでもよく染まり、それ自体が草木染めの染料になり、細く裂いて手織りのよこ糸にもできるマルチなクラフト素材です。乾燥させると生成り色になります。

DATA

筬目:40羽
織り寸法:11cm幅×11cm
整経長:1m(5枚分)
幅と本数:11cm44本
よこ糸密度:4段/cm

使用糸:たて糸▶中細綿糸(綿100%)
100m/25g(4m/g)
よこ糸▶トウモロコシ(アカネ、キハダ、藍染め)
使用量:たて糸▶44m

PROCESS

1 皮は使う直前にビニール袋に入れ、霧吹きで湿らせてから使いやすい幅に裂く。

2 中細綿糸で10cm幅にたて糸をかけ、両端に2本ほつれ止め(後で抜く糸)を加える。布の耳と房はミシンで縫って始末する。

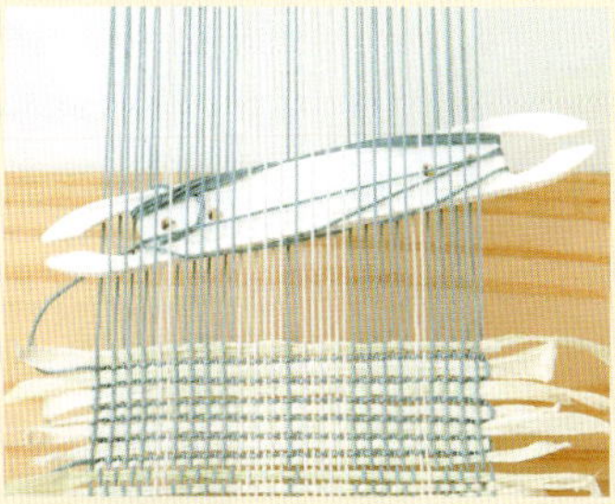

3 皮と糸を交互に織り、たて糸の端がほつれないように織ってもよい。

ラフィアのバッグ

ラフィアファイバーとはラフィア椰子の葉を乾燥させたものです。手づくりのお菓子や石鹸で袋の口を藁のようなもので縛ってあるのを見かけたことはありませんか？　それがラフィアで主にラッピング素材として使われているため、手に入れたいときはアレンジフラワーやラッピング素材を取り扱っている場所で探すとよいでしょう。色も豊富で長さも1m以上あり、とても織りやすい素材です。

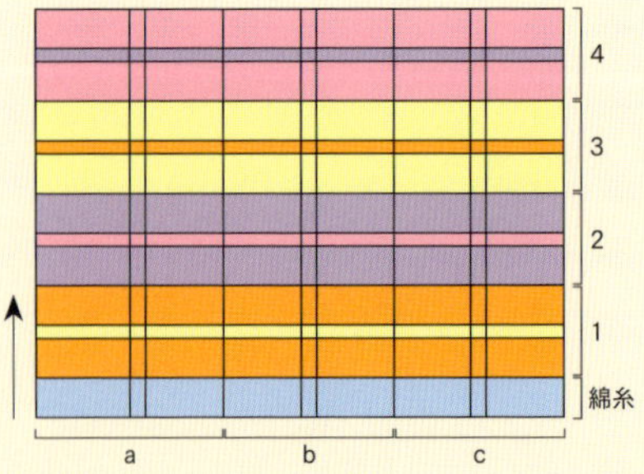

●たて糸配色パターン
a:茶色12本＋グレー2本＋茶色12本
b:グレー12本＋水色2本＋グレー12本
c:水色12本＋茶色2本＋水色12本
●たて糸の順番:(パターンa＋b＋c)×2
●よこ糸配色パターン
1:茶色8段＋生成り1段＋茶色8段
2:紫8段＋ピンク1段＋紫8段
3:生成り8段＋茶色1段＋生成り8段
4:ピンク8段＋紫1段＋ピンク8段
●よこ糸の順番:綿糸4cm＋パターン1＋2＋3＋4＋1＋4＋2＋3＋1＋綿糸4cm

SAMPLE

DATA

筬目:50羽
織り寸法:
27cm幅×44cm
整経長:1m
幅と本数:27cm136本
よこ糸密度:4段/cm

使用糸:
たて糸▶絹糸　茶・グレー・青(絹100%)
90㎝/25g(3.6m/g)
よこ糸▶
絹糸　青(絹100%)
90m/25g(3.6m/g)
ラフィア　生成・紫・ピンク・茶
使用量:
たて糸▶茶・青各46m、グレー44m
よこ糸▶絹糸106m、ラフィア生成・紫・ピンク各13.2m、茶19.8m

PROCESS

1 乾いているときはカサカサなので、ビニール袋に入れて軽く湿らせてから織りやすい太さに裂く。

2 湿っていると打ち込みやすい。伸縮しないので、緩みはあまり持たせない。

小枝と麻糸のタピストリー

剪定した枝や拾ってきた枝を織り込んでタピストリーにすることもできます。自然そのままの素材なので太さや形はまちまちですが、なるべく同じ太さのものを探し、長さを揃え、その長さより5〜10cmくらい狭い幅でたて糸をかけます。用意した枝はまず余分な小枝を切ります。ちょっと生け花でもする感覚で、ところどころ織り地から飛び出す小枝があるのも楽しいものです。隙間がたくさん空くのでメモボードにしてもいいですね。

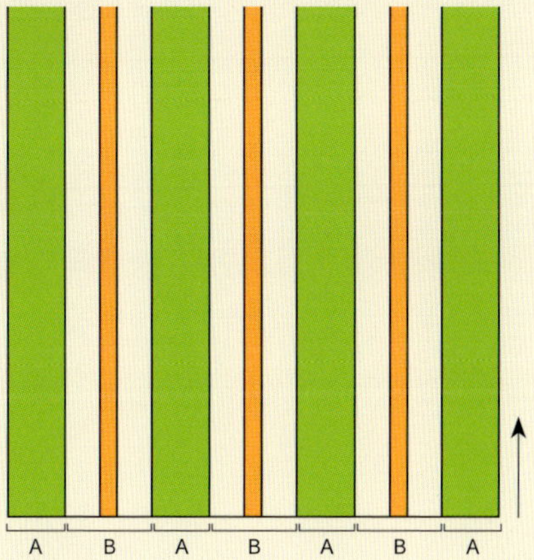

●たて糸：
A＝緑10本、
B＝6溝空羽＋段染め3本＋6溝空羽
(A＋B)×3＋A

DATA

筬目：30羽
織り寸法：
30cm幅×50cm
整経長：1.2m
幅と本数：28cm49本

使用糸：
たて糸▶
極太麻糸　緑（ジュート100%）
24m/25g（1m/g）
段染め麻糸（ジュート100%）
25m/35g（0.7m/g）
よこ糸▶
極太麻糸　緑（ジュート100%）
24m/25g（1m/g）
枝
使用量：
たて糸▶
極太麻糸42m
段染め麻糸11m
よこ糸▶
極太麻糸20m

PROCESS

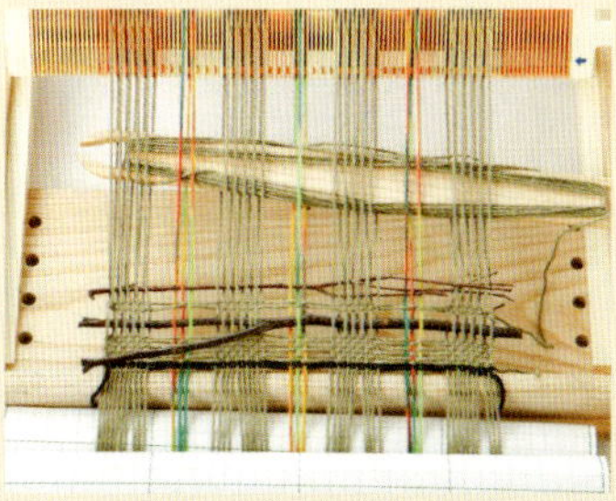

1 たて糸をかけたら、よこ糸用に麻糸をシャトルに巻き、枝をはさみこんだら麻糸で押さえるように織っていく。

2 ある程度織れたら織り布はそのまま垂らし、織り込んだ枝に直接ヒモなどで織機に留めつける。

竹ひごの鉢植えカバー

柿渋で染めた竹ひごをよこ糸に織り込んで鉢植えカバーに仕立てました。竹ひごは1.5cm幅と5mm幅の2種類を用意しました。竹ひごだけを続けて織ると緩むのでよこには糸織りも加えています。

竹ひごの柿渋染めについては146ページのエコな草木染めを参照してください。

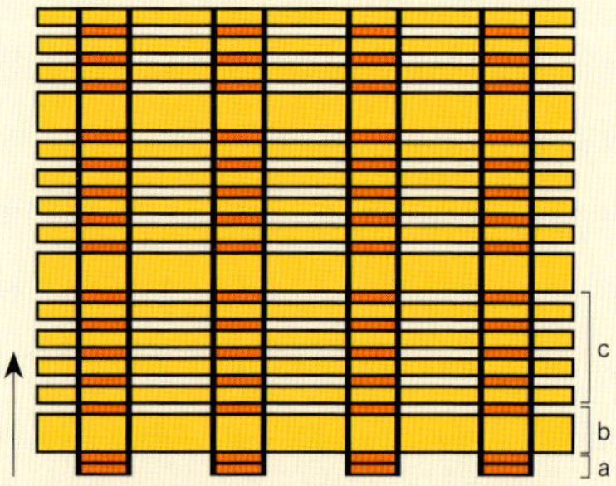

●たて糸：16本＋20溝空）×3＋16本
両脇の糸：平織り10段、b＝太竹ひご1段＋平織り3段、c＝細竹ひご1段＋平織り3段）×4

DATA
筬目：40羽
織り寸法：
36cm幅×110cm
整経長：1.6m
幅と本数：36cm64本

使用糸（たてよことも同じ）：
木綿糸（綿70%、リヨセル30%）
68m/25g（2.6m/g）
使用量：
たて糸▶102m
よこ糸▶
並太綿糸137m、竹ひご（太）24本、（細）96本

染める前の竹ひご

紙の取り扱い

一口に紙といっても種類は様々です。本物の手すき和紙を使わなくても、そうめんや羊羹の化粧箱に入っている化繊入りの和紙風の紙でもよこ糸になります。紙をよこ糸にするためには一定幅に切る必要がありますが、ミリ単位で幅を確認しながら紙（あるいは布）を切ることのできるテープカット定規（232ページ）など便利グッズもあります。

PROCESS

1 テープカット定規やロータリーカッターなどを使えば重ねた紙も一定幅に切りやすい。

2 新聞紙はジャバラに折りたたんで爪でしごいてから切る。

3 こより状にしてから霧吹きで湿らすと、しんなりして織りやすくなる。

参考作品

新聞紙の明かり①

新聞紙を軽くこより状にして織り込んだ布を、かさに貼り付けた明かりです。新聞紙はスポーツ面など写真が多いページを選んだほうが柄になっておもしろいです。

SAMPLE

新聞紙の明かり②

新聞紙を織り込んだ布に刷毛で柿渋を塗り重ねて張りのある布にしました。柿渋は薄い液から濃い液へと濃さを重ねて塗り重ねるとムラになりません。

SAMPLE

ブルーベリー染めの障子紙ベスト

貼り替えた障子紙の残りをブルーベリーで薄い紫に染めて、細くカットして織り込みました。染色のため水を通した障子紙は、やわらかで織りやすくなります。

SAMPLE

役立つ技法 8

ウールならではの特性を生かす

ウール特有の絡みやすい特徴を生かしたユニークなマフラーを作りましょう。

中細毛糸の糸抜きマフラー

たてよこに毛糸と一緒に綿糸も混ぜて織り、縮絨したあとに綿糸を抜くことで隙間のある格子柄のマフラーを織ることができます。綿糸を入れずに隙間を空けて織ると、縮絨の最中に毛糸がよるので、くっきりしたラインの格子をつくりたい場合は、毛糸の際部分に絡まない綿・シルク・レーヨンの糸を加えるとよいでしょう。

DATA

筬目:30羽
織り寸法(A・Bとも同じ):
23cm幅×150cm
B/16cm幅×140cm
幅と本数(A・Bとも同じ):
23cm45本
よこ糸密度:3段/cm

使用糸(A・Bとも同じ):
並太毛糸
ピンク・茶(ウール100%)
53m/20g(2.7m/g)
並太綿糸
100m/40g(2.7m/g)
使用量:
A
たて糸▶ピンク46m、茶44m、綿糸32m
よこ糸▶ピンク39m、茶49m、綿糸10m
B
たて糸▶ピンク48m、茶40m、綿糸32m
よこ糸▶ピンク・茶とも44m、綿糸10m

SAMPLE

A

PROCESS

織り方は平織り。1cm幅の厚紙を用意し、隙間部分は綿糸・厚紙・綿糸の順で織る。

SAMPLE

B

PROCESS

ブロックごとにたて糸の縞を飛ばして織ることで、たてよこの糸を部分的に二層構造にする

● AB共通の仕上げ

房の始末をし、厚紙を抜いてから縮絨する。縮絨後に綿糸を抜く。

ウール繊維には2つの大きな特徴があります。ひとつは繊維自体のクリンプという縮れです。そのため空気をたっぷり含んだ暖かい糸が出来上がります。もうひとつはスケールといううろこ状の表皮でおおわれていること。このスケールはその隙間に湿気をためるので温度調節に役立つと同時に、うろこ状の形から刺激を受けると絡みやすいつまり毛玉ができるなどフェルト化現象が起きます。78ページの房の始末の撚り合わせもフェルト化現象を利用して仕上げています。ここではウールの絡みやすい特徴を生かした手織りマフラーをいくつか取り上げました。

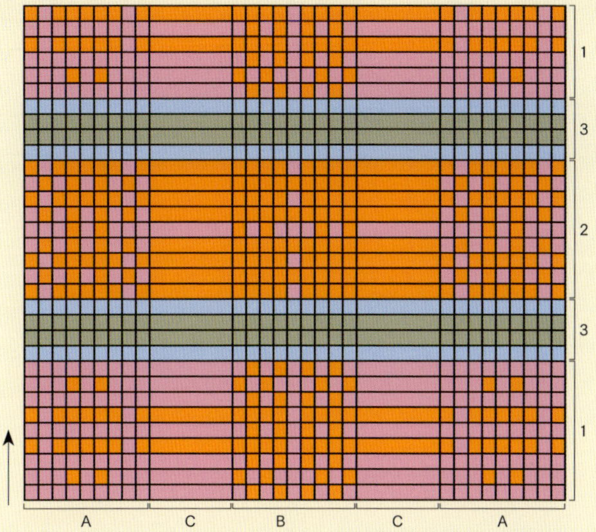

- たて糸：A＝ピンク3本＋茶1本＋ピンク1本＋茶1本＋ピンク3本、B＝茶4本＋ピンク1本＋茶4本、C＝綿糸2本＋2溝空羽＋綿糸2本　A＋C＋B＋C＋A＋C＋B＋C＋A
- よこ糸：1＝ピンク3段＋茶1段＋ピンク1段＋茶1段＋ピンク3段、2＝茶4段＋ピンク1段＋茶4段、3＝綿糸1段＋5mm幅紙2段＋綿糸1段

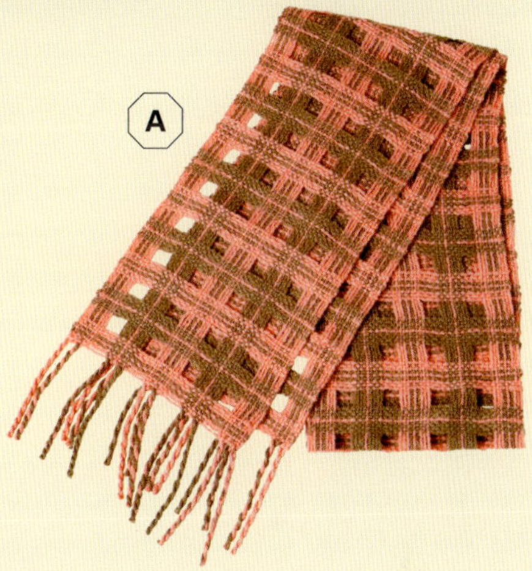

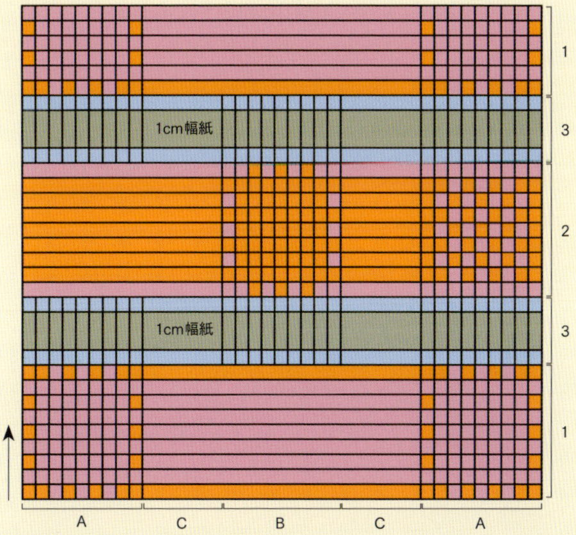

- たて糸：A＝茶1本＋ピンク7本＋茶1本、B＝ピンク1本＋茶7本＋ピンク1本、C＝綿糸2本＋2溝空羽＋綿糸2本　A＋C＋B＋C＋A＋C＋B＋C＋A
- よこ糸：1＝茶1段＋ピンク7段＋茶1段（Bブロックのよこ糸は織らずに上を渡る）、2＝ピンク1段＋茶7段（真ん中のAブロックのよこ糸は織らずに上を渡る）、3＝綿糸1段＋5mm幅紙2段＋綿糸1段

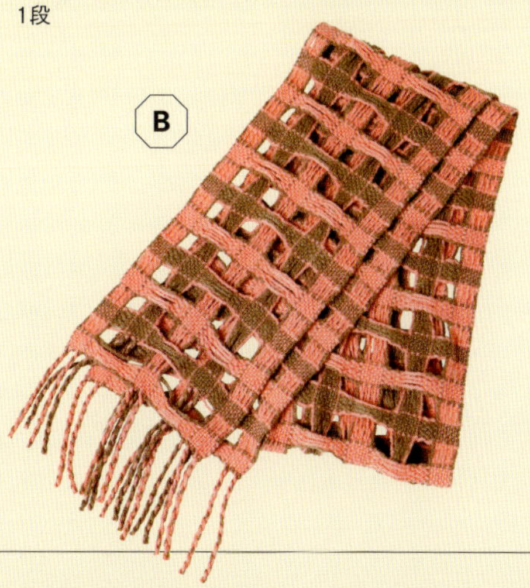

ツイード毛糸のクシャクシャマフラー

アクリルやナイロンの混毛毛糸でも、縮絨することでおもしろい形のマフラーにすることができます。アクリルなどの異素材混毛毛糸の場合はしっかりと縮絨させるために部分的に糸を引いて形づけておくとよいでしょう。

たて糸を引く場合とよこ糸を引く場合と2パターンの提案です。たて引きは引き加減の調節でネックウォーマー風に。

DATA

筬目:30羽
織り寸法:
A 20cm幅×150cm
B 32cm幅×160cm
整経長:
A 2m
B 2.1m
幅と本数:
A 20cm64本
B 32cm96本
よこ糸密度:
A 3段/cm
B 2段/cm

使用糸(たてよことも同じ):
ツィード毛糸　グレー(アクリル54%、ウール38%、ナイロン8%)
53m/30g(1.8m/g)
使用量:
A
たて糸▶128m
よこ糸▶66m
B
たて糸▶202m
よこ糸▶113m

A

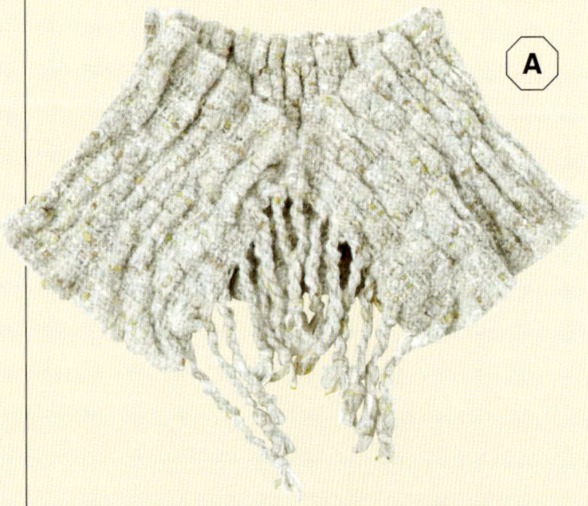

B

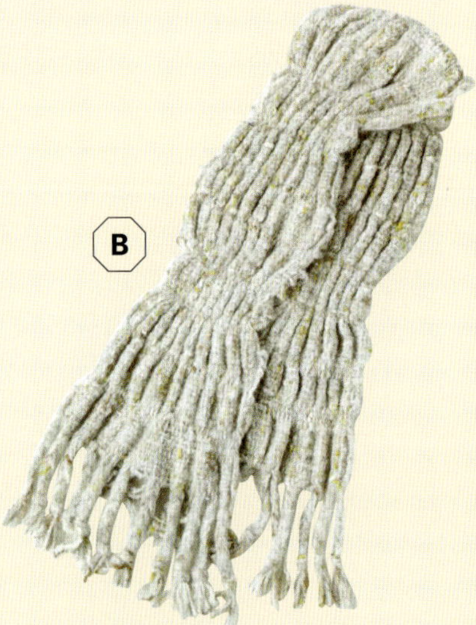

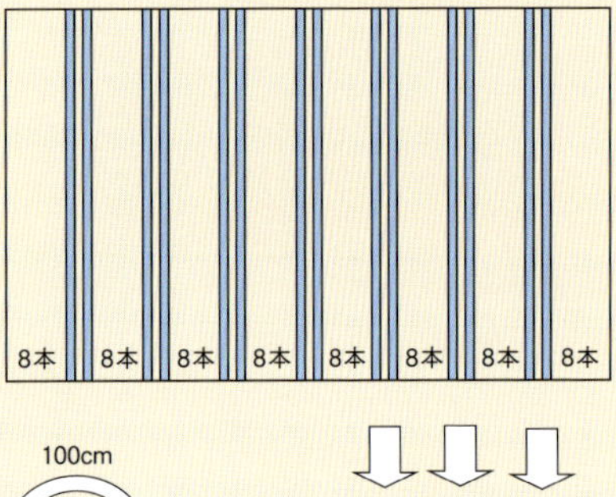

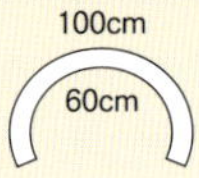

●たて糸:(8本+1溝空羽)×7+8本。空き溝の両脇の糸(図で色のついているところ)を引っ張る

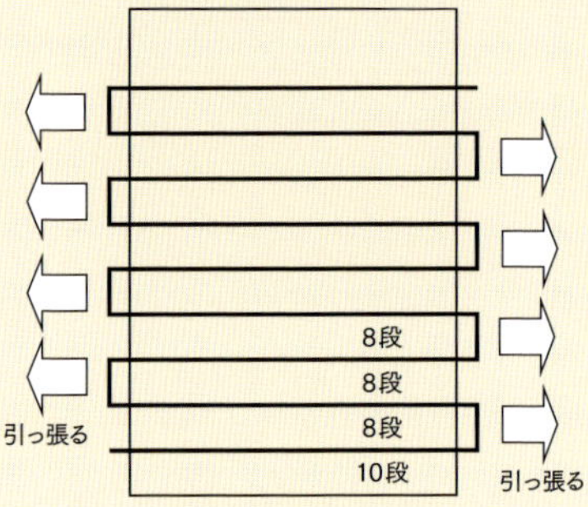

●よこ糸:最初と最後は10段、あとは8段ごとに引き糸を入れる

A

PROCESS

長く織り込まれたたて糸を引きやすくするために、引く部分は1目飛ばしてたて糸をかける。

B

PROCESS

引く糸は別のシャトルに巻き、引きやすいようにたて糸の幅からはみ出した状態で織る。

アクリルコラボのひらひらマフラー

縮絨をすることで長さの縮むウール100%の糸と、縮絨しても縮まないアクリル毛糸をたて糸の縞にします。織りあげた後縮絨すると、縮み利率の違いから思わぬ形のマフラーに仕上がります。

右下の写真は縮絨をする前、まだまっすぐな長方形のマフラーです。

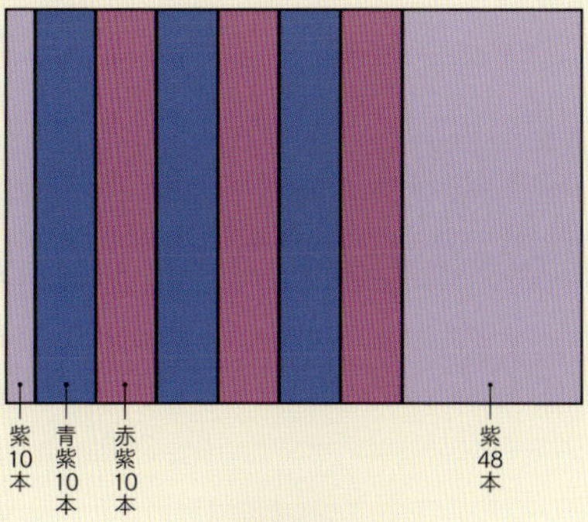

DATA

筬目:30羽
織り寸法:
27cm幅×130cm
整経長:180cm
幅と本数:27cm90本
よこ糸密度:3段/cm

使用糸:
たて糸▶合太化繊糸 紫(ナイロン70%、アクリル30%) 63m/40g(1.6m/g)
合太毛糸 青紫・赤紫(毛100%) 80m/40g(2m/g)
よこ糸▶合太化繊糸 紫(ナイロン70%、アクリル30%) 63m/40g(1.6m/g)
使用量:
たて糸▶紫105m、青紫・赤紫各29m
よこ糸▶紫 129m

COLUMN

ウールならではの縮絨(しゅくじゅう)

たいていの織り布は仕上げに水通しをして織り目を落ち着かせますが、毛糸の織り布を繊維をからませて縮めるように仕上げます。その場合は水ではなく、60度以上のお湯を使うとよいでしょう。

●綿の場合は……

ためた水の中に入れ、広げながらまんべんなく押し洗いをする。軽く脱水して干す。

PROCESS

1 容器にマフラーがゆったり浸る量の60度以上の湯とマフラーの重さの5%の洗剤を溶かし入れる。

2 容器にマフラーを入れ、全体に馴染ませた後、放置する。40度程度になったらまんべんなく振り洗いする。

3 撚り合わせの房は特に丁寧に揉み洗い。すすぎ洗いの後、柔軟剤を入れた温湯に浸し、軽く脱水して干す。

役立つ技法 9

変わり糸を使う

特徴のある変わり糸を使うことで、単純な織り技法でもオリジナリティにあふれた作品を作ることができます。

変わり糸といえば、ループヤーンやネップヤーン、モヘアなどいろいろあります。それらの糸を引き揃えることでさらにオリジナルの糸をつくることもできます。

形状そのものの変わったファンシーヤーンも楽しいですが、ここでの変わり糸は糸そのものに素材としての特徴があったり、本来はよこ糸として使わないものなども取りあげました。

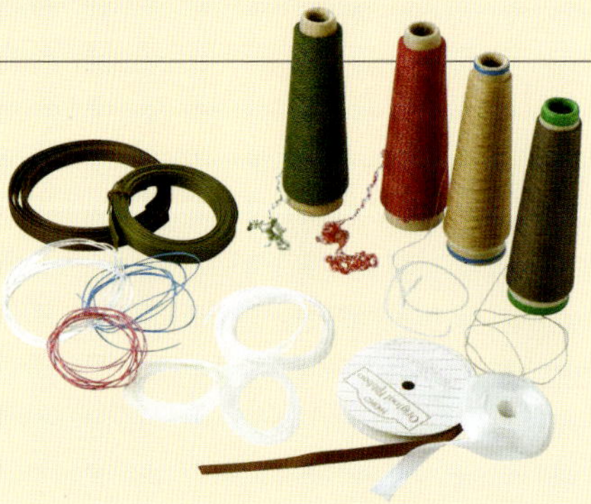

伸縮糸とステンレス糸のマフラー

伸縮糸はその名の通り伸び縮みする糸です。たてよこ糸に部分的に使うと、織機から外したときに入れた部分が伸び縮みします。ステンレス糸はステンレスの混紡糸で、見た目や触感は少し張りのあるミシン糸。クセがつく程度に記憶形状します。両方とも糸によって伸縮や記憶形状の力や太さが異なります。入れ方によってあるいは種類によってどのように効果があるか、地に同じ毛糸を使い4つのデザイン違いでマフラーを織りました。

伸縮糸

ステンレス糸

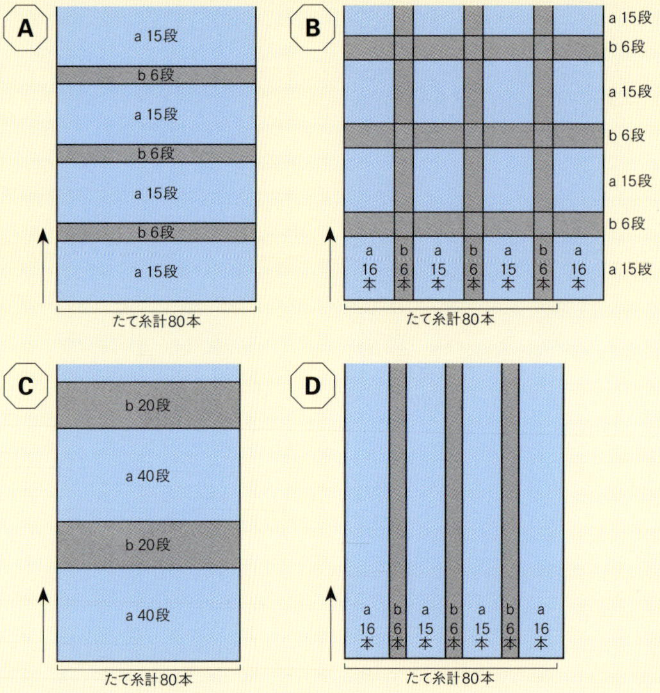

●a=毛糸、b=伸縮糸、またはステンレス糸

伸縮糸

DATA

筬目:40羽
織り寸法:20cm幅×150cm
整経長:2m
幅と本数:20cm80本
よこ糸密度:4段/cm

使用糸(たてよことも同じ):並太毛糸 水色(ウール100%) 58m/20g(2.7m/g) 伸縮糸
使用量:
A たて糸▶並太毛糸(以下①)160m
よこ糸▶並太毛糸160m
伸縮糸(以下②)96m
B たて糸▶①124m、②216m
よこ糸▶①96m、②210m
C たて糸▶①160m
よこ糸▶①88m、②264m
D たて糸▶①124m、②216m
よこ糸▶①132m

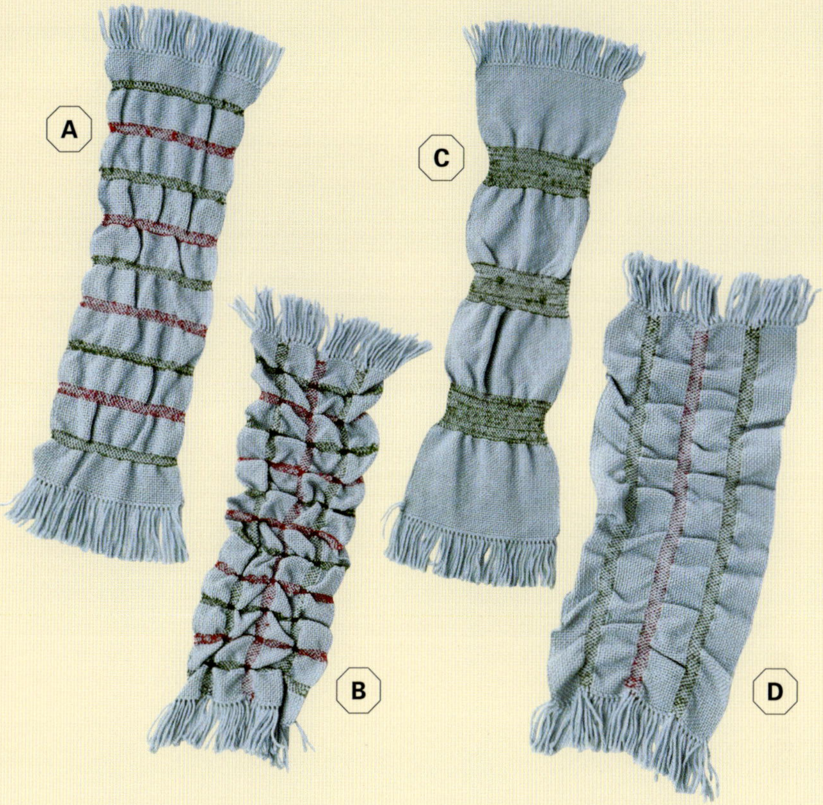

ステンレス糸

DATA

筬目:40羽
織り寸法:20cm幅×150cm
整経長:2m
幅と本数:20cm80本
よこ糸密度:4段/cm

使用糸(たてよことも同じ):並太毛糸 水色(ウール100%) 58m/20g(2.7m/g) ステンレス糸
使用量:
A たて糸▶並太毛糸(以下①)160m
よこ糸▶並太毛糸160m
ステンレス糸(以下②)19m
B たて糸▶①124m、②108m
よこ糸▶①96m、②105m
C たて糸▶①160m
よこ糸▶①88m、②132m
D たて糸▶①124m、②108m
よこ糸▶①132m

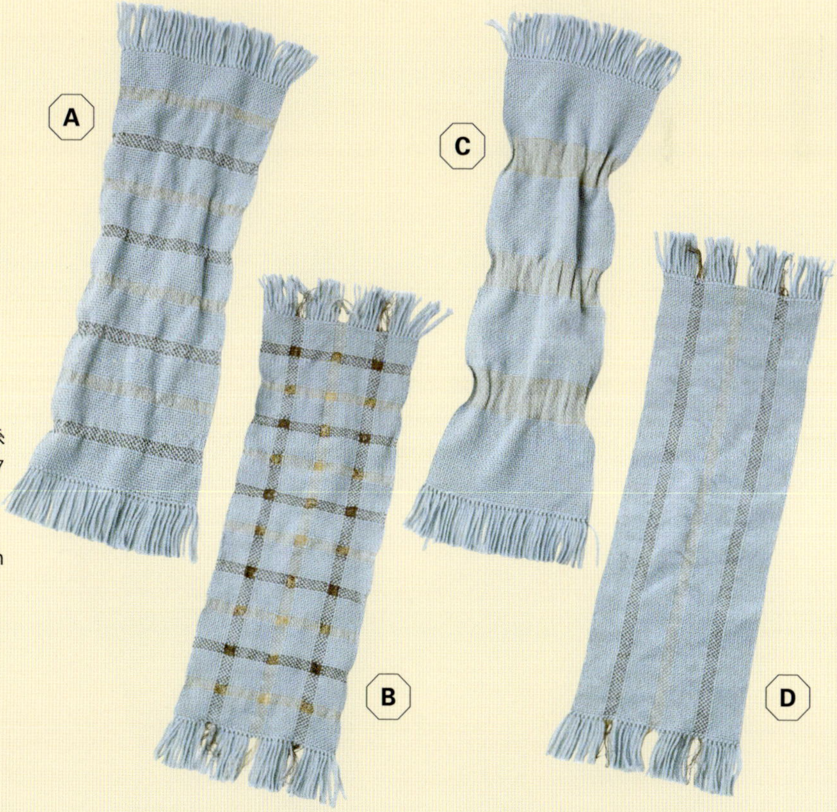

エコクラフトのテーブルウエア

エコクラフトは牛乳パックなどが元となっている手芸用紙テープです。直径1mm程度の張りのある紙糸を並べて固めた平たいテープ状になっており、実用的なテーブルウエアに最適な材料です。ここでは2色のたて糸を使って網代織り(47ページ)にしました。

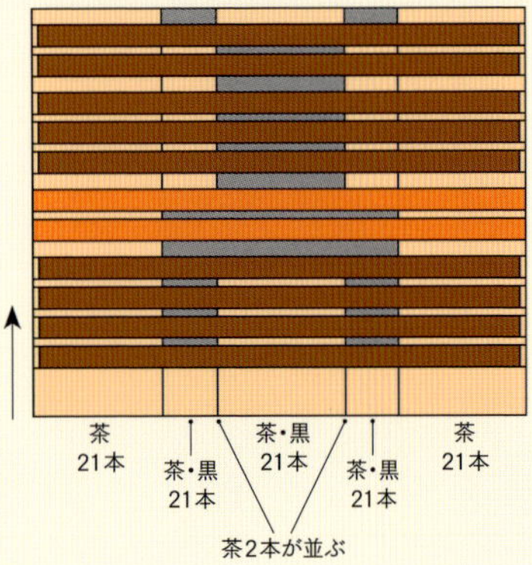

●よこ糸：エコクラフトと綿糸
パターン1（エコクラフト茶1段+綿糸1段）×4＋綿糸1段
パターン2（エコクラフトオレンジ1段+綿糸1段）×2＋綿糸1段
パターン3（エコクラフト茶1段＋綿糸1段）×3＋綿糸1段
パターン4（エコクラフト茶1段＋綿糸1段）×2＋綿糸1段
●よこ糸の順番：
綿糸6段-パターン1-2-3-4-3-4-3-2-1-綿糸5段

DATA

筬目:30羽
織り寸法:
30cm幅×46cm
整経長:1.1m
幅と本数:28cm84本
よこ糸密度:
2段/1.5cm

使用糸:たて糸▶並太綿糸　黒・茶(綿100%) 530m/250g(2m/g)
よこ糸▶並太綿糸　茶（綿100%） 530m/250g（2m/g） エコクラフト(再生紙) 約15mm幅
使用量:
たて糸▶黒11m、茶78m
よこ糸▶茶12m　エコクラフト10m

サテンのリボンテープとラメ糸のパーティバッグ

ラッピングに使うサテンのリボンテープと太めのラメ糸に、プラス金色ビーズというヒカリモノの組み合わせでパーティバッグをつくりました。リボンは打ち込まずに、はさむように入れます。接着芯を貼り、裏布を付けて耳をかがれば出来上がりの簡単仕立てです。

DATA

筬目:40羽
織り寸法:
20cm幅×50cm
整経長:1.2m
幅と本数:20cm80本
よこ糸密度:2段/cm(リボン1、ラメ糸1)

使用糸:
たて糸▶中細ラメ糸(レーヨン60%、アクリル16%、ポリエステル14%、ナイロン10%) 約107m/30g(4m/g)
よこ糸▶綿サテンテープ(1cm幅)、中細ラメ糸(たて糸と同じ)
使用量:たて糸▶中細ラメ糸96m
よこ糸▶綿サテンテープ23m、中細ラメ糸25m

PROCESS

1 リボンテープはねじらないようにはさみ、ラメ糸と交互に織る。

2 耳を丁寧に織り返し、かがればそのまま使えるようにする。

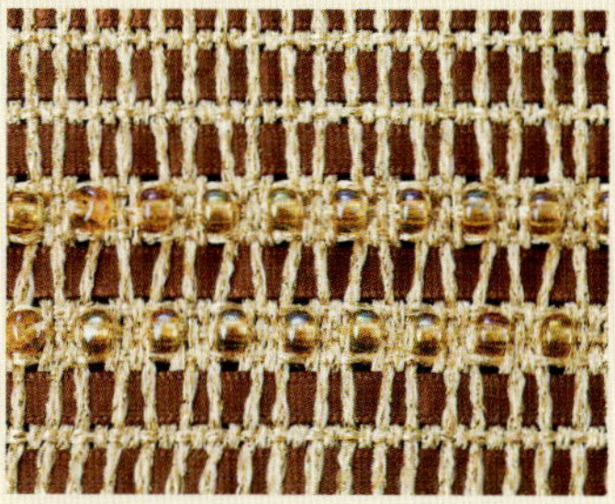

ビーズ部分はビーズを糸に通し、糸を3段織り、2段目で、たて糸のすき間にビーズをはめ込む。

たて糸は細い黒綿糸、よこも黒い布の裂き織りバッグです。ところどころアクセントとして、水玉・ストライプ・ペイズリーなど柄も太さもまちまちのリボンをはさみ込みました。接着芯を貼ればリボンがずれることはありません。

テグスと裂き織りの白薔薇

見た目もテグスですが、束ねて結んでもほどけない形状記憶のテグスがあります。つばの広い日よけの帽子の形を変えられる縁部分などに使われているこの形状記憶のテグスは、手織りのたて糸としても使えます。その特性を生かしてたて糸のワンポイントで使い、いくつもの花をつくりましたが、ここでは裂き織りの白い薔薇をつくりましょう。

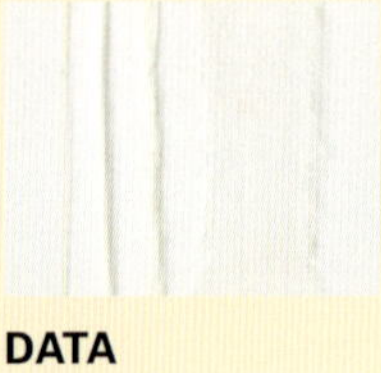

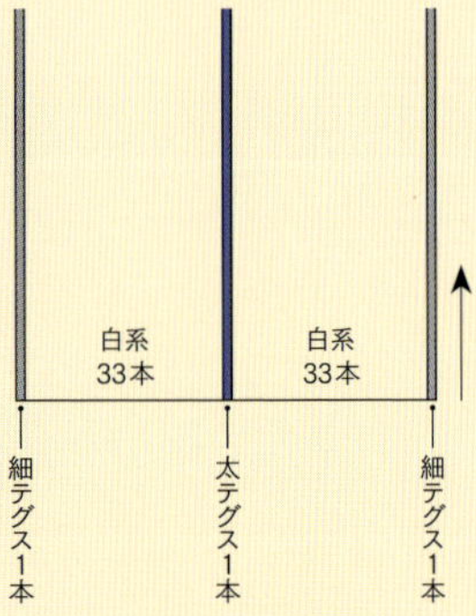

DATA

筬目:50羽
織り寸法:
15cm幅×35cm
整経長:1m
幅と本数:15cm69本
よこ糸密度:4段/cm

使用糸:
たて糸▶テグス(太・細)
中細綿糸 白(綿57%、アクリル43%) 80m/25g
よこ糸▶シルクシフォン
使用量:たて糸▶テグス
太90cm　細180cm
(90cm×2本) 中細綿糸
69m
よこ糸▶シルクシフォン
裂き布(1cm幅)

PROCESS

1 中央に太いテグスを、両端に細いテグスを各1本入れる。糸と張りが違うのでたるまないように巻き取る。

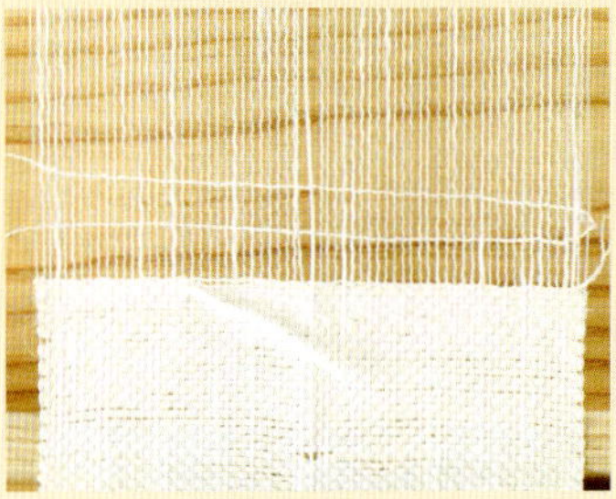

2 途中は白いシフォンを1cm幅に裂いて織る。織りはじめと終わりは糸端を出してUの字に糸を4段織る。

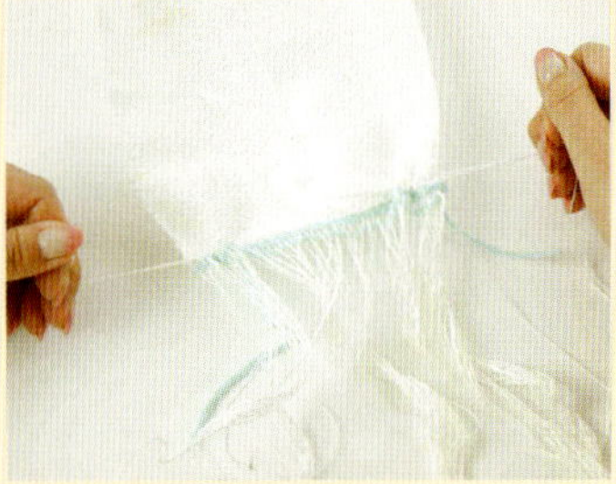

3 4段の糸を引き、幅を縮めてからほつれ止めをはずす。

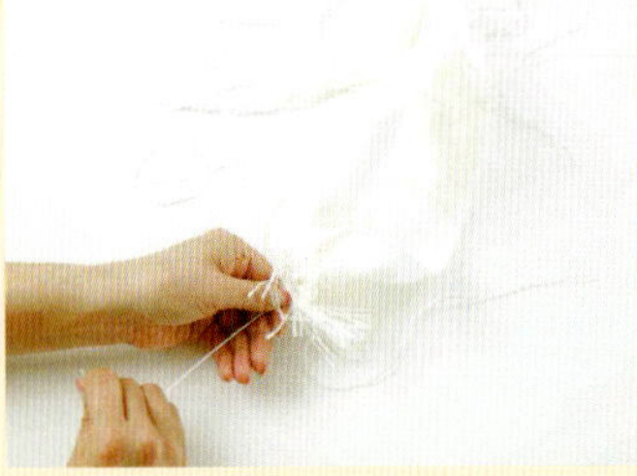

4 中央の太いテグスの片側を軽く結び、抜けないようにしてから引いて長さを縮める。

5 長さが緩まないよう片方の房と太いテグスを片手に持ったまま巻いていく。

6 両方の房を束ねて茎とし、フローラルテープで巻く。バラの花びらのように布の耳を広げる。

白薔薇と和紙のウエディングドレス

艶のある細いレーヨン糸がたて糸、よこは細く切った和紙を織り込んだ布でドレスをつくり、首元にたくさんの白薔薇を飾り付けました。白薔薇のティアラもあります。

SAMPLE

裂き織りのカラーブーケ

たて糸は白い綿糸と細いテグスが交互にかかっています。細長く織った1枚布でカラーをつくりました。よこ糸は白い胴裏を裂いて織り込んであります。

紅絹を織り込むポインセチア

長くたて糸をかけ、紅絹を細く裂いて織り込んだ細長い布を何枚も織りました。それがポインセチアの花びら1枚1枚になっています。緑の葉も胴裏を染めた裂き織りです。

COLUMN

柄を織りだす変わり糸

普通に織っていくだけで様々な柄が出来上がる不思議なモール糸があります。再織り、あるいはシニョール織りと言って日本では和歌山県の特産品産業です。

再織りの意味は、まず特殊な織機で柄の布を織り、その布をよこ糸の合間に添って裁断することで再びモール状の糸にします。さらにその糸を再び織ってタオル地のような起毛を持つ布地にします。再織りはハンカチやバッグなどの製品として市販されるだけでなく、糸と出来上がりの絵の組み合わせでキットとしても発売されています。

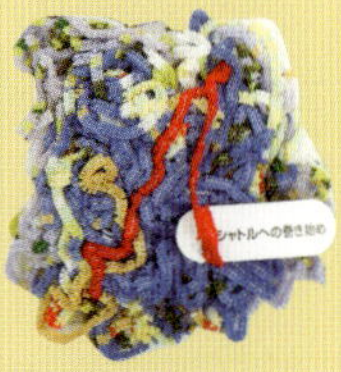

キットに含まれているモール糸。

ハイビスカス柄のキットを織りあげて仕立てたバッグ。元の絵と比較しながら、よこ糸の密度に注意しましょう。

バラ柄、ブーケ柄のキットを織りあげたバッグ。織りあげた布の完成度が高いのでプレゼントなどに最適。

PROCESS

1 キットの説明書に指定された幅でたて糸をかける。モール糸は指定の部位からシャトルに巻く。

2 糸の途中に耳部分を表す色を変えた目印があり、それを基準によこ糸の緩みを調節して織る。

CHAPTER

4

織機の構造

多ソウコウの織機
筬とソウコウ一体型の卓上織機

一般的な4タイプの織機のたて糸をかけるまでの手順を説明しましょう。

織りの技法

17.多ソウコウならではの織り方　18.オープンリードの卓上織機ならではの織り方　19.クローズドリードならではの織り方

多ソウコウの織機

織機といって、実際に手織りをしたことのない人も含めると最初にイメージするのは『鶴の恩返し』でしょうか。

『鶴の恩返し』でつうが使っていた織機は時代背景を考えると2枚ソウコウの地機ではないかと思いますが、多ソウコウであろうと2枚ソウコウであろうと地機であろうとたて糸をかけるまでの工程にそれほどの差はありません。

機掛けの手順は人によっても異なりますが、ここではすべての工程を1人で作業する手順の一例を説明していきます。事前の準備として、カセの糸は玉に巻くか、大管か糸枠に巻く必要があります（織機の各部位の名称は8ページからを参照）。

整経《せいけい》

機掛けをする前にたて糸を用意することを整経といいます。たくさんの本数のたて糸を整経するのに1つだけの糸では効率が悪いので、例えば4本の縞なら4本、あるいは倍の8本の糸を用意します。ここでは100本×3mのたて糸をかけます。緑・紫・紺・茶の順で4本の縞×25回なのでそれぞれ1本ずつ計4本のたて糸を用意しました。

PROCESS

1 整経台の右下のピンに4本まとめてたて糸を結び、3mの地点のピンと往復させて糸をかける。

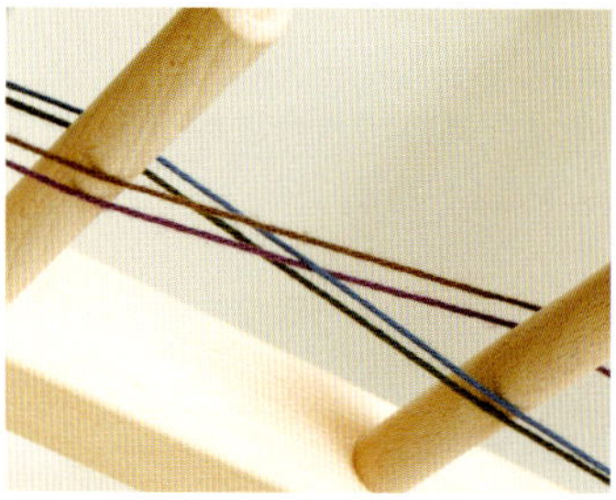

2 綾ピンの地点では、糸を1本ずつ交互に渡して本綾を取る。

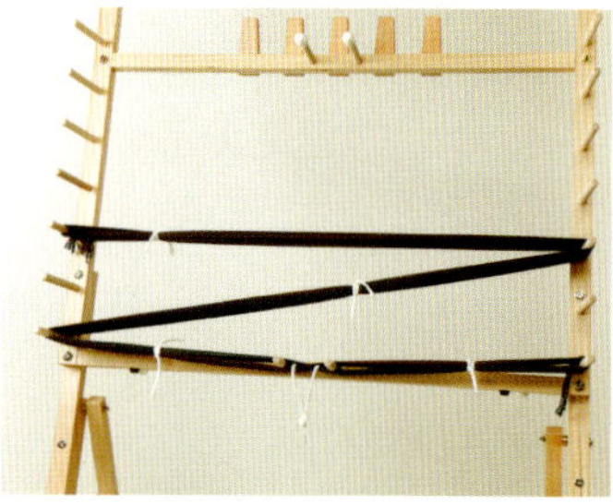

3 必要な本数のたて糸をかけたら、何カ所か縛り、綾部分にも紐を通しておく。

4 掛け終わり地点の糸をはずして輪を切り、鎖編みをしながらたて糸をまとめていく。

大管立て（おおくだたて）
大管に糸を巻くには専用の道具が必要になる。大管は糸が絡まないように離して設置する。

コーン立て
コーン巻きの糸を立てられるタイプの整経台もある。

機《はた》掛《が》け

機掛けは、粗筬通し・ソウコウ通し・綾返し・筬通し・巻き取り・結びつけの順で作業します。高機は機掛けの際にその織機の周りを人が移動するので、織機本体の周りに動けるだけのスペースが必要になります。ここではろくろ式の織機を使って機掛けを説明します。綾棒・ソウコウ通し・筬通し・筬立て（230〜232ページ）などの道具が必要になります。

PROCESS

1 整経したたて糸の綾に通しておいた紐の代わりに綾棒を取り付ける。

2 たて糸を筬に通す。筬を織機に設置して通してもよい。

3 粗筬はとりあえずの幅出しなので1目飛ばして2本ずつ筬通しで通す。

4 たて糸をすべて通し終えたら、たて糸が長く残る方を織り前にして筬がまちに設置する。

5 長いたて糸は胸木に縛ってとめ、綾棒も緩みを持たせて固定する。

6 織機の後ろに周り、間丁をはずして、ソウコウ通しをする。

7 通し終えたら、千切り（後ろ）側の巻き取り棒にたて糸を2cm幅ずつ結び付ける。

8 織機の手前に周り、綾返し（手前にあった綾棒を踏み木を踏みながら後ろに移す）をする。

9 移した綾棒は動かないように、織機本体に余裕を持って紐で結び付ける。

10 たて糸を巻き取る前にたて糸の絡みをよく確認し、ほぐしながら揃える。

11 揃えたたて糸を一定の張りを保ったまま片手で持ち、巻き取っていく。機草（はたくさ）は忘れずに入れる。

12 筬通しをする。

13 糸の順番を間違えないように1目に1本ずつ通し直す。

14 通し終えたら2cm幅に小分けし、千巻き（前）側の巻き取り棒に結び付ける。

15 たて糸の張りを確認して織り始める。

天秤式織機の機掛け

天秤式の織機でも機掛けの基本的な作業は変わりません。ただ水平天秤式（ホリゾンタルタイプ）の場合はソウコウ通しの作業方法が異なります。ろくろ式の場合たて糸は織り幅の端から通しますが、水平天秤式は吊り紐がソウコウ枠の中心に通っているため、織り幅の中心から外に向かってソウコウ通しを進めていきます。

踏み木につながる吊り紐がソウコウの中心を通っている。

ソウコウ通しは中央から片側の端まで通し、また中央から逆の外側へと通す。

卓上レバー式
多ソウコウ織機の機掛け

　基本的な作業手順は高機と変わりません。コンパクトな分、人が動かなくても織機自体を動かせばよく、粗筬の必要もなくとても効率的に作業することができます。種類によって機能は異なりますが、高機の間丁や胸木にあたるビームが折り畳みできるタイプはより取り扱いが楽にできます。

PROCESS

1 整経したたて糸に綾棒を通す。

2 綾棒とたて糸を本体に縛りつけ、筬通しをする。

3 通し終えた糸をフロントビームに結んでとめ、織機の前後を替えてソウコウ通しをする。

4 糸を2cmに小分けして巻取り棒に結び付ける。

5 再び織機を前後させ、綾返しをした後たて糸を揃える。

6 たて糸の張りを一定に保った状態で巻き取っていく。

7 2cmにたて糸を小分けし、フロントビーム側の巻き取り棒にたて糸を結ぶ。

8 たて糸のテンションを確認して織りはじめになる。

筬とソウコウ
一体型の卓上織機

（リジッドルーム）

ここでいう卓上織機とは、筬《おさ》とソウコウが一体型の2枚ソウコウのもので、それらの総称を「リジッドルーム」と言います。クロバー（株）の「咲きおり」、ハマナカ（株）の「織美絵」、ニュージーランドアシュフォードの「タビールーム」、これらはすべてリジッドタイプの織機および商品名です。

リジッドタイプの織機は、たて糸の取り外しができる「オープンリード」と、高機同様に糸通しの必要な「クローズドリード」の2タイプに大きく分かれます。高機の場合備品類が別売のため、まず何を揃える必要があるかを考えなければなりませんが、これら卓上は必要な備品と詳細な説明書を含むセット商品となっており価格もリーズナブルです。「オープンリード」と「クローズドリード」はそれぞれに特徴があり、たて糸のかけ方も異なりますので、その流れを説明しましょう。

オープンリードの取り扱いと
たて糸のかけ方

オープンリードのソウコウはストッパーのポッチが付いた薄い板の集合体で、その隙間に糸を差し込むとたて糸が織機にセットされた状態になる、つまり筬通しやソウコウ通しはこの織機には必要ありません。また織機の表面に整経台がついており、短時間で直接的にたて糸掛けができることも大きな特徴のひとつです（各部位の名称は12ページ）。

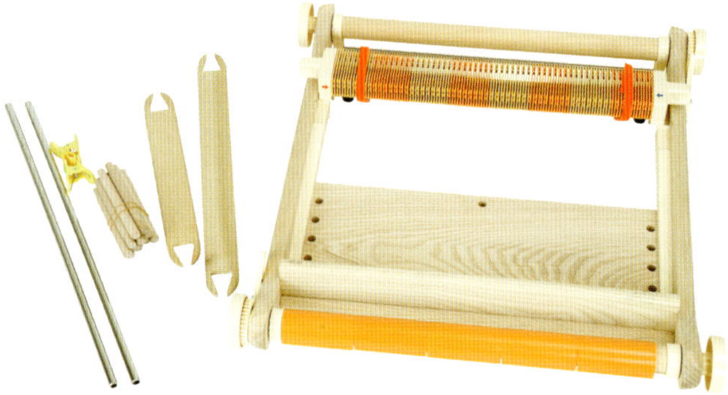

PROCESS

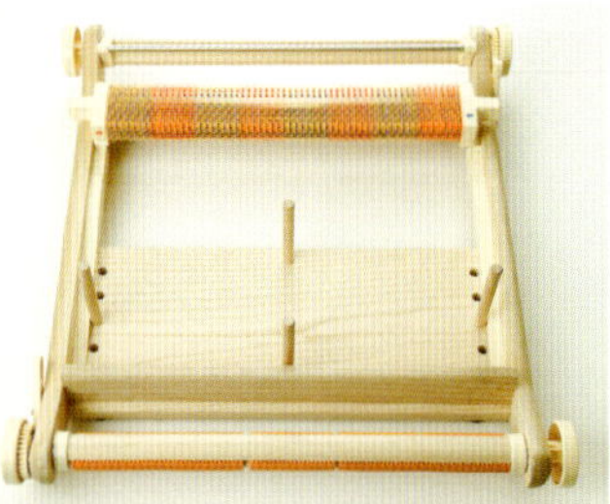

1 最長4mまで整経できるが、ここでは1mで4本のスティックを立てる（スティックのたて方については22ページ参照）。

2 ソウコウの薄い板（羽）と板の間にポッチがあり、これがストッパーとなり、糸をはさみ込む＝糸通し完了となる。

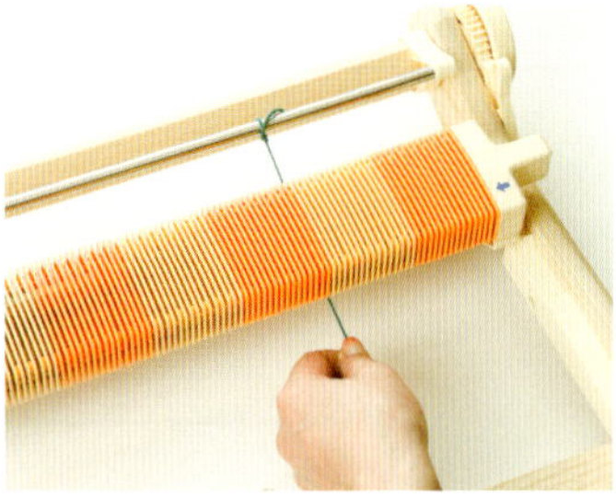

3 バックバーにたて糸の端を結び付け、掛けたい幅のところからソウコウに糸をはさみ込む。

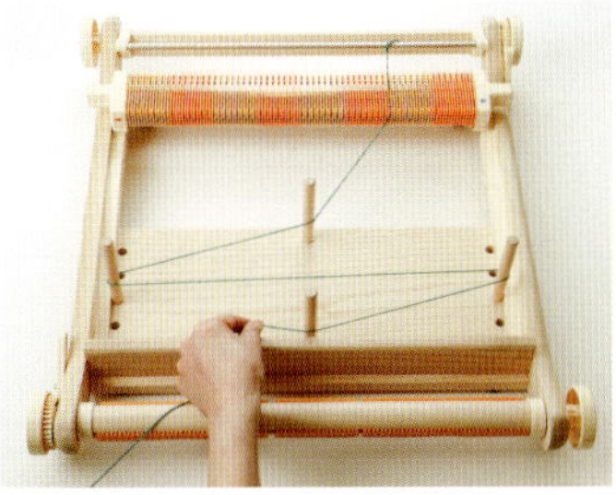

4 4本のスティックにかかるようにたて糸をかけ、最後のスティックでUターンして同じ順をたどる。

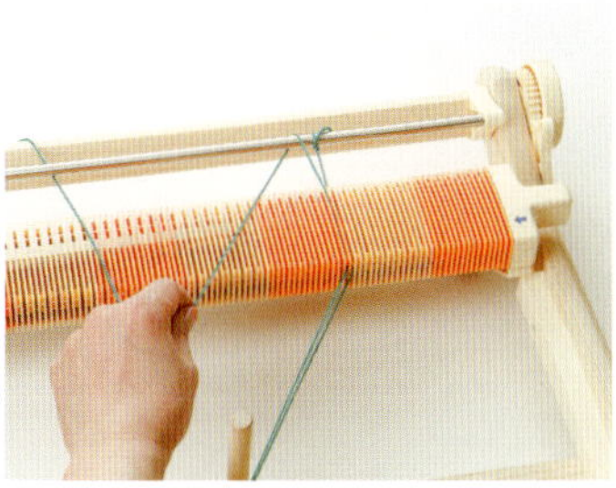

5 バックバーで糸をUターンさせ、これを繰り返して必要幅のたて糸を用意する。

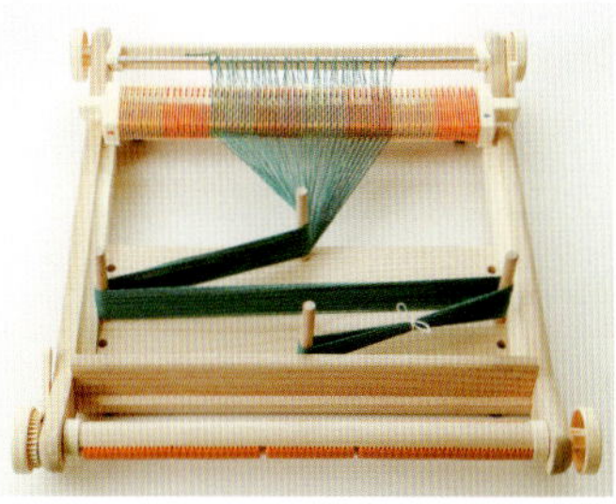

6 20cm幅×1mのたて糸をかけたら、糸の束を別糸で結ぶ。

7 たて糸の最後のスティックから糸をはずし、輪をはさみで切る。

8 たて糸を持ったままソウコウを傾け、その開口にテンションバーを1本入れる。

9 ソウコウを逆に傾けることでできた開口にテンションバーを入れ、クリップとスティックで固定する。

10 巻紙をはさみながらたて糸を巻き取る。テンションバーが一定の張りを保つために両手で巻き取れる。

11 ときどきたて糸を揃えながらオレンジのホルダーから10cmくらい残したところまでたて糸を巻く。

12 クリップとテンションバーをはずし、ソウコウを手前まで移動させる。

13 オレンジのホルダーで幅を出しながらたて糸をとめる。たて糸の張り具合が均等か確認する。

14 いったんバックバー側のストッパーをはずしてフロントローラー半回転分たて糸を巻き取る。

15 織りはじめの状態。

クローズドリードの取り扱いと たて糸のかけ方

この形はリジッドタイプの織機の定番で数多くのメーカーから発売されています。それぞれ形態は多少異なり、二つ折りで持ち運べるタイプや、枠組みの組み立てからするタイプもあります。たて糸のかけ方は2種類のタイプがあるので両方を説明します。たて糸をかけ始める前にフロントスティックの設置作業をします（各部位の名称は13ページ）。

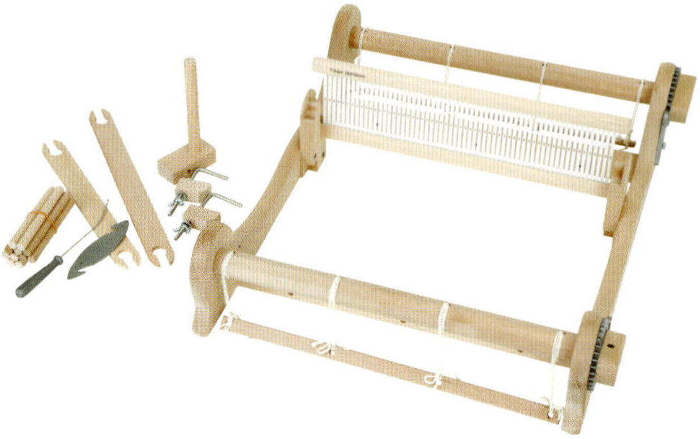

PROCESS ●フロントスティックの設置

1 箱を空けてプラスチックのピンが入っていたらフロントローラーとスティックの穴にそれぞれさしてつなげる。

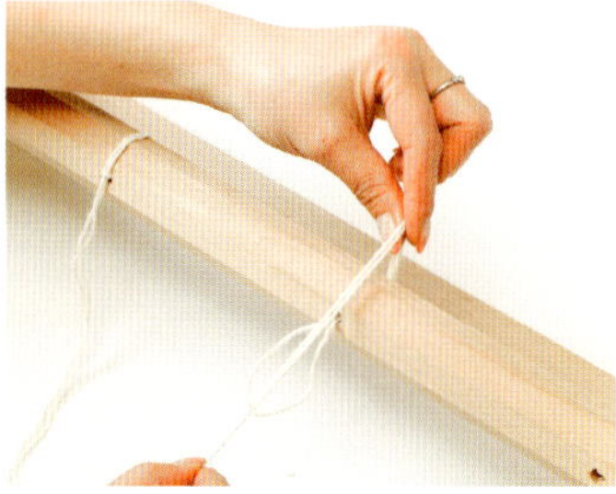

2 紐が入っていたら、まず二つ折りでフロントローラーに通し、糸端をスティックに結び付けてつなげる。

PROCESS ●織機に直接たて糸をかける

1 本体と、必要なたて糸の長さの位置にペグを置き、クランプで留める。糸端をバックスティックに結ぶ。

2 ヘドルのスリットにリードフックで糸を往復2本ずつ通し、必要な幅まで繰り返す。

3 たて糸が揃ったら、糸の束をひもで縛り、巻き紙を入れながらたて糸を巻き取る。

4 スリットに通る2本のたて糸のうち1本を抜いてヘドルフックで隣のホールに通し直す。

5 たて糸の束を1cmずつフロントスティックに結び付ける。

PROCESS ●織機の裏側にある整経台を利用する

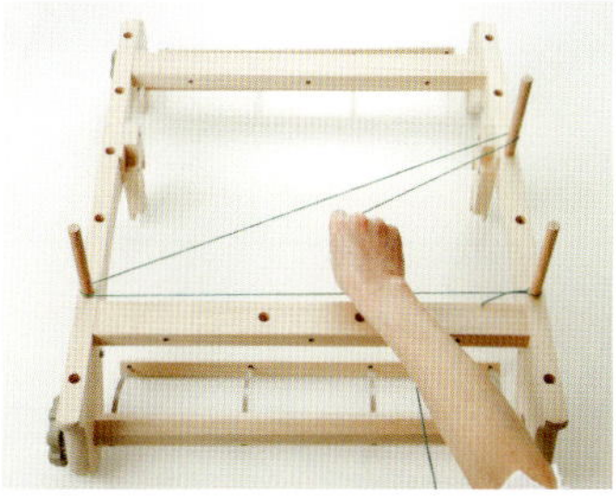

1 織機の裏面を向け、ワープスティックを立てる。画像の状態で約1m。

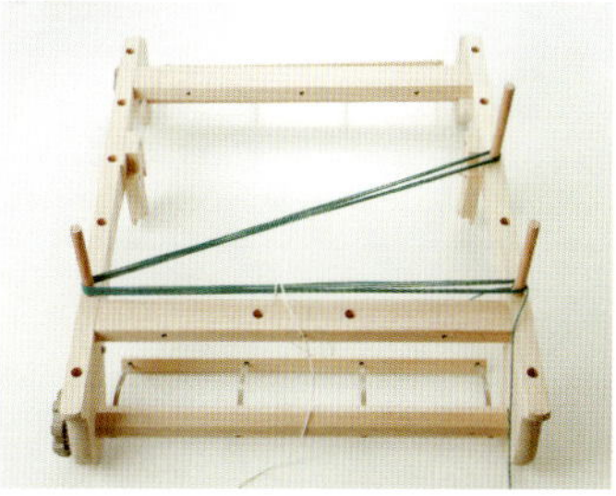

2 たて糸を10本揃えたら別糸で印をする。

3 10本ごとに印をつけることで、長いたて糸の絡みを防ぐ。

4 たて糸の束をいくつか別糸で結び、両端の輪を切る。

5 織機を表にし、たて糸の端をフロントビームに結び付ける。

6 たて糸は10本ずつ目印を取り、ホール・スリット・ホール・スリットの順で糸を通す。

7 通したたて糸は1cmずつバックスティックに結び付ける。

8 たて糸を揃えて片手で持ち、一定の張りを保ちながら、巻き紙をはさんで巻き取っていく。

9 たて糸を1cm幅でフロントスティックに結び付ける。たて糸の張りが一定か確認する。

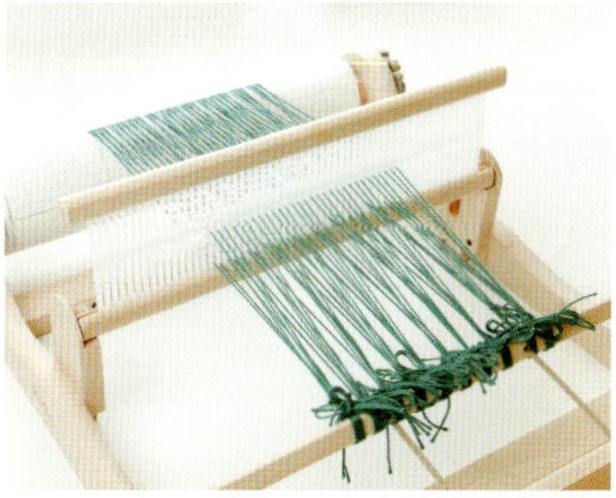

10 織りはじめの状態。

糸の結び目の間に隙間があるので本番の糸を織りはじめる前に太い紐を何段か織り、一定幅のたて糸に揃える。

織りの技法

17

多ソウコウならではの織り方

タビー糸を使用して飛ばした糸をおさえるオーバーショット。大きな柄も織ることができるのが魅力です。

高機と卓上織機の違いを、複雑な織り方ができることや細かい密度の大きな布が織れることと思っている方が多いようですが、わたしはたて糸の強い張りやよこ糸を打ち込む力の強さが高機と卓上のもっとも大きな相違点と思っています。

といっても、もちろん複雑なたて糸の動きをする柄や1パターンの長い柄を毎段拾っていくのは大変なこと。そこでこの多ソウコウならではの織り方としてタビー糸を使用するオーバーショットを取りあげました。オーバーショットとは広義で言うと浮き織りです。その織り柄は多種多様で、海外の書籍ではそのパターン集もよく見かけます。大きな柄＝たてよこ糸も長く飛ばすことになりますが、その長く飛ばした糸をおさえる役目をする平織り部分がタビー糸です。

タビー糸入りオーバーショットマフラー

たてよこ糸が長く飛ぶ大きな柄の時は柄用のよこ糸と1本交互で平織りを加えます。この抑えの平織り用の細い糸がタビー糸です。タビー糸は柄用のよこ糸の隙間に埋まる程度の細い糸を使うため織り図には出てきませんが、シャトルを2本用意し、太糸とタビー糸の2段でひと組と考えます。多ソウコウならではの織り方項目ですが、毎段拾ってでも織ってみたい方のために太い糸を使った20羽ソウコウで織るマフラーのデザインにしました。

SAMPLE

裏

裏

組織図　タビー糸入りオーバーショットマフラー(赤)

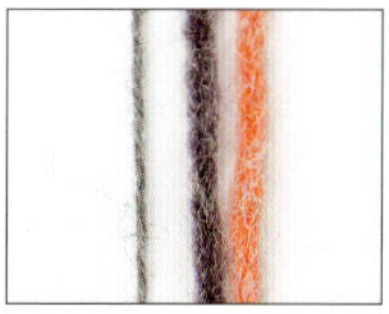

DATA

筬目:20羽
織り寸法:
23.5cm幅×150cm
整経長:2m
幅と本数:
23.5cm47本
よこ糸密度:4段/cm

使用糸:
たて糸▶合太アクリル毛糸　紫(アクリル100%)
56m/40g(1.4m/g)
よこ糸▶合太アクリル毛糸　ピンク(アクリル100%)
56m/40g(約1.4m/g)、中細毛糸　グレー(ウール100%)
180m/40g(4.5m/g)
使用量:
たて糸▶94m
よこ糸▶
ピンク・グレー各75m

組織図　タビー糸入りオーバーショットマフラー(青)

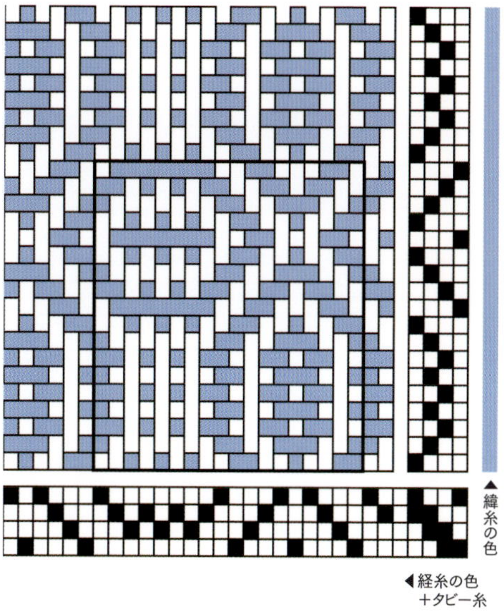

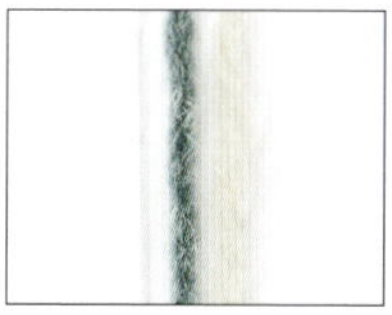

DATA

筬目:20羽
織り寸法:
24.5cm幅×150cm
整経長:2m
幅と本数:
24.5cm49本
よこ糸密度:4段/cm

使用糸:
たて糸▶合太アクリル毛糸　白(アクリル100%)
56m/40g(1.4m/g)
よこ糸▶合太アクリル毛糸　青(アクリル100%)
56m/40g(約1.4m/g)、中細毛糸　白(ウール100%)
180m/40g(4.5m/g)
使用量:
たて糸▶98m
よこ糸▶青・白各75m

PROCESS

1 織り図に添って柄用のよこ糸を飛ばしながら入れる。

2 柄用の糸を1段織ったら、平織りの開口でタビー糸を入れる。

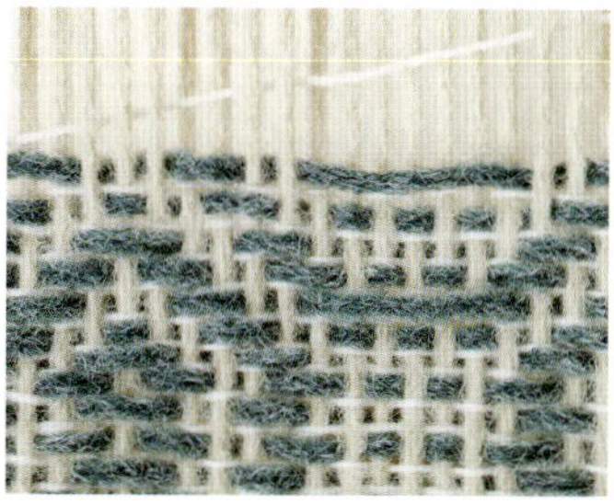

3 よこ糸は太い柄用の糸と平織りのタビー糸の2段でひと組となる。

参考作品

HYDRANGEA（紫陽花）

今が盛りと咲きほこる庭の紫陽花が題材です。一見紫系の色に見えますが、紺・赤・紫・ピンクなど見る角度によって異なる色に見えるよう多色使いをしています。
材料はたて糸が極太綿糸、よこ糸はポッパナテープと中細綿糸です。

中央の織り地はタビー糸を使ったオーバーショット。極太綿糸で長いベルトを織り（122ページ）、縁取りとしました。
（作品サイズ：100cm×200cm）

裂き織りの夫婦雛

たて糸に形状記憶のテグス（184ページ）を使って、裂き織りの夫婦雛をつくりました。

内掛けがオーバーショットです。シフォンや銅裏などの絹を細く裂いてよこ糸とし、タビー糸は華やかさを出すために金のラメ糸を使いました。顔も黒髪もすべて裂き織りです。

（作品サイズ：高さ約50cm）

オーバーショット クッション

ハイドランジアと同じ組み合わせの素材でクッションカバーを織りました。タビー糸を使っているので、飛んだ糸が引っ掛かることもなく普段使いのクッションとして最適です。

織りの技法

18

オープンリードの卓上織機ならではの織り方

織っている途中でたて糸をはずすことができる、オープンリードの特徴を生かした織り方を紹介します。

オープンリードの織機の筬ソウコウは、薄い板(羽)の集合体でストッパーの役目のポッチは1枚1枚の羽の手前と奥、交互についています。通常時のたて糸はすべて平行ですが、ソウコウを奥に傾けると奥にポッチのついている溝の糸はポッチに押されて下がる、同様に手前に傾ければ手前にポッチのある溝のたて糸が下がる、これがオープンリードの開口の理屈です。

たて糸ははめ込んであるだけなので、逆にポッチ部分に気をつければはずすこともできます。織っている最中にたて糸が外せる、つまりそれはたて糸の色を途中で変えられるということ、これがオープンリードならではの織り方の一番の特徴になります。

斜線織り

斜線織りのたて糸の基本は1本置きに色を変えること、よこ糸の基本は太い糸と細い糸を交互に織る畝織りです。例えば太いよこ糸の開口の時の上糸は白、細い糸の時は黒とします。隣り合うたて糸ひと組をクロスすると、太いよこ糸の開口の白い上糸の中に1本だけ黒い糸が混ざります。このようにたて糸交差で柄を出すのが斜線織りです。

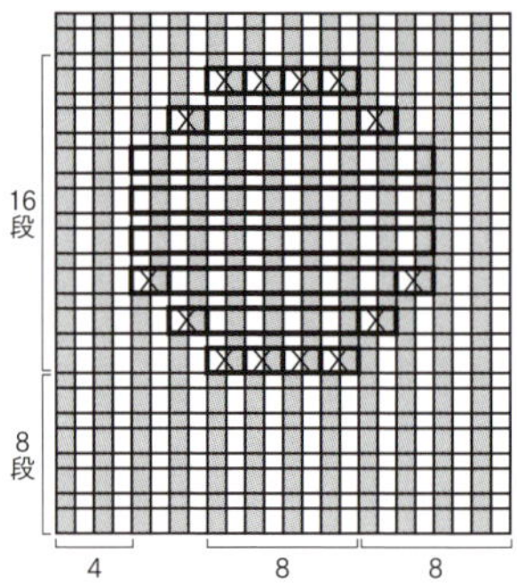

SAMPLE

丸

斜線

PROCESS

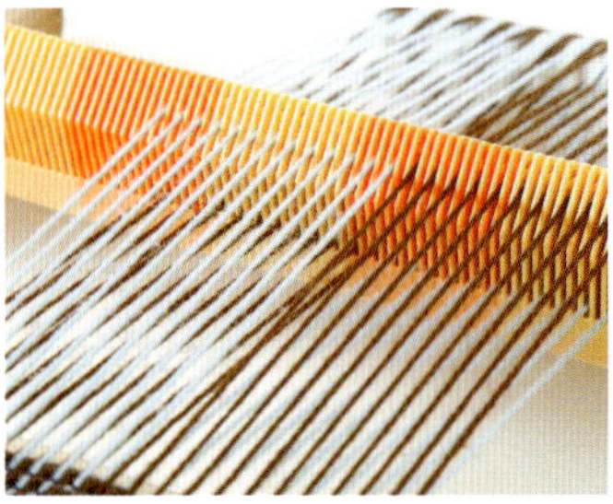
1 たて糸は水色とエンジの糸を交互にかける。今左半分のたて糸の上糸は水色。

2 たて糸のクロスは太いよこ糸を入れたあとにする。太糸の上を渡る水色をエンジの下を通してクロスする。

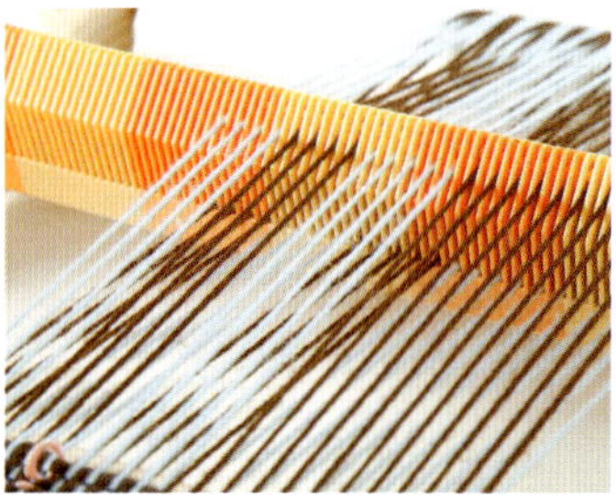
2 4組8本分のたて糸をクロスした状態。水色だけだった上糸の中の4本がエンジに変わっている。

ジグザグ模様のマルチカバー

一番左の縞は1本置きに赤・水色、2番目は紫・赤、3番目は赤・ピンク…と赤を基調にした網代織り(47ページ)のたて糸のかけ方で糸をかけます。太い毛糸を織るたびにそれぞれの縞の左端からひと組ずつたて糸をクロスさせます。縞の右端までいったら逆方向に戻りながら同じ作業をします。するとこのようなジグザグ模様のマルチカバーができます。織り布の耳にも増毛(79ページ)して360度房のあるマルチカバーをつくりました。

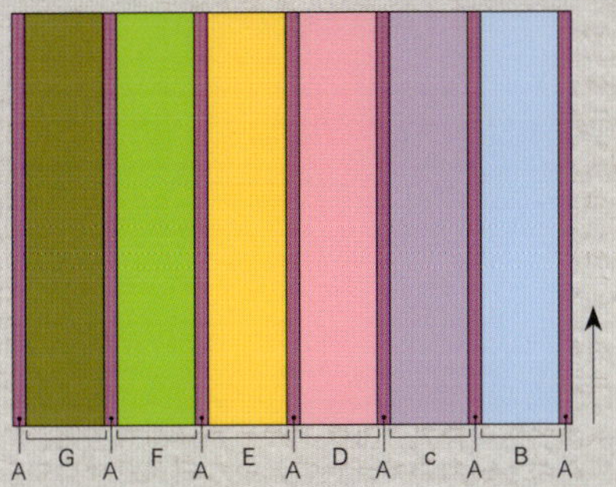

- たて糸:計172本(赤100本、水色・紫・ピンク・こげ茶・黄緑・深緑各12本) 密度30羽
  A=赤4本
  B=(赤1本+水色1本)×12
  C=(赤1本+紫1本)×12本
  D=(赤1本+ピンク1本)×12
  E=(赤1本+こげ茶1本)×12
  F=(赤1本+黄緑1本)×12
  G=(赤1本+深緑1本)×12
- よこ糸:たて糸赤3本取りと中細毛糸赤1本取りを交互に織る。

オセロ柄のひざ掛け

斜線織りでできるのは斜めの線ばかりではありません。左ページのプロセスのように何組かまとめてたて糸をクロスすることで丸も描けます。黒とグレーの糸を使い、丸とともに全体に色も斜めに変化するオセロ柄のひざ掛けをつくりました。布の片方の耳だけ増毛をして房飾りとしました。

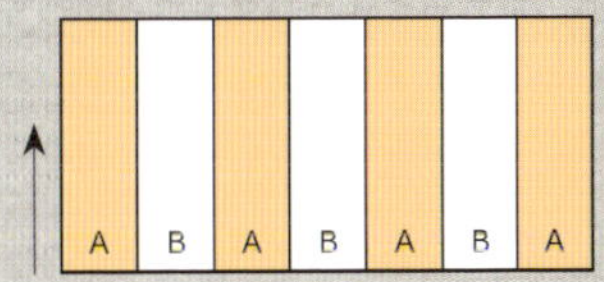

- たて糸:計168本(ベージュ・黒各48本、白・チャコールグレー各36本) 密度30羽
  A=(ベージュ1本+黒1本)×12
  B=(白1本+チャコールグレー1本)×12 (A+B)×3+A
- よこ糸:極太毛糸黒と中細毛糸黒を交互に織る。

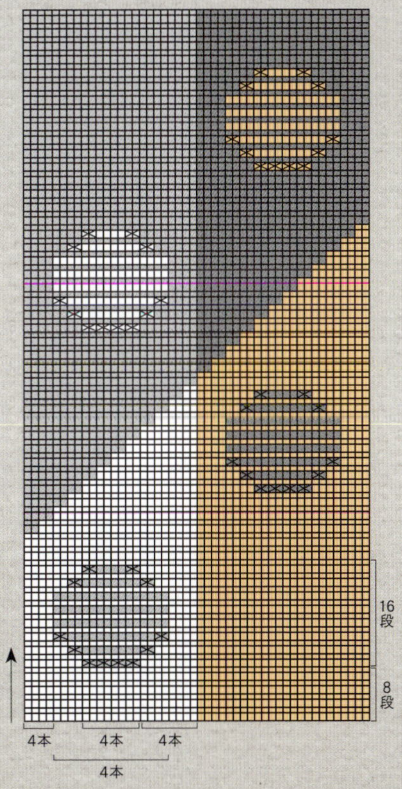

ケーブル織りのマフラー

縞でたて糸をかけ、大胆に縞ごとたて糸を交差させました。理屈は編物の縄編みと一緒です。ただ縄編みの場合は何度も続けて同じ方向に交差することができますが、ケーブル織りの場合は筬ソウコウの後ろのたて糸にねじれが残ります。つづけて同じ方向に交差させるのではなく、右交差をしたら次は左と、交互に交差させるとよいでしょう。

A

DATA

筬目:40羽
織り寸法:
15cm幅×140cm
整経長:2m
幅と本数:15cm60本
よこ糸密度:4段/cm

使用糸:
たて糸▶
並太毛糸　赤・紺(ウール100%)
53m/20g(2.7m/g)
よこ糸▶
並太毛糸　赤(ウール100%)
53m/20g(約2.7m/g)
使用量:
たて糸▶赤・紺各60m
よこ糸▶92m

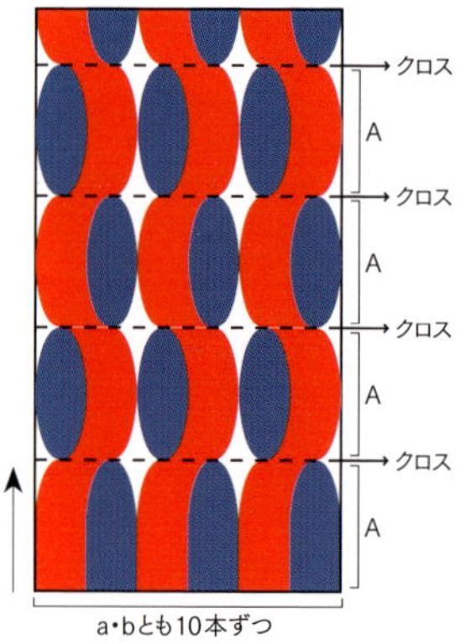

●たて糸:a＝赤、b＝紺
●よこ糸:A＝平織り30段
A→クロス→A→クロス…を20回繰り返す

B

DATA

筬目:40羽
織り寸法:
15cm幅×140cm
整経長:2m
幅と本数:15cm60本
よこ糸密度:4段/cm

使用糸:
たて糸▶
並太毛糸　赤・紺・ベージュ(ウール100%)
53m/20g(2.7m/g)
よこ糸▶
並太毛糸　赤(ウール100%)
53m/20g(約2.7m/g)
使用量:
たて糸▶赤64m、紺・ベージュ各40m
よこ糸▶92m

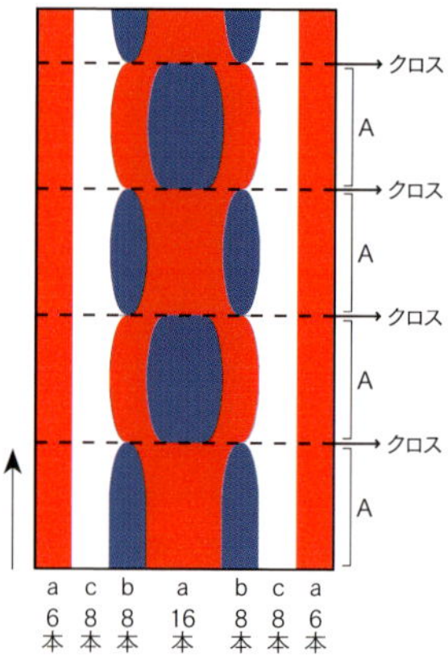

●たて糸:a＝赤、b＝紺、c＝ベージュ
●よこ糸:A＝平織り30段(7.5cm)
A→クロス→A→クロス…を20回繰り返す

A

PROCESS

1　30段平織りをする。

2　6本の縞を2本ずつ端からクロスさせる。中央の2縞のまず赤糸をソウコウから外して脇に寄せる。

3　赤糸の入っていた位置に紺糸を移動させる。

4 その後紺糸の縞の空いた位置に赤糸を入れる。

5 6縞3組をクロスさせた状態。

6 筬ソウコウの後ろのたて糸もねじれている状態で30段平織りをする。

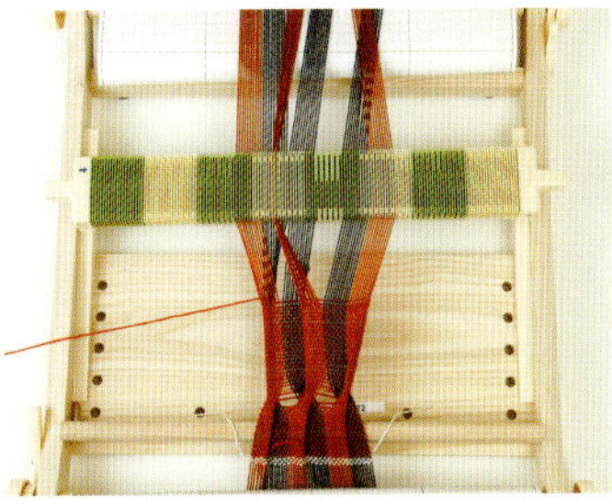

7 再び6縞3組をクロスさせる。中央のひと組、まず赤糸をはずし脇に寄せる。

8 赤糸のあった位置に紺糸を移動させる。

9 3組すべてクロスさせた状態。2回目のクロスで筬ソウコウの後ろのたて糸はまっすぐに戻る。

B

PROCESS

1 平織りを30段織る。Bパターンでクロスするのは7縞あるうちの中央の3縞。

2 中央の紺の縞は半分にして、それぞれ隣の赤い縞とクロスする。

3 30段平織りをする。

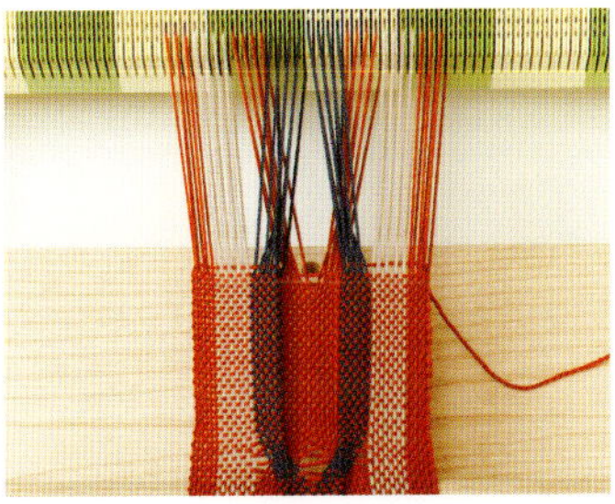

4 筬ソウコウの後ろのたて糸がまっすぐに戻るよう紺と赤の縞をクロスする。

たて飛び織りのマフラー

たて飛び織りをするには、前もって柄糸となる変わり糸のベージュ8本と茶16本は地の緑より1m多い3mで整経しておきます。セットの仕方は地の緑を巻き取ったあとに柄糸を指定の溝にはめ込む、つまりその部分のたて糸を2本取りにして緑と一緒にホルダーでとめます。3縞の長い柄糸の端はクリップなどでバックローラーに仮止めします。

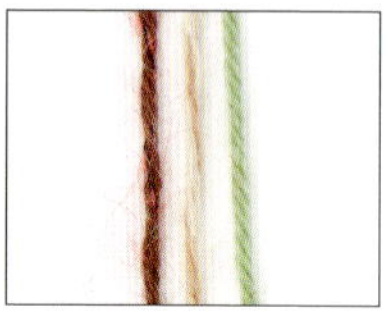

DATA

筬目:40羽
織り寸法:
20cm幅×150cm
整経長:2m
幅と本数:20cm79本
よこ糸密度:4段/cm

使用糸:
たて糸▶
並太毛糸
緑(ウール100％)
53m/20g(2.7m/g)
並太モヘヤ糸
茶・ベージュ(ウール90％、ナイロン10％)
よこ糸▶
並太毛糸
緑(ウール100％)
53m/20g(約2.7m/g)
使用量:
たて糸▶
緑160m・茶60m・ベージュ30m(柄糸のみ3m)
よこ糸▶緑120m

柄糸Aの動き

全体図

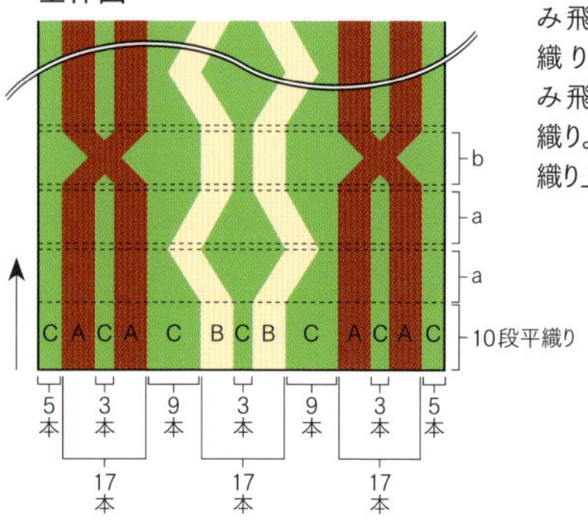

●たて糸:A＝茶、B＝ベージュ、C＝緑。A・B部分は17本のうち、1・3・5・7・11・13・15・17本目に地糸1本＋柄糸1本の2本取りにする。
●よこ糸:aは柄糸Bのみ飛ばして11段平織り。bは柄糸Aのみ飛ばして11段平織り。2×9回＋1で織り上がり。

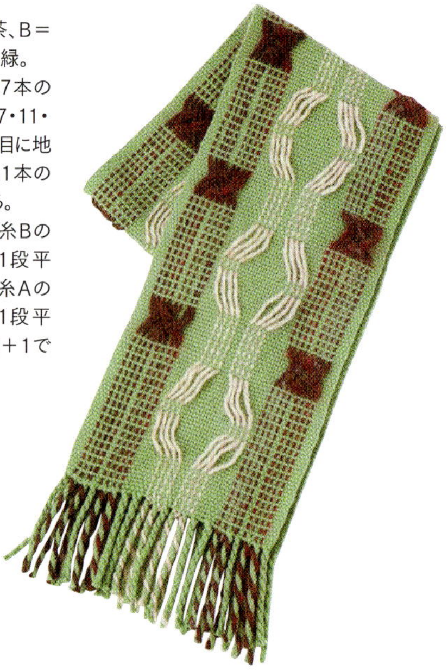

PROCESS

1 柄bの出だし部分。茶の柄糸を仮止めしていたクリップをとり糸を溝から外して11段平織りする。

2 茶の2本の縞を交差させて溝に入れ、バックローラーにクリップで留める。

3 そのまま1段織る。

4 柄aの出だし部分。次にベージュの柄糸をはずして11段平織りする。図に添って柄糸の位置を飛ばす。

たて枠織りのマフラー

たて糸を外したままのたて飛びと違い、たて枠織りの柄糸は地の糸と一緒に巻き取ります。2段に一度の割合で隣の糸と交差させることで緩やかなカーブを描く枠線をつくりますが、交差する糸が絡む斜線織りと違い、たて枠織りでは柄糸が地糸の上を飛ぶように交差させます。柄糸は地糸よりかなり太い糸を選ぶといいでしょう。

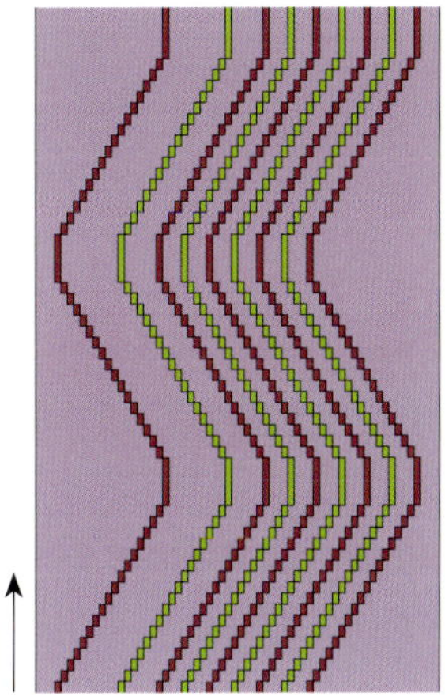

●たて糸:
A3本＋B1本＋A9本＋C1本＋A5本＋(B1本＋A3本＋C1本＋A3本)×3＋B1本＋A20本
計64本
●よこ糸:
A＝平織り10段
B＝柄糸は図の通りに右隣の地糸と交差させて1段＋平織り2段×17回＝51段
C＝柄糸は図の通りに左隣の地糸と交差させて1段＋平織り2段×17回＝51段

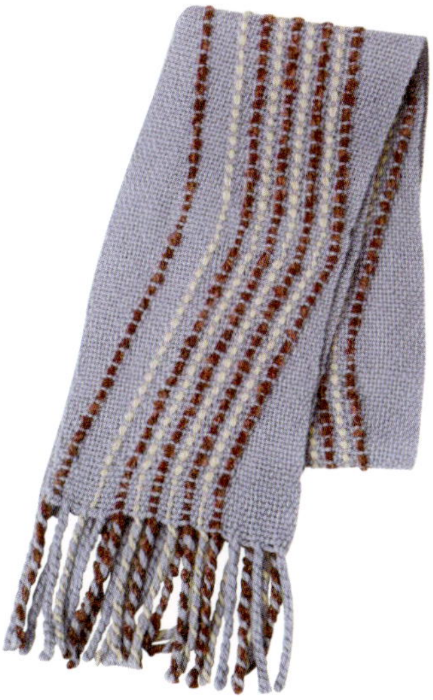

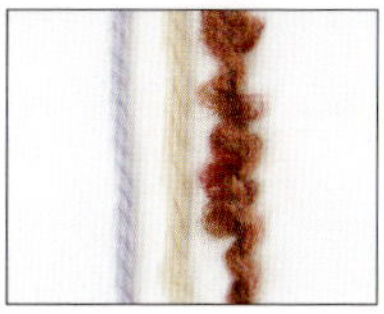

DATA

筬目:30羽
織り寸法:21cm幅×150cm
整経長:2m
幅と本数:21cm64本
よこ糸密度:3段/cm

使用糸:たて糸▶
A 並太毛糸　薄紫(ウール100％)
53m/20g(2.7m/g)
B 合太変わり糸　赤・紫(アクリル68％、ウール23％、ナイロン9％)
68m/40g(1.7、m/g)
C 合太変わり糸　ベージュ(アクリル30％、ウール70％)
100m/50g　2m/g
よこ糸▶並太毛糸　薄紫(ウール100％)53m/20g(約2.7m/g)
使用量:
たて糸▶A 110m・B 20m(2本取り)・C 8m
よこ糸▶95m

PROCESS

2段に一度、柄糸が地糸の上を渡るように交差させる。柄糸が常に飛ぶためこの織り地には表裏がある。

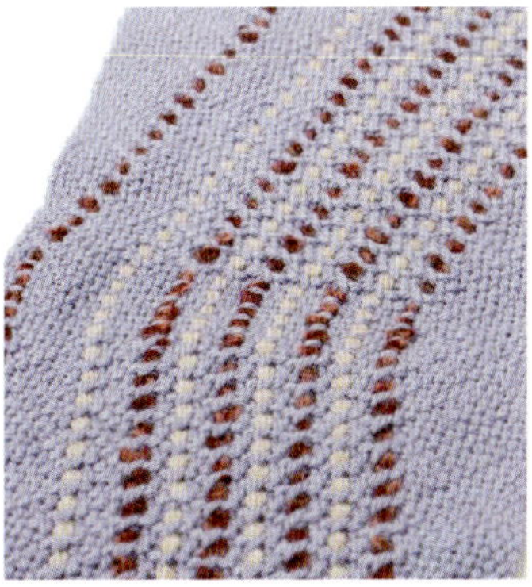

COLUMN

長いたて糸をかけるときは

オープンリードの織機の特徴のひとつは織機の表面に整経台が付いていることです。ただ面積が広くないためたくさんのスティックを立ててたて糸をかけると、糸道を間違えそうになるのがネックです。普段座って整経している人も長いたて糸のときだけは立ち上がって上から覗き込んで確認したり、織機を横にしてスティックの間も見える位置で整経すると、糸道を間違えずにすみます。

長いたて糸を巻き取る時はその分巻紙もたくさん使うのでたて糸の張りに緩みやゆがみが生じがちです。巻紙1枚分巻き取ったらたて糸全体をしっかりと引っ張り余分な緩みをとりながら巻き取るといいでしょう。

織りの技法

19

クローズドリードならではの織り方

スリットとホールを持つ筬ソウコウを持つクローズドリード。その筬ソウコウを2枚同時に使うことができるのがクローズドリードの大きな特徴です。

クローズドリードの筬ソウコウ(ヘドルあるいはリードとも言う)は一見高機の筬に似ていますが、隙間(スリット)だけの筬と違い隙間を区切るプラスチックの棒に穴(ホール)が開いています。ホールとスリットの順でたて糸を通し、筬ソウコウを上に持ち上げればスリットの糸はスリットの一番下に、筬ソウコウを下に下げるとスリットの一番上に糸が位置し、ホールの糸の位置との違いで開口する仕組みです。クローズドリードならではの特徴は筬ソウコウに厚みがないので2枚同時に使用できるということです。

2枚同時に使うことでできる技法は大きく分けて2種類あり、ひとつは倍の密度の織りができること、もうひとつは3枚ソウコウの柄織りができることです。

倍の密度と3枚ソウコウ

30羽×2枚で60羽、40羽×2枚で80羽、同じ密度のソウコウを2枚使うと倍の密度になります。ただクローズドリードにはステンレス製の筬ソウコウ(20〜90羽・三葉トレーディンク製)もあり、密度の細かさと同時に重さがあるので、強く打ちこめるしっかりとした織り地を希望する人はステンレス製の方がおススメです。

●倍密度(40羽×2枚で80羽の織地)

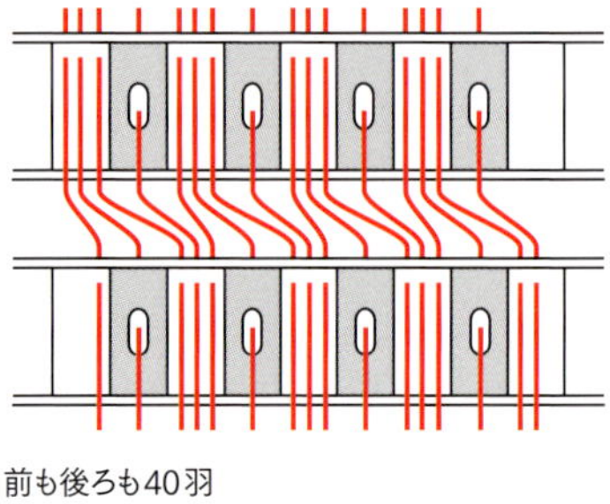

前も後ろも40羽

●3枚ソウコウ(20羽+40羽で1－2の綾織り)

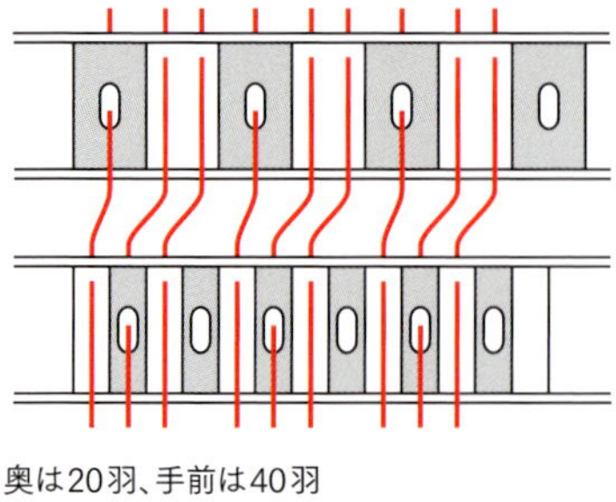

奥は20羽、手前は40羽

PROCESS　●倍密度（40羽×2枚で80羽の織地）

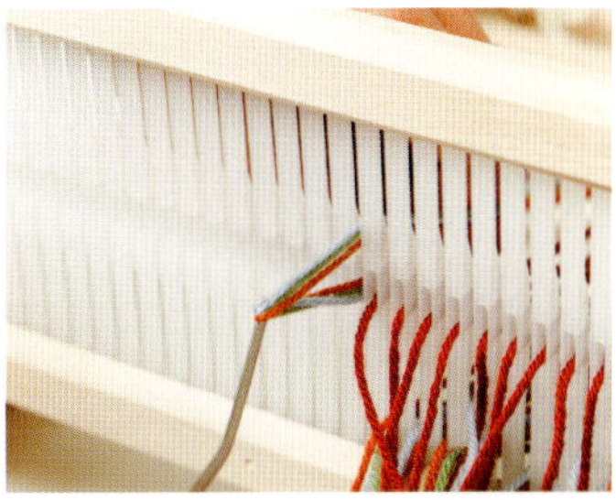

1　20cm幅、赤・オレンジ・緑・水色各40本の計160本を整形し、糸端をフロントローラーに縛る。

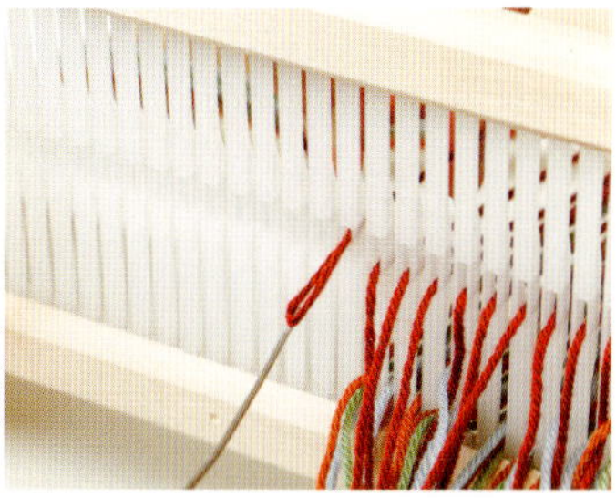

2　ホールには赤1本・スリットには残り3本の順でヘドルフックでたて糸を通す。

3　通し終えたら筬ソウコウをフロントローラー側に移動させ、もう1枚筬ソウコウを置く。

4　ホールには青の糸を通し、スリットに残り3本を通す。

5　通し終えたたて糸はパックスティックに結び、紙をはさみながらたて糸を巻き取る。

6　逆の糸端をフロンドローラー側に結びつけたら、筬ソウコウは2枚固定するようにとめる。

7　2枚一緒に筬ソウコウを動かす。筬ソウコウをアップポジションに上げると赤と水色が上糸になる。

8　ダウンポジションに置くとオレンジと緑が上糸になり、そのまま普通に平織りする。

9　スリットに3本の糸を入れているため、たて糸のよれた織り地になるので　縮絨は丁寧にする。

PROCESS　●3枚ソウコウ（20羽＋40羽で1－2の綾織り）

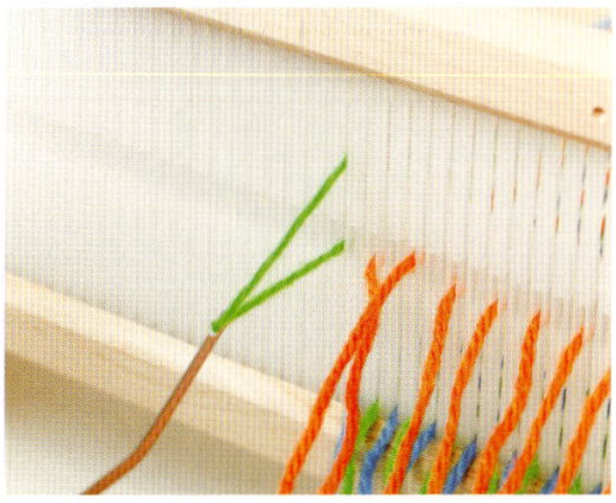

1　オレンジ・青・緑×各20本のたて糸を整経し、フロント側に縛る。サイドポストに40羽をセットする。

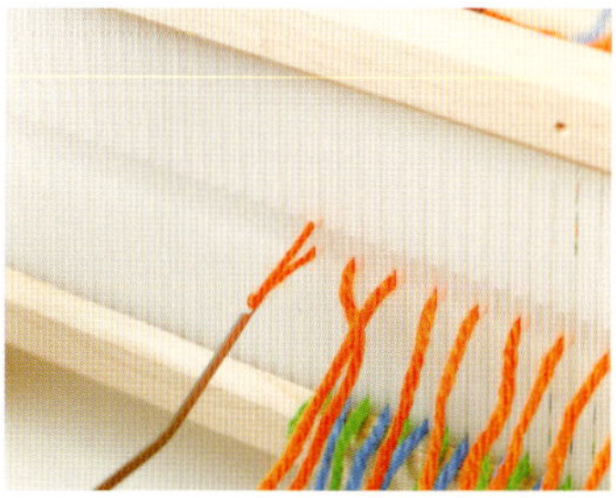

2　バックローラー側から向かって右からスリット緑ホール赤スリット青ホール空羽の順でたて糸を通す。

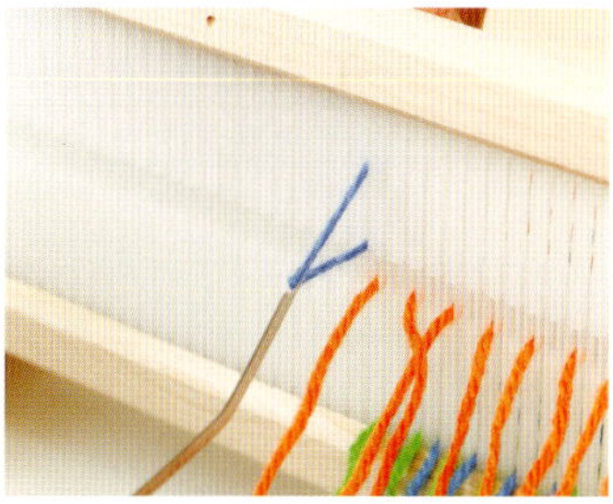

3　通し終えたら40羽はフロントローラー側に移動させ、サイドポストに20羽を設置する。

4 ホールに青、スリットにオレンジと緑を通し、通した糸はバックスティックに結んで巻き取る。

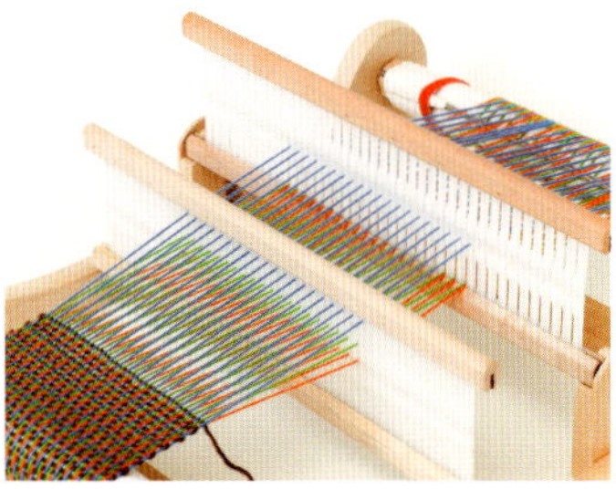

5 ①20羽上、40羽そのまま。3本中右の青が上がる。

6 ②20羽そのまま、40羽上。中央オレンジが上がる。

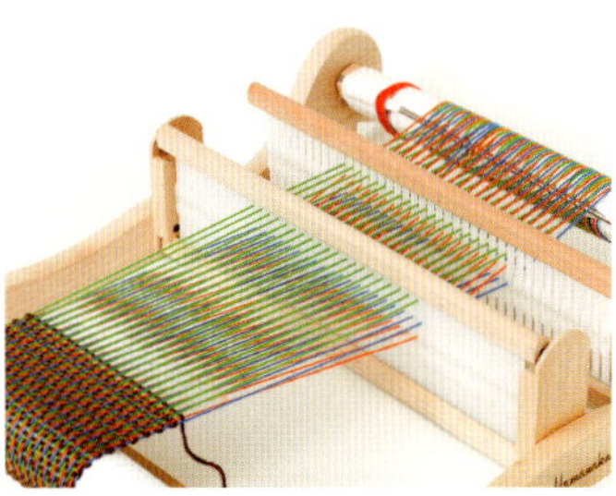

7 ③20羽そのまま、40羽下。3本中左が上がる。①②③を繰り返すと206ページの画像や、下の織り図の下半分になる。

8 ④20・40羽上。青とオレンジが上がる。

9 ⑤20羽下、40羽上。オレンジと緑が上がる。

10 ⑥20羽上、40羽下。青と緑が上がる。④⑤⑥を繰り返すと織り図上半分になる。

組織図　**3枚ソウコウ 1-2 2-1**

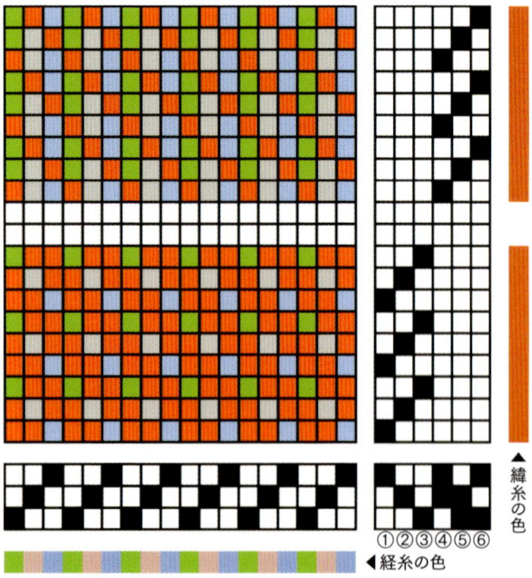

80羽でピンストライプマフラー

40羽の筬ソウコウを2枚使い、細い中細毛糸でピンストライプのマフラーを織りました。80羽にするにはたて糸の通し方は207ページを参考にしてください。あまり開口がよくないので、丁寧に織ることがポイント!

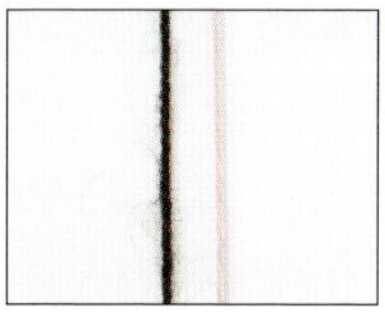

DATA
筬目:40羽2枚(80羽)
織り寸法:20cm幅×150cm
整経長:2m
幅と本数:22cm174本
よこ糸密度:3段/cm

使用糸:たて糸▶中細毛糸　黒・ピンク(アルパカ100％) 90m/25g(6m/g)
よこ糸▶中細毛糸　黒(アルパカ100％) 180m/40g(4.5m/g)
使用量:
たて糸▶黒132m・ピンク84m
よこ糸▶黒99m

SAMPLE

●たて糸:(黒6本ピンク2本×21回)+黒6本

3枚綾で変化織りのマフラー

3枚綾の動きをするたて糸のかけ方で厚みのある変化織りのマフラーを織りました。

糸のかけ方は208ページを参考にしてください。織り方は同じく208ページのプロセスをもとにピンクで③⑥③ベージュで②④②6段ひと模様の繰り返しです。

DATA
筬目:
40羽+20羽(30羽)
織り寸法:
20cm幅×150cm
整経長:2m
幅と本数:20cm60本
よこ糸密度:2段/cm

使用糸(たてよことも同じ):
合太アクリル毛糸　紫・ピンク・ベージュ(アクリル100％)
56m/40g(1.4m/g)
使用量:
たて糸▶紫120m
よこ糸▶
ピンク・ベージュ各30m

組織図　**3枚綾で変化織りのマフラー**

●たて糸:紫1色
●よこ糸:ピンク③⑥③・ベージュ②④②　繰り返し

ピックアップの裂き織りバッグ

クローズドリードならではの特徴として、筬ソウコウの後ろでたて糸を拾いスティックをさしておくことで、より簡単な糸ソウコウ（64ページ）の役割をさせることができます。

拾うのはたて糸を2本取りにしたうちの1本です。平織りの途中でときどきスティックを立て、裂き布を通すことで布表にだけはさみ織り風裂き織り地ができます。

SAMPLE

表

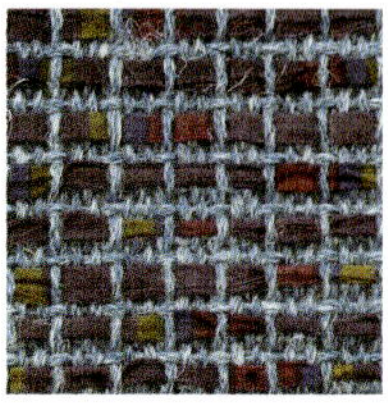

裏

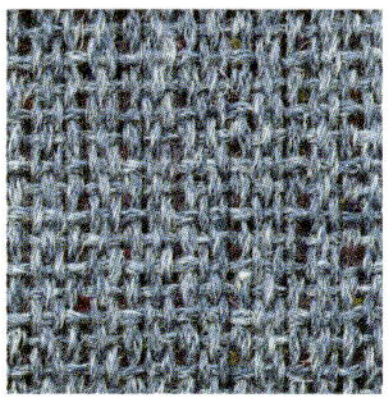

DATA

筬目：50羽
織り寸法：
24cm幅×52cm
整経長：1.1m
幅と本数：
24cm148本（119本＋2本取り分29本）
よこ糸密度：3段/cm

使用糸：たて糸▶
中細麻糸
紺（アクリル70％、麻30％）
62m/25g（2.4m/g）
よこ糸▶
中細麻糸
紺（アクリル70％、麻30％）
62m/25g（2.4m/g）
裂き布（1cm幅）
使用量：
たて糸▶163m
よこ糸▶
42m、裂き布12m

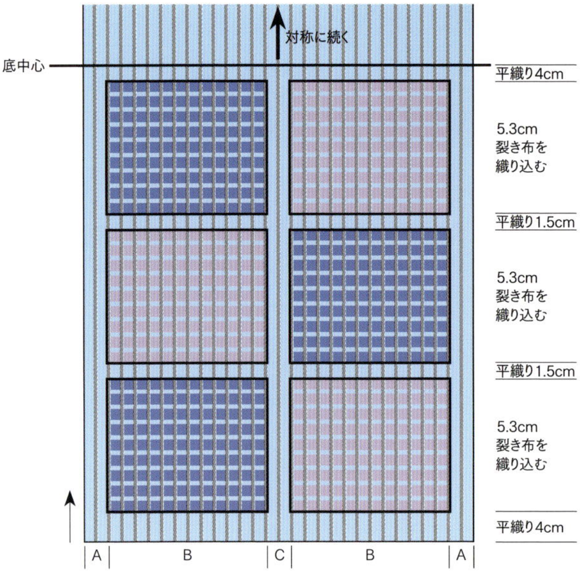

- たて糸：
  A＝10溝
  B＝（2本取り1本＋1本取り3本）×11回＋2本取り1本（計45溝）
  C＝9溝
- よこ糸：柄は2本取りが上糸のときからはじめる。2本のうち1本を拾って裂き布を入れる。（ピックアップ1段＋平織り2段）×8回＋ピックアップ1段

PROCESS

1 筬ソウコウの後ろにさしたスティックを立てると拾った糸が開口する。

2 地糸での平織りは毎段織る。

CHAPTER 5

その他の織り方

今まで紹介した以外にも、さまざまなおもしろい織り技法があります。ワンポイントの工夫を加えるだけで、卓上織機でもすいすい織れるものや多ソウコウならではの織り方もあります。

織りの技法

20.コイル織り　21.引き返し織り　22.メガネ織り
23.吉野織り　24.ワッフル織り

卓上織機で帯をつくる

織りの技法

20

コイル織り

コイルのように巻きつけた糸が、織地を立体的に見せ、作品のアクセントとなる技法です。

たて糸によこ糸あるいは別糸を巻きつけてアクセントとする技法で、コイル織りあるいはコイリングと言います。ファイバーワークのタペストリーで布の表面に突起を出したいときなどによく使われます。ここではコイル織りをアクセントとして使った個性的なマフラーを2点取り上げました。

ワンポイントのコイリングマフラー

渋めな色の地糸に白いモコモコした糸でワンポイントでぽっちのようなコイル織りを加えました。織り布の耳がきれいに見えるように白糸は2段ごとに切って処理しています。

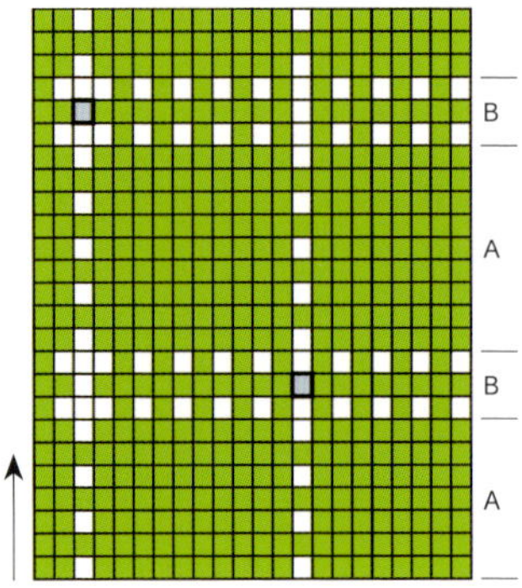

- たて糸:(緑10本+白1本)×7+緑10本
- よこ糸:
  A=緑9段
  B=白1段+緑1段+白
  太枠部分でコイル織り

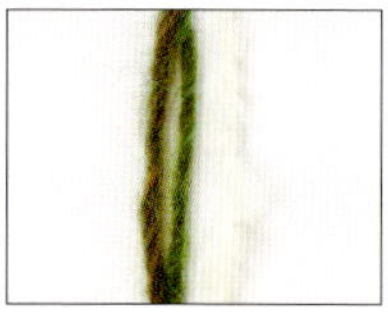

DATA

筬目:30羽
織り寸法:
29cm幅×150cm
整経長:2m
幅と本数:29cm87本
よこ糸密度:2.5段/cm

使用糸(たてよことも同じ):
ツイード変わり糸　緑
(ウール53%、アクリル47%)
75m/30g(1.7m/g)
変わり毛糸　白(アクリル68%、ナイロン23%、ナイロン9%)
68m/40g(1.7m/g)
使用量:
たて糸▶
緑154m　白14m
よこ糸▶
緑109m　白20m

PROCESS

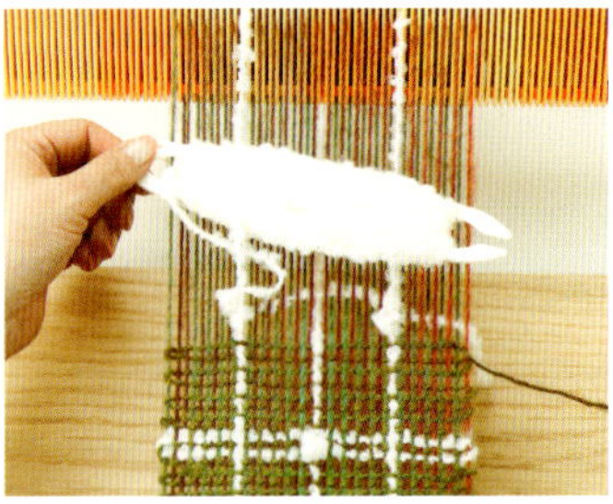

1 糸端を3cm出した状態でよこ糸を入れ、上糸になっている白糸に3～4回巻きつけて織る。

2 地糸で1段織ったあと、はじめの糸端を折り返し、2段目の白糸と3cm重ねて端糸の始末とする。

窓枠のコイル織りマフラー

シャトルを2本用意して引き返して織り、またシャトルを1本に戻して織ると小さな窓枠ができます。その織り残したたて糸に別の糸を巻きつけてみました。

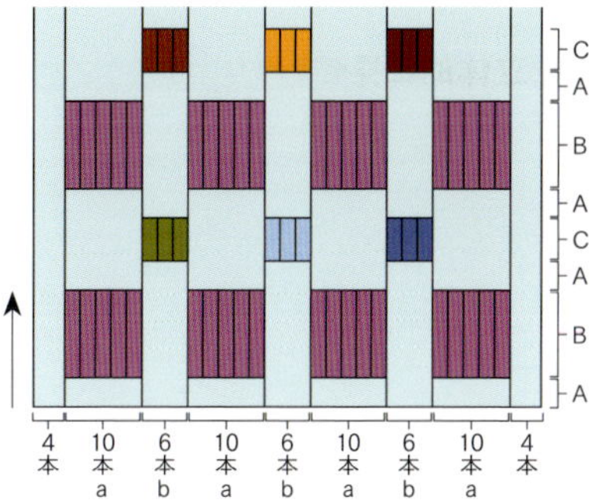

●よこ糸:
A＝平織り4段
B＝たて糸a部分で2本ずつのコイル織りを5本、両端とb部分は平織り12段
C＝たて糸b部分で2本ずつのコイル織りを3本、両端とa部分は平織り6段
(A＋B＋A＋C)×2＋B＋平織り181段＋(A＋B＋A＋C)×2＋B＋A

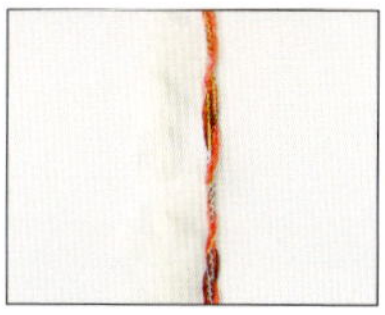

DATA

筬目:30羽
織り寸法:
20cm幅×130cm
整経長:2m
幅と本数:20cm59本
よこ糸密度:2.5段/cm

使用糸:
たて糸▶
変わり毛糸　白(アクリル68%、ウール23%、ナイロン9%)
68m/40g(1.7m/g)
よこ糸▶
変わり毛糸　白(アクリル68%、ウール23%、ナイロン9%)
68m/40g(1.7m/g)
ツイード風変わり糸(レーヨン65%、ナイロン29%、ポリエステル6%)
122m/40g(3.1m/g)
使用量:
たて糸▶118m
よこ糸▶白65m　ツイード風変わり糸10m

PROCESS

1 平織りをした後、目印をつける。シャトルをもう1本用意し、目印で引き返して織る。

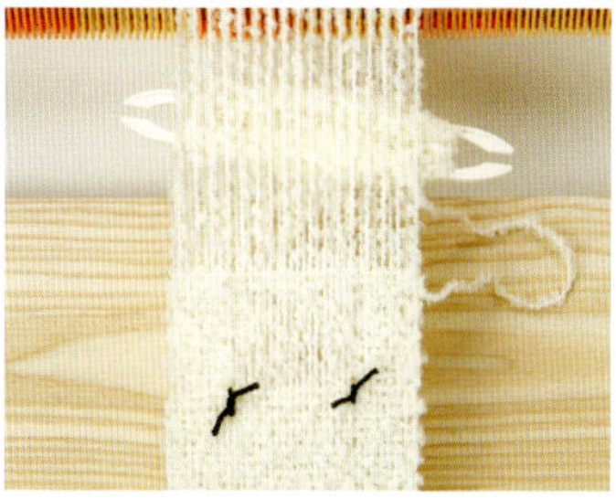

2 ある程度そのまま織ったら、シャトルを1本に戻して織ると小さな窓枠ができる。

3 巻きつける別糸を用意し、糸端を5cm残してくるくると巻きつけていく。

4 巻き終わったあと、糸端はとじ針で縫い込んで始末する。

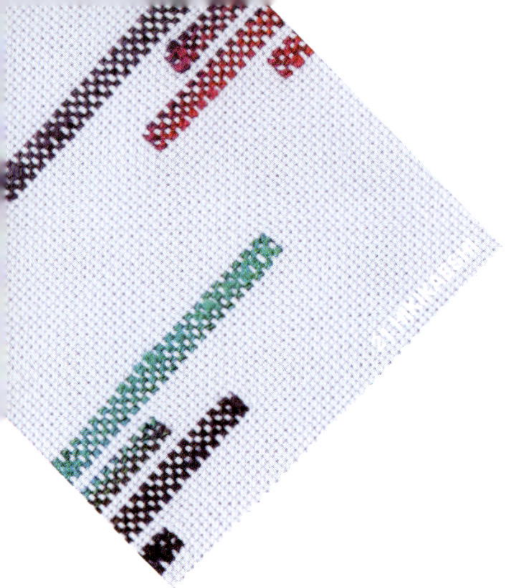

織りの技法

21

引き返し織り

たて糸、よこ糸を途中で引き返して糸を変えることで柄を織り出します。規則的に引き返せば具象柄にもなります。

普段織るとき、よこ糸はそのたて糸の幅を同じ糸で行ったり来たりし、たて糸は整経する長さ分の1本は同じ糸ですが、途中で引き返して糸を変えることもできます。

シンプルに2色の組み合わせもいいですが、3色4色といくつもの色を使ってはさみ織り（56ページ）のような具象柄を織りだすこともできます。

ここでは基本的なデザインとして、一定のパターンのマフラーにしましたが、あまり柄や糸にこだわらずに気の向くままランダムに引き返し柄を入れていくのも楽しいです。

よこ引き返しマフラー

プレーンな並太毛糸をたてよこに使い、変わり糸を引き返しの糸に使ってマフラーを織りました。

引き返しに使った変わり糸はロングピッチの段染めだったため、引き返す段によって色が変わって見えます。

変わり糸は2本取りで使っています。引き返す糸をポイントで入れるなら地糸よりも太めの糸を選ぶとよいでしょう。

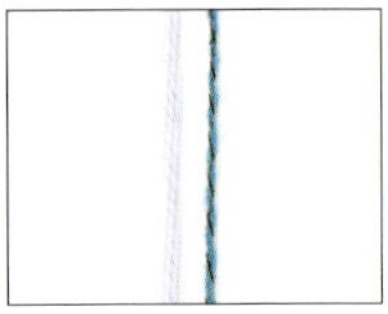

DATA

筬目：40羽
織り寸法：
20cm幅×110cm
整経長：1.6m
幅と本数：20cm80本
よこ糸密度：4段/cm

使用糸：
たて糸▶並太毛糸　紫（ウール100%）
53m/20g（2.7m/g）
よこ糸▶並太糸　紫（ウール100%）
53m/20g（2.7m/g）
ツイード変わり糸＜引き返し糸＞（毛68%、ナイロン32%）
180m/40g（4.5m/g）
使用量：
たて糸▶128m
よこ糸▶紫97m
ツイード変わり糸2本取り64m

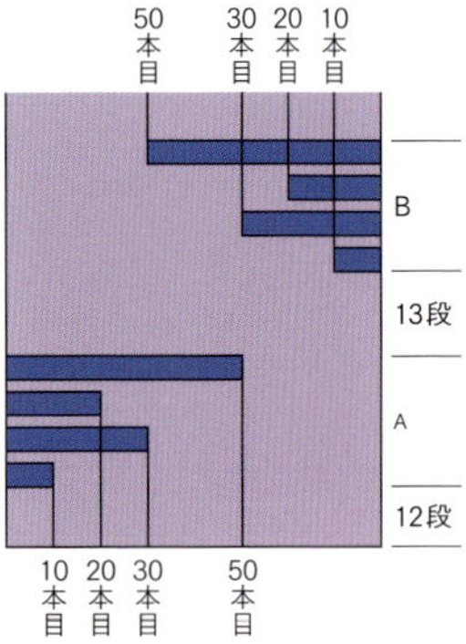

●よこ糸：最初と最後は12段、AとBの間は13段
A＝左側から
10本目で引き返し×4段＋2段
30本目で引き返し×4段＋2段
20本目で引き返し×4段＋2段
50本目で引き返し×4段
B＝右側から　Aと同じ

PROCESS

シャトルは2本用意する。地糸である程度平織りしたら、シャトル2本で引き返しながら織る。

たて引き返しマフラー

たて糸を整経するときに玉を2つ用意して、整経する長さの両端に糸端を結び付けます。両方から糸をかけていって、途中地点で糸同士をひっかけて折り返します。つまりたて糸の途中で色の変わっている部分は2本取りです。ここでは糸の太さを揃えるために地の糸もすべて2本取りにしました。巻き取ると糸足がおもしろく乱れます。

DATA

筬目:30羽
織り寸法:
20cm幅×140cm
整経長:2m
幅と本数:20cm116本
(2本取り)
よこ糸密度:3段/cm

使用糸:
たて糸▶並太毛糸　紫
(ウール100%)
53m/20g(2.7m/g)
ツイード変わり糸<引き返し糸>(毛68%、ナイロン32%)
180m/40g(4.5m/g)
よこ糸▶並太毛糸　紫
(ウール100%)
53m/20g(2.7m/g)
使用量:
たて糸▶紫232m
引き返し糸40m
よこ糸▶93m

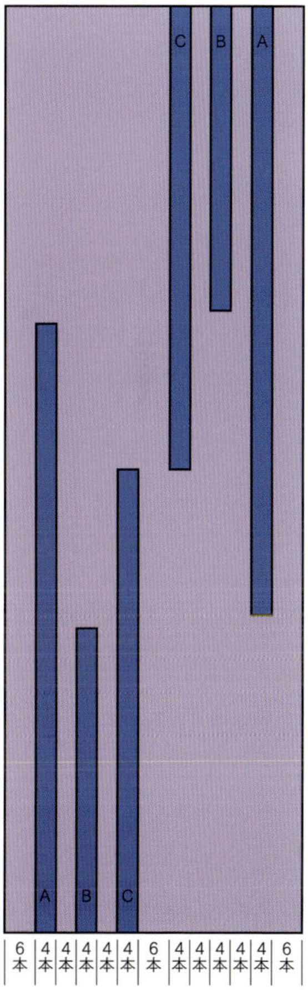

●たて糸:58本(2本取りのため116本)
A＝長さの2/3(92cm)で引き返し
B＝長さの1/3(46cm)で引き返し
C＝長さの1/2(70cm)で引き返し

PROCESS

1 糸を2玉用意し、たて糸をかける途中でひっかけてUターンさせる。

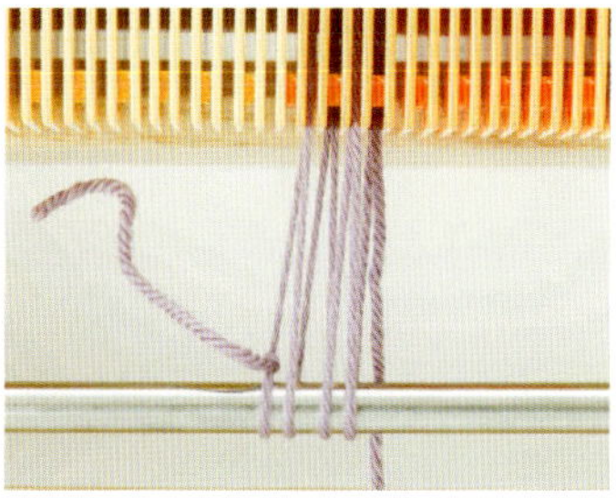

2 たて糸は2本取りになる。

たてよこ引き返しショール

濃淡2色の紫色の毛糸でたてもよこも引き返してみました。色が不思議に交差するショールになります。

たてよこども同じ糸で引き返す場合、たては2本取りになる、つまりたて糸の太さがよこ糸の2倍になります。

このショールはよこはそのまま1本取りにしましたが、たてに合わせて2本取りで織ってもいいでしょう。

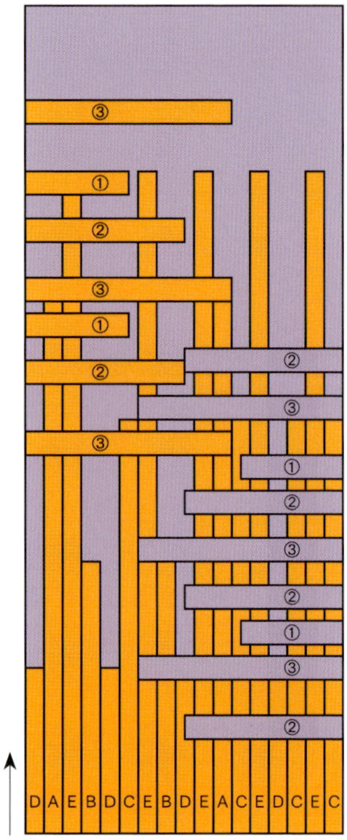

●たて糸：75本（2本取りのため150本）
A＝長さの2/3（約100cm）で引き返し
B＝長さの1/3（約50cm）で引き返し
C＝長さの1/2（約80cm）で引き返し
D＝長さの1/5（約30cm）で引き返し
E＝長さの4/5（約120cm）で引き返し
●よこ糸：
①＝幅の1/4（約10cm）で引き返し
②＝幅の1/2（約20cm）で引き返し
③＝幅の3/4（約30cm）で引き返し

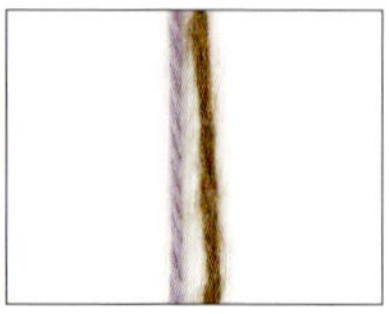

DATA

筬目：40羽
織り寸法：
37cm幅×160cm
整経長：2.1m
幅と本数：
37cm150本（2本取り）
よこ糸密度：4段/cm（2本取り）

使用糸（たてよこども同じ）：
並太毛糸（アルパカ100%） 80m/40g（2m/g）
使用量：
たて糸▶
こげ茶・紫各150m
よこ糸▶
こげ茶・紫各98m

織りの技法
22

メガネ織り
(蜂巣織り)

**平織りと浮かせて織った部分とで、蜂の巣のような
ブロックができる織り技法。縮絨するとメガネ模様に。**

平織りとたて糸を数段置きに浮かす部位の組み合わせで市松模様に織ります。その形が蜂の巣のようであることから蜂巣織りあるいはハニーカムと呼ばれています。織っているときの四角いブロックが、縮絨をすると糸が寄って丸いメガネのような形になることからメガネ織りとも呼ばれています。

メガネ織りマフラー

織り方自体でそれほど変化はつけられませんが、色や素材を変えることでバリエーションはできます。このマフラーは丸い形をより強調するために平織り部分の糸は太い糸を使い、地の糸と同じ開口で2段入れました。

組織図　メガネ織りマフラー

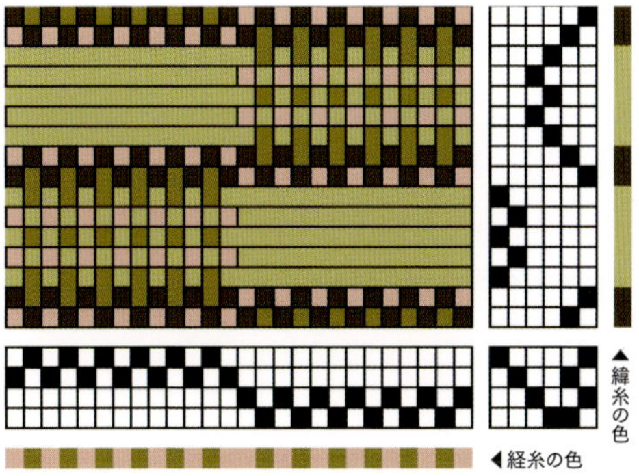

●たて糸:B5本+(ABABABABABA)×5+B5本
●よこ糸:B5段+(A5段B2段の繰り返し)+A5段B5段

PROCESS

ひと縞おきにたて糸をすくって織る。織り布の表裏で柄が異なる。

SAMPLE

表

裏

DATA
筬目:40羽
織り寸法:
19cm幅×150cm
整経長:2m
幅と本数:19cm75本
よこ糸密度:4段/cm

使用糸(たてよことも同じ):
並太毛糸　A ピンク・B 茶・ベージュ(アルパカ100%) 80m/40g(2m/g)
使用量:
たて糸▶
ピンク70m、茶80m
よこ糸▶
ベージュ80m、茶34m

織りの技法

23

吉野織り（エムズアンドオーズ）

平織りと畝織りの組み合わせでできる吉野織り。
卓上織機でも楽しめる簡単なものをご紹介します。

吉野織りにはよこ吉野・たて吉野・たてよこ吉野の3種類があります。平織り部分と畝織り部分とで構成されておりM's & O'sとも言います。

ここではよこ吉野とたてよこ吉野の2点を取りあげました。本来4枚ソウコウで織るよこ吉野織りですが、拾い方は簡単なので卓上でも楽しんで織ることができます。

よこ吉野織りのマフラー

3色の同じ太さの並太毛糸を使って格子柄のマフラーにしました。ブロックによって多少の凹凸ができ、表情の異なるおもしろい織り地になります。

ここでは大きなブロックの格子にしましたが、格子のサイズを変化させることでデザインのバリエーションを広げることができます。

組織図　よこ吉野織りのマフラー

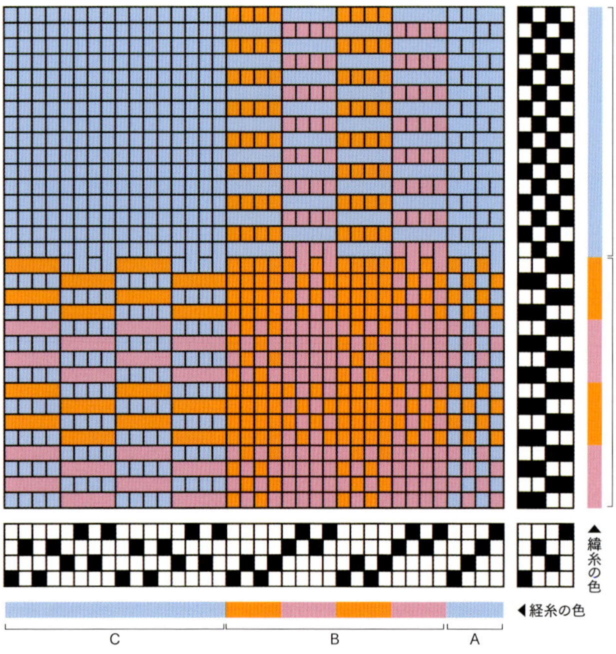

- たて糸：A＝紫4本、B＝ピンク4本＋赤4本）×2、C＝紫16本
- たて糸配色：A－B－C－B－C－B－A
- よこ糸：D＝ピンク4段＋赤4段＋ピンク3段＋赤4段、E＝紫16段　DとEを繰り返す。

SAMPLE

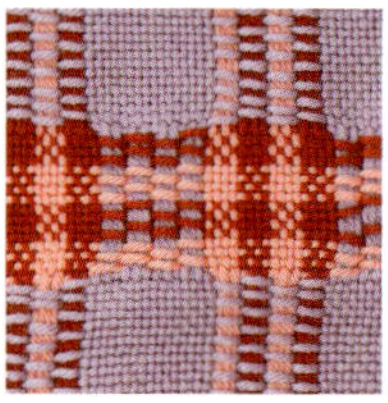

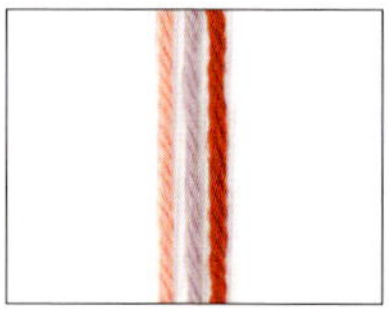

DATA

筬目：40羽
織り寸法：
23cm幅×150cm
整経長：2m
幅と本数：23cm88本
よこ糸密度：4段/cm

使用糸（たてよことも同じ）：
並太毛糸　紫・ピンク・赤（ウール100%）
53m/20g（2.7m/g）
使用量：
たて糸▶紫80m、ピンク48m、赤48m
よこ糸▶紫70、ピンク・赤各34m

PROCESS

1 紫20段を織るブロックでは、赤とピンクの縞を4本ずつ飛ばして織る。

2 ピンク4段、赤4段を交互に織るブロックは、紫のたて糸を4段ずつ飛ばして織る。

たてよこ吉野織りのショール

たて糸だけが飛んでいるよこ吉野織りに対してよこのラインはよこに、たてのラインはたてに飛んでいるのがたてよこ吉野織りです。このショールは6枚ソウコウの高機で織ってあります。

白い糸はシルクウール、色糸はウール100%の並太毛糸を使い、軽くて軟らかいショールに仕上がりました。

SAMPLE

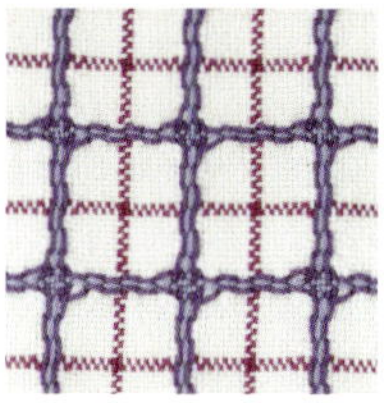

DATA
筬目:40羽
織り寸法:38cm幅×160cm
整経長:2.6m
幅と本数:38cm152本
よこ糸密度:4段/cm

使用糸(たてよことも同じ):
A 並太毛糸　白(毛80%、絹20%) 110m/40g (2.8m/g)
B 並太毛糸　赤(毛100%) 78m/40g(2m/g)
並太毛糸　C濃紫・D淡紫(ウール70%、アクリル30%) 100m/40g(2.5m/g)
使用量:
たて糸▶
赤26m、紫(濃・淡)各32m　白307m
よこ糸▶
白221m、紫(濃・淡)各20m、赤21m

組織図　たてよこ吉野織りのショール

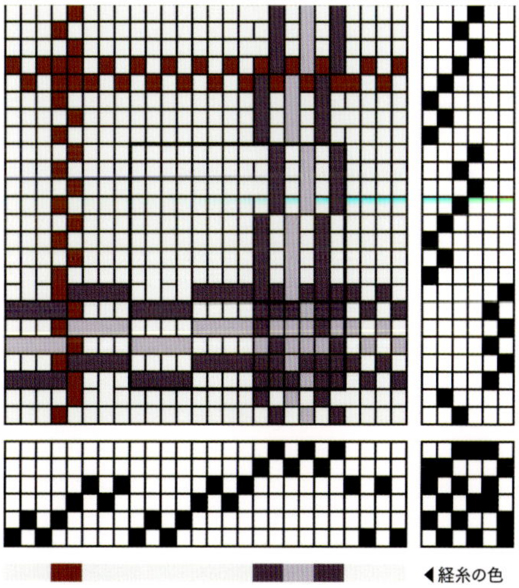

●たて糸:A4本+(C2本+D2本+C2本+A11本+B2本+A11本)×5+C2本+D2本+C2本+A4本
●よこ糸:A11段+B2段+A11段+C2段+D2段+C2段の繰り返し

織りの技法
24
ワッフル織り

タオル地などによく見られる織り技法。
立体感があり、ふんわりとした手ざわりに仕上がります。

お菓子のワッフルみたいに形をしているからワッフル織り、この織り方は市販のタオルなどにもよく見かけます。一見立体感のある四角が連なる模様に見えますが、徐々に飛ばす位置をたてよこに広げるひし形模様です。ソウコウの枚数が多いほどより立体的な柄をつくることができます。

4枚ソウコウのワッフル織りマフラー

もっともシンプルなワッフル織りです。このくらいなら18ページの「織り図を数式に替える」を参考に卓上でも織ることができ、4枚ソウコウ織機の場合もタイアップを変えて4本踏み木で織ることができます。

組織図 4枚ソウコウのワッフル織りマフラー

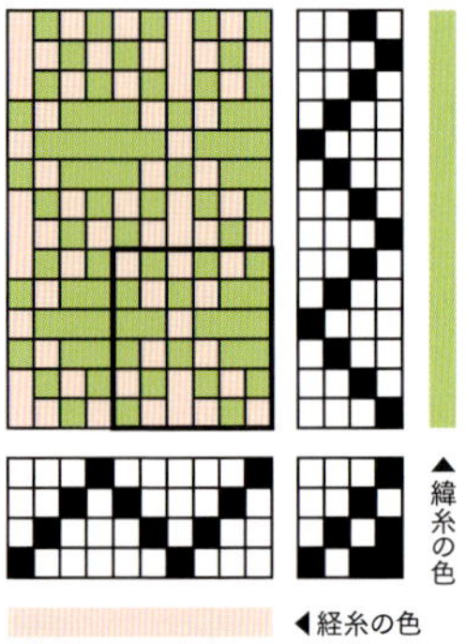

SAMPLE

DATA
筬目:30羽
織り寸法:
16cm幅×130cm
整経長:2m
幅と本数:16cm55本
よこ糸密度:3段/cm

使用糸(たてよことも同じ):
並太毛糸 ピンク(ウール90%、ナイロン10%)
80m/40g(2m/g)
使用量:
たて糸▶110m
よこ糸▶72m

PROCESS

1 糸のたくさん飛ぶ織り模様なので、ソウコウに対して少し太めの糸を選ぶ。

2 たて糸が一色の場合は拾う糸を間違えないようにスティック(230ページ)を使って拾う。

3 スティックを立てた隙間にシャトルを通す。

4 スティックをはずして打ち込む。

5 最大で5本のたて糸を飛ばす。

8枚ソウコウのワッフル織りショール

織り布の表裏でちょうど逆の糸が表に出ます。そこでピンクと紫の濃淡の4色の糸を使い、リバーシブルに色が出るようにたてよこの糸を配置しました。8枚のワッフル織りはかなり長く糸が渡ります。飛んだ糸が指などに引っ掛からないよう念入りに縮絨し厚みのあるふわふわのショールに仕上げました。

組織図 | 8枚ソウコウのワッフル織りショール

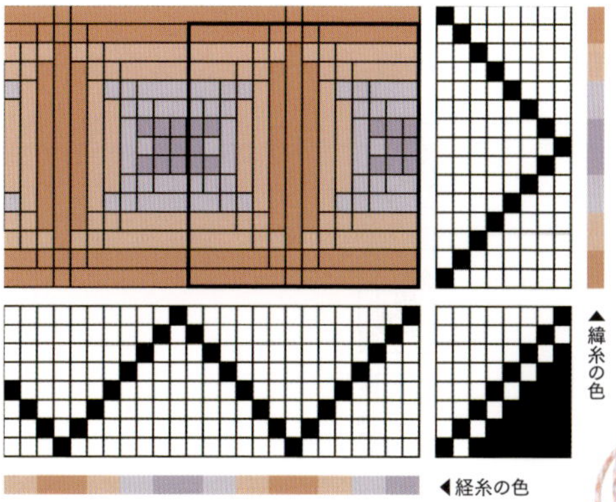

●たて糸:C3本+(D2+B2+A3+B2+D2+C3)×12
●よこ糸:A3段+D2段+D2段+C3段+D2段+B2段の繰り返し

SAMPLE

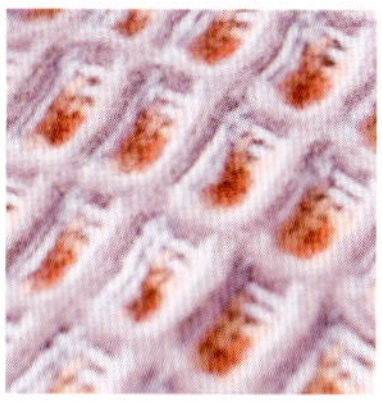

DATA

筬目:60羽
織り寸法:
29cm幅×150cm
整経長:2m
幅と本数:29cm171本
よこ糸密度:5段/cm

使用糸(たてよことも同じ):
並太毛糸
A 濃ピンク・B淡ピンク・C 濃紫・D 淡紫(ウール100%)
53m/20g(2.7m/g)
使用量:
たて糸▶
濃ピンク90m、淡ピンク・濃紫・淡紫各82m
よこ糸▶
濃ピンク・濃紫各58m、淡ピンク・淡紫各53m

PROCESS

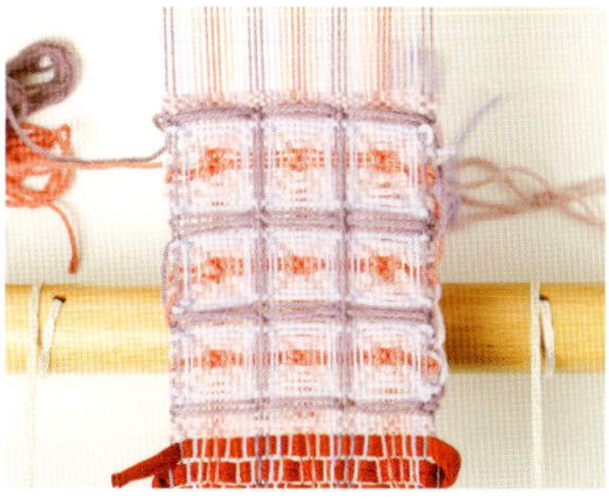

1 図に沿って織る。織り途中は平たい。

2 糸をゆるめると立体的な柄になる。右上のサンプルは縮絨後の織り地。

卓上織機で帯をつくる

手織りをしていれば一度は織ってみたい帯。
卓上の織機でも織ることができます。

ここ最近、着物をもっと気軽に日常的に着ようという傾向が強まっているような気がします。わたし自身も年に数度ですが、イベントの際には着物で出掛け、高機で織った自作の帯を締めるようにしています。個展会場に来られる生徒さんで着物を着てくる人も珍しくありません。それらの方が望むのは、せっかく織りに携わっているのだから着尺地そのものまでは手が回らないとしても例えばベルト織りで帯締め、薄い織り布で仕上げた半襟など、着物姿のどこかに自分で織った布を取り入れたいということ。

帯を織るというだけでとても敷居が高く感じる人もいるかもしれませんが、普段使いやちょっとしたお呼ばれに締める帯なら卓上織機でも充分に織ることができます。

ここではひとつの提案としてウールの半幅帯とお太鼓と前帯が別仕立ての名古屋帯を取りあげます。

右は卓上織機で織った名古屋帯あれこれ。拡大画像の織り地は矢車附子など草木で染めた胴裏を裂いて織り込んだ網代柄。

拡大画像の織り地はたてがシルクのやたら縞。よこは細く裂いた着物地で薄地にするため糸と交互に織ってある。

地模様のバッグとショール。これは高機で織ったものだが、帯を織るときに長めにたて糸をかけ、よこ糸の色は変えてお揃いの柄にした。

ウールの半幅帯

半幅帯は長さ3mくらいの織り地なので、4mまでたて糸のかけられる卓上織機であれば織ることができます。帯地として使えるよう張りを持たせつつ締めやすい柔らかい織り地にするため、50羽ソウコウを使い並太毛糸の2本取りでたて糸をかけました。よこは並太毛糸と中細毛糸を交互に織り、畝のある織り地にしました。長くたて糸をかける時は、ある程度巻き取ったらたて糸を強く引き、緩みのない均一な巻き取りになるように気をつけるのがポイントです。

PROCESS

長くたて糸をかける時は、たて糸にゆるみが生じないように時々ひっぱる。

DATA

筬目:50羽ソウコウ
織り寸法:
20 幅×300cm
整経長:4m
幅と本数:20cm192本
よこい糸密度:4段/cm

使用糸:たて糸▶並太毛糸　青・赤・紫(ウール100%)
53m/20g(2.7m/g)
よこ糸▶並太毛糸(ウール70%、アクリル30%)
100m/40g(2.5m/g)
中細毛糸(ウール100%)
190m/40g(4.8m/g)
使用量:たて糸▶青・赤・紫各260m
よこ糸▶並太毛糸240m、中細毛糸120m

名古屋帯・付け帯の織りと仕立て

図1は一般的な名古屋帯の製図です。締めると見えなくなる太鼓裏部分に別布を使うとしても約4m、縮み分を考慮すると4.5mくらいの布地を織る必要があります。

たいていの卓上織機はたて糸の長さの最長が4〜5m、構造的にこれだけの長さの織り布を巻き取ることはできません。でも胴体に巻きつける前帯と作りつけのお太鼓とが別仕立てになっている付け帯であれば、卓上織機でも可能です。

図2は付け帯タイプの名古屋帯の製図です。付け帯は、前帯・太鼓・手先の3つのパーツで成り立っています。約3mのたて糸をかけて前帯を織り、もう一度3mかけて太鼓と手先を織れば卓上織機でも充分に名古屋帯をつくることができます。ここでは下の裂き織りの名古屋帯を一例にとり、その織りと仕立ての過程をご紹介します。

図1

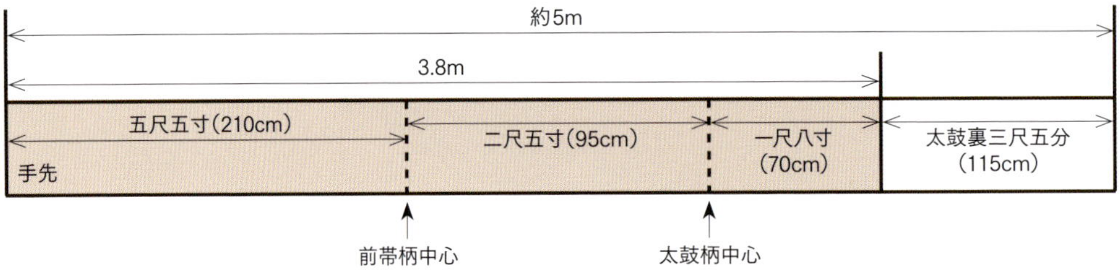

図2-a

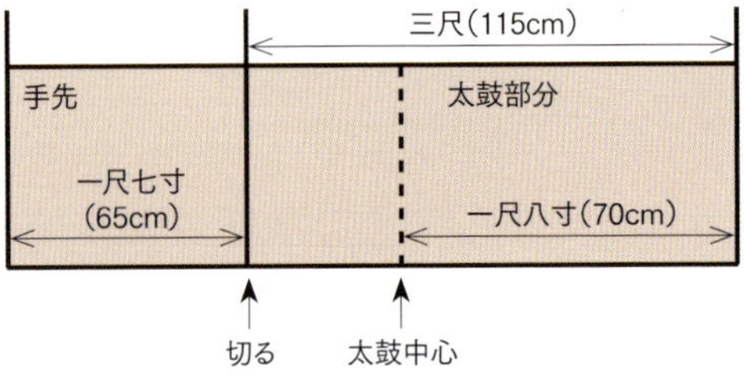

図2-b

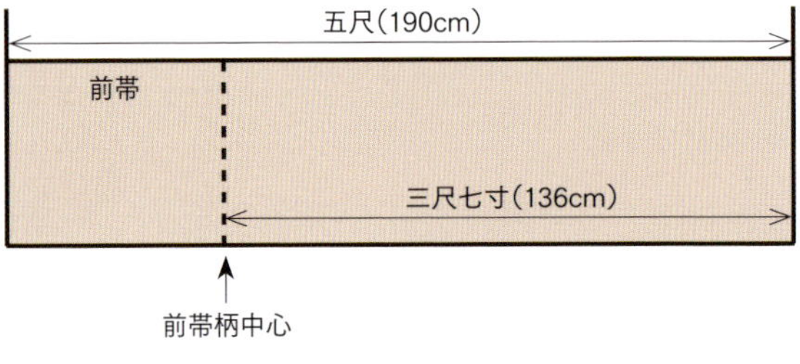

織りについて

帯地のサイズ(幅)

名古屋帯の巾は標準的な八寸二分(約31cm)とやや小ぶりな八寸(約30cm)があります。これは仕立て上がりの太鼓の幅です。手先と前帯はその半分になりますが2つに折り畳んで使うので実際に織る幅は太鼓と同じです。約30cmの仕上がりに対して、縮み分と縫い代分を考慮し、40cm幅でたて糸をかけます。

図3.5.7(226ページ)が実際に必要な3つのパーツの長さです。手先61cm・太鼓112cm・前帯186cm。

この中で前帯はアンダーバスト80cmを基準としており、アンダーバストが85cm以上の人は下記の数式にあてはめて長さを決めます。

前帯の長さ:アンダーバスト×2＋20cm
前帯柄中心:アンダーバスト×2＋10cm

太鼓と手先は共通ですので大きさを変える必要はありません。

織り地に必要な材料

参考例の帯は裂き織り、材料の目安は以下のとおりです。

たて糸:50羽ソウコウ使用で約1100mの糸が必要です。サンプル織り分も含め700m/100gの中細シルクを200g用意しました。
よこ糸:1cm幅に裂いた木綿の布を2段/㎝の密度で織りました。用意したのは110cm幅木綿キャンブリック(薄手のシーチング程度)×5mで足ります。

もし着物を裂くのであれば一着分では足りません。また222ページの帯のように裂き布と糸を交互に織る場合は中細シルクも200gでは足りません。このほかに太鼓と前帯に浮き織りで柄を入れるためモール糸各色10gを用意しました。

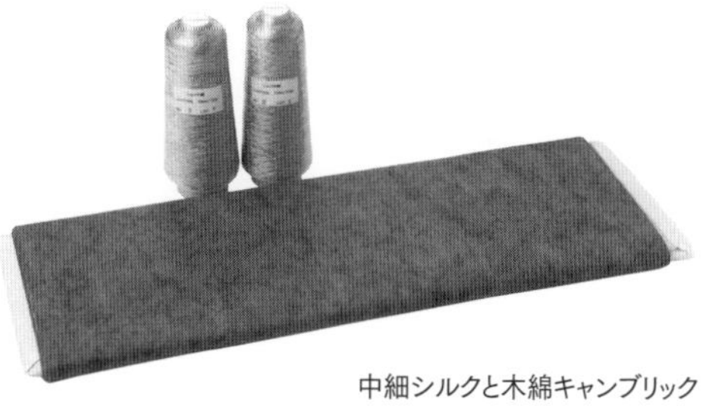
中細シルクと木綿キャンブリック

柄を入れる

一枚布の名古屋帯でちょうどいいところに柄を配置するのは大変ですが、付け帯の場合は測りやすい位置にくるので浮き織りでカーネーションの柄を入れました(カーネーションデザインは54ページ)。
仕立てたときにちょうどいい位置に柄をおさめるための注意点は下記のとおりです。

太鼓柄:図9.10(226ページ)参照。太鼓のサイズは約30cm四方ですが、実際に締めると丸みを帯びるので25cm四方の範囲で柄を入れます。カーネーションは花器に活けられている感じを出したかったので、少し下方に重心を置きました。
前帯柄:図5,11(226ページ)参照。仕立てると二つ折りになるので柄の位置は布中央から15cmの範囲であること、その15cmの中央に帯締めが来ること、大地のある柄は布の耳が上になることなどが注意点です。

仕立てについて

帯の仕立てはとても強い指先の力が必要になります。また帯芯をたるませずに縫い込み、角をきっちり出して仕立てるなど熟練の技を必要とします。もし仕立てをプロに頼んでも1.5万円くらいなので、せっかく織った布地を慣れない人が自分で仕立てることはあまりおすすめしていません。仕立て専門の書籍もありますのでここでは仕立ての全体の流れを簡潔に説明します。

仕立てに必要なもの

材料：帯用織り布地・太鼓裏布地（40×150cmのシーチング）・帯芯・太鼓ヘラ・前帯ヒモ・手縫い糸など。
道具：はさみ・目うち・物差し・カッター・マチ針・チャコ・ラジオペンチ・アイロンなど。

仕立て前の準備

地直し：織り布は裏地のゆがみや耳の詰まりを整えるため布を引っ張りながらアイロンをかける。その後必要な長さに裁断し、ミシンでほつれ止めをする。
帯芯の裁断：白い標準タイプを選び、30cmに幅に切り揃えてから図4、6、10の内枠の長さに切る。太鼓は同じものが2枚必要。

仕立ての流れ

手先：布を広げて線を引き、線上に織り癖をつけてから図4①側の縫い代に帯芯をつける。織り布裏側で重ねた後返し穴で裏返す。縫い目が表に出てこないように帯芯は織り地の縫い代と縫い合わせる。
前帯：手先同様織り癖をつけてから帯芯を取りつける。織り布裏側でヒモも重ねて（図7参照）しつけする。返し穴で裏返してから帯芯と縫い代で縫い合わせる。
太鼓：図10を参考に、織り地と裏布地の両方に帯芯をあて、裏通しで重ねてしつけしたあと、返し穴で裏返し本縫いをする。

図3 手先（織り布地表面）

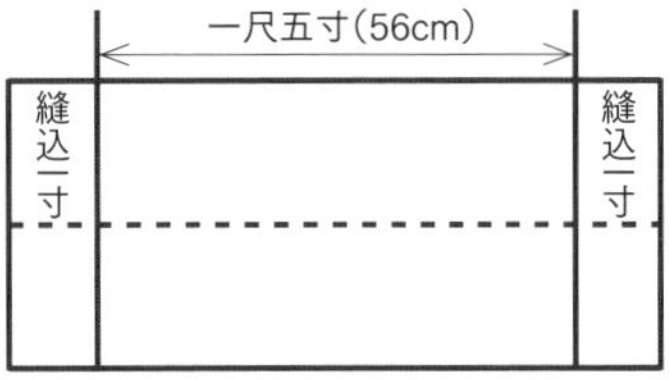

図4 手先（織り布地裏面）

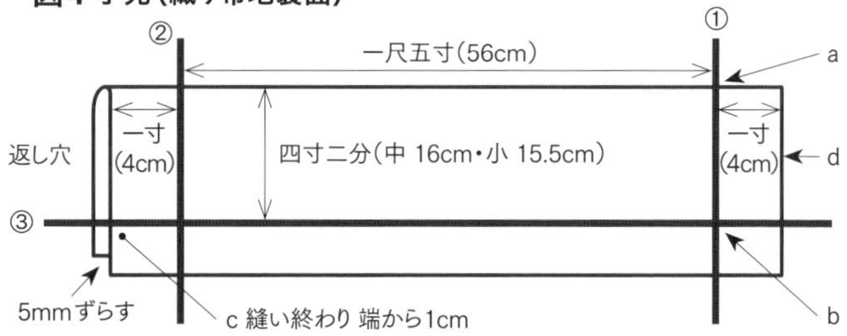

図5 前帯（織り布地表面）

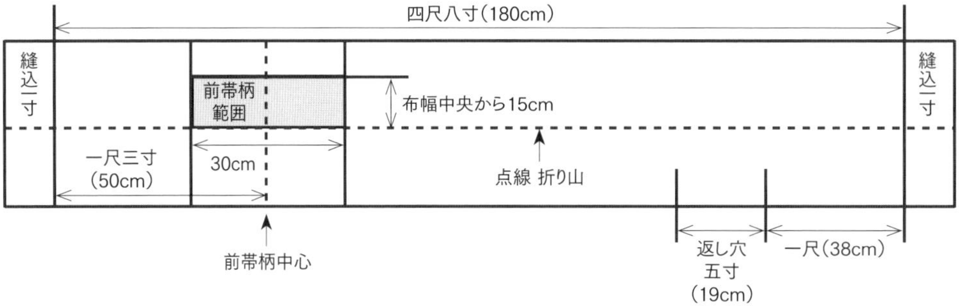

図6 前帯（織り布地裏面）

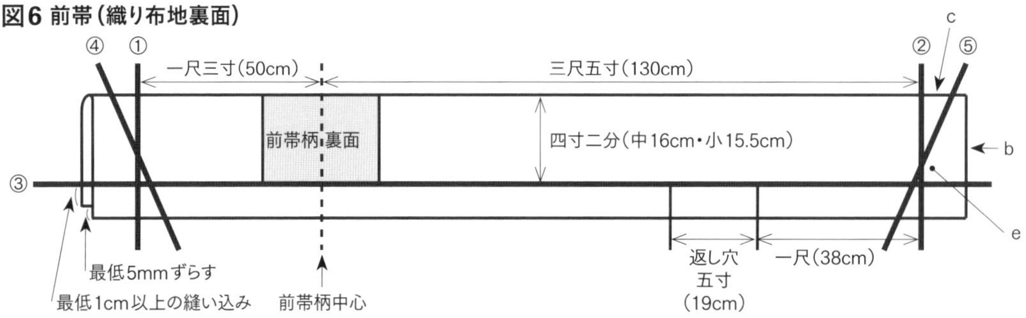

図7（図6の部分拡大）

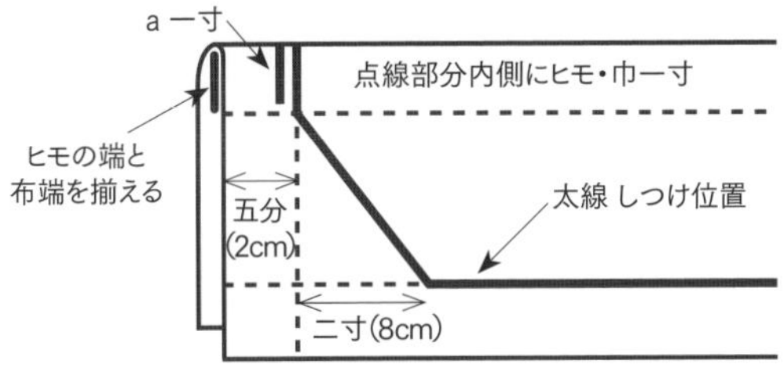

図8（図6の完成形）

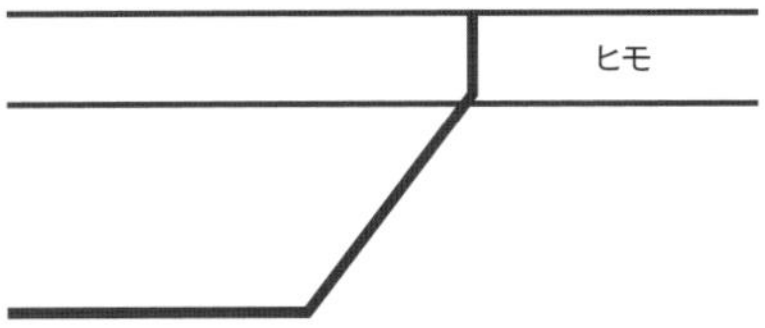

図9 太鼓（織り布地表面）

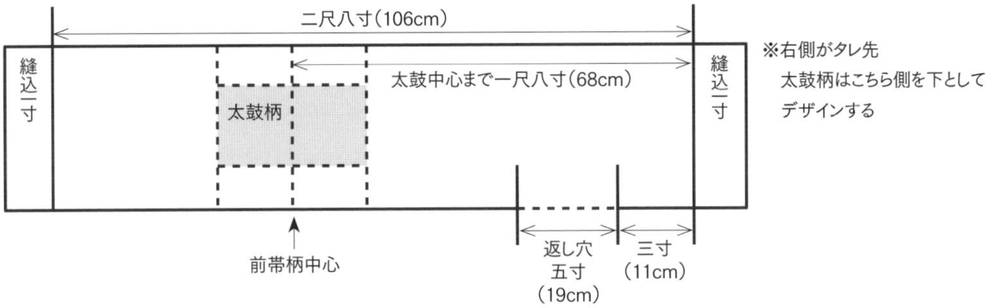

※右側がタレ先
太鼓柄はこちら側を下として
デザインする

図10 太鼓（織り布地裏面）

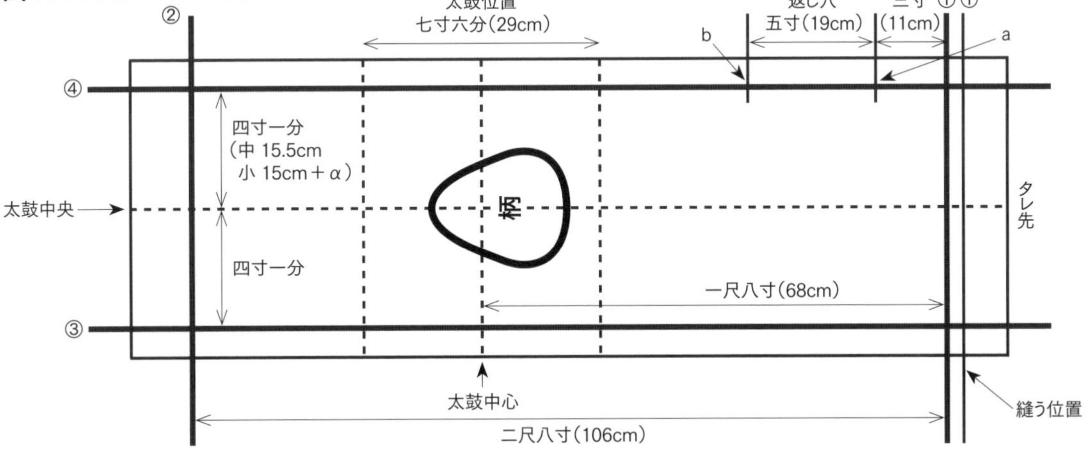

図11 前帯柄位置

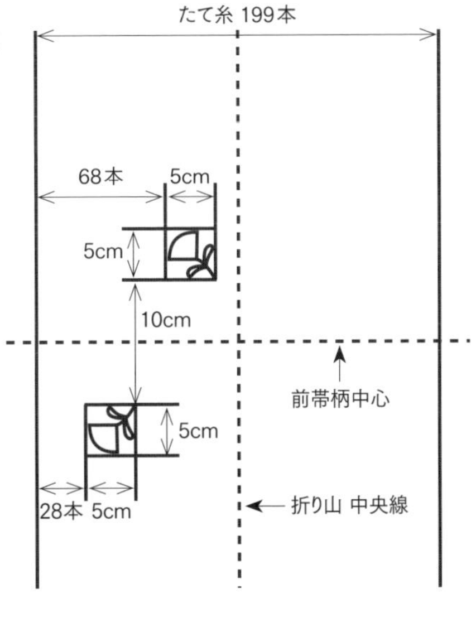

パソコンで織り図を作成

**ここでいうパソコンの織り図とは複雑な組織織りをするためのものでもなければ、
パソコンに対する高度な知識を必要とするものでもありません。
普段普通にパソコンを使いこなしている人なら、ちょっと知っておくととても便利です。**

1 カード織りデザイン

127ページからのカード織りでオリジナルデザインをつくるときどんな織り柄になるかを知るためにひたすら手描きで塗り絵をするのは大変です。カード織りの動きは基本的には前転か後転のどちらかなので、まずMicrosoft Excelの画面に多少横長のマス目の表をつくり、図1のようにもとの通し方図をつくります。さらにこれを上下逆にしたものもつくります。

通し方図は前転を4回繰り返すとできる柄です。これをコピー・ペーストして貼りつければ前転の繰り返しの柄になり、逆転すると上下対称の柄になります。

これらをもとに通し方の微調整をしたり、どういう柄になるかを前もって予測したりすることができます。

【図1】

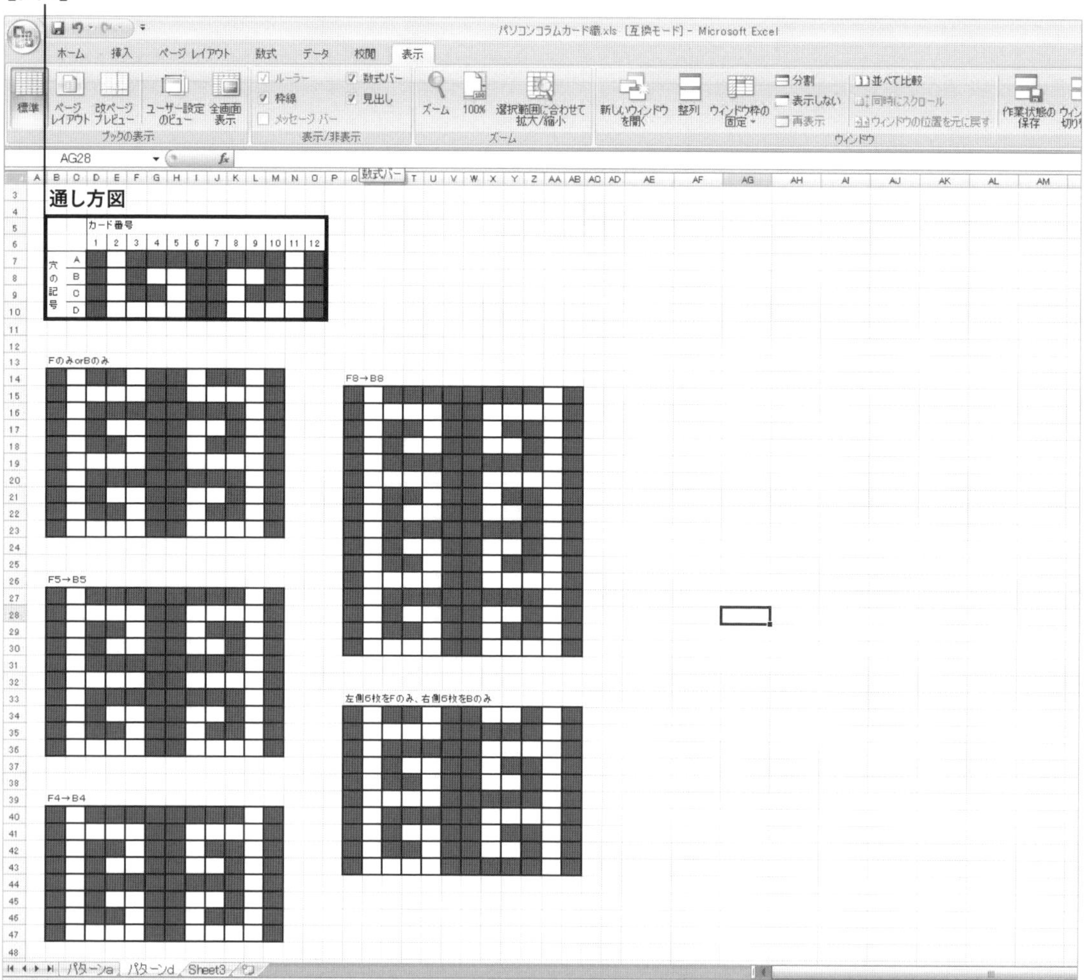

2 織物用組織図マクロを利用する

組織織り用の組織図をつくる専用ソフトも市販されていますが、ソフト開発が職業、趣味が染織という方が自分のためにつくったMicrosoft Excelの組織図マクロを無料で一般公開されています。

そのマクロを開くと右の画像1のような画面になるので必要事項を記入します。組織図変換ボタンをクリックすると一挙に織り図となり（画像2・3）、たてよこの色を指定するとよりイメージが近い画面になります。

興味のある方はがらくた織物工房2011.5/11のブログhttp://www.pixy.cx/~riko/sb/log/eid752.htmlで検索するとたどり着けます。

【1】

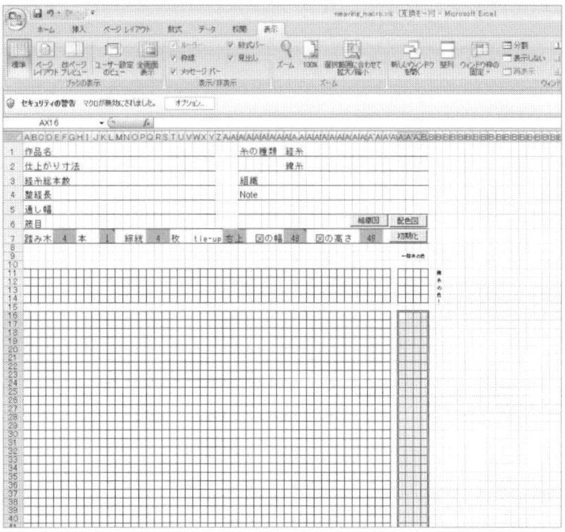

【2】

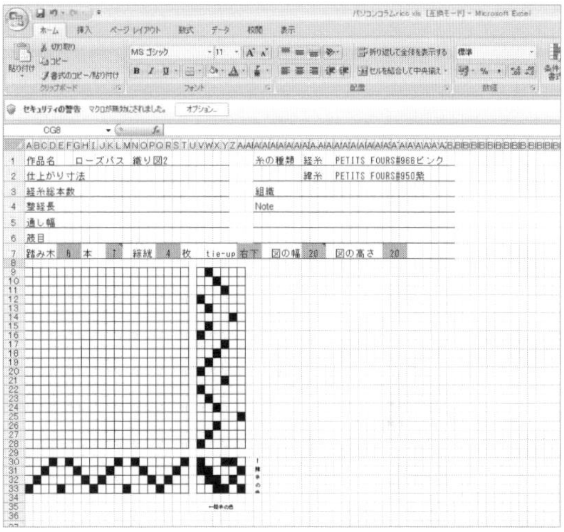

【3】

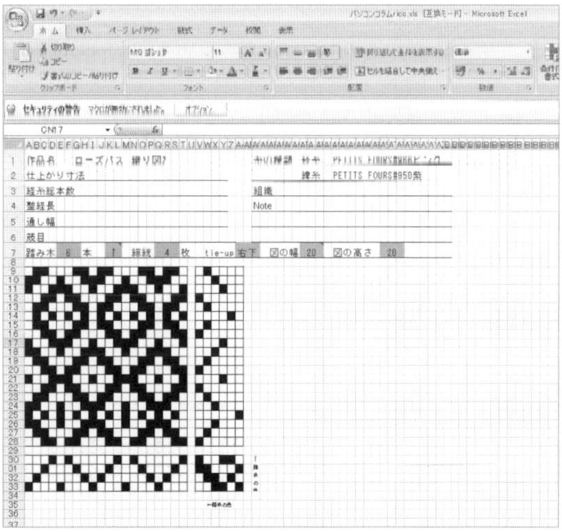

織りの道具

織機に付属する道具のほかに、
必要な道具を揃えましょう。

基本の道具

手織りに必要な基本の道具です。
自分が使いやすいものを探して揃えましょう。

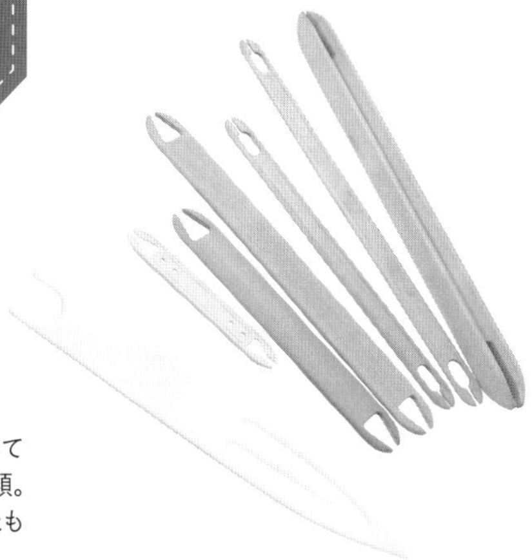

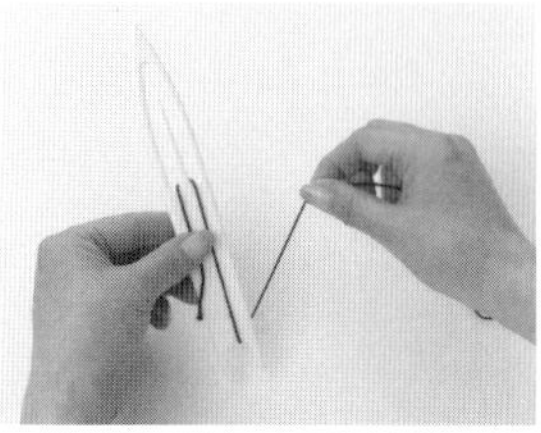

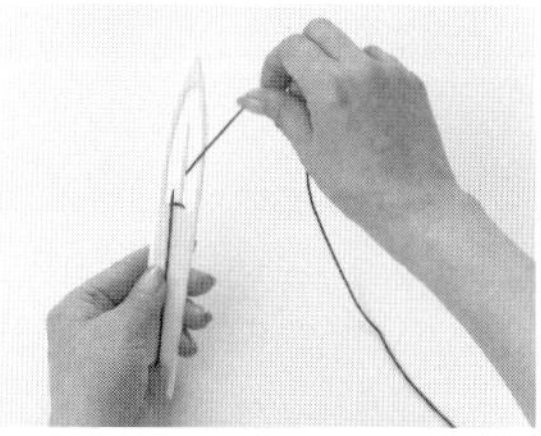

ソウコウ通し・筬通し

文字通り筬やソウコウにたて糸を通すときに使う道具類。リードフック・ヘドルフックとも言う。

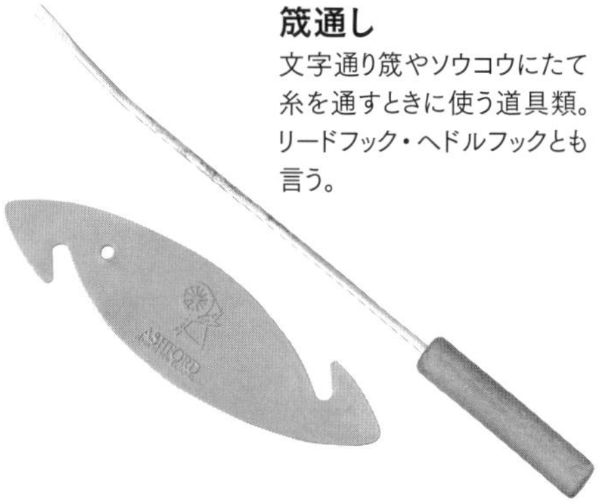

シャトル

プラスチック製は網針（あばり）と言って少量の糸を中央の角にひっかけて巻き、浮き織りなど糸を拾って織るときに使う。

大管・小管

大管は整経の際に糸を小分けするために使う。小管はボートシャトルにセットするよこ糸を巻きつける管。

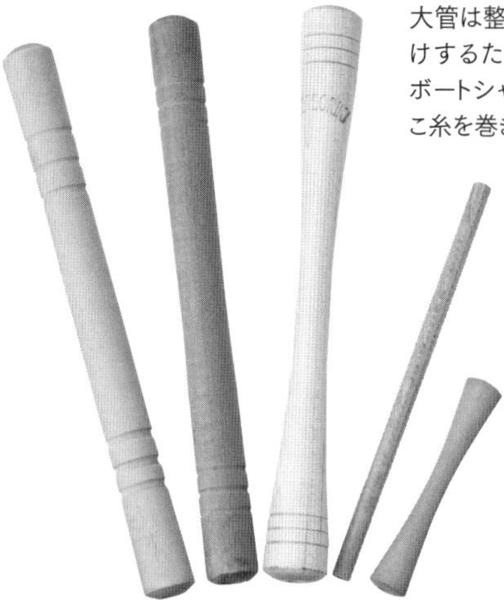

管巻き器

小管や大管に糸を巻く道具。電動式もある。

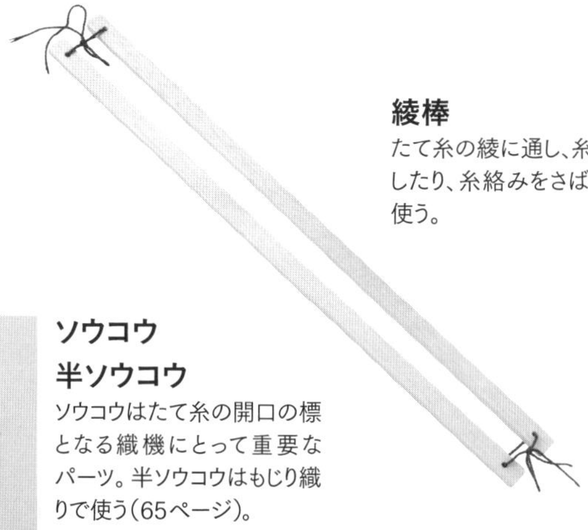

綾棒

たて糸の綾に通し、糸順を示したり、糸絡みをさばくときに使う。

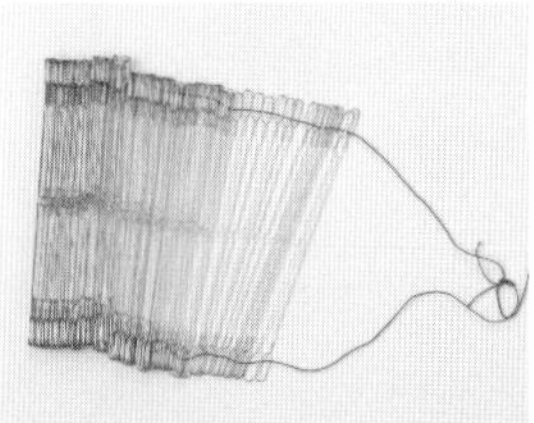

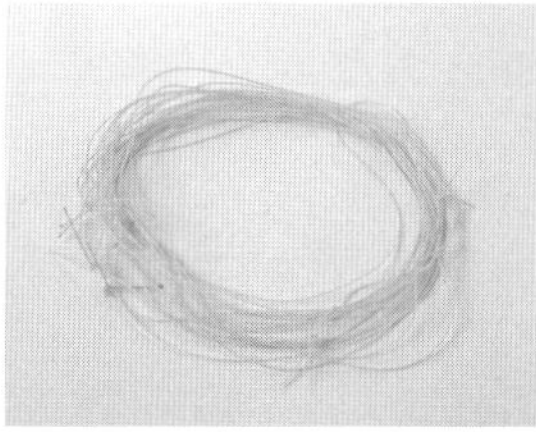

ソウコウ　半ソウコウ

ソウコウはたて糸の開口の標となる織機にとって重要なパーツ。半ソウコウはもじり織りで使う（65ページ）。

カセ繰り棒
組み立て式のカセをつくる道具。使い方は139ページ。

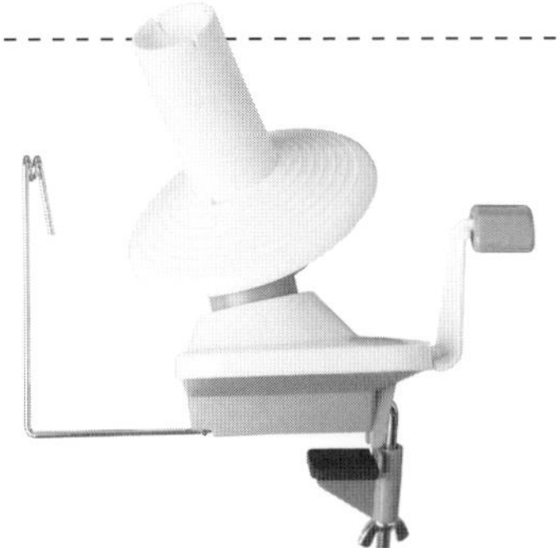

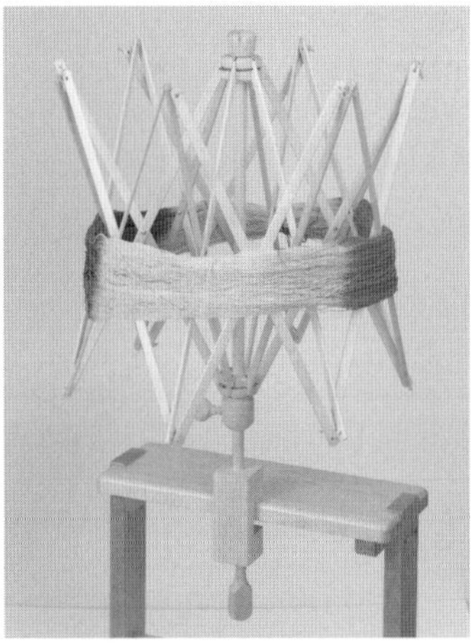

玉巻き器・カセかけ器
カセを広げておく道具とカセの糸を玉にする道具。

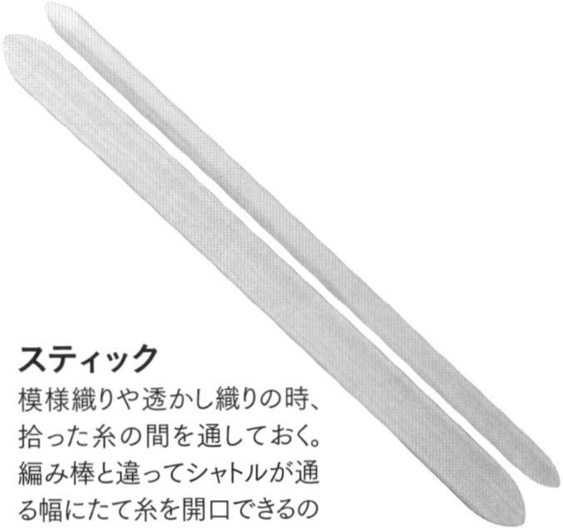

スティック
模様織りや透かし織りの時、拾った糸の間を通しておく。編み棒と違ってシャトルが通る幅にたて糸を開口できるので便利。

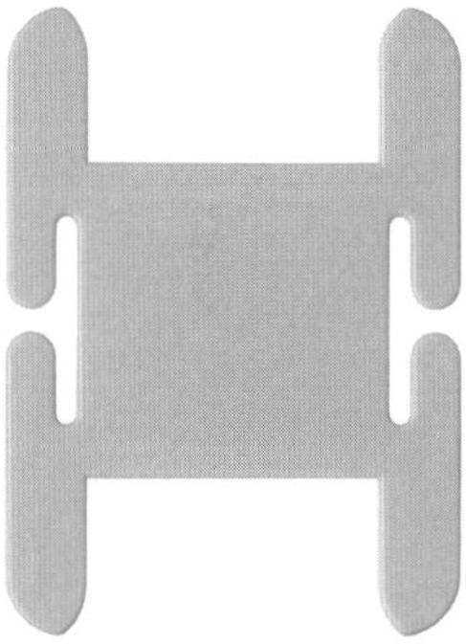

糸巻き
少しだけ残った糸を巻いておく。多色使いの編み込みなどの時に使う。

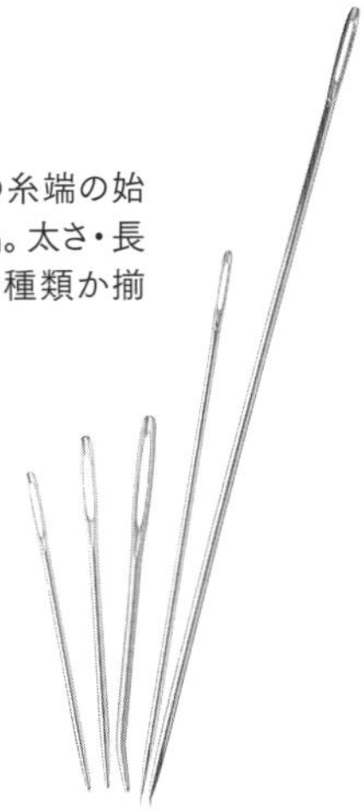

とじ針
織り上がった布の糸端の始末のときの必需品。太さ・長さの違うものを何種類か揃えておくと便利。

編み棒
スティックと同じように糸を拾うときに使う。

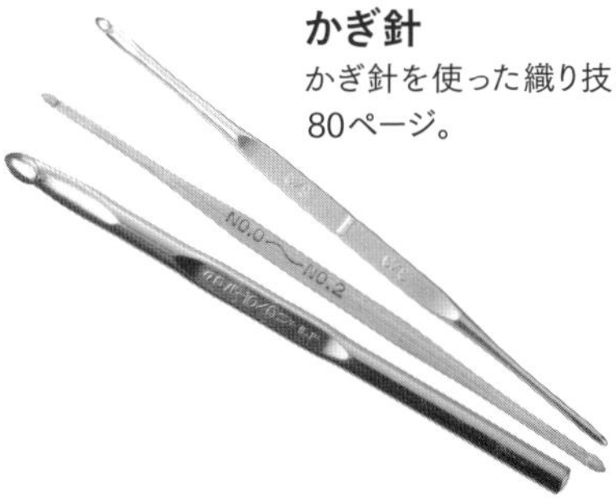

かぎ針
かぎ針を使った織り技法は80ページ。

はさみ
糸を切るなどちょっとした時に頻繁に使う。裁ちばさみと糸切りばさみの2種類持っていると便利。

あると便利な道具

必ずこれでなくては！　というわけではありませんが、
あると便利な道具を集めました。

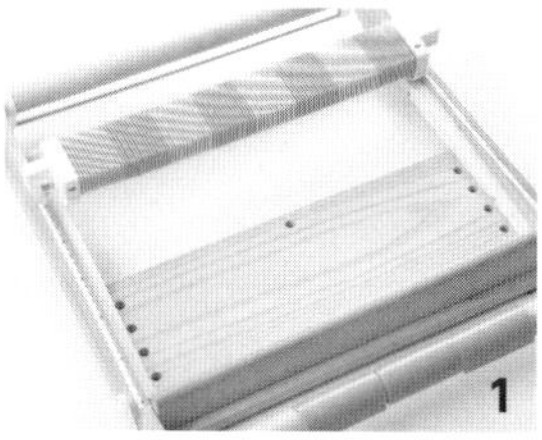

1

定規各種

どこでも定規はシール式で織機に貼ると便利（写真1）。テープカット定規（写真2）。ゲージの測れるニットゲージII（写真3）。

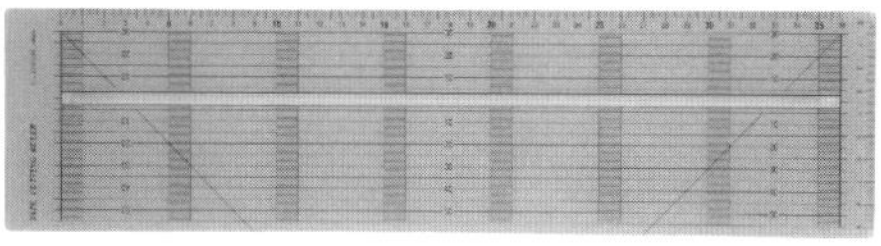

2

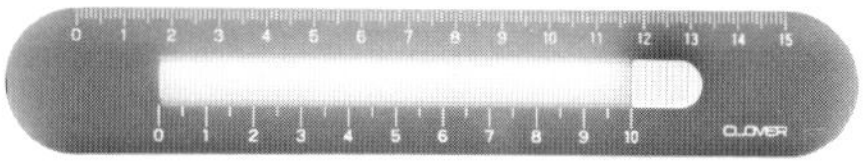

3

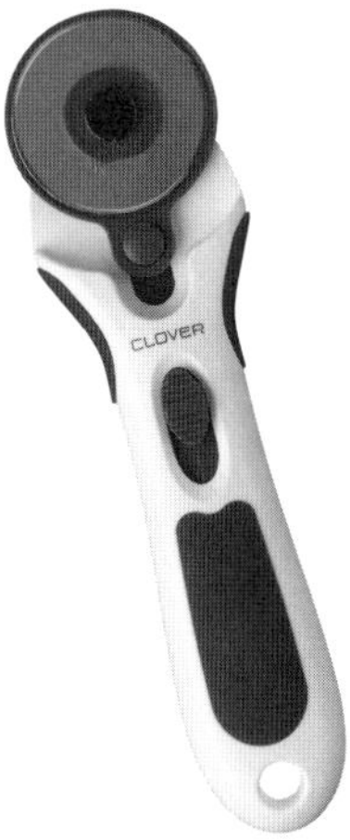

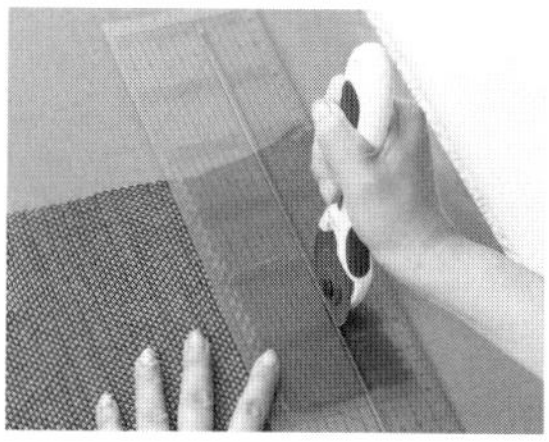

ロータリーカッター

360度の丸い刃で回転しながら布を切る。テープカット定規と組み合わせて房切りの道具として便利。

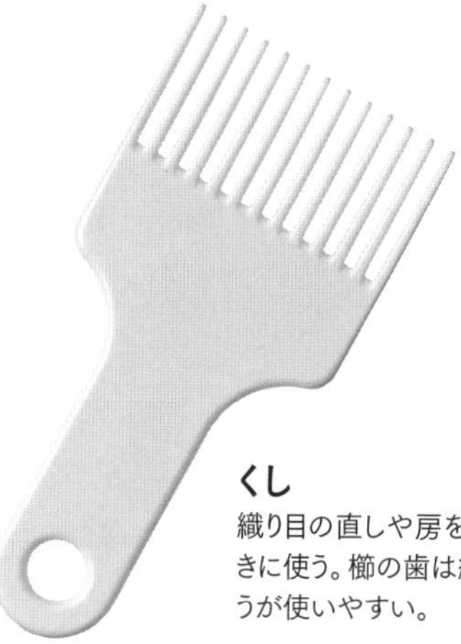

くし

織り目の直しや房を揃えるときに使う。櫛の歯は細かいほうが使いやすい。

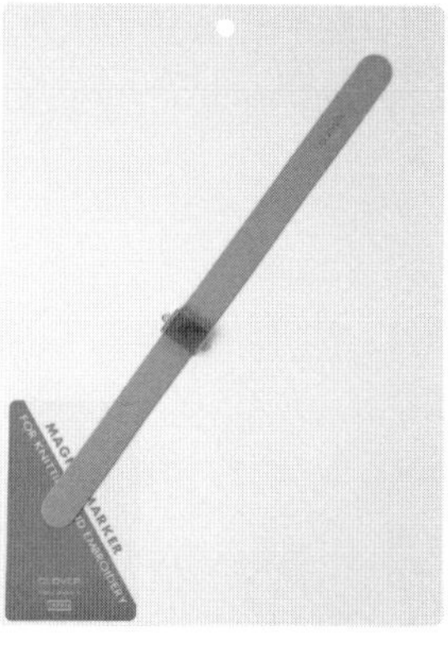

マグネットマーカー

磁石でできており模様織りの時に間に紙をはさんでずらしながら織る。

カッティングマット

布や和紙を切るときに下に敷く道具。テーブルに傷をつけないように必ず敷く。

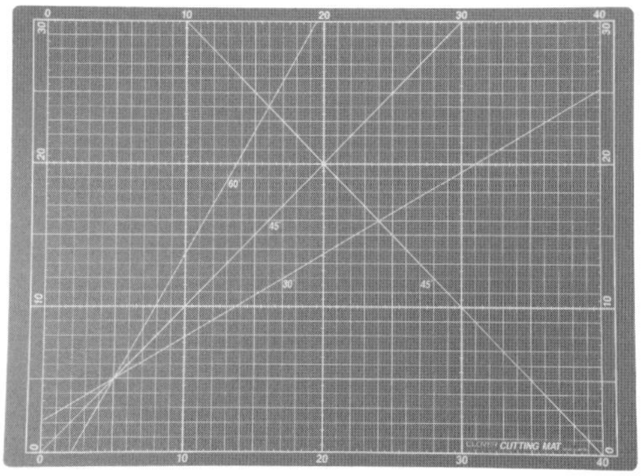

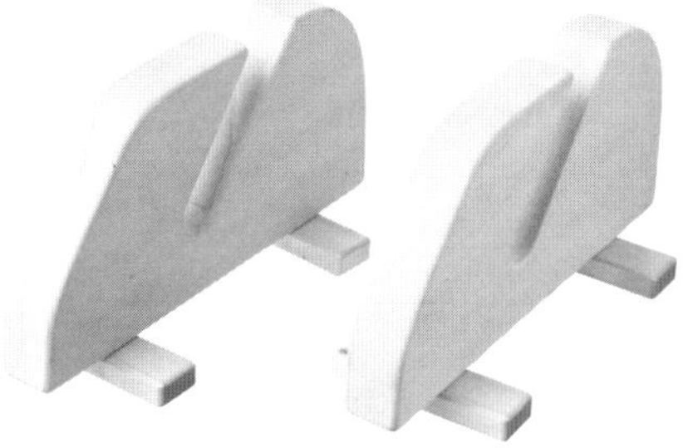

筬立て

筬通しをするときに溝に筬をはさむととても作業がしやすい。

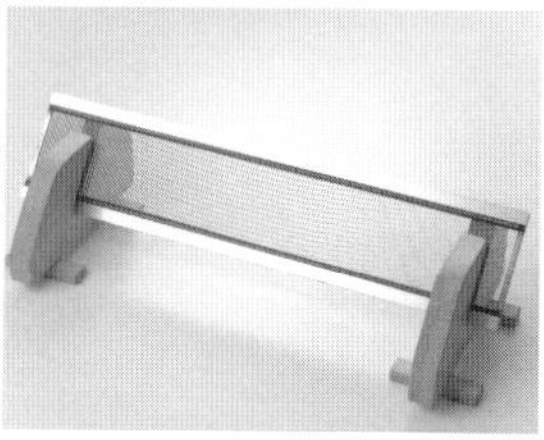

もじりバー
アフガン針に似ているが先端が反っているので、拾って糸はこぼさずにすくえる。89ページからの布をつなぐでも使用。

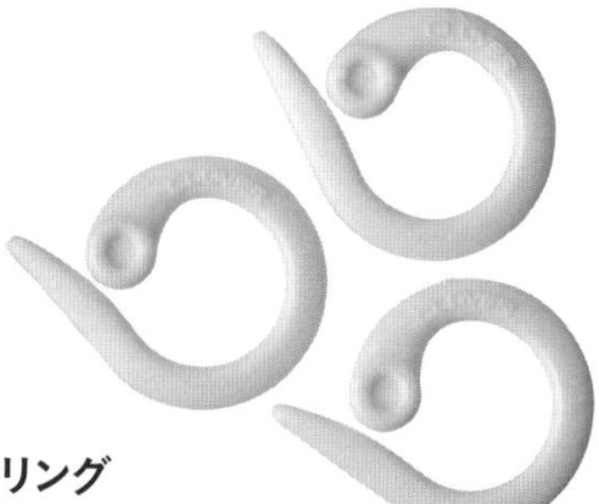

段数リング
どのくらい織ったか、どの範囲に模様をつけるかなどワンタッチで着脱でき、繰り返し使えるので便利。

幅出し器
織っている最中に布幅が縮んでこないようにする道具。サイズはいろいろある。

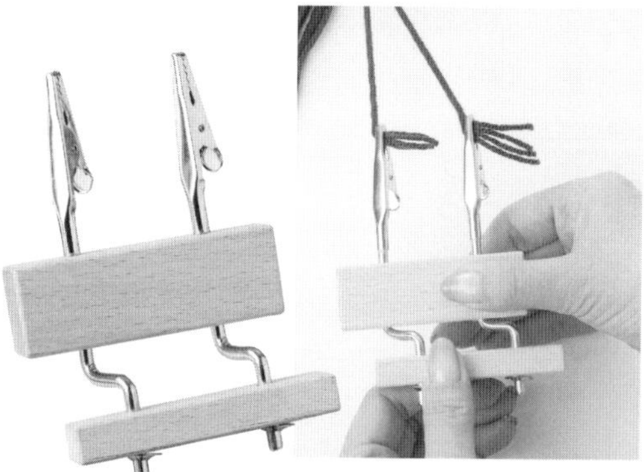

房撚り器
房の撚り合わせの作業をスピードアップしてくれる優れもの。

ビニールひも
絣括りで使う。ねじれているタイプより平たいタイプを選ぶとよい。

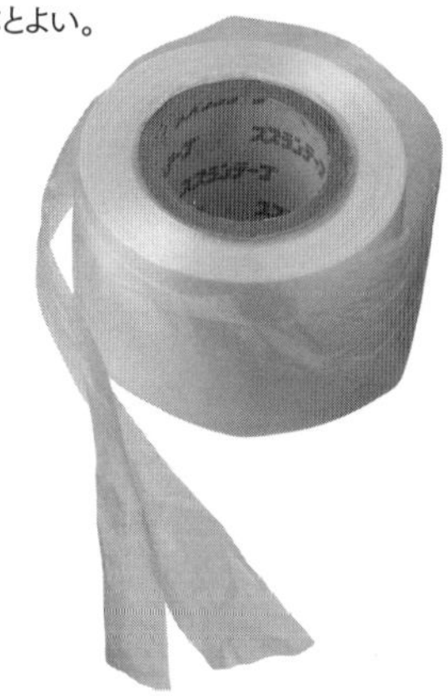

たこ糸
追加のソウコウをつくるときに使ったり、綴れのたて糸としても使える。

PPベルト
ほつれ止め前の開口時にはさむ。たて糸がまっすぐ揃うので便利。

糸用ハンガー
200g以上の糸染めのときには欠かせない草木染め便利グッズ。

手かぎ
糸染めに欠かせない便利グッズ。ゴム手袋を使わずに染めの作業ができる。

手織り大全　索引

あ

か

さ

た

「リビングアート手織倶楽部の認定講座」が学べる全国教室一覧

※教室に関するお問い合わせは以下にお問い合わせください（データは 2011 年 9 月現在のものです）。
楽習フォーラム http://www.gakusyu-forum.net/ ✉ info@gakusyu-forum.net

都道府県		教室名／主催者名	連絡先 ※【 】内は最寄駅
北海道	北海道	手織教室 ECHO工房 佐藤 セツ	〒006-0025 札幌市手稲区手稲本町 5 条 4 丁目 7-9 【JR 手稲駅 徒歩 10 分】TEL：011-683-9077 FAX：011-683-9077 mail：satoandl@siren.ocn.ne.jp
	北海道	染織工房 糸音 三浦 千津子	〒066-0045 北海道千歳市真々地 1 丁目 7-8【JR 千歳駅】 TEL：0123-23-1287 FAX：0123-23-1287 mail：m.itone@ezweb.ne.jp
東北	青森県	手織・草木染 遊水庵 熊田 郁子	〒036-8356 青森県弘前市 TEL：090-1378-9575 mail：kumataikuko@gmail.com
	岩手県	～手織り・草花染め工房～ 小春日和 菊地 美樹子	〒029-0431 岩手県一関市大東町猿沢字菅ノ沢 45 TEL：0191-76-2438 FAX：0191-76-2438 mail：aki-miki-418@kra.biglobe.ne.jp
	宮城県	ウィーヴィングルーム スペース 古山 文子	〒985-0001 宮城県塩釜市新浜町 2-15-7【JR 仙石線東塩釜駅 徒歩 20 分】 TEL：022-364-7388 FAX：022-364-7388 mail：furufuru@triton.ocn.ne.jp
	宮城県	手織工房 手仕事や 作間 きい子	〒989-2444 岩沼市本町 8-32【JR 東北本線岩沼駅 徒歩 12 分】 TEL：090－2403-8205 FAX：0223-22-3510 mail：oribito-otsuu1950@wit.ocn.ne.jp
	秋田県	秋田カルチャースクール・キャッスル校 「手織り・裂き織り」 佐々木 真知子	〒010-0001 秋田市中通 1-3-5 秋田キャッスルホテル 3F TEL：018-831-4211 URL：http://culture.gr.jp mail：kochima213@live.jp
	秋田県	染・織・工房 オルル 柴田 啓子	〒011-0925 秋田市飯島長野中町 8-3【JR 秋田駅】 TEL：018-846-5620 FAX：018-846-5620 mail：gure2481@yahoo.co.jp
	福島県	手織工房 服部 服部 容子	〒964-0896 福島県二本松市 TEL：0243-23-7855 FAX：0243-23-7855 mail：ryo-1001@sc4.so-net.ne.jp
関東	茨城県	手織・裂き織り教室 小野	〒301-0042 茨城県龍ヶ崎市長山 【JR 常磐線佐貫駅 バス 10 分】 TEL：0297-66-8207 FAX：0297-66-8207
	栃木県	NHK文化センター宇都宮教室 石川 美智子	〒320-0026 栃木県宇都宮市馬場通り 4-1-1 うつのみや表参道スクエア 3F 【JR宇都宮駅西口 バス 5 分】TEL：028-600-1311 FAX：028-600-1322 URL：http://www.nhk-cul.co.jp/school/utsunomiya/
	群馬県	草花染織教室 ぐんま かめやま みちえ	〒376-0100 群馬県みどり市笠懸町 【JR 両毛線岩宿駅 徒歩 10 分】 TEL：0284-70-0041 FAX：0284-70-0041
	埼玉県	染織・創作工房 後藤 後藤	〒330-0046 さいたま市浦和区大原 2-17-21【JR さいたま新都心駅】 TEL：048-833-9974 FAX：048-833-9974 mail：miyuki-1958910@hotmail.co.jp 開講中：朝日カルチャーセンター新宿教室、NHK 文化センターさいたまアリーナ教室
	千葉県	布遊びの部屋 木村 美和子	〒263-0043 千葉市稲毛区小仲台 8 丁目【JR 稲毛駅 バス 5 分】 TEL：043-251-9651 FAX：043-251-9651 URL：http://www2.ttcn.ne.jp/aki-miki/index.htm mail：miki0709@mist.dti.ne.jp
	千葉県	眞織工房 廣田 マリ子	〒270-1176 千葉県我孫子市柴崎台【JR 常磐線天王台駅北口 徒歩 3 分】 TEL：04-7183-4202 FAX：04-7183-4202 mail：ZAQ00330@nifty.com
	千葉県	①手仕事教室シュピンネン ②NHK 文化センター東陽町教室 ③取手カルチャー 金澤	①千葉県松戸市二十世紀が丘【北総線北国分駅 徒歩 8 分】②江東区東陽町タウンセンタービル 4 階【東西線東陽町駅】③取手駅ビル 5 階【JR 取手駅】TEL：①090-4538-5754 ②03-3699-0022 ③0297-70-5911 FAX：①047-392-5126 mail：riesan@hotmail.co.jp
	東京都	手織り・草木染め Studio A Week 箕輪 直子	品川区西五反田 6-24-15 Y.BLDG 1～2 階【都営地下鉄戸越駅 徒歩 5 分、JR 五反田駅西口 徒歩 12 分】TEL：03-6417-0510 FAX：03-6417-0511 URL：http//www.minowanaoko.com mail：a-week@minowanaoko.com

都道府県		教室名／主催者名	連絡先 ※【 】内は最寄駅
関東	東京都	糸へん CLUB 手織り教室 平良 淑子	【JR 町田駅・蒲田駅・大森駅・蕨駅、小田急線相模大野駅、東急線大崎広小路駅・綱島駅、京急線糀谷駅】 品川区旗の台 TEL：090-6158-0652
	東京都	①池袋コミュニティ・カレッジ ②読売日本テレビ文化センター浦和 大塚 浩美	①西武池袋本店別館 8 階【JR 池袋駅】 ②浦和ロイヤルパインズホテル B1【JR 浦和駅】 TEL：①03-5949-5486（代） ②048-824-5711（代） URL：①http://cul.7cn.co.jp/programs/program_506909.html ②http://www.ync.ne.jp/urawa/
	東京都	らっくらっく工房 松本	〒186-0002 国立市東【JR国立駅 徒歩 10 分】 TEL：042-572-1358 FAX：042-572-1358 mail：matsumoto.853@r4.dion.ne.jp
	神奈川県	①東急セミナー BE 青葉台 ②NHK文化センター横浜ランドマーク教室 神谷 悦子	①横浜市青葉区【東急田園都市線青葉台駅】 ②横浜市西区【JR・横浜市営地下鉄桜木町駅、東急線みなとみらい駅】 TEL：①045-983-4153 ②045-224-1110
	神奈川県	①朝日カルチャーセンター横浜 ②朝日カルチャーセンター湘南 柴田 秀子	①横浜市西区高島 2-16-1 ルミネ横浜 8 階【JR 横浜駅】 ②神奈川県藤沢市藤沢 438-1 ルミネプラザ 9 階【JR 藤沢駅】 TEL：①045-453-1122 ②0466-24-2255 URL：①http://www.asahiculture.com/yokohama/ ②http://www.asahiculture.com/shonan/
中部	長野県	さきおり 草花キッチン染め 重野 美知子	〒385-0025 佐久市塚原 【JR 中佐都駅】 TEL：0267-67-0761 FAX：0267-68-6804
	岐阜県	工房時雨庵 大澤 伸子	〒506-1432 高山市奥飛騨温泉郷一重ヶ根 1936-2 【奥飛騨平湯温泉バスターミナル】 TEL：0578-89-2743 FAX：0578-89-2743
	静岡県	①マリオネット手織り倶楽部 ②カルチャーセンター小田原 坂部	①〒413-0022 熱海市昭和町 5-2【JR 熱海駅】 ②ダイナシティー 4 階【JR 鴨宮駅】 TEL：0557-81-3750 FAX：0557-81-3750 URL：http://www.marionetto-mc.com/ mail：marion@cy.tnc.ne.jp
	静岡県	①藤木ヒロコ 織物編物教室 ②浜松SBS学苑 藤木 ヒロコ ／ 草島 あきこ	①〒432-8023 静岡県浜松市中区鴨江 3-35-32 TEL：053-452-1069 FAX：053-454-0291 ②浜松市中区旭町 11-1 プレスタワー 3F TEL：053-455-3359
	静岡県	①NHK文化センター浜松 ②社会保険センター浜松 ③エムズ倶楽部 草島 あきこ ／ 藤木 ヒロコ	①浜松アクトタワー 8 階 TEL：053-451-1515 ②浜松市中区北寺島町 261-5 TEL：053-456-1223 ③TEL：0120-242-880
	愛知県	①織遊房 卓上手織教室 ②清洲カルチャー 手織り・さき織り 原田 朋恵	〒461-0025 名古屋市東区【①市バス赤塚、地下鉄高岳駅 ②JR 清洲駅 TEL：090-8157-1021 FAX：052-508-8830 mail：totto@wj9.so-net.ne.jp
	愛知県	手作り工房 ちゃるま 野田 宏美	〒471-0064 愛知県豊田市梅坪町 2-11-7 【名古屋鉄道梅坪駅 徒歩 5 分、愛知環状鉄道愛環梅坪駅 徒歩 5 分】 TEL：0565-33-8883 FAX：0565-33-8883
関西	奈良県	アトリエ VÄV 寺本 都子	〒639-0254 奈良県香芝市関屋北【近鉄大阪線関屋駅 徒歩 15 分】 TEL：090-7095-4962 FAX：0745-76-8126 mail：mamachi0218@docomo.ne.jp
中国	島根県	手織り & 草花染め工房 おりいむ 東 政子	〒697-0033 島根県浜田市朝日町 73-6 朝日ビル 201 号 【JR 浜田駅 徒歩 10 分】TEL：0855-23-5785 FAX：0855-23-5785 URL：http://www7b.biglobe.ne.jp/~oriimu/ mail：chkm05higa@kjf.biglobe.ne.jp
四国	徳島県	手織教室 ア・ドミシール 船井 由美子	〒772-0003 鳴門市撫養町南浜字馬目木 85-5 【JR 撫養(むや)駅 徒歩 5 分】 TEL：088-685-3297 FAX：088-685-3297 mail：drggn734@yahoo.co.jp
	徳島県	染織工房 創 阿部 美穂子	〒779-3214 徳島県名西郡石井町藍畑第十 112-1 【徳島バス(不動経由) 第十下車 徒歩 1 分】 TEL：088-674-1417 FAX：088-674-1417
九州	熊本県	手織倶楽部くまもと 織好 SUN 髙田 敦子	〒860-0053 熊本市田崎【JR 熊本駅】 TEL：096-355-1505 FAX：096-355-1505 mail：n-ayometo@s4.kcn-tv.ne.jp
	大分県	卓上手織教室「工房風佳」 植山 佳子	〒879-0105 大分県中津市犬丸 2332-53 アートギャラリー風車内 【JR 中津駅】 TEL：0979-32-5044 FAX：0979-32-5044 mail：kazeku12@ybb.ne.jp
	鹿児島県	染織アトリエ繭（まゆ） 杉尾 緑	〒892-0874 鹿児島市緑ヶ丘町 28-1 【JR 鹿児島中央駅下車 南国交通緑ヶ丘団地東バス停 徒歩1分】 TEL:099-243-6605 FAX:099-243-6605 mail:midorimayu@po3.synapse.ne.jp

PROFILE

箕輪直子

Naoko Minowa

染織家（せんしょくか）
共立女子大学家政学部生活美術学科染織専攻卒業。東京都出身。

日本染織協会 会長。楽習フォーラム リビングアート手織倶楽部及び楽習フォーラム 草花のキッチン染め講座のデザイン・監修。AJCクリエイターズコレクション展招待作家。2013年5月より、All About 暮らし領域の「手織り」ガイドを務める。

手織りや草木染めの楽しさや技法をわかりやすく、親しみやすく紹介することをモットーとし、幅広く活動している。

著書に『草木染め大全』（誠文堂新光社）、『ゆび織りで作るマフラー＆ショール』（河出書房新社）他多数。

Studio A Week
東京都品川区西五反田
6-24-15 Y.BLDG
TEL.03-6417-0510

http://www.minowanaoko.com

あとがき

ちょうど昨年の今頃、この本と同じく240ページある「草木染め大全」（誠文堂新光社刊）という本をつくっていました。あのときもかなり大変でしたが、今回は自宅と仕事場の移転というオマケが付いていて、この最後の原稿となる「あとがき」を書いた翌週には引っ越しが待っています。

移転先の五反田では、念願かなって住居と仕事場が別になります。多くの人が気軽に集まれるスペースや専用の染め場も欲しかったけれど、常々自宅での遅い時間までかかる撮影などわたしの仕事のことでは家族には多大な迷惑をかけていたので、ほっとひと安心です。

移転先の五反田の仕事場Studio A Weekはビルの2フロアを使って手織りと草木染めのショップ＆スクール＆ギャラリーを展開していく予定です。この本の中で出てくるマフラーのキット類や便利グッズに直接手で触れていただいたり、各種講座も定期だけでなく一日だけ参加できるコースも予定しています。小さなスペースですが、アクセスは良いのでどうぞお立ち寄りください。

また遠方の方は「箕輪直子」で検索するとオフィシャルサイトやブログにたどり着けます。本づくりで忙しかった日々も毎日欠かさずに更新していたブログですが、今後はこの本の中でもっと詳しく説明したかったのに書ききれなかったことなども織り交ぜて紹介していきたいと思っておりますので、こちらにもぜひお立ち寄りください。

いつものことですが、多くのみなさまのご協力があってこの本は出来上がりました。

編集協力にはスタッフでもある後藤美由紀さん・大塚浩美さん、たくさんのマフラーや織り図の制作にご協力いただいた青木薫さん・金澤理恵さん・神谷悦子さん・草島章子さん・熊田郁子さん・坂部由美子さん・佐々木真知子さん・平良淑子さん・寺本都子さん・波木理恵子さん・服部容子さん・廣田眞理子さんにこの場を借りて心よりお礼申し上げます。

2011年9月某日

協力

株式会社アートセンター
東京都中央区銀座3-11-1
ニュー銀座ビル4F
TEL.03-3546-8880

三葉トレーディング株式会社
取手市戸頭2-42-14
TEL.0297-78-1000

株式会社東京手織機
東京都板橋区幸町1-3
TEL.03-6905-8500

クロバー株式会社
大阪市東成区中道3-15-5
TEL.06-6978-2211

ハマナカ株式会社
京都市右京区花園藪之下町2-3
TEL.075-463-5155

横田株式会社
大阪市中央区南久宝寺町2-5-14
TEL.06-6251-2183

藍熊染料株式会社
東京都台東区雷門1-5-1藍熊ビル
TEL.03-3841-5760

株式会社 誠和
東京都新宿区下落合1-1-1
TEL.03-3364-2111

株式会社 田中直染料店
京都市下京区松原通烏丸西玉津島町312
TEL.075-351-0667

古色の美 ナカジマ株式会社
羽曳野市古市3-6-21
TEL.072-957-7755

装丁・デザイン　望月昭秀＋木村由香利（NILSON）
編集　田口香代
写真　井上孝明
イラスト　kuqi

編集協力　後藤美由紀
大塚浩美

制作協力（五十音順）
青木薫
金澤理恵
神谷悦子
草島章子
熊田郁子
坂部由美子
佐々木真知子
平良淑子
寺本都子
波木理恵子
服部容子
廣田眞理子

手《て》織《お》り大全《たいぜん》

NDC 753.8

2011年 9 月28日　発　行
2022年12月 5 日　第 8 版

著　者　箕輪直子《みのわなおこ》
発行者　小川雄一
発行所　株式会社 誠文堂新光社
〒113-0033　東京都文京区本郷3-3-11
電話03-5800-5780
https://www.seibundo-shinkosha.net/

印刷・製本　図書印刷 株式会社

ISBN978-4-416-81123-8